东北抗日联军史

下册

《东北抗日联军史》编写组 著

中共党史出版社

下　册

目　录

第三编
全国抗战爆发，东北抗日联军坚持开展艰苦游击战争
（1937 年 7 月—1940 年 1 月）

第四编
东北抗日联军实行战略转移，为抗战最后胜利而斗争
（1940年1月—1945年9月）

第三编

全国抗战爆发，东北抗日联军坚持开展艰苦游击战争

（1937 年 7 月—1940 年 1 月）

第七章　东北抗日联军积极配合全国抗战，牵制日军入关

第一节　东北抗日武装斗争的新高潮

一、卢沟桥事变爆发，全国抗战局面的形成

1937年7月7日，日本帝国主义继制造九一八事变、上海一二八事变和华北事变之后，又制造了卢沟桥事变（即七七事变），发动了全面侵华战争。

日本帝国主义将侵占中国视为其“征服世界”的重要步骤，但此时发动全面侵华战争，与它当时所处的复杂国际国内形势有着密切关系。

20世纪30年代，德、意、日等奉行法西斯主义的国家经过多年大力发展军事工业，经济实力已达到相当水平，为了重新划分势力范围，与英、法、美等国相抗衡，便疯狂地进行扩军备战，不惜通过战争手段，达到改变世界格局的企图，建立由他们主宰的法西斯主义世界新秩序。1936年11月，德国与日本签订了《反共产国际协定》，不久，意大利也加入该协定。这一协定的签订，标志着以德、意、日为首的东西方新的战争策源地正式形成。1937年，资本主义世界又爆发了新一轮经济危机，工农业生产缩减，失业人口增多。这次经济危机，很快由美国向其他资本主义国家蔓延。

在日本，军国主义势力在20世纪30年代后极度膨胀。1936年3月上台的广田弘毅内阁，加紧进行对外扩大侵略战争的准备，推进国民经济军事化进程，军事工业在国民经济中所占的比重越来越大。1937年，日本军事工业投资达22.3亿日元，比1936年增加2.2倍，占当年工业投资总额的61.7%。这种军事工业畸形发展，以及发动侵略战争的巨大消耗，必然导致其国内国民经济和社会出现更为严重的危机。加之1937年开始的新一轮世界经济危机险恶形势的到来，致使日本国内经济和社会矛盾重重。日本帝国主义为了摆脱经济危机，对抗英、法、美等国，把中国变成其独占的殖民地，便迫不及待地伺机发动全面的侵华战争。

20世纪30年代中期，日本在扩大对华侵略中制造了华北事变。由于这次事变后何梅协定的签订，日本侵略势力已经伸入到平津地区。1937年上半年，在北(平)宁(沈阳)铁路沿线的天津、唐山、滦县、山海关、北平、丰台等地驻有5700多名日军。日本军部早已制定于1937年度发动大规模侵华战争的作战计划，拟用8个师团占领华北5省，用5个师团占领华中，用1个师团占领广州地区，同时以海军控制中国沿海及长江水域。1937年五六月间，日军关东军司令部和驻天津的驻屯军司令部频频开会，阴谋策划发动更大规模的侵华战争。关东军参谋长东条英机提议，从“对苏作战的观点看”，“首先给南京政权一击，除去背后的威胁，最为上策”。6月初，近卫文麿内阁上台后，在日本统治集团中，“对华一击论”占据上风。日本军部首脑人物认为日军无比强大，南京政权软弱无能，三个月内可降服中国。但他们完全没有估计到中国人民中蕴藏的抗击外国侵略者的巨大潜力。

自1937年5月起，日本驻屯军在北(平)宁(沈阳)铁路沿线及丰台、卢沟桥一带不断进行对中国当地驻军第二十九军具有挑衅性质的军事演习。

1937 年 7 月 7 日夜，在丰台的日本驻屯军以在卢沟桥参加演习的一个日本兵失踪为借口，要求进入宛平县城搜查。这一无理要求当即遭到中方拒绝，但日方坚持要派兵进城搜查。在中日双方交涉过程中，日军即向北平郊区卢沟桥一带的中国驻军发起进攻，并用大炮轰击宛平县城。面对日军的野蛮挑衅，当地驻军第二十九军冯治安部为确保卢沟桥和宛平县城，奋起抵抗，全国抗战从此拉开帷幕。

日本帝国主义对中国的大举进攻，激起了中国人民极大的民族义愤。7 月 8 日，中共中央向全国发出了《为日军进攻卢沟桥通电》，指出："平津危急！华北危急！中华民族危急！只有全民族实行抗战，才是我们的出路！"号召"全中国同胞，政府与军队，团结起来，筑成民族统一战线的坚固长城，抵抗日寇的侵掠！国共两党亲密合作抵抗日寇的新进攻！驱逐日寇出中国！"北平、天津、保定等地的爱国团体和人民群众纷纷行动起来，积极组织、参加为前线将士运送物资、捐款、捐物、救护等战地服务活动，大力支援第二十九军的抗战。

这时，在中国国内，随着西安事变的和平解决，国内和平初步实现，为国共两党走上团结抗战的道路创造了条件，但全国抗日民族统一战线尚未建立起来，国民党还不愿实行民主政治。为了尽早实现国共两党合作抗日，促成抗日民族统一战线的建立，7 月 15 日，中共中央向南京国民党中央送交了《中共中央为公布国共合作宣言》，提出国共合作的三项基本政治主张和要求，即迅速发动全民族抗战，实行民权政治，改善人民生活。并重申了中国共产党的四项保证，即：愿为实现孙中山先生的三民主义而奋斗；停止推翻国民党政权和没收地主土地的政策；取消苏维埃政府，改称特区政府；取消红军名义及番号，改编为国民革命军。7 月中旬，中共中央派周恩来、秦邦宪、林伯渠为代表赴庐山与国民党代表蒋介石、邵力子、张冲就国共合作、红军改编、苏区改制等问题进行谈判。中共中央送交宣言、派出代表进行谈判，以实际行动证明了中国共产党是以全民族的利益为根本利益的，表现了团结合作，共同抗日的极大诚意。

卢沟桥事变爆发后，日本帝国主义不断扩大侵略战争。7 月 29 日，北平沦陷。7 月 30 日，天津失守。之后，日军以 30 万的兵力，由华北向华中推进。日本侵略者为了迫使南京国民政府尽快屈服和投降，又积极准备出兵上海。8 月 13 日，日军大举向驻淞沪地区的中国军队发起进攻。京沪警备司令官张治中率中国守军奋起还击，淞沪抗战开始。

上海是中国的工商业和金融中心。日本侵略者对上海的进攻，不仅威胁南京国民政府的政治统治，而且也侵害了英美法等国的在华利益。在这种情况下，为了调动中共军队开赴抗日前线，8 月上旬，国民党邀请中共中央派人赴南京参加国防会议。周恩来、朱德、叶剑英应邀出席了这次会议，并就国共合作问题继续同国民党谈判。经双方协商，于 8 月 18 日达成如下协议：红军主力改编为国民革命军第八路军（简称八路军），并设总指挥部；在国民党统治区的几个城市设立八路军办事处；出版《新华日报》。8 月 22 日，南京国民政府军事委员会发布命令：将红军改编为国民革命军第八路军①，朱德任总指挥、彭德怀任副总指挥。中共中央军委也于 8 月 25 日发布命令，宣布红军主力改编为八路军，朱德任总指挥，彭德怀任副总指挥，叶剑英任参谋长，左权任副参谋长，任弼时任政治部主任，邓小平任政治部副主任。继红军主力改编后，根据新的形势，南方红军游击队经与国民党地方当局谈判，也达成合作抗日的协议。10 月 12 日，南方红军游击队改编为国民革命军新编

① 1937 年 9 月，八路军番号改为十八集团军（全称国民革命军第十八集团军），但是习惯仍沿称八路军。

第四军（简称新四军），叶挺任军长，项英任副军长，张云逸任参谋长，袁国平任政治部主任，邓子恢任政治部副主任。

红军改编为八路军和新四军，极大地促进了国共合作的进一步发展。9月22日，国民党通过中央通讯社正式发表了《中共中央为公布国共合作宣言》，9月23日，蒋介石发表了《对中国共产党宣言的谈话》，公开承认中国共产党的合法地位，指出两党合作、团结御侮的必要性。国共合作的实现，受到了全国人民、各民主党派和各界爱国人士的热烈欢迎。以国共合作为基础的抗日民族统一战线正式形成，中华民族由局部抗战进入到全国抗战的新阶段。

卢沟桥事变成为世界反法西斯战争在东方的爆发点。中国的全国抗战，开辟了世界第一个大规模反法西斯战争的战场。

二、配合全国抗战，掀起新的抗日斗争高潮

全国抗战的开始、国共两党再次合作和全国抗日民族统一战线的形成，对东北地区抗日斗争产生了很大影响。

卢沟桥事变爆发后，日本侵略者向关内发起大规模进攻，东北成为其重要的后方基地。中国人民抗日战争的主战场也由东北转向关内。东北的抗日斗争便成为全国抗战的一个组成部分，其战略任务也发生了重要变化，即由在沦陷区不断冲破日伪“讨伐”，消灭日本侵略军，破坏日本殖民统治的独立作战，转变为与关内抗战相呼应，广泛开展游击战争，袭扰、破坏敌人后方，牵制日军入关，配合全国抗战。正如毛泽东在《抗日游击战争的战略问题》中指出的那样：“东三省的游击战争，在全国抗战未起以前当然不发生配合问题，但在抗战起来以后，配合的意义就明显地表现出来了。那里的游击队多打死一个敌兵，多消耗一个敌弹，多钳制一个敌兵使之不能入关南下，就算对整个抗战增加了一分力量。至其给予整个敌军敌国以精神上的不利影响，给予整个我军和

人民以精神上的良好影响，也是显而易见的。”①

全国抗战爆发后，东北很快掀起了新的抗日斗争高潮。东北各地党组织、抗日联军和反日团体先后发表文告，动员抗联各部和东北广大民众响应中共中央的号召，积极投身伟大的民族解放斗争之中。

在南满，1937 年 7 月 25 日，东北抗日联军第一路军总司令部发出《为响应中日大战告东北同胞书》，指出：东北全体同胞应本着“天下兴亡，匹夫有责”的精神，乘机崛起，为“恢复中国人之东北”而战，“中国人民大联合起来，暴动起来，响应中日大战，驱逐日寇滚出中国”②。8 月 10 日，东北抗日联军第一路军总司令部又发表了《为响应中日大战告满军同胞书》，号召伪军“当此抗日救国良机，万不要再受日寇利用，自残骨肉，应勒马悬崖，陡举义旗，参加我东北抗日联军，为祖国独立而战，以雪耻辱而谢国人。”“勿踟躇犹豫不定”，应“当机立断，马上哗变，一致携手夹攻日寇”③。8 月 20 日，抗联第一路军总司令部又发出了《东北抗日联军第一路总司令部布告》，揭露日本帝国主义者侵略中国的野心，号召东北工农商学各界群众在“全国总动员之下，凡系中国人生，应抛弃过去旧仇宿怨，亲密联合，响应中日大战，暴动起来，打倒日本帝国主义，推翻傀儡政府‘满洲国’，为独立自由幸福之中国而奋斗”④。

在吉东，8 月 1 日，东北反日总会、东北抗日联军第二、第五军政治部发出了《告亲日满军将士书》，指出：“自从日贼军阀占领我东北

---

① 毛泽东：《抗日游击战争的战略问题》（1938 年 5 月），载《毛泽东选集》第二卷，人民出版社 1991 年版，第 416 页。

② 中国革命博物馆展品复印件，中共黑龙江省委党史研究室存。

③ 中国革命博物馆展品复印件，中共黑龙江省委党史研究室存。

④ 《东北抗日联军第一路总司令部布告》（1937 年 8 月 20 日），载中央档案馆、辽宁省档案馆、吉林省档案馆、黑龙江省档案馆编：《东北地区革命历史文件汇集》甲 49，1991 年印，第 276 页。

四省以来，我中国人民同胞”，“受日贼军阀到处残杀、虐待、奸淫、抢夺，房屋被焚烧，田土被抢夺，武装被没收，工农兵商学的生命生活、志节、名誉完全被日贼摧毁蹂躏”。文中揭露日本帝国主义侵吞中国的手段就是“以华灭华”，“利用中国人杀中国人，利用满军搪炮灰”，使满军士兵成为“杀人放火”、“祸害中国人”的工具。号召伪军“当此国亡生死关头”，“快调转枪头反正救国杀日贼”，给“日贼以致命的打击”[①]。8 月 25 日，中共吉东省委以东北抗日救国总会的名义发布了《关于目前抗日救国宣战运动的紧急通知》。《通知》揭露了日本侵略者逐步扩大侵华战火的罪恶目的就是要“遂行吞灭我全华的阴谋美梦”。号召东北抗日军民“应奋起团结一致，使日贼所依据的满洲后方加紧动摇，促进日贼前线主力决战的更易更迅速瓦解崩溃”。为此，要求东北抗日联军和各义勇军“应逐渐集结兵力”，破坏敌人的铁路交通、粮栈仓库，积极开展对敌斗争，广大民众则要以“一切财力、物力、人力援助抗日联军、各反日义勇军”，并与“高丽民族、内蒙古民族、黑龙江岸各土著少数民族”结成广泛的爱国民族统一战线，共同为神圣和正义的民族解放战争而奋斗[②]。9 月 1 日，吉东反日总会为纪念九一八事变 6 周年发出了《号召东北同胞响应全国对日抗战书》，强烈呼吁东北人民“在敌人后方齐起奋斗，来响应全国总抗战”[③]。

---

① 《东北反日总会、东北抗日联军第二、五军政治部告亲日满军将士书》（1937 年 8 月 1 日），载中央档案馆、辽宁省档案馆、吉林省档案馆、黑龙江省档案馆编：《东北地区革命历史文件汇集》甲 22，1988 年印，第 300—302 页。

② 《东北抗日救国总会关于目前抗日救国宣战运动的紧急通知》（1937 年 8 月 25 日），载中央档案馆、辽宁省档案馆、吉林省档案馆、黑龙江省档案馆编：《东北地区革命历史文件汇集》甲 22，1988 年印，第 310、313 页。

③ 《吉东反日总会为纪念“九一八”六周年号召东北同胞响应全国对日抗战书》（1937 年 9 月 1 日），载中央档案馆、辽宁省档案馆、吉林省档案馆、黑龙江省档案馆编：《东北地区革命历史文件汇集》甲 50，1991 年印，第 28 页。

在北满，9 月 18 日，北满抗日联军以东北抗日联军总司令部的名义也发出通令，指出："中日战争现已全面展开，举国一致，以抗战驱逐敌人，争取民族解放的时机已经到来。因此，中国同胞必须迅速崛起，救国光复东北，以赢求民族解放和国土完整"。通令号召北满地区人民为配合全国抗战，积极行动起来，反对敌人的强迫劳役和征发粮食，破坏敌人兵站、仓库和交通，反对"归屯"和建立"集团部落"，积极参加抗日队伍，袭击、消灭日本侵略军。

中华民族的全面抗战，深深地鼓舞着经历了 6 年多艰苦斗争的东北沦陷区人民。他们积极响应东北各级党组织、爱国团体及抗日联军发出的配合全国抗战的号召，秘密组织反日会、妇女救国会、儿童团等群众团体，仅据北满地区的汤原、依兰、桦川和富锦 4 县统计，抗日救国会及分会组织就达 103 个。广大爱国群众在抗日救国会的组织下，积极为抗日部队筹集给养、征收抗日捐款、运送物资、侦察敌情、充当向导、护理伤员。同时，一些地方还组织起群众地方武装，如游击连、青年救国军等。在佳木斯、依兰、富锦等地，有许多知识分子和青年学生也参加到抗日部队中来。东北的抗日武装力量迅速扩大。

为配合全国抗战，有力地打击敌人的嚣张气焰，1937 年 8 月 20 日至 24 日，中共北满临时省委与北满抗联总司令部在从桦川县向依兰县境转移途中，召开了军政联席会议。参加会议的有：临时省委执委主席、北满抗联总司令赵尚志，临时省委书记张兰生，常委冯仲云，执委张寿篯及中共下江特委书记白江绪等人。会议分析了抗日斗争形势，决定在九一八国耻日，组织松花江下游地区（简称下江地区）民众举行抗日反满暴动，以实际行动配合全国抗战，迅速掀起下江地区新的抗日斗争浪潮。

根据中共北满临时省委的指示，9 月 5 日，中共汤原中心县委书记高雨春于汤原县凤阳屯召开县委常委会议。具体制定暴动的实施方案。抗联第六军第三师为配合群众的爱国行动，修筑了战斗工事，以防备敌人的进攻。

位于松花江下游的汤原县格节河区、汤旺河区、乌龙河区、鹤立河区皆是中国共产党组织和东北抗日联军经常活动的地方，这里的群众工作基础较好。中共北满临时省委的暴动指示下达后，当地村屯的抗日救国会组织便积极行动起来。青壮年夜以继日地赶制大刀、长矛，修理土枪和洋炮等武器。妇女和儿童则帮助砸铁、化铅做弹药。群众参加暴动的热情极为高涨。

1937 年 9 月 17 日和 18 日，汤原县格节河区、乌龙河区、鹤立河区、汤旺河区千余名群众手持大刀、土枪，同时举行集会，声讨日本侵略者对中国人民犯下的滔天罪行。会后进行了游行示威。9 月 17 日上午 10 时，格节河区群众齐聚宝宝山。地方武装游击连的负责人在会上发表了抗日演说，号召民众不忘国耻，牢记血泪仇；在国破家亡的危难时刻，一切爱国群众都要行动起来，誓与日本侵略者抗争到底。会场上群情激昂，人们挥舞着刀枪和拳头，高呼“把日本帝国主义赶出去”、“团结起来，共同抗日”等口号。之后，暴动群众开始示威游行。游行队伍沿途散发了《告同胞书》等 6 种千余张抗日传单。下午，根据暴动计划，反日群众在凤阳屯南六甲割断了汤原县至莲江口的电话线，并砍倒 30 余根电线杆。当晚 10 时，又烧毁通往佳木斯警备道路上的 3 座桥梁。翌日，暴动群众在各村屯继续举行反日示威游行。在乌龙河区，反日群众于西二保套子屯集结，然后进行示威游行。在这次行动中，该区群众割断了西二保通往鹤立的电话线，砍倒 20 多根电话线杆。夜晚，又烧毁了汤原通往鹤立的警备道路上的两座木桥。在鹤立河区，暴动群众于半截河至莲江口一带散发了 600 余张反日传单，破坏了通往鹤岗煤矿的铁路桥梁，并砍断许多电线杆。

汤旺河区的群众在黄有屯也采取了相应的行动。

汤原县各区爱国群众的抗日暴动,引起敌人极大的恐慌。驻守在格节河区丁家粉房的日军守备队20余人,面对群情激愤的反日活动,龟缩在据点里不敢出动,随之于9月20日夜化装潜逃。此次反日暴动,充分显示了不甘做亡国奴的广大东北人民,不畏强暴、勇于抗争的爱国主义精神。这次斗争打击了日伪当局的殖民统治,同时也有力地推动了下江地区群众抗日运动的蓬勃开展。

在全国抗战形势的影响和东北各地方党组织、抗联部队的努力下,一些具有民族意识的伪满官兵弃暗投明,走上抗日道路。1937年7月,宁安县三道河子伪森林警察队大队长李文彬①在抗联第五军第一师参谋长张镇华及第五军地下秘密工作人员王杰忱、冯淑艳等人的策动下,于7月12日夜率部起义。他们按照事先周密的布置,割断电线,撤下岗哨,架上机枪,将正在熟睡中的日本指导官津村昌、教官加藤直秋等8人全部击毙。之后,又将从五虎林(今牡丹江市五林镇)派来监视伪森警大队的50名敌人解除武装②。在离开驻地前,李文彬"下令烧毁防所,带上全部物资弹药,全体官兵一百五十多人和家属一起向抗联驻地进发"③。当起义部队来到抗联第五军驻地牡丹江畔三道通时,受到抗联第五军军长周保中和全体指战员的热烈欢迎。7月15日,起义官兵被编为抗联第五军警卫旅。李文彬任旅长,

① 李文彬(1902—1939),黑龙江双城人。1920年加入东北陆军第十八旅。九一八事变后加入吉林自卫军抗日。1935年任宁安县伪森林警察大队大队长。1937年7月率队哗变参加东北抗日联军第五军,先后任警卫旅旅长、第三师师长。1937年加入中国共产党。1939年在战斗中牺牲。

② 《军长周保中、主任宋一夫给王光宇信》(1937年7月28日),载中央档案馆、辽宁省档案馆、吉林省档案馆、黑龙江省档案馆编:《东北地区革命历史文件汇集》甲49,1991年印,第186页。

③ 冯淑艳:《争取李文彬起义》,载东北抗日联军史料编写组:《东北抗日联军史料》(下),中共党史资料出版社1987年版,第574页。

张镇华任政治部主任,蒋继昌任参谋长,王杰忱任副官长。警卫旅下辖 2 个团,第一团团长费广兆,政委姜信一;第二团团长张成地,政委赵永新。全旅共计 200 余人。

为欢迎该部反正起义,抗联第五军在三道通举行了军民联欢誓师大会。会上,以起义人员李文彬等人的名义发布了《三道河子森林警察队反正抗日救国告各地民众及满军满警书》,指出:"为挽救中国的危亡,现在关内各党派已实行合作,全国已统一起来,并且不久就要对日宣战。各地满兵、满警现在就应当一齐哗变出来,反正救国"。

继宁安三道河子伪森林警察大队起义后,驻依兰伪军第三十八团机枪连的 118 名士兵也哗变反正,于 8 月 21 日携带迫击炮 1 门、重机枪 1 挺、轻机枪 4 挺和 100 支步枪参加了抗联第六军。1937 年 9 月 1 日,第三十八团发布了《"亲日满军"三十八团全体反正抗日救国宣言》,庄严宣告:"大战既已开端,我等存心抗日救国,倒戈除倭奴,实刻不容缓,抄日贼的后路,动摇日贼的主力","誓为我大中华祖国人民同胞竭尽忠诚,以鲜血白骨争回我黑水白山,拥护我同胞人民,歼灭日贼倭寇,除我等之耻辱,雪我等之仇恨,争取我中华人民同胞之解放自由"。不久,驻依兰的治安警卫队也哗变起义。9 月 10 日,伪军第二十九团在牡丹江小河沿附近反正,参加了抗联第八军。此外,驻守在依兰、桦川、富锦、宝清一带的伪军第二十二团、第二十四团、第二十六团、第三十团、第三十五团及依兰第二、第三区伪军教导队也处于动摇状态。

东北各地具有一定民族意识的伪军部队哗变起义,使日伪当局深感不安。日本侵略者为了巩固在东北的殖民统治,开始严密防范伪军的活动,在派更多的日军军官对伪军进行控制的同时,采用监禁、缴械、调动、遣散等办法控制伪军部队,甚至用屠杀来震慑伪军的起义。但一些具有民族意识、不愿再受日本侵略者利用的伪满军警无不发出"不能忍受日贼之欺骗压迫，不能再继续容忍日贼'以华灭华'，中国人杀中国人"①的强烈呼声。

第二节　东北抗联第一路军向日、伪军发起新攻势

一、东北抗联第一军各师分头出击

活跃在南满地区的东北抗联第一军在全国抗战开始后，为了牵制日军入关，打破敌人1937年秋冬季"大讨伐"，在军长兼政委杨靖宇的领导下，与抗联第二军密切配合，主动出击，予敌以频繁袭扰和打击。

1937年7月中旬，杨靖宇率抗联第一军军部直属教导团150余人，从桓仁夹道子西进，欲奔赴清原与第一军第三师会合。途中准备乘机袭击奉（沈阳）吉（林）铁路列车，袭扰铁路交通，以此扩大抗日联军的声威和政治影响。但当部队行至兴京县（今新宾县）永陵街附近的黄土岗时，与日军松原部队及伪军500余人遭遇。第一军直属教导团在杨靖宇指挥下，立即投入战斗。抗联战士与敌人激战6小时，毙伤日、伪军30余人。战斗中，随军部活动的中共南满省委组织部部长李东光和军部教导团政委安光浩等不幸牺牲。

黄土岗战斗后，因敌人调集大批兵力加强了铁路沿线的防范，故抗联第一军军部截击敌铁路列车的计划没能实现，杨靖宇便带领部队直接前往清原县沙河子与第一军第三师会合。在与第三师研究和

---

① 《"亲日满军"三十八团全体反正抗日救国宣言》（1937年9月1日），载中央档案馆、辽宁省档案馆、吉林省档案馆、黑龙江省档案馆编：《东北地区革命历史文件汇集》甲49，1991年印，第329页。

部署下步军事计划后，杨靖宇又带领军部直属教导团返回兴京、桓仁、宽甸、本溪一带开展游击活动。8 月 7 日，在兴京东昌台街袭击了伪治安队，击毙伪军 5 人，俘虏 10 余人，缴枪 30 余支。随后又在东昌台朝阳村与日军松原部队作战，毙伤日军 4 人。

1937 年 9 月以后，抗联第一军频繁出击，进行一系列军事活动。9 月 5 日，军部直属部队在宽甸县马鹿沟附近，袭击了监修警备道路的伪警察队，毙伤伪警察 3 人，俘虏 2 人。9 月 13 日，杨靖宇指挥军部直属部队 300 余人，分别攻打了兴京县第五区马架子和小堡 2 个“集团部落”。9 月 16 日，第一军第一师一部共 50 余人，在桓仁县第五区大马沟与大同之间和伪警察交战，击毙伪警察 2 人。9 月 24 日，第一军第二师一部奔赴桦甸关门砬子，突袭了驻防的伪治安队，毙敌 2 人，伤 4 人。10 月 21 日，第一军第一师一部袭击了宽甸县第一区三道沟“集团部落”，焚烧了伪自卫团团部，缴获部分枪支弹药。

10 月下旬，杨靖宇率军部直属教导团由桓仁八里甸子来到宽甸县四平街一带，在这里与第一师会合。10 月 31 日，军部教导团和第一师第三团共 200 余人在杨靖宇的指挥下，向宽甸县双山子和四平街守敌发起攻击。宽甸县双山子和四平街驻有日军守备队和伪军一个小队。为了保证战斗胜利，杨靖宇召开了战前军事会议，详细研究和制订了作战方案。首先，抗联第一军将主力埋伏在双山子与四平街中间的小佛爷沟口的公路两侧，同时，派小部队割断了四平街通往本溪和桓仁等地的电话线，只留下通往双山子的线路。然后，兵分三路开始佯攻四平街，以诱使驻双山子的日军守备队出援。战斗打响后，四平街的日军守备队果然中计，他们慌忙打电话四处求援，但只有双山子的线路畅通。驻守双山子的日军守备队接到电话后，立即派大队长水出佐吉率日军守备队和伪军乘 3 辆汽车前往四平街救援。当敌人进入第一军的埋伏阵地后，杨靖宇一声令下，抗联指战员用机关枪和步枪一起向敌人猛烈射击。在第一军的强大火力下，敌人的3辆汽车很快瘫痪在路上。这时，第一军战士冲出阵地，与日、伪军展开白刃战。战斗中，水出佐吉被刺死。水出佐吉一死，敌人顿时大乱。抗联战士乘势将敌军团团包围，敌大部被歼灭。

四平街的守敌得知双山子日军遭袭后，急忙派小队长陆岛元三率队支援。结果，半路又被第一军截击，陆岛元三等多人毙命。此次战斗共进行2个小时，毙伤日军30余人，伪军10余人，烧毁汽车2辆，缴获步枪30余支及许多军需物资。

小佛爷沟战斗，是全国抗战爆发后抗联第一军一次规模较大的军事行动，是杨靖宇“围点打援”游击战术的成功运用。

1937年下半年，抗联第一军各师根据军部的总体部署，分别在各自的游击区域开展对敌斗争。

抗联第一军第一师第一、第二团曾在本溪与伪军300余人交战，毙伤伪军30余人，缴轻机枪1挺、步枪30支。战斗在濛江、辉南、桦甸的第一军第二师也颇为活跃。他们在师长曹亚范的率领下，根据军部的部署，深入各地广泛开展抗日宣传。在游击区内，向广大群众宣传七七事变后全国的抗战形势和中国共产党抗日民族统一战线的方针和政策，号召民众积极行动起来，有钱捐钱，有物捐物，为抗日出力。同时，为了冬季的对敌斗争准备，还抓紧时间抢修了山里的密营，并储备了大量越冬物资。

1936年末，在西征中受到严重损失的抗联第一军第三师，在师长王仁斋和政委周建华的率领下，返回清原、开原一带活动。经过一段时间的休整，恢复了战斗力。1937年下半年，第三师在清原、开原、西丰一带开展游击活动。7月16日，第三师侦察员探知日军中佐冈田和少佐坂本要去兴京巡视防务，师部决定埋伏在日军返回的必经之地开原县松木岭，给敌人以出其不意的打击。7月18日晨8时，冈田等日军乘汽车来到松木岭南坡。待日军进入伏击圈后，第三师战士便在指挥员的命令下一齐向敌军开火。冈田和坂本还没弄清情况，便一命呜呼。此役共击毙日军 13 人，缴获长短枪 13 支和 2 架望远镜。这次战斗给日伪当局很大震动，清原城内的敌人则如临大敌，各个路口不仅加派了岗哨，而且对路人严加盘查。一时间，清原城里商户关门，行人断绝。日伪当局还下令限期砍光兴京和清原公路两侧 50 米以内的树木和高棵农作物，以防止抗联部队的突袭。

1937 年 9 月初，抗联第一军第三师政治部主任柳万熙带领一部分队伍到清原甘井子、南山城等地活动。9 月 6 日晨，小部队与前来"讨伐"的清原县伪治安队和伪警察队交火。激战中，山城镇的日军赶来增援，由于敌众我寡，第一军第三师部队只得撤离阵地，进入森林。敌人尾追而来，柳万熙当机立断，迂回敌侧翼向敌人开火，打死日、伪军数人后，巧妙地甩开追敌，撤到兴京境内杨家店休整。入秋，第三师得知日、伪军要武装押送当地农民出工，到大庙抢收"官地"庄稼。为了破坏敌人的秋收，打击日、伪军，柳万熙决定消灭这股敌人。几天后，一日本指导官率湾甸子伪警察队和自卫团共 20 余人，押着从附近村屯抓来的老百姓，前往大庙。早已埋伏在道路两侧的抗联战士，迅速切断敌人的退路，用机枪和步枪一起向敌群射击。日本指导官当场毙命，几名伪军也被击毙。其他伪警察和自卫团人员被第三师指战员的英勇气势吓得惊慌失措，有的举手投降，有的狼狈逃窜。此战共毙伤敌 12 人，缴获机枪 1 挺、长短枪 13 支及子弹数百发。

9 月 13 日，抗联第一军第三师师长王仁斋率手枪队潜入沈阳郊区，在东陵附近擒获伪奉天省公署土木厅高级官员村上博。不久，王仁斋根据反日山林队"东来胜"送来的情报，率队伏击了敌运输队，缴获 21 辆运输车上的军需物资，解决了部队越冬所需物品。10 月 5 日，王仁斋又率队潜入抚顺城内活动，使敌人防不胜防。10 月中旬，王仁斋率队返回清原一带开展游击活动。一天，王仁斋带领两名战士前去筐子沟南大杨堡等地筹集子弹，当行至钓鱼台时，突遭敌便衣队的袭击，王仁斋等3人在顽强抵抗中壮烈牺牲。

入冬后，杨靖宇率抗联第一军军部直属教导队由宽甸向西北方向移动，到本溪、宽甸、桓仁3县毗邻地带活动，曾在本溪县南营房、老边沟等地与日军交战。不久，第一军军部直属教导队和第一师在本溪碱场沟与日军牛岛部队及伪治安军600余人展开战斗，击毙牛岛以下日、伪军60余人。此后，第一军军部直属教导队又在本溪县大石湖、老边沟，桓仁县的大甸子、冷沟等地与日、伪军交战多次，予敌一定杀伤。第一师曾在本溪境内与300多名伪军展开战斗，毙伤伪军30余人。第二师在休整期间，还采取夜袭战术，打击和扰乱了日、伪军的“讨伐”。与此同时，第三师一部在政治部主任柳万熙率领下，于湾甸子截击了敌运送军衣的车辆，俘敌40余人，并缴获大量军装。第三师政委周建华则率一部分队伍在西丰、开原一带与敌“讨伐队”周旋。一天，周建华带领80余名战士，包括20余名伤病员在开原县夹皮山与敌“七县联防队”近千人遭遇。在敌十几倍于己的情况下，周建华指挥部队快速撤离。当部队来到附近的砬子山时，又与敌军相遇，敌我双方再次展开战斗。为摆脱围攻，周建华当即决定分兵突围。在周建华率伤病员刚转移到一山岗时，一股200余人的敌军包抄上来。周建华一边指挥部队还击，一边组织撤退，最后，周建华在突围战斗中不幸中弹牺牲。第三师在此期间遭到较大损失。此后，第三师部队在柳万熙的率领下，撤到大苏河、南山城一带的密营中。

1937年底，日伪当局为达到彻底“剿灭”抗联第一军的目的，派大批日、伪军在南满地区展开疯狂的军事“讨伐”。同时，纠集叛徒、特务，在日本宪兵指导下组成“长岛工作班”等，妄图用政治劝降的手段破坏和瓦解中共地下党组织和抗联部队。为保存实力，减少伤亡，第一军各师避开敌冬季“讨伐”锋芒，一部转移至敌人力量相对薄弱的地方，伺机打击敌人，一部进入深山密林中进行越冬休整。

二、东北抗联第二军开展的游击战

抗联第二军在全国抗战爆发后，在政委魏拯民的领导下，于额穆（今属敦化）、辉南、濛江（今靖宇）、抚松、桦甸等地积极开展游击战，频频打击敌人。1937 年 8 月，第二军独立旅兵分两路。一路由旅长方振声率领，北上桦甸，在那里筹集军需物资，并在二道漂河与日军守备队数百人发生激战，予敌以重创。之后，为打通与抗联第五军的联络通道，又继续北上。在额穆县境的老黑顶子与百余伪军交战，击毙伪军 15 人。另一路则由政委伊俊山率领，与魏拯民带领的第二军教导团共同活动。该部一面谋求与杨靖宇率领的抗联第一军会合，一面伺机歼敌。在此期间，在抚松县榆树川与一股伪军展开战斗，伪军死伤 20 人。9 月，第二军第四师教导团 300 人在柳河县境与日本守备队和伪军遭遇，交战中，击毙日军大队长以下 20 人。本月，第二军第五师在额穆县的二站设伏，消灭日、伪军 20 余人。金日成指挥的第二军第六师第七、第八、第十团，于 1937 年 8 月袭击长白县八道沟伪军据点，毙敌 10 余人。9 月，第六师第九团在安图县小沙河截获了敌“讨伐队”大批物资。同时，第六师教导队一部 30 余人在抚松县的西岗与伪军 80 余人展开激战，毙伤伪军 21 人，缴获轻机枪 1 挺和手枪 3 支、步枪 10 支。

1937 年 10 月，抗联第二军为了配合全国抗战，有力地打击敌人，鼓舞群众的抗日斗志并筹集部队的越冬物资，决定集中第二军教导团、独立旅和第六师第八团共 400 人，以出敌不意的战术奔袭辉南县城。第二军政委魏拯民具体指挥了这次战斗。

辉南县位于吉林省南部辉发江中游，东界濛江、南接柳河、西邻海龙、北连磐石、东北与桦甸接壤，是日本侵略军的军事物资补给基地。县城驻有日军守备队100余人、伪军80余人，此外，还有60余人的伪警察大队和伪自卫团武装。敌人凭借着精良的武器装备、高墙深壕和坚固壁垒，根本没有想到抗日部队会来攻打城池。为了确保攻城战斗的胜利，第二军指挥员事先派出侦察员对城内外的地形、敌人军事设施、兵力部署等进行了一一侦察，然后，制定出详细周密的作战方案。一切准备就绪后，10月25日下午，魏拯民率部队从濛江县龙泉镇向辉南县城进发，并于当日深夜来到辉南城下。

10月26日凌晨，攻城战斗打响。抗联第二军部队按照计划，首先攻破敌人防守相对较弱的南门。随后，兵分几路冲进城内。敌人仓促应战，很快溃不成军。日军守备队企图负隅顽抗，结果被抗联战士一举击毙20余人，伪军警见此情景，纷纷举手投降。消灭敌人的有生力量后，第二军战士迅速攻占敌人军需仓库，搬运出大批粮食、弹药、布匹和药品等军用物资。之后，第二军部队在城内向群众散发了《告民众书》、《告满军士兵书》等抗日救国宣传单。拂晓时分，抗联第二军部队在烧毁南门伪警察分驻所后，撤出县城。

这时，驻守濛江、朝阳镇和桦甸的敌人闻讯急速赶往辉南县城救援。早已埋伏在敌人来援道路两侧的抗联第二军第六师第八团奋勇迎敌。为了分化瓦解敌军，抗联战士一边射击，一边向伪军喊话："中国人不打中国人！"政治攻势果然奏效，伪军的火力很快弱下来。尔后，第八团战士便集中向日军射击。经过激烈交战，击毙日军数十人。战斗中，第六师第八团团长钱永林不幸牺牲。

夜袭辉南县城战斗的胜利，打出了抗联部队的声威，扩大了抗日联军的政治影响，给抗日军民以很大鼓舞，给不可一世的日本侵略者以极大的震慑。辉南县城战斗后，抗联第二军部队为保存实力，开始分兵活动，伊俊山率独立旅主力随魏拯民东去濛江，独立旅另一部由方振声率领留在辉南活动，第六师第八团则返回临江开展游击活动。

1937 年冬，日伪当局以围歼抗联第一路军为目标，开始对东南满地区特别是对长白山区和龙岗山区实行“大讨伐”。面对日、伪军的强大进攻，第一路军避敌锋芒，到敌人统治的薄弱地带，伺机歼敌。

入冬后，抗联第二军大部进入深山密营中进行休整。在密营中，抗联指战员利用难得的战斗间隙，总结对敌斗争的经验，并加紧学习政治、文化和军事理论知识。同时，与进山“讨伐”的日、伪军巧妙周旋。1937 年 12 月的一天深夜，魏拯民率队在濛江排子行军时，突然发现有数个点燃篝火的敌人宿营地。此时，疲惫不堪的日、伪军大都已进入梦乡。魏拯民当即决定给敌人以出其不意的打击。战士们悄悄地占据了与敌营临近的制高点。紧接着，抗联战士的机枪、步枪和手榴弹一齐朝敌人开火。猝不及防的敌军有的被当场击毙，有的慌忙窜逃。此战，共歼日、伪军 200 余人，逃跑的日、伪军则许多被冻伤。为防备敌人跟踪追击，战斗结束后，魏拯民率队迅速离开濛江排子，转往金川一带活动。

抗联第二军第四师在庙岭战斗后，转移到濛江、桦甸一带活动。1937 年 8 月，他们袭击了濛江县那尔轰“集团部落”。10 月，偷袭了位于濛江、辉南边界的四方顶子敌据点。11 月，第四师集中主力部队化装前往桦甸县红石砬子，没费一枪一弹，顺利夺取该地的伪警察署。之后，第四师带着缴获的军用物资到桦甸县老金厂西南岔修建了密营，进行休整。在部队休整期间，为了总结半年来战斗经验，规划下步的军事行动，第四师召开了师党委扩大会议。会议确定了今后的战斗任务，并强调指出：进一步扩大抗日民族统一战线，最大限度地团结一切抗日力量；克服“左”倾思想；不失时机地号召伪军警倒戈哗变；依靠农民，严格遵守群众纪律；不许随便杀死和虐待俘虏。会后，在全师传达了此次会议精神，受到指战员们的拥护。经过一段时间的学习和训练，提高了指战员的政治思想水平和军事技能，为继续开展艰苦的对敌斗争奠定了良好的思想基础。在此期间，敌人“讨伐队”曾一度接近抗联第四师的密营。为了不暴露目标，第四师派出一支部队设计将“讨伐队”引开，并在中途选择有利地形，伏击敌军一个营，击毙日军40人，俘伪军警100余人。

战斗在绥宁地区的抗联第二军第五师，在师长陈翰章的带领下，与抗联第五军密切配合，于中东路道南镜泊湖沿岸频繁开展游击活动。在汪清、珲春、宁安、敦化等游击区经常袭击日伪据点，颠覆军车、破坏敌人的铁路、桥梁、隧道、机场、仓库等军事设施，扰乱敌人后方。仅敦化县沙河沿一战，就消灭日、伪军百余人。第二军第五师在这一带的斗争，使抗联第一路军与吉东和北满抗联部队的活动紧紧地联系在一起。

抗联第二军第六师在师长金日成的率领下，一直活动在抚松、长白、临江、濛江、安图等地。七七事变爆发后，该师在长白、临江等县袭击了八道沟、新房子等日伪据点。9月后，根据军部的部署，第六师大部一面在濛江县马塘沟修建密营，休整队伍，进行政治文化学习，提高部队素质，一面伺机伏击敌军运输队车辆，进攻敌人据点，获取越冬物资。在此期间，该部在濛江县林家屯、双山子及抚松至西岗的公路上，连续3次截击敌人运输队，夺得许多军需物资，为部队越冬做好了准备。10月，第六师第七、第八团在抚松县境与数百伪军交战，歼灭伪军60余名。11月，第六师一部在安图小沙河袭击了日军军需物资运输队，全歼敌护送军用物资的车队，缴获大量军用物资。接着，又袭击了濛江县肖家营和腰甸子两处“集团部落”。12月，该师一部在桦甸县草帽顶子与“讨伐队”交战，毙伤敌多人。同年冬，第六师部队在安图县小沙河沟密营休整，进行文化学习和军事训练，提高了部队政治、军事素质。

第三节　东北抗联第二路军所属各军的英勇斗争

一、东北抗联第二路军的组成及抗联第四、第五军的战斗

全国抗战爆发后，根据中共吉东省委确定的新形势下的对敌斗争方针和策略，抗联第四、第五军积极行动起来，主动出击，袭扰敌人，歼灭日、伪军的有生力量，使吉东地区的抗日斗争呈现出新的局面。

1937 年 7 月中旬，抗联第五军军长周保中率起义后成立的第五军警卫旅离开牡丹江岸，向依兰东部伸展。为了巩固该部，行进途中，周保中经常和李文彬谈话进行思想工作，并向起义战士进行革命思想教育，鼓舞他们的抗日斗志。部队从三道通渡过乌斯浑河，又经大哈塘、邢家小铺，跨过七虎力、八虎力河，到达依东榆树泡一带。与此同时，以抗联第五军第二师为骨干组成“下江远征队”，在师长王光宇率领下，由依东向宝清挺进，以便与抗联第四军和第七军取得联系。

1937 年 8 月 16 日，周保中率抗联第五军警卫旅第一团及抗联第三军骑兵连在王家东山与日军四五百骑兵交战，毙敌 38 人、战马 55 匹。战斗中，警卫旅第二团政委赵永新和俄罗斯族舍尔宾等 3 名战士牺牲，7 人负伤。之后，周保中率警卫旅部队与在附近活动的抗联第八军、第三军第五师和独立师第一旅会合。这时，驻守依东孟家岗的日军骑兵部队频繁在来财河一带对抗联进行“讨伐”。1937 年 8 月中旬的一天，日军黑石部队 700 余骑兵自孟家岗再次出动“讨伐”。为了消灭这股敌人，在周保中统一指挥下，第五军警卫旅、第八军第三

师及独立师共400余人，在五道岗设下埋伏。8月21日上午10时，抗联第八军第三师和独立师骑兵近200名诱敌至五道岗大道。当日军进入伏击圈后，早已占据五道岗南北高地的第五军警卫旅部队在1.5公里长的战线上突然向敌人发起猛烈进攻。敌军阵营顿时大乱。混乱中，敌人一部利用道南的一处高地负隅顽抗，大部则向抗联部队的左侧阵地猛冲。由于抗联部队占据有利地形，英勇作战，所以，敌人组织的多次进攻都被打退。战斗一直持续到下午4时，在抗联部队的全面攻击下，日军狼狈逃窜。此战共击毙敌军370余人，伤敌50余人，打死战马200余匹，缴获马枪220支、轻机枪10余挺和钢盔、马刀、弹药等大量战利品。五道岗截击战，沉重打击了驻孟家岗日军的狂妄气焰，使其在相当一段时间不敢出动。战斗中，警卫旅参谋长蒋继昌受重伤，牺牲干部、战士22人，受伤11人①。

五道岗截击战后，警卫旅根据周保中的指示奔赴宝清，协同抗联第五军第二师在桦川、富锦、宝清等地开展活动。之后，周保中返回牡丹江岸四道河子第五军军部。警卫旅在旅长李文彬、政治部主任张镇华率领下，随第五军第二师师长王光宇所率下江远征队向宝清移动。途中，在佳木斯南太平川伪装成日军"讨伐队"，打开了反动地主李家大院。随后，又在富锦县安邦河与敌人交火。不久，抵达宝清县境，与在此地活动的第五军第二师第五团会合。

此时，在宝清活动的还有抗联第三军第四师、抗联第六军第一师和抗联第四军部队。第五军下江远征队到宝清后，便与活动在这里的第三、四、六军部队密切配合，协同作战，打击敌人。1937年7月末，第五军第二师第四、五团和第四军一个连在小青山活动时，与日

① 《周保中简短日记(1936年3月—1937年10月)》，载中央档案馆、辽宁省档案馆、吉林省档案馆、黑龙江省档案馆编：《东北地区革命历史文件汇集》甲40，1989年印，第333页。

军守备队、伪军第三十团近百人展开战斗，第四、第五军部队迅速抢占有利地形，将敌人击退。之后，第四、第五军各一部在王光宇的指挥下，突入宝清日伪统治的心腹地带第四区。宝清四区南靠县城，其他三面都是漂垡甸子（湿地），出入较困难。第四、第五军联合部队出其不意，一举捣毁了敌人据点。8 月末，又在兴河镇南与前来“讨伐”的伪军第三十五团 200 余人展开战斗，经 2 小时战斗，敌人被击退。激战中，王光宇负伤。9 月 20 日，第四、第五军联合部队在孟家烧锅被 200 余日、伪军包围，经沉着应对，胜利突出重围。此战，日、伪军死伤 10 余人。9 月 28 日，第五军第二师、警卫旅联合第三、第六军和独立师共 2000 余人，突袭宝清县城获胜。之后，又以迅雷不及掩耳之势攻袭了富锦县城，大获全胜。10 月末，又在宝清和富锦之间大孤山解除了伪军防所的武装，俘虏伪军 30 余人，缴获长短枪 30 余支、弹药及军需品甚多。抗联部队在宝清、富锦战斗的胜利，受到当地群众的赞扬，许多群众自愿为抗联部队捐助经费和马匹，称赞抗联是“神武救国救民之师”。

在此期间，抗联第五军第一师与军部教导队活动在牡丹江沿岸。他们与抗联其他部队紧密配合，积极开展以袭扰日伪据点和设施为目标的军事活动。1937 年 7 月 14 日，第一师一部在穆棱县十站西盘道岭伏击了从牡丹江开来的敌军列车，毙伤日、伪军 130 余人，并将机车头击毁。7 月 21 日，第一师利用内线接应，解除了刁翎腰围子伪警察队和伪自卫团防所武装，俘敌 23 人，缴枪 23 支。7 月 25 日，第五军第一师与第四军一部联合攻袭了三道通敌据点，经 6 小时激战，击毙日军少佐和中尉军官各 1 人。8 月 3 日，第五军第一师一部袭击了兴隆沟和双鸭子两个“集团部落”，并将伪自卫团的武装解除。8 月 13 日，抗联第五军与抗联第二军、第四军、第八军各一部共 250 人，在第五军副军长柴世荣的指挥下，对到三道通修筑兵营的 120 余名日军发起攻击，经半日激战，毙伤日军40余人。8月22日，第五军第一师第三团在该师参谋长王毓峰的指挥下，解除了伪军张营第三连的武装，毙伤伪军10余人，缴获轻机枪1挺、步枪72支、手枪2支、子弹1.1万余发和一批军大衣等军需品。

与此同时，抗联第五军军部为了打破敌人围歼的阴谋，派遣第一师第二团前往西南方向活动，以图恢复旧游击区，并与抗联第二军部队取得联系。8月中旬，第五军第二团在牡丹江五虎林半拉砬子设伏，击毙伪军白俄兵21人，伤8人，缴获一些枪支。以后，该部继续向西南进展，沿途接连袭击敌人兵站，破坏敌交通设施。但因该部是在日伪统治严密的地区活动，所以，斗争极为艰难。

抗联第四军在军长李延平率领下，积极活动在富锦、宝清等地。第四军第四师曾与祁致中领导的抗联独立师在富锦一、二、三区平原地带开展游击活动，第四军第二、第三师和第六军第一师一起活动在宝清五、六、七区。同年夏，第四军联合第五、第六军在宝清二道山子展开一场伏击战。此役，由抗联第六军第一师部队先将驻守宝清县城的一股敌人诱出。当敌军行至二道山子时，埋伏于此地的第四、第五军战士一起射击，敌死伤20余人，其中有日本指导官1人，余者狼狈逃回宝清县城。战斗中缴获轻机枪1挺、步枪10余支。

1937年9月，中共吉东省委常委、抗联第五军军长周保中由依兰东部返回牡丹江左岸四道河子后方密营。为了确定今后的斗争方向和统一吉东地区的军事领导，9月29日，由周保中主持召开了中共吉东省委常委工作会议。会议在认真分析全国抗战爆发后东北抗日游击运动的形势和面临的任务时指出：七七事变后，东北抗日游击运动不仅是为了反对日本帝国主义对东北的殖民统治，而且是为了牵制和打击敌人，配合全国抗战。为了“促使日贼主力作战方面之迅速崩溃，同时应避免东北抗日联军受日贼之个个击破，依政治的战略的目的，吉东方面各抗日部队应有统一军事组织”①。为此，会议根据中共驻共产国际代表团1936年关于组建抗日联军路军的指示，决定继在东南满活动的抗联第一路军之后，组建东北抗日联军第二路军。会议决定委托吉东省委书记宋一夫、第五军军长周保中、勃利代表鲍林②、宁安代表苏维民、中东路路南代表张中华、东北义勇军第一路司令姚振山、第五军副军长柴世荣、第四军军长李延平、第五军第一师师长关书范、第五军第二师师长王光宇、第五军第一师第二团团长王毓峰、第四军第一师第一团政委曲成山③、救世军军长王荫武、第二军第五师师长陈翰章为东北抗日联军第二路军筹备委员。会议决定，务于最近期间，完成东北抗日联军第二路军的建立。

1937年10月10日，东北抗日联军第五军发表通告宣布东北抗日联军第二路军正式组成，周保中任抗联第二路军总指挥。东北抗日联军第二路军以第四、第五两军为中心，包括第二军第五师、东北义勇军姚振山部，以及救世军王荫武部为参加部队。后来，根据抗日武装斗争活动区域，中共吉东省委与中共北满临时省委协商，抗联第七军、第八军、第十军亦加入抗联第二路军建制序列。

抗联第二路军及总指挥部的成立，使活动在吉东地区的抗联部

---

① 《东北抗日联军第五军通告——关于筹建抗日联军路军问题》(1937年10月10日)，载中央档案馆、辽宁省档案馆、吉林省档案馆、黑龙江省档案馆编：《东北地区革命历史文件汇集》甲49，1991年印，第487页。

② 鲍林(1913—1989)，又名宋文玲，原名宋文锡，别名邵林、鲍满，山东乳山人。1933年冬赴莫斯科东方大学学习。1935年秋回国后在东北抗日联军第四军做政治工作。1936年加入中国共产党。后历任中共勃利县委书记、中共下江特委书记、东北抗日联军第七军第三师政治部主任。1942年7月被捕。1945年7月重新参加工作。1989年病逝。

③ 曲成山，生卒年不详。早年加入中国共产党。1936年后历任东北抗日联军第四军第一师第一团政委、第四军第二师政治部主任、第四军第一师代理师长等职。1938年被俘后叛变投敌。

队有了统一领导，这对于深入贯彻抗日民族统一战线政策，团结各种抗日武装力量，共同开展对敌斗争，具有重要意义。在宣布第二路军组成通告的当天，第二路军总指挥周保中致信姚振山，欢迎他参加抗联第二路军并委任他为第二路军吉东游击军司令。

四道河子会议后，日、伪军纠集2000余兵力，自牡丹江、林口、依兰、方正向四道河子抗联第五军根据地和密营发动大规模的围攻。敌军在飞机的配合下，妄图一举摧毁抗联部队的后方根据地。为避敌锋芒，保存实力，周保中决定，新任抗联第五军军长柴世荣率第五军第一师在牡丹江沿岸相机开展游击活动，由自己率部分队伍东进，前往下江地区，对抗联第四、第五、第七军进行整顿，以适应新形势下对敌斗争的需要。

1937年10月中旬，周保中率精干卫队从莲花泡西岸渡过牡丹江，穿越图佳铁路和敌人的层层封锁线，于11月初到达宝清县抗联第五军第二师和警卫旅的前方指挥所。在这里，周保中检查了第五军下江远征队的工作后，对第五军进行了整顿。11月21日召开了第五军第二师和警卫旅干部会议。会上，周保中分析当时的形势，传达了吉东省委四道河子会议精神，指出今后的斗争任务是：第一，加强部队的政治思想工作，准备与日伪进行更为艰苦的斗争。第二，抓紧时间筹集给养和军需物品，动员后方老弱病残人员，实行部分自耕，以防敌人的经济封锁。第三，做好1938年西征的准备工作。会议决定将第五军警卫旅改编为第五军第三师。同时，对第五军干部进行了部分补充和调整。调整后的第五军领导干部配置情况为：第五军军长柴世荣，政治部主任宋一夫，副官长罗振华。第五军共编3个师。第一师师长关书范，政委严志，副官长刘汝勤。第一师下辖第一、第二、第三团：第一团团长曲玉山，第二团团长杨绍臣，第三团团长李青山。第二师师长宋一夫（兼），副师长张镇华，政治部主任季青[1]，副官长尹常青。第二师下辖第四、第五团：第四团团长王青林，政委金光侠；第五团团长任德胜，政委朴东和。第三师师长李文彬，政治部主任王效明。第三师下辖第八、第九团：第八团团长费广兆，政委姜信一；第九团团长蒋继昌，政委姜信泰[2]。

周保中对抗联第五军进行整顿后，于 11 月下旬携同第五军第二师原师长王光宇前往抗联第四军军部，按省委决定，对第四军进行整顿。

抗联第四军自军长李延禄根据中共代表团决定进关后，一直由李延平代理军长一职。由于军部领导力量较为薄弱，部队发展比较缓慢。在残酷的斗争中，部队受到一定损失。1937 年 8 月末，第四军第三团团长吴明月在勃利作战中牺牲，第三团被打散，只有 30 余人回到第四军第一团。同年 9 月 18 日，第四军第二师第五团和第四师在攻打富锦县国强街基的战斗中，第二师师长李天柱英勇牺牲。与此同时，原收编的队伍也先后脱离第四军部队。1937 年 9 月，第四师第九团团长丛海山借口不满军部派来的政治干部朴德山和曹曙炎的领导，将队伍拉走；不久，第四师师长刘振国离队到集贤养病，第四师余

---

① 季青（1911—1988），原名李大丕、李山，黑龙江依兰人。1932 年 9 月加入中国共产党。1934 年参加土龙山农民暴动。1935 年后历任中共依兰县委宣传部部长、东北抗日联军第五军团政委、教导队主任、东北抗联第五军第三师政治部主任、东北抗联第五军政治委员、东北抗联教导旅第四营政治副营长。1944 年在苏联肃反扩大化中被判刑，1955 年回国。1976 年平反恢复党籍。后任黑龙江省人大常委会副秘书长。1988 年病逝。

② 姜信泰（1918—1950），又名姜健，朝鲜庆尚北道人。1932 年春在宁安加入中国共产主义青年团，1935 年加入中国共产党。1936 年后历任东北反日联合军第五军连指导员、团政委，东北抗日联军第二路军警卫队政委、二支队政委、东北抗联教导旅第二营政治副营长。抗战胜利后任中共延边地委书记等职。后回朝鲜，曾任朝鲜人民军总参谋长。1950 年在朝鲜战争中牺牲。

下队伍与第五团残部脱离军部领导，另立山头；第四军第三师师长宫显庭则藏匿深山，不服从军部指挥。因此，自 1937 年秋，抗联第四军的战斗力大大削弱。

1937 年 11 月 30 日，根据中共吉东省委的决定并针对抗联第四军的实际情况，周保中在第四军密营宝清县大叶子沟主持召开了吉东省委常委和第四、第五军干部联席会议。参加会议的有周保中、李延平、王光宇、黄玉清、曲成山、鲍林等。会上，研究确定对第四军的整顿方案。为加强第四军军部的领导力量，调原第五军第二师师长王光宇任第四军副军长，将原第五军第一师参谋长王毓峰调回第四军工作，派勃利县委书记鲍林代表省委暂驻第四军军部，专门负责党组织和协助开展政治教育及宝清、勃利地方工作。同时，会议决定根据第四军实际情况，将第四军原有的 4 个师缩编为 2 个师。经过整编后的第四军领导干部配置情况为：第四军军长李延平，副军长王光宇，军政治部主任黄玉清，参谋长陈文学。第一师师长张相武[①]，政治部主任黄玉清兼任。第一师下辖第一、第二、第三团（第三团计划由原第四师组编，后因第四师失散，未编成）：第一团团长满景堂，政委李福；第二团团长张相武（兼），政委马国臣。第二师师长宫显庭（1937 年 12 月王毓峰接任），政治部主任曲成山。第二师下辖第四、第五、第六团：第四团团长刘贤久，政委彭施鲁[②]；第五团团长宫显庭；第六团团长阎福，政委李德润。军部警卫连连长王得胜。会议确定的第四军活动区域为：第一师以勃利、依兰、宝清边界为主要游击区，并设法与抗联第五军第一师取得联系，必

---

① 张相武（1913—1938），山东莱州人。1935 年加入中国共产党。历任东北抗日同盟军第四军第二团团长、东北抗日联军第一师师长。1938 年在战斗中牺牲。

② 彭施鲁（1915—2009），原名王国梁，河南武陟人。1935 年加入中国共产党，1936 年参加东北抗日联军第四军。历任东北抗联第四军第二师第四团政委、第四军下江留守处主任、东北抗联第七军第一师政治部主任。抗战胜利后，任佳木斯卫戍司令部司令员。新中国成立后，任解放军总参谋部军事院校部副部长、国防科工委副参谋长等职。2009 年病逝。

要时穿越林密铁路，与在绥宁地区活动的抗联第五军和第二军相呼应；第二师以宝清、富锦为主要游击区，并与同在此地活动的抗联第五军第二、第三师配合行动。为了加速培养骨干力量，第四军军部还选派一批青年到抗联第二路军总指挥部的教导队进行政治、军事和文化学习。

抗联第四、第五军经过整顿，政治思想和军事素质有了明显提高，组织性和纪律性也得到加强。在 1937 年冬季反“讨伐”斗争中，抗联第四、第五军积极主动地向敌人展开进攻。抗联第四军副军长王光宇率第四、第五军联合部队百余人在宝清活动时，遭到数百名日军包围。王光宇指挥部队沉着应战，经过奋勇反击，部队胜利冲出敌围，此战毙伤日军 40 余人。之后，王光宇又指挥第四军和第五、第八军部分队伍 100 余人联合行动，攻袭了桦川县聚宝山伪警察署，在内部人员策应下，解除了伪警察的全部武装，缴获轻机枪 1 挺、步枪 30 余支和马匹、粮食等其他军需物资。一些伪警人员经过教育，自愿参加了抗联部队。不久，王光宇又率第四、第五军部队攻打了伪军教导队，缴获机枪 2 挺、步枪 100 余支和其他军需物资若干。

自 1937 年 9 月中共吉东省委四道河子会议后，吉东省委和抗联第二路军总指挥部在对所属部队进行整顿的同时，还根据形势发展的需要，成立了下江联军教导队。抗联第五军第二师政治部主任季青任教务主任。该教导队主要培训团以下干部。教导队成立后，抗联第四、第五、第七、第九军先后派出百余人参加了学习和训练。1938 年 3 月培训结束。该教导队的成立，对提高干部的政治军事水平，培养部队的团结意识和大局意识起到了重要的作用，为即将到来的更加艰苦的对敌斗争做了组织上和思想上的准备。

二、东北抗联第七、第八、第十军的斗争

抗联第七军一直活动在虎林和饶河一带。全国抗战爆发后，第

七军指战员积极进行抗日宣传，揭露日本侵略者的罪行，动员群众踊跃参加抗战。同时，积极开展发动群众，反对敌人“集团部落”政策，搞好统一战线和争取伪军哗变工作。在群众的大力支持下，解决了800余人的冬装和2.7万元军饷，组建了一支骑兵队伍。在爆马顶子、十八垧地、大叶子沟、四合顶子等地建立了多处密营。入冬，日、伪军开始“大讨伐”。时值第七军第一、三师部队从同江、富锦返回虎饶山区。针对敌人的冬季“讨伐”，为避敌锋芒，第七军决定派出部分骑兵到同江平原地带牵制敌人，步兵主力在代军长崔石泉率领下，转移到敌人力量较薄弱的抚远一带活动。1937年12月12日，活动在宝清的第七军一部和抗联第五军共400步骑兵联合作战，袭击了七星河镇，毙伤日军30余人，其中有日本指导官和教官各1人，歼灭伪军1个连，缴获迫击炮1门、重机枪1挺、轻机枪4挺、步枪200余支和其他军需用品。战斗胜利后，第七军部队返回饶河山里。第七军部队在与日、伪军的战斗中，队伍有了很大发展。到同年年底，全军已发展到1500余人，其中，基干队800余人，收编队700余人。同时在饶河爆马顶子、十八垧地和四合顶子等地密营，储备了大量物资，为部队冬季斗争和休整做了充分准备。

然而，1936年12月下江特委书记朴元彬前往海参崴向原中共驻共产国际驻该地的联络站负责人杨春山汇报工作后，就被调到莫斯科接受审查，未再回东北，抗联第七军与下江特委党组织从此失去联系，在第七军领导干部中出现的一些意见分歧和团结的问题一直得不到解决，因此使第七军“一般同志都有悲观和失望的态度”①。这种状况如不得到改善，势必影响部队的发展和对敌斗争的开展。为了能尽快与上级组织取得联

① 《东北抗联第七军党委给中共吉东省委的报告信》(1937年11月)，载中央档案馆、辽宁省档案馆、吉林省档案馆、黑龙江省档案馆编：《东北地区革命历史文件汇集》甲50，1991年印，第127页。

系，第七军党组织曾通过各种办法派人寻找，但都杳无音讯。截至1937年11月，才与中共吉东省委取得联系。中共下江特委委员徐凤山在宝清向周保中介绍了第七军和下江特委的情况，并要求吉东省委派人到下江特委、第七军，帮助解决存在的问题。

1937年12月15日，周保中从宝清来到饶河，以吉东省委代表资格，提议召开中共下江特委扩大会议。1937年12月31日至1938年1月5日，中共下江特委扩大会议在饶河十八垧地抗联第七军密营召开。参加会议的有下江特委委员、饶河和虎林县委委员、党员积极分子、第七军党委委员、各师党员师长、连党支部代表共35人。会议听取了周保中关于当前政治形势的报告，会议总结了下江特委和抗联第七军过去工作中的经验教训，并经过认真讨论，改组了下江特委和抗联第七军党委。会议决定改选新的下江特委，中共吉东省委决定派原中共勃利县委书记鲍林任下江特委书记，在他到任之前，组织特委临时工作委员会，张文清任临时工委主席，崔石泉、郑鲁岩为委员；会议改选了第七军党委执行委员会，由崔石泉、李学福、郑鲁岩、金铁宇、云鹤英、景乐亭、刘廷仲①等7人为委员，崔石泉任书记；李学福任第七军军长（李学福养病期间由崔石泉代理），郑鲁岩任政治部主任。同时，对第七军下辖的各师团干部也进行了必要的调整。第一师师长王汝起，副师长姜克智，政治部主任何可人。第一师下辖3个团：第一团团长崔勇进；第二团团长王凤林，政委李一平；第三团团长天君，政委金昌海。第二师师长邹其昌，副师长金世昌，政治部主任金铁宇。第二师下辖6个团，第四团团长王某，第五团团长刘雁来，第六团团长赵某，第十二团团长不详，第十三团团长姜尚平，第十四团团长不详。第三师师长景乐亭，副师长云鹤英，政治部主任刘廷仲。第三师下辖5个

---

① 刘廷仲（1904—1939），山东黄县人。1935年参加东北人民革命军第四军第四团，历任连政治指导员、团政委，1938年任东北抗日联军第七军第三师政治部主任。1939年在战斗中牺牲。

团:第七团团长隋长青,政委王盛;第八团团长君子人;第九团团长杨秉清;第十团团长姜义;第十一团团长不详。

会议一致接受了周保中关于下江特委和抗联第七军党委归属中共吉东省委直接领导的声明,学习贯彻了党中央 1937 年 4 月 15 日发表的《告全党同志书》,并通过了《下江特委扩大会议决议案》。同时,会议对加强党对部队的领导和政治思想工作、1938 年抗联第七军的活动计划、对反日山林队的政策及军民关系等问题也进行了广泛的讨论,并作出了相应的决议。这次会议,解决了下江特委和第七军领导干部中存在的问题,改组了下江特委,整顿了第七军,加强了党的领导、部队领导力量,进一步增强了第七军内部团结,对抗联第七军的巩固和发展起到了重要的作用。

抗联第八军在全国抗战形势的影响下,也进行了一系列战斗,并与其他抗联部队配合取得了一些战果。1937 年 7 月 17 日,第八军第二师与第五师各一部 30 余人化装成伪自卫队员,夜袭了方正县的二道街、三道街。8 月 4 日,第八军第一师与第二师第七团共 200 余人,袭击了依兰县第四区邢家小铺伪自卫团,击伤伪自卫团人员 3 人,缴获手枪 1 支、步枪 15 支。8 月上旬,军长谢文东率队到依兰县第二、三、四区,向群众做抗日宣传,并号召民众积极参加抗日部队。8 月 28 日,第八军第二师第七团在团长李凤五的率领下,在依兰第四区二道河子与伪自卫团交火,25 名伪自卫团员被缴械。

1937 年,日伪当局实施的"归屯并户"、"坚壁清野"等毒辣计划在依兰、勃利等地已逐步完成。仅依兰县在一年中就建成"集团部落"34 个。这给在此地活动的抗联第五、第八军造成了直接威胁。为了打破敌人的封锁,破坏日伪的"归屯并户"政策,同年 9 月,第五军军长周保中给第五、第八军发出指示信,要求设法制止日伪当局的行动,并指出:"估计整个斗争前途,除希望依东联军部队不断进行予贼军以不断打击以外，凡归屯并户之屯基，现在开始修壕筑垒之地方，住屋一概予以焚烧。八虎力河南各大院套勒令平毁，此事关系重要，务望我同志彻底执行，希勿犹移徘徊。对于焚毁民屋，实系日贼毒辣政策下之不能不如此，人民受暂时之不安，实救国抗日前途之应有施张，希向各地民众解释。”①根据这一指示精神，第八军与第五军相配合，在五道岗袭击了前来保护修建“集团部落”的伪军。9 月下旬，在第八军第四师冯团长的带领下，攻打了一处“集团部落”。10 月初，抗联第八、第六、第五军与独立师一部共同商议，计划对依兰三区的“集团部落”进行全面破坏，肖家屯一带由第六军和独立师负责，五道岗一带由第八军负责，整个破坏“集团部落”斗争由宋一夫负总责。后因宋一夫臂部负伤，加之敌人不断围攻第八军军部，这一斗争任务未能全部实现。在此期间，为了破坏敌人的交通通讯，第八军与其他抗日部队在依兰、桦川、汤原等地共同行动，毁坏电线杆 650 根，破坏桥梁 3 座。

在抗联第八军与其他抗联部队协同作战，共同打击日伪统治时，1937 年 9 月 10 日，伪满军第二十九团（团长赫奎武）在抗联五军策反人员的工作下，在牡丹江东小河沿举旗反正，加入第八军。后被编为第八军第七师，赫奎武任第八军副军长兼第七师师长。

伪军赫奎武团起义，使日伪当局极为震怒。10 月 1 日后，敌人纠集数千兵力，对抗联第五、第八、第九军后方基地进行“讨伐”，并先后派出 16 架飞机对五道河子等地狂轰滥炸。抗联第八军第一师第一团和新编第七师第一旅为掩护部队转移，在五道河子哈塘沟与敌发生激战，击毙日军 16 人，缴获战马 19 匹。不久，第八军军部和第八军第七师等部移到方正县无影山第八军第二师密营。敌人获此消息后，

---

① 《周保中、刘曙华关于破坏日寇归屯并户的对策问题给金根等人的信》（1937 年 9 月 10 日），载《周保中抗日救国文集》（上），吉林大学出版社 1996 年版，第 468 页。

又调动方正、依兰、延寿等县的日、伪军700余人进行“围剿”。在第八军部队的坚守下，敌人未攻进密营，但由于天气渐凉，给养断绝，部队政治工作薄弱，指战员士气低落。特别是刚刚反正的赫奎武团（第二十九团），在艰苦的环境下，开始出现动摇。10月末，赫奎武在敌人的引诱下，又率队投入敌营。赫奎武团的叛降，对处于艰难境况下的第八军部队造成不良影响，加之第八军的后方基地基本被敌人捣毁，给养和物资被掠去，部队陆续出现叛逃现象。1937年11月，第八军第三师政治部主任金根在桦川密营被叛徒杀害。

面对抗联第八军的动摇和混乱状态，抗联第二路军总指挥周保中致信第八军领导人，提出了整顿部队的意见。他在信中指出：“希望八军军部自身应极力振作，依吉东的指示原则，遇事有正确见解。凡军事政治进行命令要统一，系统要统一，一切进行有一定不变的方针，切实整顿内部向巩固之途迈进，不可朝令夕改，随是随非”[①]。但由于第八军军长谢文东和副军长滕松柏极力阻挠，中共吉东省委和第二路军总部始终未能实现对第八军的整顿。第八军一直处在混乱和动摇中。

抗联第十军活动在五常和舒兰一带，在与其他抗联部队隔绝的情况下，为配合全国抗战，在军长汪雅臣的率领下，多次袭击五常、舒兰、苇河（今属尚志）一带的日伪据点，并北上远征至延寿、方正一带，配合抗联第三军作战。1937年夏，第十军部队百余人在军长汪雅臣的率领下，攻打了五常县山河屯伪警察署，缴获大批武器弹药。

1937年6月，汪雅臣率抗联第十军部队300余人化装成伪军，从小南门前往九十五顶子山途中，遇上百余名日、伪军“讨伐队”。汪雅

① 《周保中给谢文东等同志的信》（1937年11月5日），载中央档案馆、辽宁省档案馆、吉林省档案馆、黑龙江省档案馆编：《东北地区革命历史文件汇集》甲50，1991年印，第51页。

臣巧妙与敌周旋，麻痹敌人，一举将这股日、伪军消灭。同年10月，第十军部队在苇河亚布力与日、伪军“讨伐队”进行一场战斗，毙伤日、伪军近百人，并缴获一批武器弹药。

抗联第二路军总指挥部成立后，第十军继续战斗在五常、舒兰一带。

第四节　北满抗联各部分兵转战

一、东北抗联第三、第六军的战斗

卢沟桥事变爆发后，根据形势的发展变化，中共北满临时省委号召北满地区民众响应全国抗战，积极行动起来，反对征发粮食、征发人夫，反对“归屯并户”、建立“集团部落”，抗联部队要积极破坏敌人兵站、仓库和交通，主动袭击敌人，要“加紧领导和布置抗日游击区的各种斗争，保持旧的抗日区域继续支撑活动和新的抗日区域的突击与开展”，积极克服前进中的一切困难，冲破1937年度日军的“大讨伐”。

在全国抗战形势的鼓舞下，抗联第三、第六军分别于松花江下游两岸和小兴安岭西麓开展了积极的游击活动。

抗联第三军第一、第二、第三、第五师转战在松花江南岸方正、依东一带，积极开展游击活动。第一师在方正县大罗勒密建有修械所，为第二师制作过机枪头。第三师在依东修建了两处密营，为部队储存了大量粮食等军需物资。8月，第三军第五师在师长景永安的率领下，于北进途中在依兰县东部肖家屯附近与驻守在四合山的日、伪军七八十人遭遇，战斗中予敌以很大杀伤。之后，该部又与抗联第五军警卫旅第一团在小门傅屯与150名日军骑兵战斗3小时，毙伤敌20

余人。

抗联第三军第四师活动在宝清、富锦、勃利一带。1937年7月，第四师师长郝贵林率部在勃利县青龙山小五站活动时，突遭200余日、伪军的围攻，郝贵林在掩护部队突围时，身负重伤，英勇牺牲。之后，第四师在继任师长陆希田的率领下，继续活动在宝清、富锦、勃利一带。不久，第四师游击营在勃利成功地策应20余名伪军哗变。陆希田又率第四师保安连解除了40余名伪警察的武装。第四师第四团在宝清六区击溃一支伪军"讨伐队"。同年10月至11月，敌人调集日军1个骑兵团和几个团伪军"讨伐"活动在宝清一带的抗联各军。为了避免被敌人各个击破，第四师政治部主任金策与抗联第六军第一师师长马德山、政治部主任徐光海商议，决定由第"三、六军一、四师挑拨一部分精锐队伍临时组成三、六军模范师"①，到敌人统治薄弱地区建立游击根据地。在得到上级组织批准后，由第三军四师一部分骑兵与第六军第一师共同组成有250人的模范师，向饶河、抚远境内挺进。不久，模范师与在该地的抗联第七军共同在乌苏里江岸开展游击活动，袭击敌人据点。在攻打国富镇、蒿通镇、海青镇战斗中，取得一些胜利。

活动在小兴安岭西麓海伦县境的抗联第三军第六师与远征到此地的抗联第六军部队联合作战。1937年7月间，第三军第六师师长张光迪率领第六师与第六军部队联合攻打了海伦县侯家碗铺，摧毁了伪警察署，俘虏了伪警察署长和伪警察多人。之后，部队向北移动。7月27日，与第六军部队在海伦县李刚烧锅与日军栗原部队遭遇，展开激战，击毁敌人汽车2辆，击毙日军30余人。尔后，与第六军部队分开，

---

① 《金策、马德山关于组织模范师及四、七军军长的人选问题给北满省委与三、六军党委的信》(1937年12月8日)，载中央档案馆、辽宁省档案馆、吉林省档案馆、黑龙江省档案馆编:《东北地区革命历史文件汇集》甲50，1991年印，第177页。

第三军第六师继续在通北、海伦一带开展游击战争，开辟新的游击区。

抗联第三军第九师在师长李振远和政治部主任雷炎率领下，于汤原西部频繁袭敌，取得很多战果。从7月至10月，击毙日军60多人，缴获步枪百余支、轻重机枪6挺、炮1门和子弹数万发。11月后，该部根据抗联第三军司令部的命令，经通河、木兰，远征至铁骊（今铁力）、庆城（今庆安）、通北（今属北安）一带，与第六师部队共同开展游击活动。

全国抗战的爆发，东北抗联各部队的活跃游击战，使日伪当局颇为震惊。为了巩固其东北后方，敌人加紧"讨伐"抗日联军。在日趋残酷和艰苦的对敌斗争形势下，一些被收编的抗日武装开始发生动摇。由反日山林队于九江部和考凤林部改编的抗联第三军第七师、第八师在严酷的斗争面前，经不住日伪特务的劝降，于1937年秋，相继叛变投敌。

在频繁、激烈的游击战争和在各地分散活动的环境中，抗联第三军有的部队政治领导干部牺牲或调出之后，没有及时补充，政治思想工作曾一度削弱，党的组织生活缺乏规范，队内出现了畏惧艰苦环境、脱离群众和违反纪律等问题。为了及时和切实地解决这些问题，使第三军指战员在政治思想和作风上有所改变，1937年8月1日，第三军党委会向所属各师发出了关于加强党的工作的指示信，要求：第一，要加强党的领导，"军政负责人员不许兼党委书记，在团、师、军内的党委书记以会谈选举的方式或由上级指定委派来决定"。第二，"各班、排内成立很有力的小组，要加强领导。这一党的小组是党工作的基础，党员要在群众间真正能起领导核心作用。首先党要站在群众的先锋，做群众的模范，在群众中间真正的能表现出艰苦、积极、勇敢模范群众化，有耐心说服的精神和教育解释工作"。第三，在"团本部，师本部、军本部以及其他各独立机关内"，要尽快"建立起支部新生活来”。第四，对干部的提拔、任免要措施得当。“要在斗争中来考察干部”，要“耐心的培养教育训练和爱护干部”。第五，“队内党与地方党应注意公开工作与秘密工作的联系，并配合着军事行动与政治工作来进行工作”。第六，在目前处于游击战争的环境下，要“锻炼独立工作能力”。“下级党对上级党要经常的写报告”，“上级党对下级党要经常的写指示信”。第七，除不便公开的文件外，党的会议精神要及时“深入到下层群众中去，争取广大劳苦群众围绕在吾党的周围，来拥护我党的正确主张，参加吾党的组织，执行吾党的工作决议，以便号召广大劳苦群众参加吾党，巩固吾党”。第八，“提高党的警惕性，反对奸细混到党里来”。第九，要加强青年工作。第十，与党内一切不良风气做斗争①。

为了充实领导和加强部队的骨干力量，中共北满临时省委和抗联第三军司令部、党委决定，任命周庶泛为抗联第三军第六师政治部主任，雷炎任抗联第三军第九师政治部主任，第四师政治部主任金策调省委工作，派于保合到第四师负责政治工作。同时，将在联军政治军事学校的教官和学员全部派到第三、第六军各部队工作。此后，为了进一步加强党在军队中的领导，发挥核心作用和严肃军纪，第三军军长赵尚志发出《关于整饬军纪给各师负责同志的信》，信中列举一些干部在执行政策、思想作风、群众关系、军事纪律等方面存在的缺点、错误，严肃地批评了违纪现象，指出其危害，号召各级干部要吸取教训，恢复光大第三军在游击队时期的光荣传统。第三军党委作出了《抗联三军党委会为反对各种倾向巩固党的阵营提高党与军队政治威信的决议》和《抗联三军党委会为纠正腐化现象、实现共产党员

---

① 《东北抗日联军第三军党委员会给各师党委员会的指示信》（1937 年 8 月 1 日），载中央档案馆、辽宁省档案馆、吉林省档案馆、黑龙江省档案馆编：《东北地区革命历史文件汇集》甲 49，1991 年印，第 221—224 页。

在三军中光荣模范的决议》。中共北满临时省委和抗联第三军党委会在全军开展的政治思想教育和整顿工作，对巩固部队和提高部队战斗力都起到了重要作用，为粉碎日伪越来越残酷的“大讨伐”提供了组织和思想保证。

抗联第六军在卢沟桥事变后，也积极于松花江下游和小兴安岭西麓开展游击活动。1937 年 7 月初，抗联第六军军长戴鸿宾根据中共北满临时省委和北满抗联总司令部关于突破敌人对三江地区新的进攻与“讨伐”、第六军主力开辟嫩海新游击区的指示，率第六军军部保安团、第六军直属特科连和第二师第四、第五团及第四师第十一团、第十四团共 700 余名战士进行西征。部队穿越了人迹罕至的小兴安岭原始森林，20 余日后，与活动在海伦、绥棱交界处八道林子的抗联第三军第六师张光迪部及第六军西征先遣队第三师王明贵部会师。随后，西征部队与第三军第六师乘敌不备攻打了侯家碗铺、孙广林屯，摧毁了这些地方的伪警察署，解除了伪自卫团的武装。当攻打叶家窝堡敌人据点时，由于守敌已有准备，部队久攻不下，牺牲 26 人，负伤 40 人。这时，又有敌人大批援军来到，第六军军长戴鸿宾遂命令撤出战斗。之后，第六军西征部队与第三军第六师在海伦李刚烧锅与分乘 3 辆汽车的日军栗原部队、鹰林部队遭遇。迅速展开迎击敌人。经十几分钟的激战，消灭日军 30 余人，缴获重机枪 1 挺，子弹 3000 余发，后撤走。伪军后续部队 300 余人慑于抗联威力，未敢追击而退走。

同年 7 月末，抗联第六军军长戴鸿宾对西征部队作出军事部署：第十一团团长耿殿君带领所部护送伤员在绥棱县大青观建立临时后方医院；第六军第三师留在海伦、绥棱境内，广泛发动群众，相机开展游击战；军部则率保安团、特科连和第二、四师深入通北等地进行游击活动。尔后，戴鸿宾率领部队向通北进发。途中，该部在宋家店缴获敌人许多粮食和布匹,解决了部队的给养和服装,部队士气大振。抗联第六军在海伦、通北、绥棱的活动引起敌人的极大注意,派出大批日、伪军追击、"讨伐",派飞机轰炸扫射,妄图消灭这支抗联劲旅。为免遭敌人攻击,8 月中旬,戴鸿宾在海伦与绥棱交界的八道林子主持召开第六军师、团干部会议。会议经过对斗争形势的分析,认为冬季将至,大部队在此过冬有很大困难,决定第六军西征部队全部返回汤原抗日游击根据地。8 月下旬,戴鸿宾率部回到汤原。

在抗联第六军部分队伍西征的同时,第六军参谋长冯治纲留在松花江下游地区,指挥第六军第一、第五师和第四师第二十八团、第二十九团,为巩固和扩大游击根据地进行战斗。1937 年 8 月 21 日,伪军第三十八团起义,后加入第六军第一师部队。这支反正队伍在第一师师长马德山和政治部主任徐光海的率领下,冲破日军对依兰东部的"讨伐",在宝清老鲍家南山毙伤日军 20 余人。之后,该部转移到群众基础较好的安邦河游击根据地对部队进行整顿,正式编入第六军第一师第六团,白福厚任团长。9 月 9 日,马德山率领第一师第六团联合抗联独立师共 300 余人,向富锦县国强街基伪警察署和伪自卫团发起突然袭击,俘虏全部敌人,缴枪 50 余支。之后,又击退了前来增援的驻桦川县的日军守备队和集贤镇伪自卫团。9 月 28 日,第六军第一师联合抗联第三、五军及独立师部队 2000 余人袭击宝清县城获胜。9 月 21 日,马德山率队在兴隆镇附近与伪军刘团遭遇,经激战突出重围,后移师集贤。在此地,通过一名被争取过来的伪军号兵的引领,第六军第一师手枪队进入伪军三十五团骑兵营营部,缴获营部全部枪械和鞍马。经过一系列战斗,第六军第一师有很大发展,指战员增至近千人,成为三江平原一支战斗力较强的抗日部队。

活动在富锦、同江一带的抗联第六军第五师为了破坏敌人"匪民分离"、"坚壁清野"政策的实施,开辟新的游击区,解除了集贤夹信子伪自卫团的武装。同时，协助中共富锦县委在安邦河、集贤、沙岗、腰山等地建立了中共地下区委及救国会、妇女会、儿童团等反日群众组织，使这一带的抗日斗争出现了新的局面。在此期间，第六军第五师开辟了绥（滨）、同（江）抗日游击区。曾与日、伪军交战多次。同年10月，该部在绥滨和同江连续袭击了敌人的“集团部落”，破坏农村的保甲制，使日伪的“匪民分离”政策受到打击。此外，还积极做伪军的分化、瓦解工作。在绥滨五区，当地的伪警察署长在党的抗日救国政策的感召下，协助第六军第五师解除了伪警察署和自卫团的武装，缴获步枪40余支。11月，第五师部队在蒲鸭河的后方密营遭敌破坏后，师部率第一、第二团进入富锦县别拉音山区，与抗联独立师李景荫部会合。不久，这两支部队联合袭击了伪军第四军管区教导队，击毙日本教官1人，俘虏伪军100余人，缴轻机枪2挺、步枪100余支。之后，在对俘虏教育后全部予以释放。

1937年冬，日、伪军对松花江下游地区的抗联部队展开“大讨伐”，抗联第六军面临严峻考验。

二、东北抗联第九军的斗争，东北抗联第十一军的建立

抗联第九军一直活动在依兰东部。为了适应新的斗争形势的需要，针对第九军队伍人员复杂、战斗力较弱的状况，1937年7月，中共北满临时省委为充实第九军部队，将第三军领导的郭铁坚[①]游击队划归第九军建制。军政治部主任李熙山（许亨植）为了加强对第九军的政治工作，首先从培养干部入手，在第九军四道河子密营开办了4期军政训练班，每期学习一两个月。训练班由权昌哲任主任，李熙山、郭铁坚等担任教员，讲授

① 郭铁坚（1911—1941），原名郭成文，黑龙江依兰人。1935年加入中国共产党。历任东北人民革命军第三军第一团游击连长、东北抗日联军第九军第二师师长、东北抗联第三路军第四支队参谋长、第九支队政委等职。1941年在战斗中牺牲。

政治、文化课和军事常识。第九军共有100余名干部战士在军政训练班学习过。这个训练班对于提高部队的军事政治素质起到了很好的作用。在此期间，第九军军长李华堂加入了中国共产党。

通过一段时间的政治、军事和文化方面的培训，部队的军政素质有了明显的提高。与此同时，为了加强部队的领导力量和政治工作，北满临时省委对各师团的干部也进行调整，增加了一些中共党员领导干部。郭铁坚任抗联第九军第一师政治部主任，王克仁任第九军第二师政治部主任，吴大成任第一师第二团团长，方龙仁任第一师第二团政治部主任。

经过整顿，抗联第九军部队开始按照新的军事部署，展开对敌斗争。郭铁坚率第九军一师部队活动在依兰、方正一带。该部与第九军第二、第五师密切配合，伺机打击敌人。第九军第二师在王克仁的带领下，在依兰宏克力一带活动。1937年9月，王克仁率120余人转赴宝清，与抗联第五军第二、第三师共同活动于凉水泉子、大梨树沟、花砬子等地。在这里，他们受到抗日游击根据地群众的欢迎和支援。

全国抗战爆发后，抗联独立师的活动也颇为活跃。1937年7月下旬，独立师一部袭击了富锦县七区伪警察署，之后，进入同江五顶山地区，一举攻克该地伪自卫团防所，解除了37名敌人的武装。同日，师长祁致中率部攻击了富锦三区伪自卫团。8月，又袭击了宝清县凉水泉子伪警察分驻所。与此同时，独立师第一旅旅长金正国率领的部队也积极出击，曾在桦川县孟家岗长砬子袭击了前往佳木斯运送黄金的伪军，此战击毙伪军10余名，缴获黄金数百两。8月21日，金正国又率90余名骑兵协同抗联第五军警卫旅和第八军在五道岗伏击了日军黑石部队，取得重大胜利。

卢沟桥事变后东北的抗日游击运动深深影响着每一个具有爱国思想的人士。曾任巴彦反日游击队总指挥的张甲洲，在游击队斗争失败后化名张进思在富锦中学、伪县公署教育股任职，他与富锦中学教员、中共地下党员于天放[1]长期以从事教育工作为掩护，进行抗日活动。卢沟桥事变爆发后，他们决定重新投入武装抗日斗争之中。经多方联系，他们与抗联独立师接上关系，要求到独立师工作。8月28日，独立师参谋长李景荫和副官薛华率部分战士前去富锦县城西门接应。不料，出城后与一股伪自卫团遭遇，在战斗中，张甲洲不幸中弹牺牲，于天放随接应部队来到抗联独立师。

1937年9月9日，抗联独立师师长祁致中率300人突入富锦县五区的国强街基。此时，驻集贤的日军闻讯赶来增援。祁致中果断命令部队撤到附近的高粱地里隐蔽起来。当增援的日军赶到后，并没有发现抗联部队的踪影。于是，敌人调头撤回。这时，祁致中立即指挥部队向国强街基的敌人发动进攻，消灭一批敌人。

抗联独立师在艰苦的对敌斗争中不断发展起来，这时已达1500人。根据北满抗联总司令部的指示，在总政治部主任张寿篯的帮助下，1937年10月，独立师在富锦二区改编为东北抗日联军第十一军，祁致中任军长，金正国任政治部主任，白云峰任参谋长，薛华任副官长，于天放任随军学校教育长。军部下辖1个师，师长李景荫。师下辖3个旅。第一旅旅长张建国，政治部主任金正国（兼），下辖第一、第二、第三团；第二旅旅长胡文权，政治部主任王济舟，下辖第四、第五、第六团；第三旅旅长姜宝林，政治部主任李学忠，下辖第七、第八、第九团。

抗联第十一军编成后，为粉碎日伪当局加紧推行“归屯并户”的计划，与抗联第五、第六、第八军相配合，共同制定出对付敌人毒辣政

---

① 于天放（1908—1967），原名于九公，黑龙江呼兰人。1928年考入清华大学。1931年加入中国共产党。1932年任巴彦游击队特派员，1934年任富锦中学教员，1938年任东北抗日联军第十一军第一师政治部主任，1940年任东北抗联第三路军第六支队政委。抗战胜利后任黑龙江军区副司令员。新中国成立后，任黑龙江省副省长、黑龙江省政协副主席。“文化大革命”中，1967年被迫害致死。1982年得到平反。

策的办法。同时,又对敌特进行的收买、暗杀等破坏活动给予有力的回击。第一旅在金正国的领导下,处决了到第十一军进行诱降的日本关东军宪兵司令部特务、伪三江省协和会特别工作部长金东汉,使敌人瓦解抗联第十一军部队的阴谋破产。

1937 年 11 月 12 日,祁致中率军部与第三旅第七团在富锦县富廷岗黑鱼泡附近与日、伪军展开激战,予敌以重创。11 月下旬,因七星砬子兵工厂急需火药,祁致中便率队自富锦向北活动,以谋求苏联远东军的帮助。12 月末,祁致中率随从由抚远过界入苏。此后,抗联第十一军在师长李景荫的带领下,继续坚持开展游击活动。

同年 12 月,日伪集中优势兵力对依兰、桦川、富锦等地的抗联部队发动猛烈进攻。活动在此地的抗联第十一军等与第四、第五、第八军各一部面对凶残敌人的“讨伐”,互相配合,协同作战,奋力开展反“讨伐”斗争,给予敌人一定的打击。

战斗在东南满、吉东和北满地区的东北抗日联军各部队,以百折不挠、不畏牺牲的精神与日本侵略军展开殊死的斗争,粉碎了敌人一次又一次的“讨伐”,沉重地打击了日本侵略者。同时,牵制大批日军使之不能入关南下,有力地配合了全国抗战。

第八章　打破敌人围歼，东北抗日联军各军坚持艰苦游击战争

第一节　日本帝国主义强化对东北的法西斯统治

一、推行“战时经济体制”，加紧经济掠夺

卢沟桥事变后，随着抗日民族统一战线的建立，形成了全国团结抗战的大好局面。1938年10月以后，中国人民的抗日战争进入相持阶段。在全国抗战形势的鼓舞下，东北抗日联军在南满、东满、吉东、北满各地积极开展游击战争，使日本帝国主义的所谓“可靠战略后方”遍受破坏，日军频遭打击。日本侵略者为摆脱由于发动全面侵华战争造成的国内政治、经济危机，确保其侵华战争的物资供应，进一步加紧了对东北的经济掠夺。为此，日本侵略者极力在东北推行法西斯“战时经济体制”。

1937年8月4日，日伪当局召开伪满洲国省次长会议。会上，日本侵略者大肆鼓噪“日满共同防卫”、“日满经济一体”等滥调，叫嚣“极力充足开发资源”，以支持日本对全中国的侵略战争。同年10月22日，日本内阁通过《满洲重工业会社确立要纲》，12月27日，由日本大财阀组建的“满洲重工业开发株式会社”（简称“满重”）成立，按其“管理法”规定，伪满的钢铁、铅、铜、轻金属、煤炭、汽车、飞机等与

军事工业有关的机床制造、武器制造等产业，都由“满重”进行投资和指导经营。这是日本侵略者把东北的钢铁、煤炭、石油、电力等基础产业高度垄断起来，以满足侵华战争庞大物资需求的实际步骤。

1938 年 2 月，日本政府促令伪满洲国政府大幅度修改 1937 年开始实施的《满洲产业开发五年计划纲要》（以 1937 年—1941 年为期），极力提高各项指标。该“计划纲要”公然提出：“其基本方针是，一旦发生战争，所必须的物资能够实现自给自足，同时，由于开发利用满洲的资源，进一步培养日本的经济力量”①。该计划中的各项经济掠夺指标本来就已很庞大，但日本侵略者为了扩大侵略战争、“培养日本的经济力量”，又将原计划进行了大幅度的修改。其中，将原计划投资的 25.825 亿元，提高到 49.628 亿元，增加近一倍。各项产品指标增幅较大的有：生铁由原计划的 253 万吨，增加到 485 万吨；钢锭由原计划的 185 万吨，增加到 339 万吨；煤炭由原计划的 2550 万吨，增加到 3491 万吨；铝由原计划的 2 万吨，增加到 3 万吨；液化油由原计划的 80 万公升，增加到 177 万公升；电力由原计划的 140 万千瓦，增加到 257 万千瓦②。“满洲产业五年计划”的大幅度修改和实施，不仅说明日本侵略者掠夺东北物资资源已经到了疯狂至极点的地步，也说明伪满洲国的经济已完全被纳入日本帝国主义战时经济体制，把当时东北的殖民地性质的经济拖上了为其侵略战争服务的轨道。

---

① 《满洲产业部金丸涉章关于说明满洲产业开发五年计划向产业部长的报告》（1937 年 1 月 1 日），载中央档案馆、中国第二历史档案馆、吉林省社会科学院合编：《日本帝国主义侵华档案资料选编 · 东北经济掠夺》，中华书局 1991 年版，第 225 页。

② 《满洲产业开发五年计划纲要》（1937 年 1 月）、《满洲产业开发五年计划资金关系资料》（1938 年 8 月）、《满洲国生产力新扩充计划总括表》（1939 年 5 月），载中央档案馆、中国第二历史档案馆、吉林省社会科学院合编：《日本帝国主义侵华档案资料选编 · 东北经济掠夺》，中华书局 1991 年版，第 228—237 页。

日本侵略者为了保证经济掠夺计划的实行，又制定了一整套经济“统制”政策。1937 年 5 月 1 日，日伪当局公布了《重要产业统制法》及施行规则，规定实行“统制”的重要产业 20 种。诸如兵器制造业、金属冶炼业、煤矿业、毛棉麻纺织业、面粉制造业、制糖业、制烟业、制碱业、油坊业等等。总之，凡经营重要产业活动都要有主管部大臣的许可，受其监督，实行严厉的经济“统制”。1938 年 2 月 26 日，日伪当局颁布《国家总动员法》（5 月 11 日实行），规定在“战时或事变”之际，日伪政府可“统制运用”整个伪满洲国的财力、物力、人力。《国家总动员法》，旨在最大限度地掠夺东北物资资源，搜刮一切资财，以满足扩大侵华战争的需要，把巨大的战争负担转嫁到东北人民身上。同年 4 月，日伪当局又公布《钢铁类统制法》（共 13 条），规定由过去担负煤炭“统制”的日满商事会社办理钢铁“统制”事务，以后改组为特殊会社，除煤炭、钢铁外，还负责“统制”铜、水泥和化工制品。1939 年 4 月，日伪当局公布《建筑统制要纲》，决定对建筑业实行“统制”。以后，又开始“统制”生活必需品，对于食品、布匹、食盐、火柴等一切生活用品，都由“满洲生活必需品配给株式会社”统一经营并严厉实行“配给制”，以禁止向抗日游击区运输一切物资。

日本帝国主义为了满足战争对农产品的需要，使东北变成“大东亚粮谷兵站基地”，不断修订农业政策和提高农产品收购指标、计划指标，1937 年制定的农业生产政策，前后经过两次修改，卢沟桥事变后再一次作了修改。从 1937 年 10 月开始，日本侵略者逐步对各种农产品的产、购、销采取所谓“统制”政策。1938 年 5 月，“满洲农业政策审议委员会”决定，对稻米、小麦、大豆、棉花等主要农作物的生产和销售实行“统制”。在这一“统制”政策的基础上，日伪当局于 1938 年 11 月公布了《米谷管理法》，设立了满洲粮谷会社，统制稻米的生产、分配和价格的调控，将以稻米为主的粮食购销、加工、配给统一控制起来。1939 年 3 月，日伪当局公布《原棉、棉制品统制法》，决定对原棉及棉制品实行配给和价格“统制”。同年 11 月，日伪当局正式公布《主要粮谷统制法》，规定从事主要粮谷买卖、加工由政府指定的“粮谷会社”进行“统制”，别人不许从事买卖和加工等活动。

之后，又推行了与粮谷统制法等相配合的、极为残酷的“粮谷出荷”和“粮食配给”政策。1939 年开始实行“粮谷出荷”制度，强迫农民按比市场价格低得多的官定价格向日伪当局交售定额的粮谷。因为农民不愿“粮谷出荷”，日伪当局便采取强迫的办法，由“兴农合作社”伙同省、县职员组成督励班进行征收。在城镇，居民吃配给粮，成年人每月可买 9 公斤杂粮，其中包括橡子面、豆饼、冻土豆等。大米只配给日本人和少数伪满官吏，普通中国老百姓谁要吃了大米，就会被指控为“经济犯”而遭处罚。

日伪当局通过强行军事征发或以最低的价格收购农民粮食，压缩居民粮食销量，把广大农民生产的粮食掠夺到手，然后再按照计划分别运往日本、朝鲜和华北，以满足日本帝国主义扩大侵略战争的需要。日伪当局制定的一系列经济“统制”法规，是为彻底榨取东北人民血汗，保证侵华战争的军需物资所采取的强制措施，这些经济统制法规的实施使东北人民遭受了极其严重的灾难。在日本侵略者敲骨吸髓的盘剥下，广大民众生活在苦难的深渊中。在城镇，广大工人工时延长，工资不予增加，或者失业。小商小贩停业，无从经营，难以维持生存。职员与商店店员一样，有限的薪金经常被扣减，两三个月不发饷是常事，有时竟以发“福膏”（即鸦片烟）来代替饷金。有的干脆被解雇，流浪街头。市场上商品稀少，物价昂贵，伪币毛荒，广大城镇居民的生命安全和生活毫无保障。在农村，日伪当局对广大农民更是敲骨吸髓，民众私有的碾磨被取消，米面加工、酿酒业、油坊业被限制。农民生产的粮食绝大部分被强迫“出荷”，除掉种子、交租粮之外，农民的口粮所剩无几，只得用糠麸充饥。

日本侵略者在不断扩大侵华战争的同时，又虎视眈眈，妄图配合德国法西斯，加紧做进犯苏联的准备。日本帝国主义一直把中国东北当作征服全中国和北上进攻苏联的军事基地。为加强、巩固这一军事基地，围歼东北抗日联军，1939 年 5 月，日本侵略者又炮制出一个《北边振兴三年计划》（亦称“国境建设计划”）。这个计划是在诺门汗事件爆发、日苏交战一周后，以伪满政府名义抛出的。该计划预算三年共用经费 10 亿元，用以在伪三江、东安、北安、黑河、牡丹江、兴安北省及间岛省的与苏联接壤地带，实施“国防建设工程”，包括修筑交通、通讯和要塞等军事设施，移入日本移民，开发农林牧矿，储备军需物资等[①]。为筹措资金，日伪当局公布《北边振兴事业公债法》，发行公债 2 亿元，强迫民众认购。为落实《北边振兴计划》，日本侵略者强迫大批劳工在东北东部、北部地区修筑铁路、公路、军事工程，开采矿山，采伐森林，劫夺北满地区的矿产、木材、粮食等物产资源。《北边振兴计划》的实行，使东北人民遭受到深重苦难。以抗联部队集中活动的地区伪三江省为例，根据该计划，从 1940 年起，要在三年之内，在省与县、县与县之间修筑 1500 公里的警备道路，架设 1500 公里的警备电话线，在约 500 公里长的国境线上每 10 公里修一个监视岗楼，还要修筑国境警察队宿舍 12 处。为实现这一计划，动用省内劳工 3 万人[②]。这些劳工都是各地摊派或抓来的。苦难劳工在监工的皮鞭下，每天要工作 12 小时以上。由于劳动强度过大，缺乏劳动保护，生

---

① 《北边振兴计划概要》，载中央档案馆、中国第二历史档案馆、吉林省社会科学院合编：《日本帝国主义侵华档案资料选编 · 东北经济掠夺》，中华书局 1991 年版，第 271 页。

② 《伪三江省省长卢元善笔供》（1957 年 1 月 22 日），载中央档案馆、中国第二历史档案馆、吉林省社会科学院合编：《日本帝国主义侵华档案资料选编 · 东北经济掠夺》，中华书局 1991 年版，第 277 页。

活条件极为恶劣，劳工病死、累死、饿死、被打死及事故致死者不可胜数。从事军事要塞工程修筑的劳工，工程完竣后，大批被集体屠杀或秘密处死。不仅如此，日本侵略者继续极力推行《满洲农业移民计划》。他们用廉价收买，或以“危险地带”、“维持治安”为名，强迫驱逐当地农民，大规模抢占土地、房屋、粮食、牲畜和农具，广大农民背井离乡，流离失所，挣扎在死亡线上。《满洲产业开发五年计划》、《北边振兴计划》连同1936年制定的《百万户移民计划》，被称之为伪满洲国的“三大国策”。这些都是日本侵略者为巩固殖民统治，“消灭”东北抗日联军，扩大侵略战争而制定的。

日本侵略者为消灭抗日联军，妄图使东北抗联丧失活动和生存的条件，在疯狂进行经济掠夺，实行经济统制的同时，还进一步实行经济封锁政策。敌人除继续实行搜缴枪支，加强对枪支、弹药控制外，特别强调要断绝抗联的粮食来源。秋收时节，严格清查地亩，核定粮食产量，强迫农民按数缴粮，防止农民给抗联部队暗中留粮。对粮食、布匹、棉花、食盐、药品等一切生活必需品都厉行“配给制”，凡是以这些物品供给抗日联军或代为采购者，一律按“通匪”论处，予以严厉处罚，并且牵累亲友，连坐邻里。经济封锁政策的实施，使抗日联军难以从广大群众中获得支援，抗日联军的衣食所需遇到极大困难，其斗争逐渐陷入极其艰难境地。

二、极力推行“治安肃正”，强化政治压迫

日本帝国主义为了镇压广大民众对他们残酷统治的反抗，维持所谓“治安”，不断加强对东北人民的殖民统治和政治压迫，继续无休止地推行所谓“治安肃正”计划，动用武力对抗日武装予以疯狂“讨伐”。

第一，强化日本侵略者的直接统治。伪满洲国本身就是一个傀儡政权，“满系”傀儡官吏只不过是日本侵略者的附庸。1937年5月，

日伪当局公布所谓《行政机构改革大纲》。6 月，又公布经过修改的《组织法》、《国务院官制》。据此，日本侵略者在伪满洲国各级政权中，开始普遍实行“次长制”，表面上日本官吏不当“主官”，而当“次长”，实际上，这些“次长”是“太上皇”，掌握着大权、实权，一切都由他们说了算。不仅如此，在伪满各级政权中还增加大量日本人，进一步强化了对伪满各级政权的控制。这些日本人以主人自居，肆意推行统治民众的反动法令与措施，残害广大人民，镇压群众的反抗。

第二，不断增兵东北。1936 年驻东北日军是 4 个师团、2 个混成旅、2 个骑兵旅、16 个独立守备队等，共约 12 万兵力。1937 年后逐年增兵，1939 年增至 40 万以上①。1941 年日本侵略者举行所谓“关东军特别大演习”时，日军增至 76 万。日本侵略者把东北作为侵华、侵苏的“练兵场”。日军国内各师团也轮换编入关东军，到东北进行实战演练，准备随时对苏联发动侵略战争，或作为侵华战争的预备队，随时准备入关参战。这些军队也分别驻扎东北各地，以镇压东北人民的抗日运动，“讨伐”抗日联军和活动在长城沿线的八路军。日本侵略者在不断增兵东北的同时，还不断强化伪满军队，实行“国兵制”，扩充伪军兵力。日伪当局驱使数以万计的农村青年、壮年放下锄头，拿起枪支，去充当伪军，“讨伐”抗日联军。1940 年 4 月，伪满洲国公布《国兵法》，规定年满 19 岁的男子必须服兵役。随着日本侵略战争战线的拉长，替其维护在东北统治的伪国兵的退伍期不断被推迟，以至不许退伍，只许为其卖命。而未能当上“国兵”的所谓“国兵漏”，则被编成“勤劳奉仕队”，被强迫从事建筑军事工程、筑路、开矿、垦荒等各种沉重劳役。日伪当局于 1939 年，在原有 6 个军管区的基

① 《关于东北抗日救国运动的新提纲草案》(1940 年 2 月 2 日—3 月 19 日)，载中央档案馆、辽宁省档案馆、吉林省档案馆、黑龙江省档案馆编：《东北地区革命历史文件汇集》甲 29，1989 年印，第 85 页。

础上，增设第7、第8军管区。到1941年，又增加到11个军管区。这11个军管区配属部队有2个师（靖安、兴安）、7个混成旅、4个步兵旅、1个骑兵旅、2个骑兵独立团、1个独立连、1个独立山炮连、5个高射炮队、5个汽车队（包括第一、二两师的汽车队在内）、11个通讯队、6个军乐队等[①]，总兵力20万人左右。这些伪军完全在日本军官的控制之下，其首要任务是协助日本关东军“讨伐”东北抗日联军，确保“满洲国”的所谓“治安”。

第三，极力强化伪警察机构，充实各级警备机关，扩充伪警察、伪宪兵队伍，训练各类特务。遍布城乡的日伪军警宪特构成严密的统治网络，随时检查户口，严检旅行证和身份证明书，人们的行动皆置于其监视之下，广大人民生活在法西斯白色恐怖之中。日伪宪兵、警察在城乡肆意横行，经常以“战时有害分子”、“通匪”（日伪称群众支援抗联或与抗联有联系为“通匪”）、“经济犯”、“思想犯”、“国事犯”等罪名，或以抓“逃犯”、“匪贼”、“浮浪”的名义到处捕人。他们把这些人关进监狱、“矫正辅导院”，或押往国境地带从事苦役。也有的被送往“七三一”部队（细菌工厂）做活体实验材料，据不完全统计，从1940年至1945年，至少有3000人在“七三一”部队被残害致死。

第四，在抗日游击区，日伪当局广建“集团部落”，推行“保甲连坐”政策，以达到将东北抗联与广大群众相隔离，即所谓“匪民分离”，强化“治安肃正”目的。1938年，日伪当局确定，全东北要在截至1937年已建10646个“集团部落”的基础上，再增建2531个“集团部落”[②]。

---

① 《伪满各军管区的历次变动》，载中央档案馆、中国第二历史档案馆、吉林省社会科学院合编：《日本帝国主义侵华档案资料选编·东北“大讨伐”》，中华书局1991年版，第840页。

② 伪满洲总裁室弘报课：《满洲特殊自治制度》（弘报资料第55号，1938年10月），载中央档案馆、中国第二历史档案馆、吉林省社会科学院合编：《日本帝国主义侵华档案资料选编·东北“大讨伐”》，中华书局1991年版，第173页。

日本帝国主义在东北大肆进行经济掠夺、政治压迫的同时，还不断在思想、文化上进行残酷的统治。日伪当局加强新闻、通讯、出版、广播、电影等文化事业的统一管制，凡是违犯日伪“弘报课”规定或对于日本法西斯暴行表示出稍有不满者，一律被视为反满抗日“政治犯”、“思想犯”，轻者关监坐牢，重者处以死刑。

在政治思想管制的同时，日伪当局宣扬“日满一体”、“天皇至上”，鼓吹“日满亲善”、“五族协和”，建立“王道乐土”，污蔑东北抗日联军为“共产匪”。在学校里，强迫学生学习主课日语，并肆意篡改中国地理、历史，妄图泯灭中国人民的民族意识，使广大民众忘掉自己祖国的文化、历史，甘当日本侵略者的“顺民”和任其驱使和宰割的驯服羔羊。

在日本侵略者的统治、压迫下，东北人民毫无人权、自由，基本的生存条件被剥夺，民族情感被摧残。日本帝国主义的残酷奴役和压榨，更加激起广大东北人民对日本帝国主义的仇视和反抗。东北人民在日本法西斯高压下，始终没有屈服，东北人民的抗日武装力量东北抗日联军在异常艰苦的条件下，继续坚持英勇的抗日武装斗争。

三、日伪当局实施“三江大讨伐”

伪三江省地处东北地区的东北部。因黑龙江、松花江、乌苏里江汇流其间，故称三江地区。该地区北部与东部隔黑龙江、乌苏里江与苏联相望，内有张广才岭、完达山脉和广阔的三江平原。该省为边陲之地，日伪统治力量相对薄弱，经中共党组织多年领导开展的反日活动，群众基础较好，加之农、牧、林、矿等物产丰富，有利于游击战争的开展和抗日队伍的发展。1937 年，活动在这里的有抗联第三军、第四军、第五军、第六军、第七军、第八军、第九军和抗联独立师（后编为抗联第十一军）。这些抗联部队在三江地区广大民众的支持下，英勇战斗，击敌军、攻据点、破兵站、袭交通，广泛开展游击战争，打击日本侵略者，威胁着伪满洲国的统治。日本侵略者惊呼，伪三江省地区治安不靖，“共匪”活动活跃，“三江省已变成共党乐土”。

日本侵略者深知东北抗联的存在是其在东北实行殖民统治、推行全面侵华政策的极大障碍。全国抗战爆发后，日本侵略者在向关内大举进攻的同时，调动大批兵力，变本加厉地对东北抗日联军进行残酷的“大讨伐”。1937 年秋，根据“三年治安肃正计划”，日伪统治者调动数万日、伪军对抗日联军活动十分活跃、以伪三江省为中心的松花江下游地区展开了疯狂的“东北防卫地区特别大讨伐”，即“三江大讨伐”。

1937 年 6 月 11 日，日本关东军司令部在“新京”召开所谓“东北防卫地区治安防卫会议”，专门研究、部署在伪三江省对东北抗联进行“特别大讨伐”事宜。会上，日本关东军参谋长东条英机在讲话中说：“三江省地处偏僻，交通不便，满洲国行政力量渗透甚浅，日满军警的武威贯彻不到的地方很多……现今省内匪民严重混淆，呈现所谓共匪统治状态的地区甚为广泛。”为加强东北防卫区的治安肃正，“军部决定增加东北防卫区内的日军兵力，加强讨伐威力”。他要求驻在佳木斯的日军第四师团“在进行肃正工作中，自觉地负起推进各项工作的责任来，而且有必要本着武士道精神，因地制宜，发挥运用之妙”①。会后，日本关东军司令部于 1937 年 7 月 16 日作出《昭和十二年第二期治安肃正计划要领》（“第二期”指 1937 年 7 月至 1938 年 3 月），计划于同年秋冬在伪三江省开展“特别大讨伐”，以彻底歼灭在三江地区的有力“匪团”，根绝“通匪者”，“捣毁匪团根据地”。

伪三江省“特别大讨伐”，由关东军参谋长东条英机亲自部署，由

---

① 《日本关东军参谋长东条英机关于东北防卫地区治安肃正问题的讲话要点》（1937 年 6 月 11 日），载东北抗日联军史料编写组：《东北抗日联军史料》（下），中共党史资料出版社 1987 年版，第 837—839 页。

伪第四军管区司令官兼伪三江省省长于琛澂负责实行。组成了以于琛澂为总司令，大佐北部邦雄为顾问（原定伪治安部高级顾问大迫通贞任顾问，但未到任，改由北部邦雄代理），朱榕为前敌总指挥的“讨伐军司令部”。伪三江省“特别大讨伐”以佳木斯为界，分东、西两个地区进行。西部地区由日军负责“讨伐”，东部地区由伪军负责“讨伐”，动员日、伪军警宪特及自卫团等共5万兵力。参加“讨伐”行动的日军有：关东军第二、第四、第十二师团和独立守备队第四、第五大队各一部。1938年夏，又增派第八、第十师团各一部。参加“讨伐”行动的伪军有：伪第四军管区所属的步兵第十六旅，混成第二十二、第二十三旅及一个骑兵团和一个步兵团，伪第三军管区所属混成第六旅，第二军管区所属的教导队和步兵第三团，伪靖安军的四个团，伪兴安军管区的骑兵支队等。此外，日伪宪兵队还组织了“田中工作队”，伪警察成立了“搜查班”等专门的“讨伐”队伍。

日伪当局“特别大讨伐”，采取“治本”、“治标”及“思想工作”相结合的综合措施进行，具体部署如下：

“治本工作”。入冬前要将治安第一线推至太平沟（萝北县）、兴山镇、三道沟（汤原西方20公里）、凤山、铁骊、姚家店（绥棱东北方约30公里）相联的线上，其外侧尽量构成为“集团部落”地带。在由于其他关系不可能实施的地点，则在抗联进出的主要道路上，配备必要的军事力量扼守之。促进观音山、逊河、黑龙江沿岸地区的“治本”工作。各机关妥当配备、联系，以断绝抗联与苏方联络。为防止秋后抗联部队逃往山区，要切断粮道，防止运粮。外侧方面仍积极坚决“讨伐”，对山地内进行必要的“讨伐”。对于来自中国方面（指关内）的反满抗日策动，须以先发制人的手段予以防止。关于“集团部落”、修建警备道路、警备通讯网等年度计划（包括增加计划在内）要在结冰前完成。要加强“集团部落”的自卫力，继续回收民间枪支，调查户口，发放居住证。加强对森林警察队的训练和指导。

“治标工作”。在军事部署方面，集中使用特设部队。1937 年 9 月中旬，日军第二师团、第四师团、第十二师团、第四独立守备队、第五独立守备队，都要各编成由两个独立中队组成的“游击队”，从事“讨伐”；各地区防卫司令官，可根据需要编成“游击队”从事“讨伐”。

“思想工作”。严密注意“共产、反满抗日分子”对军警、自卫团的积极谋略策动，对此须不失时机地予以消除。发展“协和会”的基层组织，开展爱路运动等①。

1937 年 7 月 16 日，日本关东军司令官植田谦吉发布第 1063 号命令，要求各地防卫司令官要依据关东军司令部《昭和十二年度第二期治安肃正计划要领》，将各自担负任务地区内的“治安肃正”搞彻底。第三、第四、第五独立守备队司令官应仍旧命令驻扎在自己防卫地区以外的部队，听从该所在防卫地区司令官的指挥，担负起“治安肃正”任务。飞行集团应根据要求，配合各兵团的“讨伐”活动。关东军铁道线区司令官，要做好日满军队的运送工作。

根据上述部署，日、伪军自 1937 年 10 月下旬起，开始进行“特别大讨伐”。敌人为搜寻北满抗联总司令部，向汤旺河流域展开了进攻。10 月 22 日至 11 月 9 日，驻汤原日军熊谷部队 120 人和汤原县伪警察、伪宪兵队联合组成“讨伐队”，从汤原县城出发，沿汤旺河上行至伊春河口，“讨伐”抗日联军。这支“讨伐队”在柳树河口、伊春河口、岔巴气河流域烧毁抗联第三、第六军和抗联驻汤原办事处总处汤旺河分处密营 10 座。1938 年初，日、伪军又集中兵力向松花江下游地区进行“大讨伐”。敌人采取日、伪军主力部队与当地军警宪特及

---

① 日本关东军司令部《昭和十二年度第二期治安肃正计划要领》（1937 年 7 月 16 日），载中央档案馆、中国第二历史档案馆、吉林省社会科学院合编：《日本帝国主义侵华档案资料选编·东北“大讨伐”》，中华书局 1991 年版，第 231—233 页。

伪自卫团相结合，以分区包围，肃清一地巩固一地的手段，在一个地方不断来回拉网，实行轮番"扫荡"，用所谓"篦梳式"、"踩踏式"，堵击、长追、奇袭等战术，对抗日联军进行不间断的搜索和进攻。

日伪当局为了截断人民群众支援抗联部队的渠道，在三江地区极力实施"匪民分离"政策，具体采取从居住上和思想上分离的办法，妄图将抗联与人民群众完全分离开。据此日伪当局计划在 1937 年下半年于三江省建立 145 个新的"集团部落"，收容 14734 户；1938 年建立 219 个，收容 21614 户①。其中三分之一属于"防卫部落"。"防卫部落"都配备充足的枪支弹药，建有完善的炮台攻防设备，并建立了日军、伪满军、伪警察队、伪自卫团的综合联防体系。这一时期不但"集团部落"数量急剧增加，布满了抗联活动的广大区域，同时，敌人为配合强化"集团部落"，还严格实行"保甲连坐"、"户口调查和报告"制度，采取发放居民证、旅行证等措施，使人民群众完全丧失了人身自由。在"集团部落"与乡镇之间，日伪当局强迫民众出劳工修筑警备道路、安装警备电话，以增加对抗联部队的"讨伐"机动能力。为在思想上"分离匪民"，日伪当局极力推行所谓"模范国民"活动，组织"宣抚班"进行"王道思想"、"建国精神"等反动欺骗宣传。同时，为搜集情报，每县伪警察署都编成四五个"搜查班"，配合日、伪军的治标工作，搜集有关抗联情报，搜捕有党团关系者、"通匪者"、"通苏者"和"潜伏匪"。

日伪当局在以主要武装力量进攻东北抗日联军的同时，还提出"专打共产匪，不打义勇军、山林队"的口号，以破坏抗日联军与抗日义勇军建立的统一战线。还不断采取种种卑鄙手段进行政治诱降，派出"协合会三江省特别工作部"、"田中工作班"配合日伪"讨伐

---

① 伪满治安部：《各地治安工作调查报告集》第二章《三江省治安工作》，载中央档案馆、中国第二历史档案馆、吉林省社会科学院合编：《日本帝国主义侵华档案资料选编 · 东北"大讨伐"》，中华书局 1991 年版，第 427 页。

队”,专门从事招降纳叛活动。他们还利用叛徒、特务打入抗联内部,散布谣言,制造矛盾,拉拢收买不坚定分子,刺杀暗害领导人,策动叛变等,企图以此分化、瓦解抗联队伍。

由于日伪当局对东北抗日联军实行军事“大讨伐”,推行前述“匪民分离”的严酷措施,致使东北抗联的活动不断遇到难以克服的困难。主要是吃粮和弹药更加困难。因为根据地被破坏,许多旧游击区村庄被“归屯并户”,抗联部队得不到群众的支援,给养问题不能很好地予以解决,部队缺粮断炊是经常之事。在频繁、激烈的斗争中,在饥饿死神的威胁下,抗联干部、战士牺牲、饿毙、病逝、掉队、逃亡,甚至有个别的叛变投敌,使部队大量减员。

不仅如此,日伪当局特别重视侦察、刺探中共东北地下党组织和抗日救国会组织及其政策策略的变化、动向等情况,进而彻底破坏各级共产党组织。在日本关东宪兵司令部的直接操纵下,派遣军警宪特于 1938 年 3 月 15 日,以佳木斯市周边县乡为重点,对活动在松花江下游,吉东、北满抗日游击区农村的地下党组织、抗日群众团体进行“一齐大检举”,制造了三一五事件。此次“大检举”中总共逮捕人数达 328 人①。这些被逮捕的人都经过各宪兵队和宪兵分遣队的残酷审讯,许多人致伤致残。敌人通过刑讯逼供,将所谓“涉及破坏国家宪法”、“危害国家基础”的 112 人交由伪哈尔滨高等检察厅审理,由伪哈尔滨高等法院判处 89 人。其中,死刑 8 人,无期徒刑 5 人,其余判处 5 至 20 年有期徒刑②。三一五事件,使松花江下游地区佳木

---

①　伪司法部“关于三一五事件情况通报”(1939 年 9 月 8 日),载中央档案馆、中国第二历史档案馆、吉林省社会科学院合编:《日本帝国主义侵华档案资料选编 · 东北历次大惨案》,中华书局 1991 年版,第 183 页。

②　伪司法部“关于三一五事件情况通报”(1939 年 9 月 8 日),载中央档案馆、中国第二历史档案馆、吉林省社会科学院合编:《日本帝国主义侵华档案资料选编 · 东北历次大惨案》,中华书局 1991 年版,第 190、191 页。

斯市委、汤原、依兰、桦川、富锦、绥滨等地的市委、县委、区委等党组织、抗日团体尽遭破坏。少数未被逮捕的地下党员难以在地方立足,有的去寻觅抗日部队,有的不得不易地藏身。

由于日本侵略者极力推行“三年治安肃正计划”,疯狂开展“三江大讨伐”,致使抗日根据地大部丧失,抗日游击区域被逐渐压缩,抗联部队失去地方党组织和广大群众的支援,经常是在耳目不灵、缺衣少食、忍饥挨饿的状态下,使用简陋的武器与用现代化装备武装起来的,多于我几倍、几十倍的敌人进行殊死搏斗。东北抗日武装的斗争进入了极其艰苦的时期。

第二节　东北抗联第二路军和北满抗联各部的西征

一、东北抗联部队在反“三江大讨伐”斗争中面临的严峻形势

1937 年冬,日伪当局对东北抗日联军进行疯狂的“三江大讨伐”,使抗日斗争形势日趋严峻。敌人不断加强军事攻势、经济封锁,强化“集团部落”政策,使东北抗联的斗争越来越艰苦。为应对困难局面,北满抗联总司令部对反击日伪冬季“讨伐”的形势进行了认真的分析,认为:“根据中日战争日益扩大的形势,日贼进攻东北抗日游击队,与进攻中国的侵略战争是不可分离的步骤,所以今年度的‘讨伐’一开始就表现出他‘讨伐’计划的毒辣性、残酷性。首先是‘满洲国’统一了‘讨伐’的指挥机关,军警机关合并,组织治安部,军事上放弃各县军警联防‘讨伐’,制定五省联防‘讨伐’计划,由大黑河到吉林省城,甚至到南满,形成连亘数千里的敌人封锁线。这一封锁线的主要作用,是阻止东北抗日军向西开展,和步步为营向里包围,缩小游击

范围，使抗日军驱于依东一隅，以便一鼓歼灭之。”[1]基于以上分析，北满抗联总司令赵尚志对冲破敌人的“大讨伐”，分兵突围，开辟新的游击区的斗争进行了部署，提出在哈南、哈东及松花江两岸仍留一批主力坚持斗争的同时，派出一批部队转往萝北、绥滨一带活动。并派出抗联第三军第九师一部远征北安、赴黑河地区活动，第一师和第六师分别穿过嫩江平原，伸展到讷河、布西、拉哈一带开展游击活动；第五师到海伦、通北、德都、龙门一带开辟新的游击区。对抗联第六军则要求“西征巴、木之三百精锐，速于封江以前，束装西进，勿再徘徊歧途，犹疑不定，贻误计划”[2]。赵尚志还对远征军事行动不理解的一些干部进行说服。他指出：突击自然比较艰苦，但革命者要有伟大的创造精神和坚定的勇排万难的信念，目前整个形势使我们不能迟疑和自懦。

当时，北满抗联部队面临着许多难以解决的困难。第一是武器弹药严重缺乏。抗联部队所建的简易兵工厂多属修械性质，而这样的兵工厂在敌人数次“大讨伐”中也多遭破坏，早已没有制造武器、弹药的条件。由于敌人在开展“大讨伐”中更换了枪械、子弹，使占抗联枪械三分之二的连珠枪子弹无从缴取。第二是频繁、激烈的战斗使大批军事、政治工作干部牺牲，新干部急需培养。由于战斗紧张，政治军事学校已经停办，因此无法大量培养、训练具有政治理论素养和掌握军事技术的新干部，以适应战争的新形势。第三是东北党组织和抗联部队长期与中共中央失去联系，东北党组织和抗联内部曾对

---

① 《总司令部给第六军司令部的信》（1937 年 10 月 16 日），载中央档案馆、辽宁省档案馆、吉林省档案馆、黑龙江省档案馆编：《东北地区革命历史文件汇集》甲 55，1991 年印，第 404 页。

② 《总司令部给第六军司令部的信》（1937 年 10 月 16 日），载中央档案馆、辽宁省档案馆、吉林省档案馆、黑龙江省档案馆编：《东北地区革命历史文件汇集》甲 55，1991 年印，第 406 页。

于来自中共驻共产国际代表团的关于抗日斗争的方针、政策的一些指示，出现不同理解，甚至产生争论，不得解决。对此，东北党组织和抗联负责人十分焦虑。为了打通与中共中央的联系，中共珠河中心县委和抗联第三军司令部及吉东党组织曾派出第一团团长刘海涛、北满临时省委委员朱新阳和青年团珠河县委书记韩光等去莫斯科中共驻共产国际代表团汇报工作，但都未被派回来。在全国抗战爆发后，抗联部队如何配合全国抗战，如何组织领导当时面临的反“讨伐”斗争等，在这些重要问题上，迫切需要得到中共中央的指示和领导。

为摆脱抗联面临的困境，谋求军事援助，打通与党中央的联系，1937 年 11 月 26 日，北满抗联总司令赵尚志致信苏联远东方面军军区司令布留赫尔①元帅及联共（布）远东军区党委员会，希望在对日军事斗争部署等方面给予指导，在武器弹药及军事技术方面给予援助，并帮助与中共中央取得联系。

不久，抗联第六军第一师代师长陈绍宾②率交通队由苏联返回，带来远东地区苏军司令部邀请北满抗联总司令部负责人赴苏商谈工作的信息。对于这一信息，中共北满临时省委十分重视。年底，中共北满临时省委在依兰县杨家沟召开扩大会议，参加会议的有赵尚志、冯仲云、张寿篯、张兰生、魏长魁等省委执委，戴鸿宾、蔡近葵、陈绍宾列席会议。会议研究了陈绍宾带回来的重要信息。经认真讨论，认

① 瓦西里·康斯坦丁诺维奇·布留赫尔（1899—1938），苏联人。1921 年曾任苏俄远东共和国红军总司令。1924 年 10 月受苏联政府派遣到中国，担任广东革命政府首席军事顾问，化名加伦，帮助广东革命政府创办黄埔军校。于 1927 年 8 月返回苏联。1929 年起，任苏联远东军区司令员，1935 年授苏联元帅军衔。1938 年在苏联肃反扩大化中受诬陷被逮捕。同年被秘密处死。1956 年平反恢复名誉。

② 陈绍宾（？—1942），生年不详。曾任东北抗日联军第六军第一师代师长。1937 年 8 月被日伪逮捕，向敌人供述抗联内部情况后又回到抗联部队。1940 年 7 月间从抗联部队逃跑。1940 年 8 月，中共北满省委开除其党籍，第三路军总指挥部对其发出通缉令。后化名“石新”在克东一带为匪。1942 年被同伙打死。

为有必要立即派代表赴苏,寻求苏联援助抗日联军武器、弹药,为抗日联军提供训练干部的条件,并通过苏联的帮助实现与中共中央打通联系。经过商议,决定由北满抗日联军总司令赵尚志为代表应邀赴苏。之后,北满党组织和抗联领导人还商定赵尚志过界赴苏一个月后,由张寿篯、戴鸿宾组织抗联第三、第六军部队,迎接赵尚志回国,并接收苏联援助的枪支弹药。

1938 年 1 月初,赵尚志带 1 名副官、4 名警卫员,由抗联第三军第九师小部队护送至萝北县名山镇附近,踏上封冻的黑龙江到达对岸苏联。意想不到的是,赵尚志进入苏联境内后,苏方不承认有邀请北满抗联总司令部负责人赴苏的事情,并把赵尚志及随行人员解除武装。之后,苏联边防军把赵尚志解送到伯力,关押在哈巴罗夫斯克边疆区军区内务部拘留所里。

1 个月后,北满抗联总政治部主任张寿篯、抗联第六军军长戴鸿宾率抗联第三、第六军各一部约 600 余名骑兵按事先所约,向萝北县集结,以迎接赵尚志回国,并准备接收苏联援助的枪支弹药。行进中,他们计划在边境地区分头袭击萝北县城肇兴镇、鸭蛋河街两个敌人据点,打两场漂亮仗,以胜利的战斗来配合赵尚志行动。按计划,2 月 3 日,张寿篯率第六军第二师、第三军第十师部队约 100 名骑兵展开袭击鸭蛋河街的战斗,但久攻不克,战斗失利。张寿篯率部队撤至都鲁河一带。2 月 4 日凌晨,戴鸿宾率第六军保安团、第四师一部,第三军第一师、第九师共约 500 名骑兵,攻入肇兴镇。战斗中,抗联战士攻占了县城西门伪警察分驻所,击毙伪警察所长以下 10 余人。但在向县公署大院进攻时,遇到敌军顽抗,未能攻克。2 月 5 日上午,日军援军赶到,攻城部队为避免遭受严重损失,主动撤到城外。当部队撤至上街基时,与来自富锦的日军坂本部队遭遇,双方交战 5 小时。战斗中,击毙日军大尉坂本以下 18 人。但抗联战士也有多人负伤。此时，驻绥滨的伪军乘汽车又赶来增援。在前临界江、后有追兵的紧急情况下，第六军军长戴鸿宾与第三军第一师师长蔡近葵和第九师师长李振远、政治部主任郑洪涛等召开团以上干部会议，经研究决定过界赴苏联。于是，戴鸿宾等率500余名骑兵被迫踏上黑龙江的坚冰，进入苏联境内。

抗联第六军军长戴鸿宾所率抗联第三、第六军部队进入苏联境内后，如同赵尚志一样，全体人员即被苏联边防军解除武装。以后，第三军第一师师长蔡近葵、第九师师长李振远、第九师政治部主任郑洪涛、第六军宣传科长徐文彬等连同500多名抗联战士被苏联遣送到新疆，交给新疆督办盛世才。这支抗联队伍到新疆后，被盛拆散，大部分去屯垦，少数去当兵，数名干部被分配到南疆、北疆做税务、财政等工作。他们许多人要求回东北抗日，但都未能实现。就这样，北满抗联精锐部队、第三、第六军500余名骑兵丧失殆尽。而第六军军长戴鸿宾则被解送到伯力，与赵尚志一起关押在哈巴罗夫斯克边疆区军区内务部拘留所里①。

不久，为寻求军援于1937年末过界赴苏联的抗联第十一军军长祁致中也被解除武装，与赵尚志、戴鸿宾关押在一起。

北满抗联主要领导人赵尚志、戴鸿宾、祁致中被苏方长期关押，是东北抗联历史上影响甚大的事件。苏联方面为什么关押赵尚志、戴鸿宾、祁致中等3位军长，究其原因似与苏联国内正在搞肃反扩大化的形势有关。当时苏联远东红旗集团军司令部在大清洗中受到重创，赵尚志所致信的苏联远东方面军军区司令布留赫尔元帅，被整肃后遭逮捕。情报部门负责人波克拉多夫上校与两名副手以及若干工作人员被指控为“日本间谍”，遭到内务人民委员部枪杀。苏军与中国游击队员之间

① 戴鸿宾访问录（1962年11月），中共黑龙江省委党史研究室存。

的联络渠道被切断，因此赵尚志一进苏联便遭拘押[①]。另外，由陈绍宾带回的信息是否属实也是一个问题。在以后的日子里，赵尚志对此一直有怀疑，认为是奸细所为。

赵尚志、戴鸿宾、祁致中3位抗联主要领导人被苏方关押一年半，直至1939年5月才被释放，使北满抗联部队失去核心领导。北满抗联第三、第六军部队500余名战士被遣送到新疆，丧失很大一部分精锐力量，这是东北抗联的重大损失。特别是这一事件发生在北满抗联队伍面临应对日、伪军在伪三江省地区开展“大讨伐”的关键时刻，在斗争需要集中领导，部队需要统一指挥的情况下，北满抗联部队的几位主要领导人无法回到前线指挥抗联战士开展反“讨伐”斗争，使第三、第六军的西征计划未能及时实施，在敌人于1937年冬开始的“三江大讨伐”中，北满抗联总司令部所属第三、第六、第九、第十一军均遭到很大损失。据统计，到1938年5月，抗联第三、第六、第九、第十一军（基本队[②]）仅余3010人[③]，一年之内各军基本队人数减少一半，收编队则大部分失散或被瓦解。

当时，北满抗联主力部队之一第三军处于困境之中。在宾县、延寿地区活动的抗联第三军第二师不断遭到敌人袭击，损失很大，不得不退守到牡丹江西岸的山林地带。之后，第二师师长关化新率部去省委汇报工作，途中与敌遭遇，在松花江南岸战斗中牺牲。关化新牺牲后，余部向西南突围，返回哈东游击区。3月，敌人从湖南营、孟家岗、勃利、佳木斯等地的日军守备队中抽调千余名兵力到依兰东部进

---

① ［苏］叶夫尼根·戈尔布诺夫：《我们在满洲国的游击队》，载俄罗斯《独立报》，2006年1月20日。

② 基本队，即为抗联的主干部队，不包括联合抗日的统战队伍。

③ 《中共北满省委给中共中央的报告》（1939年6月15日），载中央档案馆、辽宁省档案馆、吉林省档案馆、黑龙江省档案馆编：《东北地区革命历史文件汇集》甲25，1990年印，第23页。

行“讨伐”，将第三军第三、第四师部队密营储存的给养全部烧毁，迫使活动在依东的第三军第三、第四师部队向下江的富锦、宝清、萝北一带转移。

在巴彦、木兰、东兴一带活动的抗联第三军部队，自1937年秋第七师（于九江部）、第八师（考凤林部）相继叛变、溃败后，只有第六师、第九师仍在当地坚持。但在反“讨伐”战斗中，第九师师长王德富牺牲，第六师师长孟广才被捕，部队损失过半。在弹尽粮绝的情况下，第六师政治部主任周庶泛和第九师政治部主任雷炎率余部突围，向木兰转移。经过休整后，部队回到通河一带活动。第三军第十师由富锦四区梨树园子向三区移动途中，与伪军第二十六团近200余人发生遭遇战，战斗中部队被打散，师长高士魁带部分人员叛变投敌。总之，第三军各师人员损失惨重。到1938年春，曾拥有10个师6000余人的抗联第三军已减员四分之三以上。据此，北满临时省委决定：抗联第三军缩编为4个师，1个警卫团。新编第一师，师长暂缺，政治部主任周庶泛。新编第二师，师长蓝志渊，政治部主任吴景才。新编第三师，师长许亨植（李熙山，原第九军政治部主任），副师长张光迪，政治部主任常有钧。新编第四师，师长陆希田，政治部主任侯启刚（暂由于保合代理）。警卫团团长姜立新，政治部主任朴吉松。

抗联第六军第一师由师长马德山率领，在萝北开展反“讨伐”斗争。在1938年3月8日的一次伏击战中，马德山负伤后牺牲。在此前后，第六军第二师第十团、第三师第九团在与日、伪军战斗中大部牺牲或失散。其余部队因敌人严密封锁，弹药、给养得不到补充，反“讨伐”斗争遇到很大困难。

抗联第九军于1938年春，多次进行破坏敌人“集团部落”、截击敌人运输车队、破坏交通的战斗。但在敌人“讨伐”之下，第九军在方正一带的密营先后遭到破坏，致使战士宿无住所，食无粮秣，一些不坚定分子开始动摇，有的弃枪脱逃，有的叛变投敌。

抗联第十一军在第一师师长李景荫率领下，活动在抚远、同江及富锦南部和桦川地区。1938 年 2 月，第十一军的七星砬子兵工厂遭到敌人进攻。兵工厂负责人、共产党员胡志刚誓与兵工厂共存亡，率领 50 余名工人、战士展开兵工厂保卫战，经一天激战，终因寡不敌众，敌人又施放毒气，胡志刚等皆英勇捐躯。此时，第十一军第一旅在永平岗与 1000 余名敌人遭遇，损失严重。军政治部主任金正国率几十人突出重围转移。金正国后被叛徒杀害于桦川县李贵屯。

活动在三江地区的抗联第二路军所属第四、第五、第七、第八军部队也同样受到严重损失。

1937 年 8 月末，抗联第四军第一师第三团团长吴明月在勃利作战中牺牲，第三团被打散，余部 30 余人编入第一师第一团。第四军第四师师长刘振国离队养病，第四师第九团脱离第四军。9 月第二师师长李天柱牺牲后，参谋长李鹏飞于 1938 年春在敌人“大讨伐”面前发生动摇而准备投敌，后被军部发现处死，他所直接掌握的第五团被遣散。第四军第一师第一团团长满景堂也准备投敌，被处决。1938 年 2 月 25 日，第四军第二师师长王毓峰因病在富锦一炭窑休养，被叛徒杀害。当年 5 月，第四军第一师师长张相武率第一、第二团由富锦前往宝清第四军军部途中，在富锦国强街基遭到伪军大部队阻截，战斗中张相武负重伤，不久牺牲。

抗联第五军在反“讨伐”斗争中，人员损失过半。该军设在依东响水河子等地的后方基地，密营、医院、被服厂、看守所、修械所、无线电设备等都在日、伪军进攻下遭到严重的破坏和损失。战士们生活异常艰苦，断粮绝炊是常事，经常杀战马为食，吃树皮、草根。在冬季，敌人的封锁越加严厉，部队生活更困难，战士因冻饿伤病而牺牲之事经常发生，部队减员很大。1937 年 12 月，活动在道南地区的道南特委书记、第五军军部宁安留守处主任张中华，在宁安桦皮沟一带与敌人作战中右臂受伤被俘，后被敌人杀害于狱中。

1938 年初，日、伪军在虎林、饶河国境地带对抗联第七军展开“大讨伐”，不断派遣特务进行诱降活动，妄图瓦解第七军。在反“讨伐”斗争中，许多战士英勇牺牲。但也有些人员在敌人猖狂进攻面前发生动摇，甚至出现携枪投敌的现象。

抗联第八军，活动在依兰、勃利、桦川等地，在敌人重兵“讨伐”下，持枪投敌者日益增多。第八军队伍处于严重动摇之中。

总之，由于日伪当局开展“三江大讨伐”，抗联第二路军和北满抗联各军部队严重受损，抗日游击战争面临着极其严峻的形势。

二、东北抗联第二路军主力的西南远征

1937 年 11 月，日伪当局开始在伪三江省地区进行疯狂“大讨伐”，对活动在这里的抗联各军形成包围之势。针对这种形势，周保中于 1937 年 12 月，在中共下江特委扩大会议的总结报告中指出：“日贼用各种各式进攻我抗日军……从吉南到吉东利用纵横铁路线，集团部落步步紧逼，使抗日军不得不由西而东，由南而北，积聚到下江地带，使抗日军既与广大群众隔离，又失去游击的有利地带的依据，日贼以江岸平原便利，使用重兵，陆空合围‘聚而歼之’。”[①]他提出，为突破敌围，“各路军按地域及作战目标应当分配各军的游击地带和方向”，抗日联军“应有计划地疏散开，免被敌人包围兜剿。”[②]1938 年

---

① 《中共吉东省委下江特别委员会扩大会议议决案》(1938 年 1 月 5 日)，载中央档案馆、辽宁省档案馆、吉林省档案馆、黑龙江省档案馆编：《东北地区革命历史文件汇集》甲 31，1989 年印，第 327 页。

② 《中共吉东省委下江特别委员会扩大会议议决案》(1938 年 1 月 5 日)，载中央档案馆、辽宁省档案馆、吉林省档案馆、黑龙江省档案馆编：《东北地区革命历史文件汇集》甲 31，1989 年印，第 317 页。

1月下江特委扩大会议结束后，周保中为与中共驻共产国际代表团取得联系，解决党的集中领导与巩固党的组织，统一群众运动，规定抗联领导系统及各军内部整顿，政治路线及新的工作，抗日游击战争策略，党的干部和教育及与党内一致，特别是保持东北党组织与中共中央的关系等重大问题①，通过抗联第七军与苏联边防军的关系，从饶河前往苏联远东地区。周保中把事先写好的信件交给苏联边防军转交中共驻共产国际代表团在海参崴的联络站，并要求会见联络站负责人杨春山。但等待一个多月，仍未得会见。他只好再写信给杨春山，请代转他给中共驻共产国际代表团的信及一批文件。而后，杨春山致信周保中说：此地关系已取消，新的关系由国内方面来建立，你们应独立工作。同时，周保中也得到一些有关工作的指示。之后，周保中经饶河回到宝清，具体领导、部署抗联第二路军西征工作。

1938年4月，为了冲破敌人对依兰、勃利、桦川、富锦、宝清等地的军事“讨伐”，跳出敌人包围圈，粉碎敌人将抗联部队“聚而歼之”的图谋，中共吉东省委决定，抗联第二路军主力部队向西南方向的五常、舒兰进行远征（史称西征），开辟新的游击区，以达到“旧区新活动，开辟新方向，脱离敌人围攻，贯通南满热河方面联军游击的联系，牵制扰害敌人后方”的目的；并决定，西征军“以第四军全部（留守部队及未整编者除外），第五军第一、第二师，及第二军第五师全部为骨干，第八军及救世军（王荫武部）、义勇军（姚振山部）在同一计划下协同动作”②。

---

① 《中共吉东省委常委、东北抗日联军第二路军总指挥周保中给海参崴“丁山”转国际中共代表团的信》（1938年1月31日），载中央档案馆、辽宁省档案馆、吉林省档案馆、黑龙江省档案馆编：《东北地区革命历史文件汇集》甲28，1989年印，第207页。

② 中共吉东省委执行部：《西征经过的通知》（1939年4月25日），中共黑龙江省委党史研究室存。

1938年5月1日，抗联第四军军长李延平、副军长王光宇由富锦来到宝清抗联第二路军总指挥部。随后，第二路军总指挥周保中主持召开第四、第五军领导干部会议。会议根据中共吉东省委确定的西征方针，制定了具体的行动计划。该计划规定，西征军分东西两路进行。西路以第四、第五军骑兵为主力，由李延平、王光宇、陈翰章负军事、政治领导责任；东路以第四、第五军及第二军第五师步兵组成，由柴世荣、宋一夫、关书范、侯国忠负军事、政治领导责任。两路先迅速突入宁安西北地区，恢复东老爷岭后方根据地。而后视敌我情况分兵或以主力大部西进五常、榆树、舒兰等地，并破坏敌人交通运输，设法与抗联第一、第二军取得联络。东路部队在宁安、汪清、东宁老游击区开展游击活动。以宁安南湖头为枢纽，东路部队与西路部队隔牡丹江、西老爷岭遥相呼应联络。两路部队，在军事上可各自独立、创造性活动，在党组织上、组织工作和路线问题上，由吉东省委书记宋一夫领导①。

根据抗联第二路军总指挥部的部署，1938年5月初，活动在富锦、宝清、桦川、勃利等地的抗联第四军全部和抗联第五军第二师，即积极准备西征，开始集结。5月，第四军第一、第二师部队等待抗联第八军部队的到来。但第八军军长谢文东反对西征，极力排斥、阻挠第八军政治部主任刘曙华组织西征的工作，不执行第二路军总指挥部有关西征的指示。因此，第八军部队迟迟未到，没有去指定地点集结参加西征。

5月中旬，抗联第四、第五军远征部队集结后，向牡丹江下游刁翎地区移动。为了安全和相互照应，在行进中步兵、骑兵没有截然分

① 《周保中关于游击策略的新决定事项给宋一夫同志信》（1938年5月3日），载中央档案馆、辽宁省档案馆、吉林省档案馆、黑龙江省档案馆编：《东北地区革命历史文件汇集》甲51，1990年印，第342页。

开，而是时分时合。由于集结兵力的行动是在日伪封锁线内进行，所以西征军的行动很快被敌人发觉并遭到敌人的阻击。1938 年 6 月上旬，第四军第一、第二师与第五军向牡丹江下游刁翎地区西移途中，遇到给养不足的困难。沿途必须攻袭敌人防所和有敌人防守的“集团部落”，才能得到粮食。为了解决给养，西征军先后在勃利县东南大小五站、偏脸子以及大小杨木背（今属林口）等地，不断与日、伪军警接触，进行战斗，致使兵员疲惫，耽误行军。大小杨木背一仗后，西征军步骑兵分兵两路，宋一夫、张镇华等率领第四、第五军步兵北赴牡丹江岸刁翎地区找第五军军部和第五军第一师，于 6 月 14 日到达牡丹江岸莲花泡第五军后方。李延平、王光宇率领第四、第五军骑兵向南进军五虎林（今牡丹江市五林镇），以迎接第二军第五师陈翰章部队。部队出发不久，即被敌人发觉。为甩掉敌人，李延平率队采取声东击西的战术，在到达穆棱县的兴源镇后，作出南下的姿态，途中袭击了林口阜龙岗，获长短枪 30 余支和一些粮食、马匹等，同时破坏了一个“集团部落”的炮台、围墙等防御设施后回转，于 6 月 24 日到达牡丹江莲花泡第五军后方。

6 月 29 日，抗联第四军、五军领导人李延平、王光宇、柴世荣、宋一夫、关书范等在莲花泡附近第五军后方密营中召开了联席会议，重新研究远征行动计划。会议针对西征部队集结开始就遭到敌人阻击，敌人对西征部队南进意图有所察觉，及第二军第五师师长陈翰章通报的敌人在中东路牡绥段沿线防守严密，很难冲破敌人防线，其所部不能前来与第五军汇合等情况，变更了第二路军总指挥部原定关于兵分两路远征，先南进宁安后西征五常的行动计划，决定放弃南进，分批直接西征五常。具体行动计划是将第四、第五军部队分成三部分行动。以第五军第一师 150 人为一部，作为先遣队，由第五军第一师师长关书范负责；以第四军第一师和第五军第二师 260 人为一部，由第四军军长李延平、第五军政治部主任宋一夫负责；以第四军第二师和第五军教导团及救世军270人为一部，由第五军军长柴世荣、第四军副军长王光宇负责。全部西征队伍共680余人，其军事、政治领导仍由宋一夫负责。会议还决定西征先遣队第五军第一师于1938年7月1日出发。

莲花泡会议后，西征部队按会议决定开始行动。7月1日，先遣队向五常方向进发。7月2日，李延平、宋一夫和柴世荣、王光宇率部北上，袭击了牡丹江岸的三道通，经过一天的激战，虽然突破敌人防线，但没有达到夺取敌人枪弹的目的，仅获得部分给养。部队攻打三道通之后立即西进，经由四道河子、三道河子越过张广才岭，经过300多里无人烟的高山密林地带的艰苦行军，到达苇河县楼山镇附近。7月7日，西征部队在途中与救世军王荫武部汇合。7月8日，西征部队隐蔽在楼山镇北部20多公里的山林中。

楼山镇位于苇河县（今属尚志市）东北部，是日本侵略者掠夺东北森林资源的一个重要木材采伐场所。镇内有伐木工人500余户，商业市民100余户。该地有森林铁路通向中东铁路亚布力站，地理位置十分重要。经侦察得知，这里驻有日本关东军木材采伐机关，一个伪军中队和守备森林铁路的白俄伪警察中队及部分伪警察、伪自卫团武装。在镇外围及敌军营房附近设有炮台、地堡、暗沟等防御工事。

敌人对西征军的到来毫无察觉，也无防备。西征军领导为打击敌人，夺取武器和给养，决定出敌不意攻打楼山镇。7月12日凌晨，西征部队顺利攻占了楼山镇。这次战斗，击毙敌军多人，俘虏了伪森林警察中队长等六七人，缴获轻机枪2挺、步枪近百支、子弹4万余发及粮食、服装等军需品甚多。对敌人在该地及附近的防御建筑物、森林铁路和桥梁、通讯设备等皆予以破坏。撤退前召开了群众大会，进行抗日救国宣传。楼山镇战斗惊动了敌人。敌人由延寿、方正派出援兵，追寻西征部队。在敌情十分严重的情况下，柴世荣率抗联第五军教导团和救世军王荫武部停止西征，返回刁翎旧游击区；关书范带领第五军第一师奔横道河子欲联络第二军第五师；李延平、宋一夫率领抗联第四军和第五军第二师继续向哈东五常进发。

哈东地区原是抗联第三军游击区、根据地，但三年前第三军主力已离开这里。此时，敌人已在这一地区普遍建立起“集团部落”，采取严密统治措施，西征部队进入该地区难以得到群众的支援。抗联第四军和抗联第五军第二师部队因路径不熟，曾一度误入延寿县境，多次与敌军遭遇。在荒沟的反击战中，第四、第五军部队打死打伤日、伪军 30 多人。7 月下旬，部队渡过蚂蚁河再入苇河县境，这时恰巧与迷失方向进入苇河县的关书范所率第五军第一师相遇。之后，两支部队决定合兵一处，准备跨越中东路进入五常。行进途中，西征部队步兵、骑兵行动参差，由于敌人封锁，部队给养极端匮乏，军马被宰食充饥，马肉吃光，只得以野果、野菜充饥；西征战士数十天连续行走，许多战士鞋子穿破赤足行走在荆棘丛生的山林中，因连续行军、战斗，战士们十分疲惫，致使部队的战斗力大大降低。7 月末，为解决给养，西征部队袭击了珠河县元宝镇附近的“集团部落”。7 月 29 日，西征部队在一面坡附近暴露了目标，遭到敌人的紧紧追击，被迫退至该镇南面的山地密林中。异常艰苦的行军条件，加之敌人围追堵截，考验着每个抗联指战员。就在这内无给养、外有追兵的紧迫关头，担负西征总的军事政治领导责任的宋一夫，对抗日斗争前途悲观失望，背叛党和人民，于 7 月 30 日借巡岗查哨之机，诱同本部随从副官王树生携手枪 1 支、公款 1600 元叛逃投敌。宋一夫的叛变，造成极其严重的后果。但是，李延平、王光宇等坚贞忠诚的抗联指挥员，仍然坚定的执行西征任务，率领部队继续向五常进发。

1938 年 8 月初，西征部队为破坏敌人铁路运输，攻打了苇河县小五站的敌人。这次攻击引起敌人对西征部队的极大注意。8 月 4 日，敌人开始调动大批日、伪军及白俄伪警察混编成“讨伐大队”，在苇河南沟西大山追击西征部队。西征部队被迫与敌人进行战斗，毙伤敌兵近 40 人。敌人从叛徒宋一夫口中得知抗联第二路军西征的部署和兵力后，为了彻底“剿灭”抗联第二路军西征部队，从哈尔滨、长春等地调来日军主力 500 人和装备精良的伪军 2500 多人，会同当地日军守备队，在六七架飞机的配合下，围追堵截西征部队，对西征部队施以强大的军事压力。西征部队的处境更加艰难，缺粮断炊是经常之事，干部战士饥肠饿肚，艰难与敌周旋。8 月 10 日后，西征部队先后袭击了珠河县一面坡车站附近的“集团部落”、苇河县沙河子、九里地等地森林火车站及“集团部落”，但均因敌人的军事力量强大而未成功，只是补充了部分给养。8 月 15 日，西征部队到达五常县冲河地区，这时敌人不断增派重兵对各路口进行严密封锁，同时派遣小分队进行“追剿”。在破坏大青川、冲河东岸敌人木业采伐场的多次战斗中，西征部队伤亡惨重，部分队员与大队失散，部队大量减员。为摆脱敌人的围攻，抗联第四、第五军西征部队决定分兵活动，以分散敌人的注意力。

此时，抗联第四军已只剩百余人。分兵活动后，李延平、王光宇率领所部摆脱敌人的围追堵截，隐匿于五常县小山子附近的密林中，想与北上前来接应的汪雅臣率领的抗联第十军取得联系。然而当汪雅臣率领的部队临近小山子时，遭到敌人的阻击，战斗中汪雅臣不幸负伤，第十军只得撤退到九十五顶子山后方基地，后来虽然第十军与第四军取得联络，为第四军提供了部分给养和帮助，但无法从根本上改变第四军在战斗中的不利处境。9 月下旬，第四军西征部队遭到敌人包围，战斗中，部队被敌军冲散，60 余名战士被俘虏，第四军第一师师长曲成山诱胁部下 3 名，携带步枪 2 支、手枪 2 支、公款 500 元叛逃。剩下的西征部队战士经常连续十几天吃不到粮食，仅靠野果、野菜充饥。在整个西征过程中，由于作战牺牲、饥饿、伤病和逃亡等，第四军西征部队损失惨重。11 月 20 日，李延平、王光宇与 7 名队员在五常县沙河子南沟错草顶子宿营时，队内 3 名队员密谋叛变，向李延平、王光宇两军长开枪射击后逃走。李延平胸部受伤，以身殉国。王光宇身受重伤，强忍伤痛，带领剩下的 4 名队员继续坚持战斗。年底，他们在海林与敌遭遇，激战中王光宇壮烈牺牲。

抗联第五军西征部队于 8 月下旬在冲河与第四军远征部队分手后，在关书范、陶净非的带领下，先后袭击了大青川、冲河山林地带敌人的木营，并继续挺进至舒兰地区。后于夜间返回五常，在渡牤牛河时与敌人遭遇，激战中第五军第一师与第二师失去联系。第二师部队也相互失去联系。此时，第五军第二师政治部主任陶净非带领第二师第五团余部冲破敌人包围，向老游击区宁安县进发。以后，与抗联第二军第五师会合，转战于额穆、敦化、安图等地。

失散后的抗联第五军第一师师长关书范率领第五军第一师经海林向西征出发地刁翎地区北返，以寻找第五军军部。9 月初，第五军第一师部队在头道河子渡过牡丹江，部队进行着艰苦的行军。10 月中旬的一天夜里，第五军第一师部队露宿在林口附近三家子北部牡丹江支流乌斯浑河沿岸的柞木岗山下。队伍在此宿营，准备第二天拂晓渡河，绕道去喀上喀（今属依兰）密营第五军军部。不料夜晚取暖的篝火被住在样子沟的特务葛海禄发现，他向当地日本守备队作了报告。日本守备队和伪军在其带领下，连夜向第五军第一师宿营地扑去，在宿营地附近埋伏下来，等待天亮发起攻击。

第二天拂晓，抗联第五军第一师部队整装待发，准备由附近渡口过河。当时乌斯浑河河水暴涨，水面加宽，流急浪大，已找不到原来的渡口。为了安全起见，师长关书范命令会凫水的金世峰参谋带领妇女团战士先行过河。该妇女团是在楼山镇战斗后，由在第四、五军参加西征的女战士合并组成的，随第五军行动。妇女团战士在战斗、行军间歇积极开展宣传工作，表现出顽强的革命意志和乐观主义精神，在西征中发挥了重要的作用。但在战斗和艰难的环境中，许多女战士不幸牺牲。原有30多人的妇女团，随第五军第一师部队返回乌斯浑河沿岸时，只剩下8名战士。

妇女团战士在团政治指导员冷云①的带领下行进到河边，金世峰参谋为试探河水的深浅，先向河对岸游去。8名女战士正待过河，突然敌人从后面攻打上来。此时，岸边的大部队一面组织火力向敌人反击，一面向柞木岗山里撤退。8名女战士被敌人火力阻隔在岸边。为了转移敌人的视线，掩护大部队转移，冷云命令女战士向敌人开火，把敌人吸引到自己身边。当敌人发现河岸边有人开枪时，即向冷云等人扑来。抗联第五军第一师大部队趁机发起冲锋，突破敌围。大部队突围后，发现8名女战士仍据守在河边与敌人战斗，立即返回接应。然而敌人用重火力封锁，完全切断了大部队同女战士的联系。大部队指挥员想接应未能成功，只得组织队伍向柞木岗密林撤去。敌人见抗联大部队撤离，遂集中火力向妇女团女战士疯狂进攻，企图予以活捉。冷云等8名女战士毫不畏惧，顽强、沉着地与敌人战斗。敌人不断狂嚎，呼叫劝降。女战士们回答敌人的是子弹和手榴弹。

最后，被封锁在河岸边，后退无路的冷云等8名女战士弹药基本耗尽。当敌人再次逼近时，女战士们坚强地站立起来，将手中最后3颗手榴弹投向敌人，继而背起受伤的战友，相互搀扶着毅然决然地步入波涛汹涌的乌斯浑河。因河流湍急，水深浪大，8名女战士溺江捐

---

① 冷云（1915—1938），原名郑香芝，曾用名郑志民，黑龙江桦川人。1934年加入中国共产党，1936年参加东北抗日联军第五军。后任东北抗联第五军妇女团政治指导员。1938年在战斗中牺牲。

躯，壮烈殉国。这8名女战士是：团政治指导员冷云（23岁）、班长杨贵珍（18岁）、班长胡秀芝（20岁）、原第四军被服厂厂长安顺福（23岁，朝鲜族）、战士郭桂琴（17岁）、黄桂清（20岁）、李凤善（21岁，朝鲜族）、王惠民（13岁）。这就是"八女投江"的英雄事迹。冷云等8名女战士视死如归的革命精神和崇高的民族气节极大地激励、鼓舞着广大抗联战士英勇战斗，将抗日救国的伟大事业进行到底。

11月初，抗联第五军第一师返回刁翎第五军后方基地。至此，抗联第二路军组织的第四、第五军主力部队的西征宣告结束。

抗联第二路军西征部队虽然受到严重损失，但此次西征仍有其重要意义：西征军突破敌人在伪三江省的封锁包围，扰乱了敌人重点围歼松花江下游地区抗日部队的计划，转移了敌人注意力，使留在原地的抗联部队减少了压力；第二路军主力西征之时，八路军游击队已突入热河；在东北，日本侵略者挑起张鼓峰事件，西征部队的英勇战斗，破坏、扰乱了敌人后方，牵制了敌人的兵力，起到一定的军事配合的作用；第二路军西征部队在攻袭敌人据点、"集团部落"中，打击了敌人的嚣张气焰，毁坏了敌人的一些军事设施；西征部队在各地进行抗日宣传，使群众了解党的抗日救国政策，扩大了党和抗日联军的政治影响；西征返程出现的"八女投江"英雄壮举，成为中华民族不甘屈服外来帝国主义侵略，勇于抗争的优秀代表，其光辉业绩万古流芳。许多在西征中牺牲的抗联指战员，其勇于战斗、不畏艰苦、不怕牺牲、坚持不懈、革命到底的精神，将永远激励后人继续战斗。

三、北满抗联部队的西征

在敌人不断开展"三江大讨伐"，北满抗联各部队面临被围歼的严峻形势下，中共北满临时省委于1938年5月、6月，在铁骊（今铁力）、通河连续召开了第七、第八次常委会。会议在分析了北满地区抗日武装面临的急剧变化的严重形势后，决定为冲破1938年度敌人开展的“大讨伐”，跳出敌人包围圈，迅速组织北满抗联第三、第六、第九、第十一军主力，穿越小兴安岭，向西北方向的海伦、通北进行远征，史称西征，以开辟新的抗日游击区，并选择时机打通与关内八路军的联系。

海伦、通北位于小兴安岭西麓与黑嫩平原东北部的交界处。这里日伪统治相对薄弱，又有森林密布的山岭为抗联部队建立后方密营提供天然屏障。1936年冬和1937年夏，抗联第三、第六军曾远征到铁骊、海伦一带开展抗日斗争，在群众中有一定影响。第三军第六师张光迪部仍在此地坚持斗争，并建立多处密营，储备一批粮食。因此，这里适宜开展游击战争。这次西征，由张寿篯、金策、魏长魁、冯治纲等具体负责，参加西征的抗联第三、第六、第九、第十一军部队共800余人，在不同时间，分三批进行。

参加首批西征的部队由抗联第三军政治保卫师和抗联第九军第二师共150余人组成。指挥员为第九军政治部主任魏长魁、第九军第二师师长郭铁坚、第三军政治保卫师师长常有钧。

1938年6月，在依兰东部活动的抗联第三、第九军部队，根据北满临时省委的指示准备西征。因第九军军长李华堂对西征存有疑虑未参加，由第九军政治部主任魏长魁和第二师师长郭铁坚率领第九军第二师第四团、第五团参加西征行动。第九军第二师西征部队，从依兰的西风沟出发，奔依兰与方正交界的沙河子渡过松花江，到通河小古洞、鹰窝一带筹集给养。不久，与常有钧率领的第三军政治保卫师在此会师。根据中共北满临时省委指示，两队合编成一支队伍，经铁骊，向海伦、通北方向西征。

为避开敌人耳目，部队只得沿山边走崎岖山路，或在山林荆棘中踏出小路进军。在穿越小兴安岭时，因山间荆棘丛生，战士们只能深一脚浅一脚地前行。长途跋涉把鞋磨破，战士们用布条绑上兽皮裹足。随身携带的有限的一点给养很快耗尽，就靠野菜、野果充饥。远征队伍来到桃山、神树附近时，在鄂伦春族猎人向导陈山的带领下，穿过了呼兰河。部队在行进中，屡遭敌人尾追、袭击。在行至苇子沟时一股敌人突然袭来，魏长魁因为指挥殿后掩护队员转移，不幸被流弹击中，身负重伤。在无人照顾的情况下，他艰难地匍匐前进。为了保守党的秘密，不当俘虏，他将随身所带文件焚毁，毅然自刎牺牲。部队一边行军一边与敌人展开战斗，毙伤敌10余人，自身亦有数名战士负伤。为避免陷入敌围，郭铁坚和常有钧分别率队沿庆城、铁骊山边向绥棱方向迅速前进。在途中，常有钧和郭铁坚所部失去联系。与抗联第三军政保师一起活动的抗联第九军第四团王团长借口第三、第九军系统不同，以搞给养为名，带领40余人脱离了常有钧的指挥，最后仅有10余人归队。常有钧率部经过长途艰难跋涉，于9月下旬到达海伦境内的第三军第六师后方密营。不幸的是，10月4日在通北一撮毛地方常有钧被叛徒杀害。

郭铁坚率抗联第九军第二师60余人突出敌围后，又与追敌展开战斗。经激战，打退了敌人的进攻，郭铁坚率部撤出阵地继续西征。7月底，部队抵达绥棱张家湾，被洪水围困。当时，大雨连绵，河水暴涨，截断了部队的去路，郭铁坚接连派2名战士凫水过河探路，都被洪水冲走。郭铁坚率部沿着山边迂回，终因河水泛滥不能渡河。部队只好隐蔽于山林里，并多次与当地伪自卫团和日本“开拓团”武装发生激烈战斗。他们边打边撤，来到偏脸张、疙瘩山一带休整。因不久前刚趟过塔头甸子，许多战士双脚溃烂，还有的人染上了伤寒病，师长郭铁坚也病倒。由于敌人的封锁，部队这时已经断粮多日。当辗转来到栾家烧锅附近山沟时，发现了一位在山边玉米地干活的中年妇女。郭铁坚请她帮助解决粮食和药品。这位妇女名字叫徐秀，因丈夫姓张已去世，人称“张寡妇”，又称张大嫂。当她得知这些寻求帮助的人是打日本鬼子的抗联战士时，便将自家已经成熟的2垧多地玉米全部献给了部队，又冒险到30里外敌人防守严密的上集厂以串亲戚为名买到药品。回返时，她绕行40多里路，于夜深时和儿子偷偷地奔往部队宿营地，把药品交给部队。随后，她又去上集厂给战士们买鞋。她暗中找到几位亲属，分头数次买回了多双胶鞋，送到部队。因为她常往山边走，引起敌人注意。一次，张大嫂在回家的路上，碰上伪警察，敌人抽出刺刀对准她。张大嫂放下筐，抓了抓筐里的野菜给敌人看。敌人没有发现什么，只好放行。就这样，在张大嫂的热情帮助下，战士们逐渐康复，部队渡过了难关。10月左右，部队准备继续西进。临行时，张大嫂得知部队行军需要食盐，又把东借西凑弄到的食盐冒险送到部队。深得张大嫂帮助的抗联战士异常感动，备受鼓舞，增强了克服艰难险阻的信心。郭铁坚挥泪告别张大嫂，率队继续西行。此时，天气骤冷，战士们身着单衣艰难行进。途中，郭铁坚动员一大户人家支援抗日，顺利地解决了20多套棉服。11月，郭铁坚所率第九军第二师部队到达远征目的地——海伦与绥棱交界的八道林子抗联后方密营。这时部队仅剩23人。

第二批西征部队有两支队伍，一支由抗联第六军教导队一部、第一师第六团、第二师第十一团200余人组成，指挥员为第六军参谋长冯治纲、第二师师长张传福。另一支由抗联第三军第三师、第六军第三师第八团、第二师第十二团、第四师一部300余人组成，指挥员为第三军政治部主任金策、第三军第四师（原第三师）政治部主任侯启刚、第六军第三师师长王明贵。

1938年7月间，在松花江下游地区开展工作的北满抗联总政治部主任、抗联第六军政委张寿篯，在接到北满临时省委关于组织西征的指示后，在萝北县境内的梧桐河畔老等山麻花林子第六军第三师后方密营召开了第六军部队师、团以上干部和下江特委领导人参加的军政干部会议。会议讨论研究了第六军西征的问题，与会者一致同意和拥护中共北满临时省委所作的关于西征的决定。部队临出发前，第六军军部在后方密营举行了欢送会。欢送会上，张寿篯等还编演了一幕抗联战士准备参加西征的活报剧，为西征队伍壮行。

8 月上旬，时值雨季。冯治纲率领抗联第六军军部教导队、第一师第六团、第二师第十一团共200 余名骑兵，冒雨从萝北梧桐河畔老等山出发，向小兴安岭西部远征。部队行进一天多，到达鹤立河东南的黄花岗。此地驻有伪军四五十人，为扫清前进路上的障碍，冯治纲决定袭击黄花岗。伪军在毫无准备的情况下，被西征部队击溃，缴获步枪数十支和数匹战马。次日，部队在鹤岗通过煤矿工人内部关系搞到一批面粉，补充给养。之后，部队渡过梧桐河。此时，正逢河水暴涨，船只不够，许多战士只好循着拴在两岸树上的大绳，涉水慢慢过河，因河水湍急，有两名战士在渡河时被大水冲走。部队渡过梧桐河后，沿小兴安岭南麓继续西进。为避开敌人“讨伐队”的追击，西征部队昼宿夜行。尽管如此，还是遇到了敌人。8 月 23 日，远征部队行至汤原县黑金河西岔口露营时，突然遭到大批日、伪军的袭击。在与敌人战斗中，第二师师长张传福等8 人牺牲，军部组织科长、第二师政治工作负责人陈雷①等人负伤，大批粮食、马匹失散。

冯治纲面对严重敌情，临危不惧，安排好重伤员，靠着每人一碗米和坚忍不拔的革命勇气，继续带领队伍西进。部队过了汤旺河进入小兴安岭林区后，终于甩掉敌人的追击。此后，部队改昼宿夜行为

---

① 陈雷（1917—2006），原名姜士元，黑龙江桦川人。1936 年加入中国共产党，1938 年参加东北抗日联军。历任东北抗联第六军组织科长、东北抗联第三路军第三支队政治负责人。抗战胜利后任中共绥化中心县委书记、中共黑龙江省委秘书长。新中国成立后，历任黑龙江省副省长、省长等职。2006 年病逝。

夜宿昼行。林海行军虽比山边行军安全，但茂密的树木给行军带来不便，队员轮流在前披荆斩棘开辟道路，部队过山峦，穿密林，越沼泽，经过七八天艰难的行军，走出数百里杳无人烟的小兴安岭深山老林，到了丘陵地带。当时正值雨季，淫雨连绵，风雨交加，干部战士浑身湿透，为了躲避敌人的堵截，部队日夜兼程，行进中经常摔倒，有的战士走着走着竟睡着了。最不好走的路是在沼泽地里过“漂垡甸子”和“塔头甸子”。“漂垡甸子”表面上长满杂草，底下是烂泥塘，一不小心就会陷进去。“塔头甸子”也称“红眼蛤塘”，一个个“塔头”上长满青草，下面都是腐烂植物形成的红锈水，战士们要在“塔头”上跳着走，稍一偏，就滑落到水里。数天过去，战士的双脚就被红锈水沤烂了，脚往地下一踩，如同针扎一样疼痛。在森林、草甸子里，蚊蠓成阵，战士们的头、脸、裸露的皮肤被蚊子、小咬、瞎蠓叮咬得苍肿起来。行军途中，由于给养被敌人夺走，战士们只好采集野菜、山果、蘑菇充饥，但战士们始终保持革命乐观主义精神，一到宿营地，便高唱抗日歌曲，开展文化学习活动。就这样，经过一个多月的艰苦行军，这批远征部队终于到达了海伦与绥棱交界的八道林子后方密营。至此，第二批远征部队第一支队伍都到达了西征目的地。

第二批远征部队第二支队伍是由抗联第三军政治部主任金策组织率领的。1938 年 8 月 7 日，为贯彻中共北满临时省委关于西征的决定，金策在下江地区整顿了第三军第三、第四、第十师后，与第三军第四师政治部主任侯启刚等，从宝清渡过松花江，冒雨行进，向老等山抗联第六军后方营地集结。当金策率队经 7 天艰难行军，来到绥滨平原的狭窄三角地带时，遭到日、伪军及伪国境警察队的追击。在给养不足，道路泥泞难行的情况下，金策鼓励战士们，以野菜、野果充饥，快速行军，终于摆脱了敌人。金策率该部到达老等山第六军后方营地后，集结了第三、第六两军参加西征的队伍，并与各部队领导人讨论筹集西征给养和行军路线等事宜。

9月6日，在金策、侯启刚和抗联第六军第三师师长王明贵率领下，300余名远征战士每人只带4穗玉米和少许粮食，从老等山出发。远征的头几天一直是冒雨行军。9月10日，行至都鲁河边沼泽地带，受到暴雨和洪水阻隔。当地群众用一只木船摆渡30余次，送远征部队渡过河对岸。以后，部队继续冒雨行军，干部、战士全身被淋透，双腿浸在没膝深的冰凉的水中。在几天的行军中，竟有10名战士因饥寒病患牺牲在河边。部队的战马也因患疾疫接连死去。部队走出沼泽地后，顽强地向鹤立方向挺进。

行进至鹤立附近时，部队为夺取给养，袭击了王傻子屯伪自卫团。之后，进入汤原老游击区。因为抗联第六军与汤原老游击区群众关系很好，尽管这里修筑许多"集团部落"，警戒森严，但老游击区群众仍然冒着生命危险把仅有的一点粮食送给西征部队。当群众知道第六军部队要通过小兴安岭时，便用肩扛、牛驮着粮食送了西征部队一段路程。因当时尚未秋收，送的粮食不多，老百姓把驮粮食的三四十头牛也都送给了部队。人民群众的支援使西征的战士们倍受鼓舞，增强了实现西征的信心。

当西征部队行至刘侉屯附近时，汤原县伪治安队300余名骑兵尾追而来。这时，金策等指挥员决定大队人马避敌锋芒，绕道前进，留下一支机关枪小队在石场沟一带高地设伏阻击敌人。前来追击的敌人，被抗联的突然袭击打得丢盔卸甲，扔下数十具尸体后，落荒而逃。当敌人再次进攻时，西征部队早已不见踪影。这场战斗前后仅用30分钟，毙敌50余人，西征部队无一伤亡。

鉴于大部队行军目标明显，不易解决给养，部队迅速行进到汤旺河岸后，金策决定抗联第三、第六军西征部队分兵前进。侯启刚率领第三军第三师骑兵100余人顺汤旺河南下，经过柳树河口（今伊春南岔区),沿铁骊、庆城方向迂回前进;金策、王明贵率领第六军第三师等200余步兵绕道北上老钱柜,再西折向海伦、通北挺进。两支队伍渡过汤旺河后,分别穿行在人迹罕至的小兴安岭密林中。抗联指战员跋山涉水,忍饥挨饿,经过一个多月的艰苦行军,终于在10月上旬到达西征目的地绥棱与海伦交界的八道林子。

第三批西征部队,由第六军教导队一部、第十一军第一师100余人组成,指挥员为北满抗联总政治部主任张寿篯、第十一军第一师师长李景荫。这支部队是在寒冬季节进行西征的。

1938年11月初,在张寿篯率领下,由抗联第六军军部教导队和抗联第十一军第一师组成的远征队在富锦集结后,冲破敌人封锁线,渡过松花江,来到萝北县境梧桐河畔老等山。休整10天后,张寿篯安排好下江特委和留守部队的工作,便率部队出发,进行西征。

11月14日,部队到达汤东老白山抗联后方密营。这时天气已很寒冷,给养缺乏,指战员们还穿着单衣。为保证西征顺利进行,张寿篯派出一支队伍袭击了一个日本"开拓团",得到一些粮食。他还选拔了一些战士组成一支精干小分队,趁夜越过封锁线,奔袭鹤立岗,缴获大批棉布、棉花和针线等物品。由于部队还没有脱离敌人的封锁地带,经常与敌人交火,张寿篯号召大家动手自己做棉衣。一些战士不会做,张寿篯和会做棉活的指战员就手把手地教大家做,经过3天努力,指战员都穿上了自己做的棉服。第二天,张寿篯和李景荫率队顶风冒雪开始翻越小兴安岭原始森林向西挺进。

12月8日,部队到达岔巴气河北王肇风密营,进行4天休整。战士们迅速各自修补衣物、鞋袜,做好继续前进的准备工作。张寿篯派抗联第六军教导队副官耿殿君率领第六军教导队组成先遣队到山外筹集了部分给养。为了行动统一，张寿篯宣布，以后行军时一切军事指挥均由抗联第十一军第一师师长李景荫负责，耿殿君任临时参谋长。

经过一段时间休整和筹集给养，12 月 12 日以后，张寿篯率部冒着暴风雪，绕道北上。临出发前，张寿篯进一步作西征动员，并宣布了有关注意事项和行军纪律。12 月 18 日，部队向西进发，抵达汤旺河岸，越过冰雪覆盖的汤旺河后进至伊春河口，而后沿河道西行，进入小兴安岭的原始森林。

小兴安岭古树参天，大雪封山，人迹罕至，气温降至摄氏零下 40 余度。凛冽的寒风中，张寿篯率部在没膝深的雪地上艰难地向前行进。为了防备敌机和特务打探，他们白天分队前进，夜间集中宿营。仅十几天，部队粮食就吃光了。寒冷和饥饿在严重地威胁着这支队伍的生存。开始，大家找到一些干枯的蘑菇吃，蘑菇找不到就把皮带剁碎煮着吃，最后就用雪水煮橡子和战士们穿破的牛皮靰鞡（鞋）充饥。每到夜幕降临时，大家三五成群选择靠山坡密林背风处，点起篝火取暖宿营。

行军中，张寿篯和战士们的手脚已被冻裂，衣服被树枝刮破，露出了棉絮，褴褛不堪。指战员们疲惫到了极点。有的战士走着走着，突然倒下，就牺牲了。为坚定大家的意志，张寿篯等领导同志耐心地做思想工作，鼓励同志们克服困难，渡过难关，坚持到最后的胜利。12 月 25 日，部队在张家湾河边与敌军遭遇，经激战，冲破敌人的封锁和阻截，接着又翻山越岭继续前进。这支西征部队经近两个月的艰苦行军，终于在 12 月 29 日胜利到达了绥棱境内的抗联后方营地白马石。张寿篯派耿殿君率领先遣队到绥棱与海伦交界的八道林子，与先期抵达的抗联第六军第三师联系安排有关事宜。此时西征部队粮食断绝，急需救援。1939 年 1 月 3 日早晨，第六军第三师师长王明贵率马队驮着粮食赶到白皮营,营救了第三批西征部队。第三批西征部队与王明贵所率第六军第三师会师标志北满抗联主力西征宣告胜利结束。

东北抗联第三、第六、第九、第十一军主力部队三批西征队伍,在中共北满临时省委的领导下,前后历时6个多月,行程千余里,历经千辛万苦,终于完成了艰巨的西征任务。为了抗日救国,参加西征的指战员克服重重困难,表现出了中华儿女大无畏的牺牲精神和坚定的抗战必胜的信念。在组织、准备北满抗联主力部队西征以及在西征的征途上,张寿篯与其战友创作了著名诗篇《露营之歌》:

（一）

铁岭绝岩,林木丛生,
暴雨狂风,荒原水畔战马鸣。
围火齐团结,普照满天红。
同志们!锐志哪怕松江晚浪生。
起来呀!果敢冲锋!
逐日寇,复东北,天破晓,
光华万丈涌。

（二）

浓荫蔽天,野花弥漫,
湿云低暗,足溃汗滴气喘难。
烟火冲空起,蚊吮血透衫。
战士们!热忱踏破兴安万重山。
奋斗啊!重任在肩,
突封锁,破重围,曙光至,
黑暗一扫完。

（三）

荒田遍野，白露横天，
夜火晶莹，敌垒频惊马不前。
草枯金风急，霜晨火不燃。
弟兄们！镜泊瀑泉唤起午梦酣。
携手吧！共赴国难，
振长缨，缚强奴，山河变，
片刻熄烽烟。

（四）

朔风怒号，大雪飞扬，
征马踟蹰，冷气侵人夜难眠。
火烤胸前暖，风吹背后寒。
壮士们！精诚奋发横扫嫩江原。
伟志兮，何能消灭，
全民族，各阶级，团结起，
夺回我河山。①

《露营之歌》激昂雄壮，生动地反映了抗联战士在不同季节征战的艰苦生活情景，是抗联斗争的真实写照，充分表达了抗联指战员坚定乐观的革命意志、英勇顽强的斗争精神和光复祖国的坚强决心。此诗歌经谱曲传唱，回荡在黑龙江畔，兴安岭上，鼓舞着广大抗联战士不畏艰难，努力奋战，为夺取抗日战争的最后胜利而英勇奋战。

北满抗联主力部队西征的胜利，粉碎了敌人妄图把抗联围歼在伪三江省的图谋，跳出了敌人的包围圈，实现了向敌人统治薄弱地区进行战略性转移的计划，保存了抗联部队主力，为开辟新的抗日游击

---

① 《三军政治部宣传科编印革命歌集（第二集）·露营》（1939 年 7 月 7 日），载中央档案馆、辽宁省档案馆、吉林省档案馆、黑龙江省档案馆编：《东北地区革命历史文件汇集》甲 55，1991 年印，第 151 页。

区,开展黑嫩平原游击战争,奠定了良好的基础,在东北抗日联军斗争史上,写下了光辉的篇章。

第三节　东北抗联第二路军和北满抗联留守部队的斗争

一、东北抗联第二路军留守部队的斗争

1938 年春,抗联第二路军总指挥部在部署抗联第四、第五军主力部队进行西征的同时,指挥留守部队第四军留守处、第五军第三师、总指挥部警卫队等与日、伪"讨伐"军巧妙周旋,坚持就地转战。这些部队的英勇斗争有力地策应了第四、第五军主力部队的西征,回击了日伪当局在三江地区进行的"大讨伐"。

早在抗联第四军主力准备进行西征时,抗联第二路军总指挥周保中就发出指示,由第四军第一师政治部主任黄玉清负责,兼顾依东及勃利交通联络,并酌留有活动能力的步骑兵一部 40 人左右在富锦、宝清地区活动。不久,成立了第四军富宝地区留守处,处理有关第四军后方事宜。留守处主任由原第四军第四团政委彭施鲁担任,并抽调第四团中作战能力比较强和政治素质比较高的第三连 30 余人为留守处主力。此外,密营中还有伤病员、医护后勤人员和部分家属 20 余人。两者相加,留守处共有 50 余人。留守处受第二路军总指挥部直接领导,其具体任务是筹集粮草、钱款,购置棉花、布匹,准备自制军衣;解决在密营中休养的伤病员及其他人员的给养;保护第四军密营的安全;帮助留守在富宝地区的零散部队,为过往部队人员提供帮助等。

抗联第四军、第五军远征部队出发后,留守处即着手选择隐蔽条

件较好的富锦、宝清两县交界大叶子沟外面的葫芦头沟修建新的密营。战士们盖起3所房屋，将伤病员安置下来。在密营驻地，经常留有10余人照顾伤员和负责驻地日常工作。留守处主任彭施鲁带领30多人组成的骑兵连在距葫芦头沟25公里的山边活动，以筹集粮食和购买棉花、布匹等物资。

由于日伪当局对“集团部落”里的群众密切监视，富锦县第六区的兴隆镇，第七区的集贤镇，都有伪军一个营以上的兵力驻守。在敌人的严密封锁下，抗联第四军留守人员克服种种困难潜入村屯，找百家长商议就地征粮。第四军留守部队曾到在兴隆镇和国强街基中间的刘铁嘴子屯征粮。该屯有四五十户人家，筑有围墙。留守部队利用夜间前去征粮。一次，由于坏人告密，驻守兴隆镇的伪军三十团迅速出动，第四军留守部队在刘铁嘴子家院内遭到敌人的攻击，经过半小时激战，部队冲出院门，返回密营。因敌人的疯狂“讨伐”，留守部队给养供给得不到保证，战士们的生存受到威胁。敌人还乘机派特务前来劝降。1938年夏，留守处果断地处死一名前来劝降的敌特。在斗争十分艰难的情况下，留守处主任彭施鲁经常做战士们的思想工作，教育战士们克服悲观情绪，坚定革命胜利信心。留守处还和留在富锦南山密营中的第四军第五团宫显庭部保持联系，帮助解决缺粮困难，从而稳定了这支队伍。同年8月，留守处克服各种困难，为抗联第二路军总指挥部准备了棉军衣70套、皮大衣50件，解决了总指挥部直属部队所需部分军装。留守处还成为与抗联第五、第七军的联络站。

进入冬季，日、伪军开始在富锦、宝清等县进行“讨伐”，企图摧毁兰棒山、锅盔山至大叶子沟一带所有的抗日联军密营。1938年10月至11月间，抗联第四军留守部队得到敌人要进山“讨伐”的消息后，决定放弃密营，向饶河方向转移，准备和抗联第五军第三师、抗联第七军配合活动。不久，根据抗联第二路军总指挥部决定，第四军留守处撤销，留守处主任彭施鲁调任第七军第一师政治部主任，留守处骑兵连编入第五军第三师转往虎林一带活动。另有一部分人员调入第二路军总指挥部工作。第四军富宝留守处工作至此结束。

1938 年春，抗联第五军第三师根据抗联第二路军总指挥部的命令，作为留守部队在依兰、富锦、宝清等地坚持开展反“讨伐”斗争。当时，在富锦、宝清一带部署有部分日军和伪军第二十九、第三十、第三十五团在“讨伐”抗日联军。日伪当局为增加“讨伐”兵力，还调伪兴安军 200 余人到宝清。伪兴安军全部为骑兵，手持新式武器，善于骑射，凶狠残暴，所到之处烧杀抢掠无恶不作，致使宝清一带路绝行人。

3 月 18 日，敌“讨伐队”集结在富锦、宝清一带，秘密出动“讨伐”，突袭抗联部队，搜索抗联密营。其中有日军守备队步炮兵 200 余人、伪兴安军骑兵 100 余人组成的“讨伐队”向宝清西沟与宝石河子之间的尖山子抗联第五军密营逼近。为了拖住敌人，防止敌人入山突袭抗联密营，第五军第三师第八团第一连 14 名战士及总指挥部交通员 2 名，共 16 人，在连长李海峰、指导员班路遗的带领下，在头道卡子小孤山附近，与这股日军守备队、伪兴安军展开了激烈战斗。由于敌众我寡，敌人将小孤山四面包围，不断进攻第八团第一连阵地。面对严重敌情，第八团第一连战士不畏强暴，坚守阵地。他们居高临下，沉着应战。战斗相持一天之久，打退敌人数次疯狂进攻。激战中，连长李海峰身负重伤，仍抱着机枪向敌人猛烈扫射。敌人几次冲锋，都未能攻占一连阵地，便用迫击炮、掷弹筒向小孤山猛轰。临近傍晚，第一连战士弹药消耗殆尽，连长李海峰命令总指挥部的 2 名交通员和另外 2 名受伤的战士转移。同时，为使枪支不被敌人夺去，他让身边的战士将枪支在山石上摔碎，把枪支零件抛到雪谷中去。李海峰等12名战士与敌人肉搏，直至英勇牺牲。此战，毙日军官兵27人，伤10人；毙伪兴安军官兵23人，伤6人。战斗中，第五军第三师第八团第一连连长李海峰、指导员班路遗、战士朱雨亭、魏希林、陈凤山、李芳邻、夏魁武、王仁志、张全富、杨德才、李才、王发等12名指战员壮烈牺牲。

当日下午，抗联第五军第三师师部得知小孤山发生战斗后，派兵前来支援。第二天，在大顶子山北麓截击了这股敌人。小孤山战斗中，第五军第三师第八团第一连指战员不怕牺牲，与敌博斗，充分表现了抗联战士的英雄气概。不久，抗联第二路军总指挥部为烈士们举行了追悼会，决定将小孤山命名为“十二烈士山”，以纪念在这块土地上与日本侵略者英勇战斗而牺牲的烈士们。

小孤山战斗后，敌人不断加紧对抗联第五军的进攻。3月下旬，伪兴安军骑兵200余人第二次进攻第五军密营时，第五军第三师部队在宝清县大砬子与之展开激战。此次战斗，击毙伪兴安军军官2人、士兵20余人，击伤伪兴安军军官2人、士兵10余人。

1938年6月，敌人在富锦、宝清等地加紧实行“归屯并户”。为了打破敌人的封锁，粉碎敌人的进攻，改变抗联在战斗中的被动挨打局面，抗联第二路军总指挥周保中于6月14日召集在宝清地区活动的第二路军总部参谋处长王效明、第五军第三师师长李文彬和第九军第二师政治部主任王克仁等人开会，就吉东地区抗日游击战争形势和如何配合主力部队西征开展反“讨伐”斗争进行研究，并对抗联第四、第五、第七、第八军的反“讨伐”斗争作了部署。会后，第五军第三师根据第二路军总指挥部命令，决定第八团和第九团分开活动。第八团由宝清转移至桦川南部，以驼腰子金矿（今桦南县境）为中心，在依兰、桦川、勃利等地开展游击战；第九团向东伸展，转移至挠力河南岸，与第七军第三师骑兵组成联合部队协同作战，以配合第二路军西征部队的斗争。

在此期间，抗联第五军第三师政治部主任季青带领第八团队伍缴获驼腰子金矿 3 马车物资，押运车队物资的矿警被吓得仓皇逃跑。此次行动惊动了敌人，日伪当局调集驻守依兰、勃利、桦川县的部队，向驼腰子一带聚集，准备进行“讨伐”。季青指挥第八团避开敌人“讨伐”锋芒，迂回转移，沿七虎力河向东开去，来到石头河子一带。8 月末，季青率队伍再次返回驼腰子，缴获敌人轻机枪 1 挺、步枪 10 支、手枪 1 支和一些物品。第三师第八团部队 3 个月来在驼腰子与敌人的多次战斗，牵制了敌人，完成了配合西征部队活动的任务。9 月中旬，第五军第三师第八团因遭敌人袭击，撤出驼腰子，回到宝清、富锦地区。该团按照第二路军总指挥部的指示精神，先后在七星砬子、宝石河子和双鸭子建立了后方基地，为在宝清、富锦地区坚持长期活动做了准备。

根据抗联第二路军总指挥部命令，抗联第五军第三师第九团在师长李文彬、团长蒋继昌、政委姜信泰率领下，从宝清县向虎林移动。6 月 17 日，在宝清东部与抗联第七军第三师师长景乐亭部会合，并召开了有李文彬、蒋继昌、姜信泰和景乐亭、刘廷仲参加的第五军第三师和第七军第三师工作会议。会议决定组成第五、第七军联合部队，其任务是在宝清等地相机破坏敌人采伐木材的运输线，侦察敌人在大和镇至宝清间的交通运输情况，进行给养征发和军需品筹集，选择有利地点袭击敌人，开展游击活动。6 月 19 日，第五、第七军联合部队到达双鸭子煤矿韩家木营，次日遭到 200 多名伪兴安军的包围，经激战，终将敌军击退。但战斗中第九团团长蒋继昌不幸牺牲，后由第九团第二连连长戴克正继任第九团团长。7 月初，为纪念全国抗战一周年，第五、第七军联合部队在宝清南部以截断密山至宝清公路，阻止敌人交通运输为目的，积极开展游击活动，有力地打击了敌人。7

月10日，第五、第七军联合部队在李文彬率领下夜袭宝清县第四区伪警察署，击毙日本指导官1人，解除伪警察全部武装，缴获步枪、手枪30余支，对俘虏的伪警察进行抗日救国教育后，全部释放。不久，第五、第七军联合部队又袭击了该县三区二、三甲及四区一甲的“集团部落”。第五、第七军联合部队的积极活动引起敌人的注意，日、伪军便进一步加紧对富锦、宝清地区的进攻。

1938年8月13日晨，日军、伪靖安军近200名骑兵在飞机、大炮配合下，突然攻袭位于宝清东南的小团山子抗联第五军第三师第九团临时后方防所。第九团团长戴克政率领14名战士与敌人进行3小时的激烈战斗，戴克政及以下10名战士英勇牺牲。此后，第五、第七军联合部队一直处于敌人的“追剿”之中。8月16日，在索伦河与日军接仗。之后，敌人不断在宝清以东索伦岗、索伦河、挠力河，宝清以南大脑袋山一带出扰，部队给养出现严重困难。为了摆脱被敌人围追堵截的不利局面，解决给养，8月21日，第五、第七军联合部队召开干部会议决定，部队转移活动方向。会后，李文彬、景乐亭率第五、第七军联合部队80余名骑兵，携带两挺机枪从蛤蟆通河出发奔赴大旗杆，进入富锦、同江一带。第五军第三师第九团第三连在团政委姜信泰领导下，仍然坚持在双鸭子一带活动。第七军第三师政治部主任刘廷仲留在蛤蟆通河南负责筹建后方密营工作。第五军第三师作为留守部队在极端困难的条件下，不惜以流血牺牲为代价，坚持在下江地区进行艰苦斗争。

在抗联第二路军所属第四、第五军主力部队进行西征集结之时，第二路军总指挥部领导警卫队和在宝清活动的第九军第二师一部，积极开展游击活动，配合第四、第五军主力部队的西征。当时，第二路军总指挥部的基本情况是：总指挥周保中。总指挥部下设：参谋处，主任王效明；政务处，主任黄玉清；秘书处，主任金石峰；后方管理处，主任徐建昌。还设有副官处。警卫队队长朴洛权，政委金光侠。第二路军总指挥部和警卫队共有150余人，所持武器有，轻机枪5挺、步枪145支、手枪15支。另有在宝清活动的第九军第二师政治部主任王克仁所率部队120余人也归第二路军总指挥部指挥，与总部警卫队一起活动。

1938年6月21日，由抗联第二路军总指挥部警卫队和在宝清活动的第九军第二师部队组成的联合部队，在王效明、王克仁率领下对宝清城西敌人马棚展开突然袭击，取得胜利，缴获军马26匹。6月26日，联合部队又在花砬子截击了敌人一支部队，俘虏伪靖安军中队长李占山以下21人，缴获轻机枪2挺、马枪23支、步枪5支、手枪2支，各式子弹2万余发，军马40余匹。此次战斗后，两支部队为避开敌人搜索进攻，便分兵活动一段时间。王效明带警卫队乘骑赴北方筹集给养，王克仁率领一部向西北方向活动，另一部由吴大成团长率领在大小梨树沟侦察敌情。

8月中旬，抗联第二路军总指挥部警卫队侦知伪兴安军五六十人押运日伪国际运输会社马车队70余辆，由宝清县城出发到双柳河拉运建筑材料及薪柴。为打击敌人，8月19日拂晓，第二路军总指挥部警卫队与第九军第二师第五团第二连共60余名骑兵在敌人马车队必经之地设下埋伏。9时许，敌人进入埋伏线内，战斗迅速展开。抗联指战员击毙10余名伪兴安军，敌军不敢前进。经1小时激战，缴获敌人马10匹、牛35头，而后安全撤退。

自1938年7月初以来，日伪当局不断派兵加紧"讨伐"活动在富锦、宝清地区的抗日部队，并在宝清县境限期于7月15日前修建完竣"集团部落"，一时形势紧张。7月21日，中共吉东省委针对当前形势，向抗联第五、第七军领导干部李文彬、姜信泰、景乐亭、刘廷仲等发出指示信，要求指战员"必以坚强忍耐与目光久远的态度和坚强灵活的手段，领导抗日联军部队及群众的救国抗日斗争"①。为加强活动在下江地区第四、第五、第七军抗日部队和群众斗争的领导，中共吉东省委决定成立第四、第五、第七军下江临时党团组织，由第五军第三师政治部主任季青担任党团书记，负责政治工作；由第二路军总指挥部参谋处长王效明负责军事指挥，担负第四、第五、第七军部队军事行动的集中领导。同时对下江地区工作进行新的部署：部队要在完达山脉站稳脚跟，第五、第七军及第四军骑兵部队必要时可向西南方向发展，步兵部队可按情况在虎林、饶河毗连地带及宝清以东蓄养实力，打击敌人。

1938 年 9 月 5 日，抗联第二路军总指挥周保中为视察第四、第五军主力部队西征状况，整顿松花江南岸依兰、方正及勃利等地抗联部队，率领第二路军总指挥部及警卫队、第九军第二师部分队伍由宝清出发向牡丹江岸刁翎地区移动，进行西巡。9 月 15 日，第二路军总指挥部所率队伍行进到勃利县对头砬子附近时发现了敌人。总指挥周保中决定改变前进方向，向南越过勃利、密山之间的旧道行进。这时，又遇到敌人骑兵 20 余人袭来。周保中指挥总部警卫队、第九军第二师部队占据有利地形，迅速将前来进攻的敌军击退。此后，第二路军总部警卫队及第九军第二师部队在虎山与佛爷岭之间越过图（们）佳（木斯）铁路西行。9 月 19 日，部队开始穿越林木茂密、荆棘遍地的"青山"林区。行军途中，给养消耗净尽，只好宰杀战马充饥。战士们一路奔波，终于在 9 月下旬抵达刁翎地区。经侦察，在前刁翎有日军六七十人不时出没，封锁路口，各村屯已完成"归屯并户"，民众备受监视；在大

① 《吉东省委给第五、第七军党干部重要指示信》（1938 年 7 月 21 日），载中央档案馆、辽宁省档案馆、吉林省档案馆、黑龙江省档案馆编：《东北地区革命历史文件汇集》甲 52，1991 年印，第 188 页。

小盘道看护修筑道路的伪警察、伪自卫团有50余人。10月1日晨3时，周保中指挥警卫队和第九军第二师攻袭了守护修筑警备道路工地的敌人。战斗中，击毙日籍工程人员2人、日本指导官1人、工头4人，毙伤伪军9人。第九军第二师吴团长等3人牺牲，1人负伤。

不久，抗联第二路军总指挥部与救世军王荫武部队在刁翎地区会合。10月8日，周保中亲往救世军王荫武部，向救世军指战员讲述全国抗战形势及国共合作情形和东北抗战紧要关头游击运动的任务。10月中旬，周保中率总指挥部、警卫队、第九军第二师及救世军部队沿牡丹江岸、刁翎、莲花泡一线，渡过正在涨水的牡丹江，到达西岸。10月28日，周保中分别致信第八军军长谢文东、第九军军长李华堂，以求与之联络。同时，周保中派警卫队队长朴洛权率队去江东征发给养，购买服装，并寻找第五军军长柴世荣。11月9日，第五军军长柴世荣来到第二路军总指挥部莲花泡江岸临时驻屯所。周保中听取了柴世荣关于第四、第五军主力部队西征情况的汇报。两日后，第五军军长柴世荣北去返回军部，周保中与其约定6日后回信，“以便与八军谢军长、九军李军长决定会议办法”①。

自1938年11月初起，敌人调集大批“讨伐队”，在数架飞机配合下，于牡丹江岸五道河子、喀上喀、土城子等地进行集中“讨伐”。此时，周保中率领总指挥部及警卫队在牡丹江岸莲花泡、夹皮沟狭小范围内活动。由于敌人严密封锁，给养断绝，形势十分危险。11月19日，抗联第二路军总指挥部得知日军2500余名、

① 《周保中简短日记》（1938年11月11日），载中央档案馆、辽宁省档案馆、吉林省档案馆、黑龙江省档案馆编：《东北地区革命历史文件汇集》甲41，1989年印，第148页。

伪军300余名以三道通为中心，向四道河子、五道河子进行“讨伐”。日伪“三江省办事处”在三道通召开牡丹江两岸伪甲长、牌长会议，要求与日军“合作”，消灭抗日联军，威胁民众必须断绝与抗日联军一切联系，否则杀无赦。11月22日，在第二路军总指挥部驻地不远的王把头碓房，发现日军五六百人向总指挥部警戒哨所小部队攻袭，经警戒小部队还击，敌军向西南撤走。面对严峻局势，为避开敌人“搜剿”，总指挥周保中率第二路军总指挥部指战员在夹皮沟附近利用森林蔽障与敌周旋。时逢严冬季节，周保中等时而在山洞里隐蔽，时而四处转移，艰苦至极。在敌人严密封锁下，给养严重缺乏，缺粮断炊，第二路军总指挥部警卫队面临严重困难。12月6日，周保中召集总指挥部和警卫队人员开会，总结20余天与敌人兜圈子的经验教训，做干部战士的思想工作，鼓励战士们克服困难，树立抗日到底的坚定信念。同时，周保中还致信第四军政治部主任黄玉清、第五军军长柴世荣等，与之进行联络。但一周后，无任何消息。因与第五军军部联络逾期甚久，现驻地给养告罄，部队随护人员多生疾病，周保中决定移赴江东。12月24日，周保中率总指挥部与警卫队员，经罗圈铺、小夹皮沟南岭东行，因莲花泡下游江面尚有未封冻部分，遂向东北走进烟筒砬子沟里。次日，行至大百顺沟西南通向莲花泡的小道处，设置临时营地。12月26日，派出侦察联络的人员返回，带来第五军军部、第九军李军长、救世军各部报告，使一度断绝的联络得以恢复。随后，周保中决定在距莲花泡15公里的极其隐蔽的山谷中修建临时驻屯所，令部队进行休整。期间，中共吉东省委执行部成立，周保中任主席。

1938年冬，周保中率抗联第二路军总指挥部和警卫队人员历时近两个月突破敌人重重包围的斗争，终于取得胜利，保护住了第二路军总指挥部领导机关，与抗联五军总部、第九军军部取得了联络，为开展1939年的斗争做了准备。

二、东北抗联第七军转战饶河、虎林地区

1938年初，活动在虎林、饶河一带的抗联第七军按1月5日结束的下江特委扩大会议精神进行了整顿。1月9日，第七军军长李学福发表了就职宣言。但由于长期艰苦斗争，李学福积劳成疾，身患中风，半身不遂，不能随军活动，在下江特委扩大会议结束后不久，就被送往苏联治病，军长一职由崔石泉代理。抗联第七军党委根据吉东省委的指示，对第七军的斗争也进行重新部署安排，决定军部在虎林、饶河等地坚持斗争，第一、第二师转赴同江、富锦地区开展游击活动，第三师在宝清与抗联第五军第三师会合，共同活动。

当时，日伪当局对虎林、饶河、抚远等边境地区正展开疯狂"大讨伐"，同时加紧经济封锁，断绝抗联供给来源，实施"三光"政策，不断派遣特务进行政治诱降，妄图瓦解抗联第七军。

面对敌人的猖狂进攻，第七军代理军长崔石泉指挥部队在游击区内与日、伪军进行周旋，伺机袭击敌人。1938年5月17日，第七军第二师200余名战士，在富锦与同江交界的七牌与伪兴安军步骑兵200余人交战。当时，敌兵一部100余名围困师部，正在危机之时，第二师第四团步兵从敌人后路抄杀，骑兵团从正面迎头痛击，敌兵溃散。此战，缴获轻机枪1挺、子弹1000余发、战马20余匹、战刀20把、乌苏里江一带军用地图10张。

七八月间，抗联第七军第一师师长王汝起率领100余人转战同江，和第二师在大旗杆会合。会合后，第二师师长邹其昌借口有病，将部队交由王汝起指挥。第一、第二师在王汝起的指挥下转战于富

锦、同江等地。7月24日,王汝起率领部队攻打了富锦县五顶山“集团部落”,缴获50余支步枪。此后,又在二道林子与敌人交战,毙敌20余人,第七军牺牲1人,负伤3人。接着,又在头道林子与200余名敌人展开战斗,消灭敌军10余人。

同年8月,中共吉东省委为加强对下江地区抗日斗争和抗联第七军的领导,成立了“吉东省委下江三人团”。“三人团”由下江特委书记鲍林、抗联第二路军总指挥部参谋处长王效明、第五军第三师政治部主任季青组成。“三人团”的成立对于加强第七军政治工作,解决内部存在的问题,巩固部队起到重要作用。

1938年8月中旬,抗联第七军第一师副师长姜克智率队驻扎在同江、富锦交界的卧虎里山西唐家油坊。8月15日,敌人出动400余人前来“讨伐”。为保障群众的安全,姜克智将队伍带到唐家油坊附近的五顶子山据守。敌人把五顶子山重重包围,战斗从上午10时开始。第七军第一师战士们打退敌人的多次进攻,剩下的子弹也不多了,姜克智要求节省子弹,准备用大石头与敌人搏斗。当敌人再次进攻时,战士们将大石头从山顶推下,砸死砸伤敌人多名。傍晚,敌人觉察到抗日联军的子弹耗尽,便向山上摸来,姜克智则率队从滚石打开的缺口悄悄下山。当敌人摸到山顶时,第七军部队早已安全转移到五顶子山西面的草甸子。不幸的是,姜克智在指挥部队转移时被流弹击中,壮烈牺牲。

同年8月间,活动在饶河县的抗联第七军代理军长崔石泉指挥军部警卫人员成功地突袭了佛寿宫。佛寿宫在大顶子山后,驻有伪军60余人。伪军士兵王士奎和张玉华不堪官长压迫主动向第七军表示要组织哗变,要求予以协助。8月19日,崔石泉派出小部队接应伪军哗变。第七军小部队在伪军内线的配合下,很快将大部分伪军缴械,缴获轻机枪2挺、步枪63支、子弹5000发和子弹盒等军需品若干。

战斗中,第七军牺牲2人,负伤4人①。佛寿宫战斗后,崔石泉用缴获的武器、弹药在小别拉炕密营组建成立了少年连,连长郎占山,政治指导员曹某,共有40多人,队员年龄大的18岁,小的13岁。少年连受军部直接领导,随军部活动,其任务是负责通信联络和取送给养,根据情况配合部队参加作战。

抗联第七军军政领导在培养后续力量的同时,也非常重视军政干部的培养和锻炼。军部从各部队抽调优秀战士30余人在苇子沟组成教导队,进行为期3个月的培训,使第七军的军事和政治领导力量得到充实和加强。

1938年9月26日,抗联第七军军部得到地方党组织联络员送来的情报:一名日伪高级将领要乘船到挠力河畔小佳河视察"集团部落"建设情况。第七军代理军长崔石泉接到情报后,决定设伏痛击敌人。崔石泉率领军部人员及少年连奔赴位于挠力河下游敌人往返必经之地西风嘴子。而此时当地渔民报告,敌人的汽艇已沿挠力河向上游开去。于是,崔石泉带领战士连夜构筑作战工事,设下埋伏,准备敌人返回时予以迎头痛击。9月28日上午10时许,敌汽艇从小佳河上游顺流而下,向西风嘴子开来。当汽艇驶到距第七军埋伏阵地几十米远,进入最佳射程内时,崔石泉一声令下,第七军军部人员和少年连战士用机枪、步枪向敌人汽艇猛烈扫射,汽艇舵手中弹身亡,汽艇失去操作而搁浅。敌人因突然遭到袭击,惊慌失措,在慌乱中拼命抵抗。但在第七军战士的猛烈火力下很快被歼灭,战斗胜利结束。此次战斗,击毙日、伪军39人,其中有伪满军政部高级顾问、少将日野武雄(死后晋升为中将)。此次战斗还缴获大量战利品,其中轻机枪1

① 《景乐亭关于部队的活动经过与服装给养等问题给周保中的报告》(1938年9月29日),载中央档案馆、辽宁省档案馆、吉林省档案馆、黑龙江省档案馆编:《东北地区革命历史文件汇集》甲53,1990年印,第56页。

挺、步枪 27 支、手枪 10 支、子弹 4000 余发。抗联第七军击毙日野武雄少将，给敌人以很大震动，1938 年 10 月 2 日伪满《大同报》曾哀叹："满洲国防将星殒落一个"。此次战斗的胜利，使第七军指战员和饶河地区的群众备受鼓舞，使参加战斗的少年连战士得到锻炼，精神更加振奋。

西风嘴子战斗后，少年连发展到百余人。他们斗志旺盛，作战英勇，以后在多次战斗中获得胜利。1938 年底，少年连转战独木河西北，到达第三师密营地。少年连与抗联第七军军部警卫连合并组成教导团。

同年秋，抗联第七军第二师师长邹其昌在富锦县阴谋投敌。关键时刻，下江特委书记鲍林、第一师师长王汝起等于 9 月 22 日及时果断地进行处理，将邹其昌缴械，把与日本特务横田联系的邹其昌妻子刘玉梅处决①。之后，第一师师长王汝起和政治部主任何可人进一步加强部队政治思想工作，教育指战员认清斗争形势，提高思想觉悟，树立抗日到底信念，消除邹、刘的恶劣影响，使得队伍得到巩固。

10 月间，抗联第七军第一师师长王汝起再次率领第一师、第二师一部在同江县卧虎里山与跟踪之敌展开激战，毙伤敌 20 人，缴获步枪 50 余支。第七军军部派二团政委李一平到抗联第七军的密营，将第七军虎林办事处成立的独立团改编成补充团，李一平任团长。补充团下设两个连。在李一平的带领下，补充团承担着为全军缝制衣服、照顾伤病员等繁重的后勤保障任务。敌人的疯狂"讨伐"使第七军陷于困境。第七军在自建的密营里，尽可能的克服因敌人的经济封锁带来的困难。正在此时，传来去苏联治病的第七军军长李学福于同

① 《景乐亭关于八月至十月部队的活动经过给周保中的报告》（1938 年 10 月 22 日），载中央档案馆、辽宁省档案馆、吉林省档案馆、黑龙江省档案馆编：《东北地区革命历史文件汇集》甲 53，1990 年印，第 96 页。

年8月8日病逝的不幸消息。李学福病逝是抗联第七军的重大损失。

1938年11月初，抗联第七军部分指战员集中到饶河、虎林地区。11月13日，第七军政治部主任郑鲁岩和第三师师长景乐亭在未经吉东省委和第二路军指挥部的批准情况下，于大别垃炕召开了中共下江地区党组织的扩大会议。会议决定撤销鲍林的下江特委书记职务，解除崔石泉的代理军长职务（保留其军参谋长职务），景乐亭任第七军军长。同时会议改组了第七军党特别委员会。此次会议随意撤销党军主要领导的做法引起许多同志的不满，损害了内部团结。第七军出现的问题引起中共吉东省委的重视，以后，责成吉东省委下江“三人团”检查这次“下江党的扩大会议”，纠正了错误，解决了内部团结问题。

总之，抗联第二路军在吉东地区反“讨伐”斗争中，与敌人进行多次英勇顽强的战斗，在极其艰难困苦的条件下，抗联战士经受住了严峻考验。他们不畏艰难与牺牲，怀着“宁为民族解放事业而舍生，也不屈节于日寇法西斯而苟活”的坚强意志，坚持在老游击区进行斗争。特别是第二路军总指挥部及警卫队和第五军部队配合第七军部队在依兰、方正、宝清、富锦、虎林、饶河等广大地区进行卓有成效的反“讨伐”斗争，打击与牵制敌人，起到了破坏日伪当局“讨伐”计划的重要作用。

三、北满抗联留守部队坚持下江游击战

在北满抗联主力部队向黑嫩平原进行西征之后，中共北满临时省委还留有部分队伍在松花江下游地区（即下江地区）坚持抗日斗争。下江地区，特别是江北小兴安岭山区曾是抗联第六军开辟的根据地。北满临时省委认为倘若有大的战争展开，如果抗日联军保存有汤原、萝北、绥滨、富锦等地区，可以一举而威胁伪三江省。因此，绝不可因北满抗联主力西征而将这一地区放弃。当时，北满临时省

委在第八次常委会上指出："关于汤东山里，我们认为决不应该失去这一根据地，因此六军司令部应该在汤东山里及山边相当足数有战斗力有劳动力的部队。应该要有独立工作能力的政治干部支持汤东艰巨局面……在富（锦）、桦（川）、同（江）、宝（清）同样应该有计划的布置，敌人企图在今年冬季驱逐我们出三江省山地，在目前中日战争进入持久的阶段，我们必须支持原有阵地……支持和突击是两个工作方向，我们都必须顽强地达到"①。这里所讲的"突击"，即是实行西征，开辟新的游击区；而所讲的"支持"，即是通过留守部队的活动保存旧游击区。

根据省委指示，张寿篯在1938年10月对松花江下游汤原、桦川、绥滨、富锦、同江，以及萝北等地留守部队的工作做了部署。他先后到抗联第十一军第一师、第六军第一师等部队，与部队领导研究留守部队在下江地区活动问题。当时，在松花江江北地区，留有抗联第六军第一、第四师，第三军第一、第四师及第十一军部分队伍400余人继续坚持开展抗日斗争；在松花江南延寿、方正一带留有抗联第三军第二师和第九军第二师一部开展游击活动。

为统一对松花江下游地区留守部队的领导，北满临时省委决定由中共下江特委书记高禹民与抗联第六军第一师政治部主任徐光海负责在松花江下游地区留守部队的全面领导工作。高禹民侧重负责江北地区工作，徐光海侧重负责江南地区工作。

北满抗联主力部队于1938年6月开始西征后，敌人在松花江下游地区继续开展对抗日联军的"讨伐"，并且不断增强进攻势头。由于日伪当局实行"三一五"大逮捕，桦川、依兰、富锦、绥滨地下党及抗日救国

① 《北满临时省委给张寿篯同志的信》（1938年9月6日），载中央档案馆、辽宁省档案馆、吉林省档案馆、黑龙江省档案馆编：《东北地区革命历史文件汇集》甲24，1989年印，第144页。

会组织皆被破坏。同时，日伪统治者在通河、汤原一带迅速完成了建立“集团部落”的计划，广大民众的一举一动完全处于敌人严密监视之下，抗联部队难以与群众取得联系，群众也无法支援抗联部队。

在这种困难情况下，1938 年夏、秋两季，北满抗联留守部队在汤原、萝北、富锦等地仍然坚持抗日活动，不断与日、伪军展开激烈战斗。1938 年 6 月末，抗联第六军第一师留守部队曾将富锦县国强街基伪警察署武装全部解除，击毙日本指导官，缴获步枪 25 支、手枪 4 支、子弹 200 余发。这次战斗后，该部向依兰、桦川方向伸展活动。由于敌人的严密封锁，部队给养经常断绝，草根、树皮成为部队的主要食物，狩猎、捕渔成为解决供给的主要方式。在敌人不停的进攻下，部队处于被分割、隔离的状态，陷于极端艰苦、危险的境地。但该部在徐光海的率领下，仍然在坚持艰苦斗争。

同年 8 月 9 日，徐光海率抗联第六军第一师 100 余名战士，在集贤县双山子伏击伪兴安军运输队汽车获得胜利。同年冬，敌人分兵向第六军留守部队展开“讨伐”，使第六军第一师设在宝清山区的后方密营遭到破坏。11 月 23 日，徐光海率第一师教导队在宝清县锅盔山掩护后方医院 20 余名医护人员、伤病员转移时，与伪军第三十五团在张家窑发生战斗。战斗中，徐光海及第六军被服厂厂长裴成春等英勇牺牲。

此时，在富锦、桦川活动的抗联第六军第一师第二、第三团，在反“讨伐”斗争中与敌人进行数十次战斗，也遭到很大损失，部队大量减员，并且与师部失掉联系。第一师第二、第三团 20 余名战士在冷绍生、边凤翔①率领下，从桦川突破敌人封锁线，越过松花江，克服许多

---

① 边凤翔（1912—1942），别名边靖寰。中共党员。1935 年 10 月组织反日部队，后任东北抗日联军第六军第一师第二团团长、东北抗联第六军第十团副官长、东北抗联第三路军第九支队队长。1942 年被错杀。

艰难险阻向绥棱、海伦转移，经过 3 个多月的艰苦跋涉，于 1939 年 5 月到达绥棱，寻找到经远征来到该地的抗联部队。以后这 20 余名战士被编入抗联第六军第十团，团长冷绍生、副官长边凤翔率队活动在绥化、海伦、克东、克山、拜泉一带。

1938 年 12 月，中共下江特委整顿了分散活动于松花江以北汤原、萝北等地的抗联第六军留守部队，将第六军留守团和第二十九团合编成第六军第一师第一团，下辖两个连。第一师第一团在团长夏振华、团政治部主任陈芳钧、组织科长马克正的领导下坚持在汤原、萝北等地活动。夏振华率第一团团部及第二连一部在黑龙江沿岸萝北县兴东一带活动，陈芳钧率第一连及第二连一部在汤原东部一带活动。

1938 年末，在下江一带，敌人的封锁步步加紧，政治进攻、军事"讨伐"、经济封锁比以前更严厉。汤原、萝北等地是老根据地，日伪当局为了扑灭这里的抗日烈火，采取将与抗联部队有过接触已不被信任的伪警察、伪矿警和"大排队"调换到其他地方或撤编的办法，以新的伪警察、伪矿警和"大排队"来代替。对码头工人、煤矿工人也实行调换，以防止抗联与其取得联系。敌人频繁调动兵力，不断向留守于下江一带的抗联部队以长追、堵截、包围等方式加紧进行"讨伐"，使抗联部队陷于极其艰难的境地。其中活动在宝清七星砬子和松花江沿岸的抗联第六军第二十三团在无食物可以果腹，困难到绝顶时，为了生存和坚持与敌人斗争，不得不以草根、树皮、"狼渣"（狼吃剩的东西）等物为食。当部队严重缺乏粮食的状况被敌人得知后，敌人派出"讨伐队"在山边四处设卡，连续搜山，第一连及第二连部分战士为解决粮食，外出误入敌卡，与敌人进行数次遭遇战，受到很大损失。在艰苦的对敌斗争中，许多指战员战死沙场。在此期间，第六军第二师政治部主任张兴德、第四师政治部主任吴玉光先后牺牲，还有大批指战员,或因伤病而死,或被饿死,剩下来的战士克服艰难困苦,继续坚持斗争。

在北部黑龙江沿岸兴东一带,抗联第六军第一师第一团团长夏振华率团部、第二连之一部与第三军第七十四团之一部,分两部分活动。因敌严厉“讨伐”、搜山,仅有的群众关系被破坏,使给养供给严重缺乏。在饥寒交迫的情况下,有的战士情绪一度产生波动。由于组织科长马克正和下江特委书记高禹民做耐心细致的说服工作,坚定了抗日意志,部队才稳定下来,继续在下江地区坚持苦斗。

1938 年春,活动在依兰东部一带的抗联第三军第四师在反“讨伐”斗争中,为避开敌人进攻锋芒,开始向富锦、宝清一带转移。当部队行至花马街基时,第三军第四师 150 余人与第六军、第四军、第十一军各一部相遇,展开联合作战,击溃日军屯垦团富锦第四学兵连,缴获重机枪 1 挺、轻机枪 2 挺、步枪 50 余支、子弹 5000 余发。之后,第三军第四师部队继续向东转移,当行进至柳木河沿赵家屯时,不意被 500 余名日军包围。师长陆希田在率部突围战斗中不幸被流弹击中而牺牲。第四师部队经血战突围后,师党委决定,原保安团政治部主任陈云升[①]继任师长,李中央为副师长,于保合负责政治工作。随着敌人“讨伐”的不断加剧,第四师部队开始分散活动。师部率保安团向桦川、宝清一带开展游击活动,第三十二团留在富锦一带活动。

北满抗联主力部队远征之后,北满临时省委曾指示抗联第三军第四师部队从基本队中抽出部分队员由宝清向五常、舒兰西征,寻求与抗联第十军会合,并打通与抗联第一路军的联系。据此,第四师约 200 余人(三分之二为骑兵),在陈云升、于保合率领下,从宝清开始向

① 陈云升(1916—　),辽宁锦县人。早年加入中国共产党。1934 年参加珠河游击队。1936 年后历任东北抗日联军第三军保安团团长、团政治部主任,东北抗联第三军第四师师长等职。1939 年在勃利县投敌。

五常、舒兰西征。当部队行进到勃利县境时,在小五甲大屯与敌人展开一场遭遇战。战斗中,缴获部分枪支弹药。但此次战斗,使敌人得知第三军第四师行动意图。敌人调集日、伪军进行堵截。为解决给养,部队于8月末袭击了勃利东南的新保安屯,在向对头砬子方向撤退途中,遭到敌人阻击,受到很大损失,后退到庞傻子菜营,又与追踪敌人交战,乘骑损失大半,牺牲5人、负伤7人,失踪落伍者几十人。由于有大批敌人堵截,部队遂改变西征计划,停止向五常、舒兰远征,准备南入密山县境。副师长李中央率一个团脱离第三军第四师,去富锦独立活动。以后,第三军第四师部队不断遭到敌人"讨伐"。第四师在勃利县黑背一带的后方留守处以及第十二旅余部又遭到欲投敌叛变的第八军第二师师长关文吉所率部队的突袭,遭受损失。

入冬后,第四师给养断绝,活动十分困难。在艰苦斗争面前,抗联第三军第四师师长陈云升经不起斗争的考验,欲向日寇投降。第三军第四师政治部主任于保合坚决反对投降,为保护这支队伍,他主张带部队去宝清,与第六军或第五军部队一起活动,但遭到师长陈云升的拒绝。在这种情况下,政治部主任于保合与李在德两人只好去宝清,找到在这里活动的第四师第三十二团团长李铭顺。以后,于保合和李铭顺领导该团30余人在宝清坚持斗争。年末,由于敌人连续不断的"讨伐",于保合等被迫向虎林方向移动,之后于穆陵河口过界进入苏联境内。而师长陈云升则于1938年12月杀害了第四师第三十六团副团长隋星玉之后,胁迫30余名战士投降了敌人。

1938年夏,抗联第三军第二师师长蓝志渊、政治部主任吴景才率领所部在松花江南岸方正、延寿一带分散活动。当时敌人在延寿、方正一带推行"归屯并户"政策,建立许多"集团部落"。但由于第二师群众基础好,指战员历来注意军民关系,在群众中有很高威望,群众冒着危险给予抗联部队支持和掩护。同年10月,敌人加紧在延寿、方正一带开展秋冬季“大讨伐”，师政治部主任吴景才率部在方正县蚂蚁河西老道庙一带活动时，不幸被敌人包围，战斗中负重伤后牺牲。吴景才牺牲后，由李泰任第三军第二师政治部主任。1938 年冬，随着敌人“大讨伐”的加紧，在松花江南岸活动的一些义勇军、山林队的首领大部投降，斗争日趋艰苦。1939 年 1 月，经不起艰苦斗争考验的第二师师长蓝志渊杀害了师部副官韩铁军及教导队队长等人后，胁迫 20 余名队员赴方正投降了敌人。蓝志渊是北满省委执行委员，他的叛变给抗日事业造成极坏的影响。1939 年 4 月，中共北满省委作出永远开除蓝志渊党籍的决议①。

正在后方密营养病的抗联第三军第二师组织科科长李洪秀得知蓝志渊投降的消息后，怒斥蓝志渊的叛变行为。他不顾伤病尚未痊愈，不怕被叛徒杀害，奋力率领第二师 20 余名战士去寻找中共北满省委。在冰天雪地、寒风刺骨、食衣俱缺的环境下，李洪秀带领战士们辗转跋涉，未找到北满省委。后来，经过艰苦努力，他们随第九军部队东去刁翎，找到中共吉东省委。李洪秀等 20 余名战士，在通沟加入了抗联第二路军警卫队，继续坚持抗日斗争。这时，活动在松花江南岸方正等地的第三军第二师还剩有 30 余名战士。这 30 余名战士于 1939 年 5 月在第二师政治部主任李泰率领下，转移到通河、铁骊、依兰县境，在大、小古洞河、巴兰河一带开展游击活动。

1938 年 6 月，抗联第九军政治部主任魏长魁和第二师师长郭铁坚率第九军第二师一部参加北满抗联部队西征之后，第九军第二师另一部在师政治部主任王克仁率领下在宝清一带坚持抗日斗争。6 月 21 日，袭击了宝清县城附近的日军马棚，缴获军马 26 匹。6 月

① 《中共北满临时省委执行委员会第二次全会关于永远开除蓝志渊党籍的通告》（1939 年 4 月 12 日），载中央档案馆、辽宁省档案馆、吉林省档案馆、黑龙江省档案馆编：《东北地区革命历史文件汇集》甲 24，1989 年印，第 405—407 页。

26日，与第五军一部在宝清县西沟二道花砬子联合袭击敌运输车，获得胜利。8月19日，与第五军一部在宝清县城近郊截击护送日伪国际会社马车队的伪兴安军，毙伤敌10余人，缴获牛马45头(匹)。10月27日，王克仁带第九军余部回归第九军军部。1938年冬，日军加紧对在依兰、方正活动的抗联第九军进攻。在日、伪军疯狂进攻下，第九军设在洼洪、四道河子的密营先后遭到破坏。这时，一些抗日不坚定分子也开始动摇，部队不断出现叛逃现象。同年11月，第九军参谋长洪喜波叛变投敌。12月，第九军第一师师长郭成在小罗勒密被俘后叛变。1939年2月8日，李华堂率所部参加了由周保中所率抗联第二路军总部警卫部队进攻方正县陈家亮子附近山元木场的战斗。战斗中，李华堂腿部负伤。在李华堂养伤期间，第九军余部在第二师政治部主任王克仁率领下，继续与第二路军总部一起活动。

抗联第十一军主力西征后，还留有第三旅200余人在富锦、桦川交界地带坚持斗争。第三旅和第六军留守部队曾在富锦县国强街基附近袭击敌人修筑汽车路工棚一处，缴获部分给养。1939年6月中旬，第三旅旅长姜宝林率部于富锦县南部与日、伪军500余人遭遇，在与敌人激战中，姜宝林等壮烈牺牲。

北满抗联留守部队在敌人疯狂“讨伐”、严密封锁的极端困难条件下，一直坚持在松花江下游原抗日游击区进行艰苦卓绝的反“讨伐”斗争。他们忍饥挨饿，不怕流血牺牲，奋勇杀敌。正是由于他们在极端艰苦的条件下，坚持开展斗争，牵制敌人大批兵力，才使北满抗联主力部队的西征减轻了压力，使以后的黑嫩平原游击战争能够得以开展，同时也使松花江下游地区的抗日火焰得以继续燃烧。

第四节　东北抗联第一路军各部分区作战

一、东北抗联第一路军转移辑安及重新改编

1938 年，在日伪当局疯狂进行“三江大讨伐”之时，并未放松在东南满地区推行“三年治安肃正计划”。在这一地区，敌人用“武力战”、“经济战”、“思想战”全力对付东南满地区群众性抗日武装斗争，妄图彻底扑灭这一地区抗日烈火。

在日、伪军对抗联部队进行军事“讨伐”的同时，日伪当局实行经济“统制”、经济封锁政策，凡布匹、棉花、粮食、食盐、药品等物资一律控制购买数量，不许老百姓向外地带出，结果抗联部队给养、军需物资供应来源被切断，其生存受到威胁。敌人还大力推行“集团部落”政策，据统计，1938 年日伪当局在抗联第一路军部队活动的吉林、通化地区建有 2500 多个“集团部落”。“集团部落”的大规模建立，隔断了群众与抗日联军之间的联系。在极其艰难的情况下，抗联部队所需的每一粒粮食、每一寸布匹、每一颗子弹都要经过激烈战斗，用战士的鲜血和生命去换取。

由于日伪当局派出大批兵力对东南满抗日游击区展开疯狂进攻，残酷地推行“三光”政策，镇压群众抗日斗争，使抗日军民经过艰苦努力开辟的游击根据地皆被破坏，游击活动区域缩小。抗联第一路军指战员在反“讨伐”斗争中也受到很大损失。在频繁的战斗中，部队难以得到休整，战士们长时间处于紧张、疲惫状态，加之战斗中牺牲和伤病等，部队明显减员，抗联第一路军所开展的抗日游击战争呈现出严重的困难局面。

在这种形势下，中共南满省委于 1938 年 1 月 10 日发出《给抗联

第一路军第二、第四、第六师和独立旅及教导团党委和全体党员同志的信》。信的基本内容是:第一,坚持贯彻抗日民族统一战线策略。要求各部队加强对抗日义勇军、山林队及社会各阶层民众的帮助,团结他们一道抗日。加强在伪军、伪职人员中的工作,以孤立日伪,壮大反日力量。第二,要加强地方工作和群众工作,选择忠实有经验的同志负责这一工作。派干部到城市和"集团部落"中去,争取各阶层民众对抗联的帮助与支援。第三,坚持灵活机动的游击战术,采取小部队活动方式。需集中时迅速集中,完成任务后,要适时分散,打破敌人的封锁与"讨伐"。第四,加强部队的思想政治工作,克服脱离群众的单纯军事观点、轻敌思想、急躁情绪和消极思想等各种不良倾向。信中指出,中日战争是长期的、复杂的、残酷的,抗联战士要树立长期作战的思想。这一指示信对加强部队政治思想建设,坚持长期抗战起到重要作用。

1938 年 2 月,抗联第一路军总司令杨靖宇为了同南满省委书记魏拯民商讨抗日游击运动策略和开辟辑安(今集安)老岭游击区问题,率领第一军军部直属部队教导团,向辑安老岭地区进发。2 月中旬,杨靖宇对活动在本溪、宽甸、桓仁一带的抗联第一军第一师部队作出部署后,率领军部和教导团由桓仁进入辑安老岭地区。

老岭是长白山在辑安地段的山脉,该地山高林密,地势险要。杨靖宇率部来到辑安老岭地区后,派出干部、战士广泛发动群众,开辟地方工作,有的村屯还组织了农民游击队。经过努力,老岭地区群众被发动起来,他们积极参加抗日斗争。许多村屯成立了抗日救国会。抗日救国会积极动员青壮年参军参战,组织群众赶制炒面等食品支援抗联部队,帮助抗联部队搜集日、伪军警装备、"集团部落"防卫等情报,协助安置伤病员,为部队购买物品。广大抗日群众的热情支援使第一路军的指战员深受鼓舞。在大东岔和八宝沟为中心的百余里狭长区域，建立起新的抗日游击根据地。老岭抗日游击根据地开辟后，抗联第一军军部直属部队以老岭山脉为依托，广泛开展游击战争。这期间，杨靖宇率部巧妙袭击了太平沟伪警察分驻所，处死作恶多端的日本人警尉村上，群众拍手称快；教育争取了伪警察署（所）长，使之为抗日出力。蚂蚁河上游围子伪警察所长刘邦林被争取过来后，积极为抗联筹粮购物，提供敌人军事情报，杨靖宇称赞他是抗联的“无线电”。第一军军部直属部队在当地群众的协助下，在辑安与通化毗连地区，时而与敌人展开伏击战，时而袭击敌人据点，时而攻击伪警察署（所），时而捣毁“集团部落”，把这一带搞得“天翻地覆”。到1938年夏，老岭山区附近的伪警察署（所）皆被摧毁。抗联第一军在辑安的斗争得到广大群众的积极支援，太平、二道坎子、榆树林子等村屯反日会组织群众为抗联部队运送物资和征集钱款。据日伪当局统计，太平村给抗联送的物资有大米2石、苞米27石、花旗布46.5匹、水袜子（高腰水鞋）507双、现金1780元；二道坎子村给抗联送的物资有打糕20斤、苞米2石、花旗布1匹；榆树林子村给抗联送的物资有花旗布22.5匹、苞米37.45石、水袜子163双、袜子60双、大酱200斤、猪肉180斤、现金64元[①]。抗联第一军的斗争和群众对抗联的支援，使敌人异常震惊，哀叫：辑安已成为通化省“第一癌肿地带”。

杨靖宇率部来到辑安后，在发动群众建立根据地的同时，即以袭击日伪正在紧张施工的通（化）辑（安）铁路工程展开一系列斗争。通（化）辑（安）铁路是日本帝国主义为掠夺东北物资资源和围歼在通化地区活动的抗日部队而修建的。这条铁路与朝鲜平壤至满蒲铁路相连接，是日本从朝鲜伸向中国东北地区的又一条重要通道。1938年3

---

① 吉林省档案馆编译：《东北抗日运动概况》，吉林文史出版社1986年版，第32页。

月13日黄昏，在距通化71公里的老岭隧道附近，杨靖宇率领军部直属部队500人，分兵三路袭击了老岭隧道西口“东亚土木株式会社”工地现场、十一道沟发电所和十二道沟供应仓库。战斗一开始，担负袭击十二道沟供应仓库的100余名抗联战士一举冲破警戒线，破坏了铁丝网，将供应仓库包围，击毙日本“满铁”警备助理漆畑等数人。另两路抗联战士分别包围和攻占了十一道沟发电所机器房及“东亚土木株式会社”工地的宿舍，消灭了敌人。这场战斗中，击毙、俘虏了一批日军及“满铁”警备员，烧毁工程事务所的建筑12栋、汽车3辆以及储存的大批建筑材料，破坏了机器设备和电气设施。敌人的经济损失达10万日元，致使即将竣工的隧道工程停工两个月。此战，缴获面粉800袋、大米12袋及一批衣物，解放劳工100余人。翌日，部队在杨靖宇率领下，在距老岭西南10公里的十七道沟与前来追击的日军角田部队及伪警察120人激战4小时后，安全转移。日伪当局称抗联的这次战斗是“东边道肃正史上最巨大的一章”。

1938年4月，中共南满省委书记、抗联第二军政委魏拯民率领第二军教导团、独立旅一部共400余人，渡过浑江进入通化，以后又绕道桓仁，转至辑安县境。5月，魏拯民率部在老岭山区五道沟，与杨靖宇会师。抗联第一、第二军会师后，为了总结两年来反“讨伐”斗争的经验教训，分析当前的斗争形势，明确今后任务，决定游击活动方向，中共南满省委和抗联第一路军总部于1938年5月11日至6月初在辑安老岭五道沟联军密营召开了军政干部联席会议，即第一次老岭会议。出席会议的有杨靖宇、魏拯民、杨俊恒、韩仁和、黄海峰、徐哲、吕伯岐、伊俊山、宋茂璇、陈秀明等10余人。会议讨论了全国和东南满地区的斗争形势，研究交流了游击战争的经验，提出“在坚持对日本帝国主义的游击战争中，保存实力，粉碎敌人的全面进攻”的策略方针，研究了今后游击活动方向问题。为了打通与党中央和八路军的联系，会议根据中共代表团的指示，决定准备再次组织西征，拟由抗联第一军从第一、第二师抽调部分兵力补充第三师，由第三师先行西进，然后第一、第二师再相继西征。为与东北其他抗联部队配合作战，决定抗联第二军第四、第六师继续在通化地区开展游击活动，第五师仍在绥宁地区活动，并担任与吉东、北满抗联各军联络任务。同时，鉴于第一路军副总司令王德泰已牺牲，会议决定由中共南满省委书记魏拯民兼任抗联第一路军副总司令。

会后，抗联第一路军群情振奋，斗志昂扬，在准备再次西征的过程中，第一路军将士向敌人展开了猛烈进攻。他们一方面以小股部队活动诱惑敌人；一方面集中兵力伺机打击敌人。这期间，杨靖宇指挥抗联第一军部队在辑安进行了著名的蚊子沟战斗和土口子战斗。

6 月初，杨靖宇与魏拯民通过蚂蚁河上游围子伪警察所长刘邦林得到伪军索旅第三十二团和辑安县伪警察大队要来“讨伐”的情报。伪军索旅是从热河调来参加东边道“大讨伐”的敌精锐部队，曾被日伪当局称为“满洲剿匪之花”，伪旅长叫索景清。为打击这股敌人，总司令部研究决定，在蚊子沟附近采取围点打援、伏击袭敌战术将其消灭。6 月 6 日，魏拯民率部按预定计划攻进蚊子沟围子，把 20 余名伪警察全部缴械。驻在辑安的伪军索景清旅闻讯后，派第三十二团一个营在伪警察队的带领下，朝蚊子沟方向扑来。杨靖宇得到索景清旅出动的情报后，即率第一军 400 人埋伏在距蚊子沟三四公里的家什房子沟口，等待敌兵的到来。6 月 12 日，索景清旅第三十二团 140 多人来到家什房子沟口，进入第一军埋伏线时，伏击战打响。杨靖宇指挥部队集中 10 多挺机枪的火力向敌人猛烈射击，仅几十分钟的时间，消灭了索景清旅 1 个营，击毙 30 余名伪军，俘虏 80 余名伪军，缴获轻机枪 7 挺、步枪百余支、匣枪 10 余支、望远镜 2 个及服装等军需品甚多。

与伪军索景清旅战斗后，杨靖宇指挥抗联第一军部队对修筑中的通（化）辑（安）线铁路工程又发动了猛烈进攻。从6月上旬至7月末，曾连续展开12次攻袭，其中较大的一次战斗是土口子战斗。6月19日夜11时，第一军教导团和第二师共600余人分兵三路，同时进攻了通（化）辑（安）铁路土口子隧道“东亚土木株式会社”值班室，第十一、第十二老岭河桥梁工地和阳岔工程分区的今井组宿舍。此战，击毙守敌约10余人，俘虏80人。烧毁了敌人工地设施、值班室房屋及大量施工设备及材料，并将日本配给店的大米、面粉、布匹等物资全部没收，部分物品分给工人和当地居民。抗联战士向广大群众进行了抗日宣传。战斗结束后，被解放的数百名劳工中有数十名青年参加抗联第一军。这次战斗给敌人造成直接经济损失达22万日元。6月24日夜，杨靖宇指挥抗联第一军部队乘敌人喘息未定之机再次袭击土口子隧道工程现场，解放劳工250名，其中不少工人加入抗日联军。在这次战斗中，日籍工人福间一夫①也自愿加入了抗联第一军，被编入教导团机枪连。翌日凌晨，抗联第一军部队又乘胜攻袭了辑安东岗工区及伪军骑兵第五团团部，经3小时激战，予敌以沉重打击后，安全撤退。杨靖宇率部袭击通（化）辑（安）铁路工程的频繁战斗，致使这一工程经常陷于停顿，阻延了施工进度，使敌人受到严重打击和损失。

1938年7月，正当抗联第一路军各部贯彻老岭会议精神，展开新的战斗时，传来了第一军第一师师长程斌投敌叛变的消息。

在此期间，敌人在“治标治本”相结合消灭抗日联军和“谋求内部治安之加强”的口号下，对抗联进行疯狂军事进攻和严厉经济封锁的

---

①　福间一夫（？—1940），生年不详，日本人。原是东亚土木株式会社工人。1938年6月加入东北抗日联军，在第一路军总司令部直属部队工作。1940年在东宁县二道沟与日、伪军战斗中牺牲。

同时,将过去屠杀抗联投降人员的政策改为招降纳叛、拉拢利用,极力进行政治诱降,开展所谓“归顺工作”。1938 年五六月,叛徒安光勋和胡国臣多次向抗联第一军第一师师长程斌发出劝降信。同时,日、伪军将程斌母亲、兄长由伊通抓至本溪县碱厂,诱使程斌与其会面。然后,日军“黑崎特设游击队”和日本宪兵队“长岛工作班”在碱厂东短脖沟将程斌所部包围。程斌屈服于日伪当局的武力“讨伐”和政治诱降,于 6 月 29 日胁迫部下 86 人携带枪支弹药,在本溪县四区投降敌人。随之,他又命令第一师其他人员下山投降。

程斌的叛变,对东南满党组织和抗联第一路军的抗日游击战争危害极大,不仅使抗联第一军第一师基本瓦解,而且他还将抗联第一路军整体军事部署全部供述给敌人,使敌人知道了第一军的核心机密。程斌投敌后,敌人对他加以任用,被委为“富森讨伐队”副大队长。

为了应对因程斌叛变而出现的不利情况,使东南满抗日运动免遭更大损失,杨靖宇于 1938 年 7 月中旬在辑安老岭大阳沟抗联第一军密营主持召开了南满省委和抗联第一路军干部紧急会议(即第二次老岭会议)。参加这次会议的有杨靖宇、魏拯民、韩仁和、曹亚范、徐哲、陈秀明、伊俊山、刘佐健等。会议分析了由于程斌叛变给东南满抗日斗争造成的困难局面,研究了新形势下的斗争方略。会议决定:

(一)改组南满省委,南满省委和抗联第一路军总部实行战时应急体制。抗联第一路军总司令部内设置省委代行机构,实行党、军一体化。鉴于地方党组织及外围团体有可能遭受敌人破坏和镇压,暂将一些组织撤销,地方干部转入抗联部队。坚持对群众抗日宣传,树立抗日救国信念,致力于积蓄抗日力量,以期时机成熟,同时起来进行地下工作。

（二）因程斌等叛变，抗联第一军第一师大部损失，桓兴县委等地方组织遭破坏，失去西部地区活动基础，故取消原定第一军的再次西征计划。主力部队迅速撤出辑安老岭山区，向金川（今划归柳河、辉南）、濛江（今靖宇）山区转移。考虑到原第一师在本溪、宽甸、桓仁的抗日游击根据地大部丧失，其他各部队应东进，依托长白山大森林与敌人展开斗争。

（三）取消抗联第一、第二军及各师番号，在抗联第一路军总司令部统一领导下，将第一、第二军改编为第一、第二、第三 3 个方面军和警卫旅。重新划分游击活动区域，各部队实行分区作战，具体为：第一方面军在临江、通化、金川、辑安（今集安）等地区活动；第二方面军在濛江、抚松、桦甸、长白等地区活动；第三方面军在额穆（今属敦化）、宁安、汪清、安图等地区活动；警卫旅随总司令部活动。

（四）抗联第一路军总司令部在领导第一、第二、第三方面军警卫旅开展活动之同时，派人去关内寻找中共中央，以取得联络，获得党中央领导和指示。

第二次老岭会议针对程斌叛变后出现的新情况，重新调整第一路军的整体军事战略部署、行动计划，作出了改编抗联第一路军第一、第二军为 3 个方面军和警卫旅的决策，对于抗联第一路军扭转困难局面，冲破敌人的“讨伐”，以新的阵容，新的姿态，继续进行新的战斗，坚持在长白山地区开展抗日游击战争，具有十分重要的意义。

第二次老岭会议之后，在杨靖宇的亲自领导、布置下，抗联第一路军各部队开始进行改编。但因各部队活动区域分散，相隔遥远，加之敌人疯狂“讨伐”，改编的过程长达一年之久。抗联第一路军警卫旅于 1938 年 7 月末改编建立。第一方面军于 1938 年 8 月在金川县黑瞎子沟改编建立。第二方面军于 1938 年 11 月末在濛江县南排子改编建立。第三方面军于 1939 年 7 月在安图县汉阳沟改编建立。

二、第一路军警卫旅艰苦转战

第二次老岭会议后，抗联第一路军总司令部警卫旅最先编成。警卫旅由原第一、第二军教导团和第二军独立旅组成，旅长方振声，政委韩仁和。下设第一、第三 2 个团。第一团由原第一军教导团改编，团长许国有，政委黄海峰，参谋长丁守龙，下辖 4 个连。第三团由原第二军教导团和独立旅改编，团长朴先锋，下辖 3 个连。警卫旅共 500 余人。警卫旅由第一路军总司令部直接领导，活动于金川、濛江（今靖宇）、辑安（今集安）一带。

1938 年 8 月，抗联第一路军总司令部、警卫旅和第一方面军部分队伍在杨靖宇的率领下，离开辑安老岭到金川河里、濛江等地区开展游击活动。转移途中，第一路军总司令部、警卫旅和第一方面军部分队伍多次遇到前来围追堵截的大批日、伪军。杨靖宇和魏拯民巧妙运用游击战术与前来疯狂围歼的日、伪军周旋，在辑安、临江与敌人进行多次战斗。其中最为著名的有辑安长岗战斗和临江岔沟突围战。

长岗战斗发生在 1938 年 8 月 2 日。长岗位于辑安县老岭山区通（化）辑（安）公路中段蚊子沟岭至大泉眼沟之间，因这里有一道很长的山岗，所以称之为长岗。

7 月末，声称“包打杨靖宇”的伪军旅长索景清率其教导骑兵团和步兵第三十三团余部共 300 余人由辑安县城出发，“追剿”抗联第一路军部队。当时，杨靖宇、魏拯民率军部和刚刚整编成立的警卫旅和第一方面军第二师在辑安长岗附近的庙岭一带筹集给养。8 月 2 日上午，杨靖宇、魏拯民率部从驻地向西北方向前进来到长岗。当先头部队刚翻过山岗时，即有群众前来报告，说埋财沟南附近来了不少敌人。杨靖宇听到这一消息后，便派出侦察兵前去侦察。根据侦察报告，得知这股“讨伐队”是伪军索旅，计划下午 4 时出发。杨靖宇决定改变部队前进方向，在敌人行进必经之地埋财沟一带设下埋伏。午后 4 时许，毫无防备的伪军踏入第一路军设下的埋伏圈，此时冲锋号响，抗联战士毙伤许多敌人并乘势端起刺刀冲入敌阵，与伪军展开白刃格斗。战斗中，许多伪军被俘虏。

这时，扼守东南方制高点的战士看到冲锋队的战士抓到不少俘虏，缴获许多枪支，便也跑来参加战斗，不料一伙残敌乘机抢占了这个制高点。敌人居高临下用机枪向第一路军战士射击，使部队出现伤亡。这时，杨靖宇立即命令突击队夺回这个制高点。在争夺制高点的战斗中，司令部参谋长杨俊恒率队向山头冲击，不幸中弹牺牲。杨靖宇下达命令必须把这一制高点争夺回来，为杨参谋长报仇。经激战，夺回制高点。伪军索旅主力大部被消灭，伪旅长索景清带部分官兵狼狈逃跑。战斗终于取得了最后的胜利。这次战斗击毙日本指导官骑兵中尉西田重隆、步兵大尉高冈武治等日、伪军 60 多人，俘虏 30 多人。缴获机关枪 4 挺、步枪 50 多支、手枪 4 支、望远镜 2 个，以及其他大量军需品。

长岗战斗是在第二次老岭会议之后不久，程斌叛变被敌人利用后展开的。此次战斗，杨靖宇运用娴熟的游击战术，速战速决，予敌以毁灭性打击；在战斗形势发生逆转时，果断下达命令，夺取被敌人抢占的制高点，扭转被动局面，最终取得胜利。长岗战斗之后，伪军旅长索景清带侥幸逃脱的部分官兵撤回热河。

长岗战斗后不久，杨靖宇利用在战斗中缴获的一批三八式马枪，将抗联第一军中的少年队员组成一支少年铁血队。1938 年 8 月中旬，少年铁血队在辑安县蚂蚁河上游六道阳岔成立，队员都是十五六岁的小战士，全队共有 50 人。队长高玉信，政治指导员王传圣。从此，少年铁血队的战士们就一直跟随杨靖宇在一起活动。这些年仅十五六岁的小队员被当作抗联骨干的后备力量进行精心培养。同时，少年铁血队的成立也使司令部直属部队增加了力量。

1938年8月中旬至9月中旬，抗联第一路军警卫旅和少年铁血队在杨靖宇的率领下，在辑安积极活动，频频打击敌人。8月14日，在六道阳岔西方11公里处，袭击东亚土木会社运输木材的汽车队。8月19日，乘夜袭击了辑安县青沟子"集团部落"。9月14日晚8时，袭击了陡沟子"集团部落"。随后，与伪军及台上伪自卫团交战4小时。

9月26日，杨靖宇率部队从辑安蚂蚁河上游出发，欲先进入通化，而后经过临江到金川河里，再由那里去桦甸，以与抗联第二军第四师会合，贯彻第二次老岭会议精神。10月6日夜，杨靖宇、魏拯民率抗联第一路军警卫旅、少年铁血队和第二军1个团，共500人穿越通(化)辑(安)的铁路线，连续袭击了六道沟、七道沟和郝家街3个敌人据点，俘敌17人，缴获步枪18支、子弹1300发。抗联第一路军警卫旅和少年铁血队的数次战斗，使敌人了解到第一路军北上的意图。敌人为阻止第一路军北进，调集大批兵力前堵后追。第一路军部队行进到哪里，敌人就跟到哪里。在13天行军中，与敌人进行了14次战斗。10月11日，日军飞机在通化横路西方1528高地发现抗联第一路军踪影，敌人派伪军杨春煜部前来"讨伐"。杨靖宇率部在988高地与之交战7小时，击伤伪军指导部长石井少校及下属数人。之后，又于10月12日在老人沟附近，10月14日在老营沟附近，连续与日、伪军激战。10月17日，杨靖宇率部在林子头北部渡过浑江，到达临江县岔沟山区。

岔沟是山连山、山靠山的深山区。岔沟分为外岔沟和里岔沟，中间只隔有一道山岗。杨靖宇率部渡过浑江，来到外岔沟，见此地举目皆是高山峻岭，便决定在这里宿营，准备休息后再由此向河里地区进发。10 月 18 日拂晓，敌人派出飞机在岔沟地区上空盘旋侦察，并撒下让杨靖宇投降的传单。有敌机散发传单，说明敌人已发现了杨靖宇所部行踪。杨靖宇命令部队马上转移，向里岔沟进发。当部队刚刚出发，走进里岔沟不远时，抗联第一路军战士便发现各沟口已被大批敌人封锁。原来，敌人得知杨靖宇所部行踪后，已调动富森、中川、三井、李佑、大苏、牛天、朱广、陈明、房德、宋瑶、里希、杨春、张荫等日、伪军 13 支部队，1 万余人的兵力在此地布下“铁壁合围”阵，拦截第一路军，意欲全歼。

杨靖宇、魏拯民所率第一路军部队进入里岔沟，陷入敌人包围圈。面对严重敌情，杨靖宇镇定自若，迅速部署警卫旅、少年铁血队做好突围战斗准备。

岔沟突围战斗自清晨一直打到傍晚。战斗中，警卫旅第三团所占据的阵地岔沟顶岗是第一路军阵地的制高点。敌人对这一阵地展开多次进攻，妄图夺取这一阵地。争夺阵地的战斗极为激烈。在回击敌人第十三次进攻时，警卫旅第三团团长朴先锋不幸中弹牺牲。朴先锋牺牲后，警卫旅第三团由李东学继任团长。至傍晚，在杨靖宇的指挥下，警卫旅和少年铁血队战士虽打退敌人组织的多次进攻，但因敌围严密，仍未能实现突围。

当日夜，杨靖宇根据白天对战场形势的观察，决定由警卫旅和少年铁血队抽出 20 名精干人员组成突击队，在西北方山势陡峭处，打开突围缺口。由司令部机关枪连一个排和少年铁血队一个班随后跟上，对付敌人第二道封锁线，司令部紧跟突击队，第一、第三团部队殿后，边掩护边突围。并要求所有干部战士把一切不必要的东西全部扔掉，轻装行动，进行突围。

午夜时分，各部队准备工作完毕后，突击队首先出发。其他部队一队接一队，按计划依次行进。10 月 19 日凌晨，突击队神不知鬼不觉摸到守在西北山岗敌牛天部队面前。敌人发现有人摸上来，便开枪射击。这时突击队员分头向敌人攻击，经三次猛冲，终于在靠西部敌人部队间隙缝中，打开了突破口。紧接着，杨靖宇、魏拯民率司令部及第一、第三团等部队相继冲出敌围。

岔沟突围战是一次以巧妙游击战术，以少制多、以弱制强的成功战例。此战，粉碎了敌人苦心经营 20 余天妄图歼灭抗联第一路军司令部及直属部队的计划，使抗联部队在强敌包围，局势十分危险的情况下，转危为安。战斗中，毙伪军团长 1 人，毙伤日、伪军 80 余人，缴步枪 20 余支[①]。第一路军警卫旅伤亡近 20 人。敌人万万想不到杨靖宇率队会于夜半实现突围，十分不解地说：难道杨靖宇插上翅膀飞走啦？

岔沟胜利突围后，杨靖宇率部队迅速向北转移，魏拯民率抗联第二军部队向东部山区转移。11 月 25 日，杨靖宇率部进至濛江县南排子，与抗联第二军第六师金日成所部会合，将所部改编为抗联第一路军第二方面军。

1938 年 12 月初，杨靖宇率部经濛江县杨树村、二道花园、三道花园向桦甸县境进发。不久，在桦甸会全栈一带又与魏拯民所率抗联第二军第四师会师。12 月末，杨靖宇与魏拯民率抗联第一路军总司令部直属部队行至桦甸县柳树河子时，一支有 900 多人的伪军跟踪前来，妄图堵截第一路军。傍晚，这股敌人有一部在柳树河子沿岸搭起 12 座帐篷，开始宿营，准备次日继续搜寻抗日联军。面对来敌，杨靖宇与魏拯民决定在其未发现我军时，展开一次夜袭敌人

① 《抗联第一路军 1932 年至 1940 年主要战斗统计表》（1941 年初），载中央档案馆、辽宁省档案馆、吉林省档案馆、黑龙江省档案馆编：《东北地区革命历史文件汇集》甲 60，1992 年印，第 240 页。

宿营地战斗。根据战斗部署，决定从警卫旅第一、第三团中抽调身强力壮的战士组成夜袭突击队，10 人 1 组，共 12 组，兵分两路，一路顺柳树河往上摸，一路往下摸，每组负责攻打一座帐篷，并要求迅速出击，猛打猛攻，速战速决。半夜时分，夜袭突击队沿着冰封的河道向敌人的帐篷摸去。顿时，枪声四起，12 座帐篷被打着，火光冲天。从梦中惊醒的敌人钻出帐篷，乱作一团，拼命抵抗。战斗中，共消灭伪军 100 多人。次日清晨，有敌人飞机前来低空侦察，抗日联军战士用机关枪将敌机击毁 1 架①。此次战斗，警卫旅第三团团长李东学不幸负伤，后牺牲。

1939 年 1 月下旬，杨靖宇率领警卫旅和少年铁血队战士与抗联第二军第四师崔贤所部在桦甸老营沟口胜利会师。三四月间，抗联第一路军警卫旅、少年铁血队和第二军第四师在杨靖宇的指挥下，连续展开攻袭敌人据点的战斗，先后攻袭日本人经营的桦甸县木箕河林场和日伪重要军需物资供应地大蒲柴河镇。抗联第一路军警卫旅、少年铁血队和第二军第四师在杨靖宇指挥下，短短几个月时间里连续攻打敌人宿营地、林场、军事据点，不断袭扰敌人，取得胜利，使桦甸一带敌人心惊胆战，深感防不胜防。

1939 年 5 月中旬，日本侵略者在中蒙边境制造了诺门汗②事件。这是日本帝国主义继 1938 年的张鼓峰事件后又一次向苏联挑衅的事件。诺门汗事件的发生，引起中共南满省委的极大重视。因日本关东军调集大批部队到中蒙边境参战，内地军事力量相对减少，这就为抗日联军开展抗日游击活动提供了一定的方便

---

① 《抗联第一路军 1932 年至 1940 年主要战斗统计表》（1941 年初），载中央档案馆、辽宁省档案馆、吉林省档案馆、黑龙江省档案馆编：《东北地区革命历史文件汇集》甲 60，1992 年印，第 240 页。

② 诺门汗，当时又称诺门坎。

条件。杨靖宇指示抗联第一路军各部,积极开展游击活动,破坏敌人后方兵站,牵制打击日本侵略者。1939 年 6 月,杨靖宇率部出征,曾在桦甸县夹砬子与日、伪军 300 余人展开战斗,毙伤伪军 70 余人,俘敌 6 人,缴获轻机枪 1 挺、步枪 20 余支。而后,又攻打了关门砬子伪警察分驻所,俘伪警察 40 余人,缴获步枪 40 余支。在错草顶子与日伪"讨伐队"交战,歼敌百余人,缴获步枪 80 余支。第一路军其他各部根据抗联第一路军总指挥部的部署也积极开展游击活动,频频打击敌人。据日伪资料记载,诺门汗战争期间,抗联第一路军于 1939 年 6 月,袭击敌人 20 次,与敌人交战 8 次;7 月,袭击敌人 21 次,与敌人交战 2 次;8 月,袭击敌人 46 次,与敌人交战 10 次;9 月,袭击敌人 22 次,与敌人交战 9 次;共计袭击、交战 138 次①。

抗联第一路军在积极开展游击活动的同时,还广泛地加强了群众宣传工作,通过第一路军总政治部编辑的《中国报》等报纸传单,向抗日军民进行了反对日本帝国主义制造诺门汗事件,扩大侵略战争,号召各界群众积极行动起来,响应全国总抗战的宣传。对于杨靖宇率部开展的游击活动和宣传活动,日伪当局称:"康德六年(1939 年)随诺门汗事件之扩大,红军即乘机肆虐,于 7 月上旬,杨匪于桦甸扰乱治安。""与诺门汗事件之进展相呼应疯狂进行频繁袭击与对群众宣传抗日,使治安不佳地区显著扩大,且使人心动摇。尤以东边道地区和北安省地区匪帮之活动极为激烈。"②"东北抗联第一路军系统匪帮,在以中共中央委员杨靖宇为最高领导者……杨自率司令部进行游击,同时将其属下匪帮分编为三个方面军,据有山岳密林之地为所

① 吉林省档案馆编译:《东北抗日运动概况》,吉林文史出版社 1986 年版,第 87 页。

② 伪满治安部参谋司编:《献于剿匪诸君》,载《铁军》第三卷,第二号。

欲为，不仅对部落（村庄）、矿山、警备机关进行袭击掠夺，且胆敢以伪装投诚而谋杀日本人之高级官吏或迎击移动中之日本军部队等活动。”①由此可见，杨靖宇及其所率抗联第一路军开展的游击活动、宣传活动是何等活跃，其活动使敌人深感震惊和不安。

诺门汗战争期间，由于抗联第一路军及东北抗联其他各军在南满、北满、吉东地区积极开展游击活动，搞得日伪当局难得安宁，牵制了大批日军，使日军方面不得不从诺门汗前线调回一部主力应对抗联的活动。正如魏拯民在给中共驻共产国际代表团的报告中所说，“1939 年，在夏秋二季，集中一部分主力配合外蒙‘诺门汗’战斗实行向敌进攻策略获得很大成绩。在间岛一带，当时我军横断满鲜国境，对日贼进行不停的猛攻，使日贼前后受敌，被迫缔结了‘诺门汗’战斗临时停战协议”。敌人“将‘诺门汗’战争主力匪军之一部约一万余名，转派到我军活动地区，积极地向我军进攻”②。这一期间，东北抗日联军的英勇斗争，沉重地打击了日伪反动统治，同时也积极而有力地配合了苏蒙军在诺门汗对日军的战斗。

三、第一路军第一方面军激战金川、辑安

在第二次老岭会议之后，1938 年 8 月，抗联第一路军第一方面军改编完成。第一方面军由原第一军第二师、第三师组成，指挥曹亚范、政治部主任伊俊山、参谋长尹夏太。下辖第一团和 1 个机枪班。第一团团长张明生，政委赵成才，下辖 2 个连。第一方面军约 250 人。活动在辑安（今集安）、临江、通化、金川（今划归柳河、辉南）、辉南、濛江（今靖宇）等地。

---

① 吉林省档案馆编译：《东北抗日运动概况》，吉林文史出版社 1986 年版，第 83 页。

② 《魏拯民同志给中共驻共产国际代表团的报告》（1940 年 4 月），载东北抗日联军史料编写组：《东北抗日联军史料》（上），中共党史资料出版社 1987 年版，第 201 页。

第一方面军组成后，其中一部曾随杨靖宇率领的抗联第一路军总司令部和警卫旅活动。当总司令部和警卫旅由辑安县老岭地区向金川县河里山区转移后，该部根据总司令部的指示留在辑安老岭地区坚持斗争，以牵制敌人。

第一方面军曾攻打驻守在辑安县双安村的铁路守备队，袭击活龙盖敌人据点和青沟子“集团部落”。1938 年 8 月末，又袭击了二道坎子、太平沟敌人据点，摧毁敌人炮台 4 座，焚毁伪军营房 28 间。之后，该部在辑安县沉沟与伪军 200 人遭遇，战斗中，歼灭伪军 60 人，缴获步枪 20 支。这些英勇战斗不仅打击了敌人，武装发展了自己，同时也发挥了牵制敌人，策应总司令部转移的重要作用。

1938 年 10 月，曹亚范、伊俊山率队挺进至金川县境不久，即在回头沟地方与伪军 500 余人展开激战。当时伪军正在围着火堆烤鞋袜，第一方面军指战员乘敌不备，突然袭击敌人宿营地，敌军的帐篷被战火打着，燃起大火。伪军惊慌失措，仓促应战。敌人被打得晕头转向，死伤惨重。一日本人副团长被击毙。一些侥幸活命的敌人十分狼狈地光脚逃跑。此战共歼灭伪军 90 多人，缴获步枪 30 余支、匣枪 5 支、弹药若干，还有许多毛毯、食品等物资①。之后，第一方面军又袭击金川县四道沟、尤堡村、大房子、平岗和辉南县的老虎轩等敌人据点，均取得胜利，缴获一些枪械、弹药和军需物资。第一方面军离开金川后，奔赴濛江活动，曾与伪军 150 余人交战，歼伪军 20 余人。

1938 年 11 月，第一方面军在曹亚范、伊俊山率领下，准备过八道江南下，重返辑安。但因敌人已将江桥封锁，不得不率队返回。部队抵达板石沟时，与敌人交战，予敌以一定打击。但在战斗中，第一方

---

① 《抗联第一路军 1932 年至 1940 年主要战斗统计表》(1941 年初)，载中央档案馆、辽宁省档案馆、吉林省档案馆、黑龙江省档案馆编:《东北地区革命历史文件汇集》甲 60，1992 年印，第 240 页。

面军也受到损失，部队有一定伤亡。为免遭更大损失，安置伤员以利再战，曹亚范、伊俊山经研究决定暂不过江，部队化整为零，分散活动。12 月，敌人得知第一方面军不过江的消息后，将守桥部队撤去。曹亚范根据此情况，迅即收拢部队顺利渡过八道江，进入通化地区。敌军发现第一方面军过江之后，紧追至通化。此时，第一方面军分兵两路，一路由曹亚范率领由通化去辑安活动。一路由伊俊山率领进至通化青沟子、高丽房子、大荒沟等地活动。

1939 年 1 月，曹亚范率部袭击了辑安县二道阳岔、新开岭和刀尖岭等敌人据点。不久，伊俊山率部也来到辑安与曹亚范所率部队会合，在辑安广泛开展游击活动。2 月，曹亚范、伊俊山指挥部队在土口子与敌军展开战斗。随后，又先后袭击了花甸子、土城子伪警察分驻所。同年 2 月 18 日（农历除夕），第一方面军乘敌人忙于过年之机，攻袭了辑安县东大街“集团部落”，缴获许多军需物资。3 月 15 日，第一方面军在辑安县石青东沟与日军增原部队展开激战。敌我互有伤亡。4 月间，又袭击辑安台上、土窑子“集团部落”。5 月，攻打了辑安横路伪警察分驻所。

正当第一方面军在辑安紧张开展游击活动，对今后斗争如何进行等问题需要总司令部指示之时，收到了杨靖宇于 5 月 9 日致第一方面军指挥曹亚范的信。信中指出：“目前国际战争之密布，日军的凶暴行径日益暴露，中日大战日益扩大，波及到东北，日军暴行已极，东北同志的气愤日益高涨，伪满统治日渐削弱”，“应乘此有利时机，我们第一方面军积极开展活动，补上过去的损失，充实实力是为重要。”信中要求第一方面军“应到王凤阁以前的根据地，还有鸭绿江沿岸的大山峰地区去活动，可以得到第一路军的互相配合。”“警卫旅和其他部队的经验，到敌人的矿山、铁路去袭击，同时可以扩充工人当兵，对部队发展有重大意义。第一方面军今后沿梅辑线活动，对矿山、林业工人作为扩军的对象十分重要。”“对县城和大部落的工作非常困难，部队要执行游击战。”“队内政治教育训练工作是重要的，第一方面军也应加紧进行”，“要鼓动群众的反日气氛”，“解决队内物资缺乏”和“补充武器弹药问题”。最后，杨靖宇在信中满怀信心地指出：“我们部队士气高昂，群众对我军是拥护爱戴的。”“我们要用革命的实践揭露敌人的花言巧语的骗局，要依照我党政治决议和口号，用真理和事实宣传我们取得最后的胜利。”①

第一方面军根据杨靖宇的指示，不断加强部队的政治教育和军事训练工作，提高部队的政治军事素质，在辑安抗日游击区主动出击。1939 年春夏之交与敌战斗 20 余次，歼敌上百名，取得了胜利。

1939 年夏初，曹亚范、伊俊山根据杨靖宇的指示，率第一方面军北上奔赴金川县河里根据地，与抗联第一路军总司令部和警卫旅会师。第一方面军与警卫旅在金川县回头沟打退了前来进攻的敌人。会师后，根据总司令部的部署，从第一方面军抽调出一部分部队随第一路军总司令部活动，第一方面军主力在曹亚范、伊俊山的率领下，于 7 月又返回辑安县境。先后解除榆树林子、江口伪警察分驻所武装。8 月，袭击了麻线沟敌人据点。10 月，又袭击了黄柏伪警察分驻所。12 月，在榆树林南岭与敌军展开战斗后，向东部山区转战，直至抚松县境，与总司令部警卫旅实现再次会师。

第一方面军在曹亚范的指挥下，在 1939 年 6 月至 12 月间，进行较大规模的战斗有 23 次。但在反“讨伐”战斗中，由于连续与日、伪军作战，部队长期不得休整，伤亡不断增加，衣食供给断绝，第一方面军的斗争也愈显困难。

---

① 《杨靖宇给曹亚范的信》（1939 年 5 月 9 日），存黑龙江省档案馆，5 全宗 2 目 160 号。

四、第一路军第二方面军征战临江、长白

1938 年 11 月 25 日，杨靖宇率领抗联第一路军总司令部警卫旅和少年铁血队来到濛江(今靖宇)县南排子与抗联第二军第六师会师。金日成与第六师干部战士举行隆重仪式欢迎杨靖宇的到来。随后，在南排子召开第六师干部会议，杨靖宇传达了老岭会议精神，将第二军第六师改编成抗联第一路军第二方面军。第二方面军指挥金日成，政治部主任吕伯岐，参谋长林水山，副官长毕书文。下辖 4 个团和 1 个警卫连。第七团团长吴仲洽，政委朱在一；第八团团长孙长祥，政委朴德山；第九团团长马德全；第十团团长徐魁武；警卫连连长吴伯龙。第二方面军约 350 人，活动在长白、抚松、濛江、临江、和龙、安图、延吉、珲春、汪清等地。

1938 年 12 月，第二方面军主力在指挥金日成的率领下由濛江县南排子南向鸭绿江边的临江、长白县境挺进，进行远征。远征的目的是贯彻濛江县南排子会议精神，到鸭绿江边中朝边境地区开展游击活动，扩展长白山游击区。

第二方面军主力部队进行的这次远征，目的地是长白县北大顶子。此次行军为时百余天，故称“百日行军”，又因是在顶风冒雪，于摄氏零下三四十度的极其寒冷的情况下进行的，艰苦异常，又称之为“艰难的行军”。

12 月上旬，第二方面军歼灭了头道花园附近“集团部落”的敌人，缴获一批粮食等军需物品后，开始向东南方向行进。同月中下旬，敌人探知第二方面军主力部队行军方向，追踪而来，第二方面军指战员在濛江、临江与追敌连续展开战斗，在击退敌人之后，继续行军。

远征行进期间，第二方面军指战员进行了临江县腰沟、三道阳岔袭击战、蚂蚁河战斗、王家店袭击战等多次战斗。

1939 年 1 月上旬，为了保存自己，摆脱敌人追击，完成行军目的，第二方面军指挥部在长白县七道沟口召开干部会议，决定部队分散行军。会后，指挥部带警卫连和机枪排向长白县佳在水方向挺进，第七团开赴长白县十三道沟等地开展游击活动，第八团和独立营到抚松东岗方向进军。第二方面军战士以顽强的革命斗志克服了饥饿严寒等巨大困难，与敌人展开多次战斗，顽强坚持艰苦行军。

1 月下旬，第二方面军一部袭击了长白县东部日本人经营的木场，缴获许多军需物资，在嘎呀河与前来追击的伪军交战。为打击敌人，解决给养，还在大阳岔与长白大道袭击了敌人的运输队，缴获一批粮食和军需物资。2 月中旬，金日成率第二方面军主力到达长白县佳在水附近，驻扎数日，得到粮食等物资补充。之后，痛击前来追击的敌军。在继续行军中，部队巧妙地在前后追敌中间向侧面转移，结果敌人以为对方是抗联部队，竟相互展开猛烈枪战，自己厮杀起来。3 月上旬，第二方面军主力在长白县十三道沟、黑瞎子沟等地与敌人周旋，在富厚水与大股敌人交战，予敌以一定打击。警卫连曾连续袭击了十三道沟和七道沟木材经营所。3 月中旬，金日成派通讯员到分散行军的各部队，传达到间三峰集结的命令。第二方面军指战员经过艰难行军，于 3 月末，终于到达远征目的地长白县北大顶子。

第二方面军到达目的地后，开始在长白和抚松县境修建密营，广泛开展群众工作，配合地下党组织积极开展活动，成立许多抗日群众秘密组织，有力地推进了各族人民进行抗日救国斗争。4 月，抗联第二方面军在长白山密林深处马鞍山等地所建密营，进行休整，还为进行春耕做了充分的准备工作。

在第二方面军主力进行艰苦远征的同时，该军另一部在副官长毕书文的率领下，在辑安（今集安）、通化活动，曾攻打了辑安县头道阳岔、蚊子沟等敌人据点。

1939 年春，第二方面军经过冬季休整后，开始进行新的斗争。4 月，第二方面军一部在长白县境连续进行了邱家店、五道沟、十二道沟、十四道沟、十五道沟和半截沟战斗，攻打了 10 余个“集团部落”。在邱家店战斗中，毙伤一批敌人，缴获许多军需物资。在十五道沟战斗中缴获了许多枪支、弹药，并把缴获的粮食、布匹分给当地贫苦农民，受到广大群众的欢迎。另一部在安图县攻袭多处敌人的“集团部落”。第二方面军第九团于 4 月 28 日，乘夜攻克了安图县十骑街敌人据点，俘敌连长以下 6 人，缴获大批给养、布匹等军需物品。5 月，第二方面军主力转战和龙县，曾击退广坪、红岩洞、能芝洞等地伪警察队的进攻。

为打击敌人，唤醒朝鲜北部地区工农群众，振奋朝鲜人民抗日革命精神，掀起新的抗日浪潮，第二方面军决定进军朝鲜茂山地区。为此，准备了必要的武器、弹药以及粮食等物资。1939 年 5 月中旬，第二方面军主力部队在金日成率领下，绕道向朝鲜茂山地区挺进。5 月 18 日，从鸭绿江上游五号拦河坝过江，到达咸镜南道甲山郡青峰岭。5 月 21 日，部队到达咸镜北道茂山郡。随即召开干部会议，提出了出击茂山郡大红丹地区，在新四洞和“新开拓”一带开展军事、政治活动的任务。5 月 22 日，第二方面军第八团去新四洞开展群众工作，在那里动员、号召朝鲜人民组织起来，与日本统治者进行坚决的斗争。第七团指战员全歼了“新开拓”地方的敌人，还俘虏了几个日本工头，并缴获许多粮食和军需物资。战斗结束后，第七团指战员携带战利品返回营地。金日成预计到遭到第七团沉重打击的敌人绝不会罢手，一定会派兵前来追击。于是指挥第八团和警卫连在大红丹设下埋伏，迎击追敌。果然，当第七团完成袭敌任务回返时，一支国境守备队及仓坪伪警察队追踪而来。待追敌进入伏击阵地后，战士们即猛烈向敌人开火。前来追击的敌人遭到第二方面军痛歼。茂山地区战斗，毙日军40余人①，在朝鲜造成很大影响。日本侵略者得知金日成率部队出现在戒备森严的茂山边境地区，并消灭大批军警，大为震惊。而广大朝鲜人民却受到极大鼓舞，抗日热情益加高涨。

茂山地区战斗后，第二方面军顺利渡过图们江返回长白山区，转移到和龙、安图县境开展游击活动。1939年6月上旬，第二方面军主力部队在和龙县红旗河沿岸闭门屯（沙金沟），打了一场漂亮的伏击战。当时，第二方面军通过当地群众了解到一支200余人的伪军“讨伐队”正在向百里坪集结。为消灭这股敌人，金日成指挥第二方面军主力第七、第八团在百里坪闭门屯附近的公路旁设下埋伏。6月6日晨，这股敌人沿公路走来。敌人先头部队刚进入埋伏圈，一个日本军官突然站住，说发现了可疑脚印。随即，敌人大队人马便停了下来。为不失战机，金日成果断下达战斗命令。埋伏在公路旁树林里的第二方面军指战员开枪向敌人射击。顿时，枪声四起，200多名伪军突然遭到交叉火力的袭击，猝不及防，纷纷倒下，余者举手投降。这次战斗仅半个多小时，歼灭日本指导官以下50多人，俘虏伪军大队长以下许多敌人，并缴获轻机枪4挺、步枪百余支，及其他许多军需物资。

1939年七八月，第二方面军主力部队继续在安图、和龙县境转战。第七、第八团袭击了安图县三道沟、和龙县卧龙屯“集团部落”，缴获一些武器和粮食。9月中旬，攻克和龙县二道沟矿，毙伤许多敌人，缴获许多粮食等军需品。

第二方面军另一部打回辉南、金川（今划归柳河、辉南）县境，曾于7月25日攻占金川县四道沟，8月10日攻占金川县平安堡，8月

① 《抗联第一路军1932年至1940年主要战斗统计表》（1941年初），载中央档案馆、辽宁省档案馆、吉林省档案馆、黑龙江省档案馆编：《东北地区革命历史文件汇集》甲60，1992年印，第244页。

15日攻占金川县平岗等“集团部落”。另有第二方面军一支部队于8月2日攻袭了金川县龙湾堡，从伪治安队手中夺得牛22头。不久，又袭击了辉南县老虎轩伪自卫团。8月10日，在辉南县东安河子与伪军第五团交战，消灭部分伪军，取得了胜利。8月15日，攻克了金川县李大房子“集团部落”，焚毁了伪警察分驻所。

1939年秋，第二方面军在抚松、安图、和龙一带进行游击活动，开展反“讨伐”斗争。9月中旬，第二方面军指挥金日成派遣第七、第八团攻袭了和龙县三道沟矿，解除了伪警察队武装，缴获很多粮食，补充了给养。对此，日伪当局称：“第二方面军拥有匪数约三〇〇，前期游击于濛江、金川、抚松、长白各县，在本期东进盘踞于和龙、安图两县，屡次与第三方面军联合，断然进行凶暴袭击。”①10月6日，第二方面军在金日成主持下于安图县两江口召开军政干部会议，会议根据面临的斗争形势，提出保存实力，灵活机动，迂回作战的方针。随之，第二方面军转移到安图县花脸砬子密林休整一段时间。此后，又集中一段时间做越冬准备，主要是整修密营、筹集粮食、赶制棉衣（由部队缝纫队进行）。同时，还进行了为期20余天的军政训练。11月末，第二方面军离开安图县花脸砬子向敦化县挺进，进入敦化县开展游击活动。12月17日，第二方面军攻袭了敦化县六棵松森林采伐事务所。

六棵松位于敦化县东南部牡丹岭山谷中。第二方面军进军敦化途中，逮捕了六棵松敌人派出的侦探。经审问，得知六棵松敌人守备情况。为消灭敌人，补充部队给养，金日成决定攻打六棵松，第二方面军战士冲入敌营。敌人在暗堡用机枪射击，拼命顽抗，战斗激烈异常。当时，第七团团长吴仲洽率领战士用掷弹筒和轻重机枪猛烈还

---

① 吉林省档案馆编译：《东北抗日运动概况》，吉林文史出版社1986年版，第88页。

击，迅速压倒敌人火力，攻入敌人暗堡，终于取得了战斗的胜利。这次战斗歼灭70余名伪森林警察，焚毁了敌营房，缴获大批给养和其他军需用品，解放数百名伐木工人，其中有近百人参加了抗日联军。战斗中，第二方面军第七团团长吴仲洽不幸牺牲。

六棵松战斗后，第二方面军又于12月24日袭击了敦化县夹信子“集团部落”和日本人经营的伐木场，烧毁敌兵营，缴获大批粮食及其他军用物品，有70名林业工人加入第二方面军。12月间，第二方面军一部攻入蛟河县新站街，歼敌20人，取得了胜利。接着，第二方面军避开敌人“讨伐队”的进攻锋芒，于1940年1月初开始，在敦化、桦甸、抚松三县毗邻地带的白水滩抗联密营进行了为期40天的冬季休整和军政训练，为进行新一年度的抗日斗争做好准备。

抗联第一路军第二方面军自组成之后，在金日成指挥下在长白山区进行了卓有成效的游击战争，仅1939年下半年与敌人进行较大规模的战斗达41次。这些战斗沉重地打击了敌人，极大地激励了各族人民抗日斗志。第二方面军积极进行的有效的群众宣传工作，增强了人民群众抗日斗争必胜的信心，动员了许多民众勇敢地投身到抗日斗争中来。

五、第一路军第三方面军苦战安图、额穆

抗联第一路军第三方面军由第二军第四、第五师编成。1938年夏，抗联第二军第四师正转战于桦甸、蛟河、延吉等地。第四师曾在蛟河县漂河于夜间袭击日军30余人，将其全部歼灭，缴获轻机枪2挺、掷弹筒2个、步枪20余支。8月，第四师第一团在桦甸县富尔河苇子沟地方与数百名日、伪军展开激战，击毙日本宪兵队长以下10余人，伪军近百人，缴获轻机枪6挺、步枪百余支。10月，在延吉县明月沟伏击敌人“特设部队”汽车5辆，毙敌10余人，缴获步枪30余支及

大量军需物资。接着第四师一部在桦甸县马驮子沟又与伪军80余人展开激战，击毙伪军小队长等10余人。

1938年底，抗联第二军第四师得知抗联第一路军总司令杨靖宇率警卫旅和少年铁血队由金川县（今划归柳河、辉南）北上的消息后，为迎接总司令部，第四师指战员在桦甸县老金场筹备了大批粮食、肉类等物资。1939年1月下旬，第四师崔贤部在桦甸县老营沟口与杨靖宇所率警卫旅和少年铁血队会师。2月18日是农历除夕。杨靖宇率抗联第一路军警卫旅、少年铁血队与第二军第四师指战员在桦甸县老金场抗联密营举行春节联欢会，欢度春节。联欢会上，战士们载歌载舞，高兴异常。杨靖宇在讲话中，祝贺在过去一年里中、朝干部战士在对敌斗争中取得的胜利，号召同志们继续努力，在新的一年里取得更大的胜利。春节过后，第二军第四师与抗联第一路军总司令部警卫旅等部队的党员干部参加了第一路军总司令部举办的训练班。在训练班上，参加学习的党员干部听取了杨靖宇和魏拯民作的报告，讨论了中国革命的性质、抗日战争的胜利需多久等问题。通过学习，使大家进一步明确了抗日战争是一场长期的战争，要有长期抗战的思想准备，必须克服急躁情绪。

1939年春，抗联第二军第四师一部参加了由杨靖宇指挥的攻袭桦甸县木箕河林场和大蒲柴河镇等战斗。

桦甸县木箕河林场位于富尔岭下，木箕河林场由日本人经营。此处约有上千名劳工在工头的皮鞭下被奴役做苦工。该林场场部戒备森严，设有高墙，墙外有铁丝网，四角设有炮楼，有100多名伪森林警察队负责保护。为打击日本侵略者，解放林场劳工，缴获粮食等军需物品，杨靖宇决定攻袭木箕河林场。1939年3月14日，抗联第一路军警卫旅、少年铁血队和抗联第二军第四师共450人在杨靖宇指挥下突然攻袭木箕河林场场部，消灭了在炮楼负隅顽抗的敌人，击毙了伪森林警察队长李海山等10余人。战斗中，许多敌人为逃活命，从林场后门跑到山上。第一路军战士紧追不舍，高喊“中国人不打中国人”、“缴枪不杀”，约百余名跑到山上的敌人先后下山投降。4名钻进地道的日本人被抓获枪毙。之后，抗联战士将伪军军营和林场烧毁。百余名伪森林警察经教育后遣散回家。战斗中解放上千名苦难劳工，吸收70余名工人参加了第一路军部队。此战缴获机关枪1挺、步枪30余支、手枪2支、无线电台1部、望远镜1个、牲畜200头（匹）及大批粮食、布匹、食盐等军需物品①。战斗结束后，杨靖宇指挥部队撤离途中，于3月16日在八道河子与援敌中川部队、富森工作队及桦甸县伪警察队交战，打退敌人多次进攻，毙伤敌80余人。战斗中，警卫旅第一团团长许国有英勇牺牲。

木箕河林场战斗后不久，抗联第二军第四师和警卫旅、少年铁血队在杨靖宇率领下越过富尔岭。不久，又袭击了敦化县大蒲柴河镇。

大蒲柴河镇内有日军军火仓库，储备有大量枪支弹药和军需物资。1939年4月7日晚，抗联第一路军警卫旅、少年铁血队和抗联第二军第四师在杨靖宇指挥下，攻袭了该镇。此战毙伤日警尉藤田一夫等8人，击伤伪警察署长李际元等10人。攻下伪警察署，将20余名伪警察全部缴械、俘虏。打开敌人军火仓库，缴获轻重机枪各1挺、步枪50余支、匣枪5支、子弹数万发和伪币8万余元②。之后，将伪警察署和敌人军火仓库点燃。次日晨3时，部队顺利撤走。随即又攻打了小蒲柴河“集团部落”及浪柴河敌人据点。

① 《抗联第一路军1932年至1940年主要战斗统计表》（1941年初），载中央档案馆、辽宁省档案馆、吉林省档案馆、黑龙江省档案馆编：《东北地区革命历史文件汇集》甲60，1992年印，第243页。

② 《抗联第一路军1932年至1940年主要战斗统计表》（1941年初），载中央档案馆、辽宁省档案馆、吉林省档案馆、黑龙江省档案馆编：《东北地区革命历史文件汇集》甲60，1992年印，第243页。

不久，杨靖宇率警卫旅、少年铁血队返回南满，第二军第四师继续在桦甸、蛟河等地开展游击活动。

1939 年 4 月 10 日，陈翰章率部袭击敦化柳树河子敌据点后，在烟筒粒子附近与尾追的敌军发生战斗。陈翰章在指挥战斗中左腿部受伤。夜幕降临时，陈翰章忍痛指挥部队突围，经过激战，终于寻隙冲出敌围，迅速转移到敦化县沙河沿二龙江密营休整。当时，密营缺医少药，陈翰章的伤口化脓，腿部肿痛难忍，但他以无比坚强的毅力克服伤痛，将布条捅进伤口，进行引流，把脓血清理出来，然后用盐水洗净伤口，再包扎起来。陈翰章养病期间，第三方面军第十五团在团长李龙云率领下由敦化向延吉移动，以后到达汪清，与第五军一部一起活动。

同年 6 月，抗联第一路军副总司令魏拯民率抗联第二军第四师部队一同来到敦化县。第二军第四师部队在魏拯民直接指挥下，于敦化县进行了一系列战斗。6 月 5 日，袭击了敦化县寒葱沟敌人据点。6 月 11 日，在敦化县西北岔北方大蒲柴河与日军助川部队松岛"讨伐队"（内有伪军）交战。战斗中，第二军第四师以少数部队守住正面阵地，而以大部队包抄敌之背后，致使敌人腹背受击，溃败逃遁。这次战斗，敌军助川部队长以下 20 余名日、伪军被击毙。6 月下旬，第二军第四师在敦化县腰岔袭击敌人汽车 4 辆，缴获重机枪 1 挺、步枪百余支、子弹万余发及其他军用品甚多。第二军第四师第一团在敦化、安图两县边界庙岭至塔头甸公路上，伏击日、伪军警，歼灭日军 18 人、伪军 40 余人、伪警察 40 余人。1939 年 7 月后，第二军第四师又转至延吉、安图等县开展游击活动。

抗联第二军第五师在师长陈翰章率领下一直在宁安、汪清一带，经常与抗联第五军第二师陶净非部一起进行战斗。根据吉东省委的决定，1938 年 7 月，为配合抗联第二路军主力部队第四、第五军的西征，第二军第五师师长陈翰章率队欲跨越京（长春）图（们）铁路向东满挺进，以便与第二军主力部队相会合，贯通吉东与在东南满地区活动的抗日联军的联络，但由于京（长春）图（们）铁路沿线有敌人的重兵防守，加之敌人不断地“讨伐”抗日联军，跨越京（长春）图（们）铁路的计划屡次遭到挫折。在这种情况下，第二军第五师只得在敦化、额穆（今属敦化）、宁安一带进行游击活动。

1938 年 7 月上旬，抗联第二军第五师师长陈翰章和副师长侯国忠率领所部在宁安县东京城西袭击了日本侵略者经营的镜泊湖水电站北湖头建筑工程，击溃日军守备队，焚毁了工程事务所，解放大批劳工，使日本侵略者经营的水电站工程被迫停工。7 月底，第二军第五师部队突入额穆县境，曾在刘家堡、半截山、新塔二站等地与敌人展开战斗，特别是在新塔二站附近的战斗中，消灭日、伪军 30 余人，缴获很多枪支、弹药。在宁安、额穆两县毗邻地带痛击日军“讨伐队”，缴获一批武器、弹药及测量仪器、探照灯等军用物资。8 月末，第五师部队回师宁安，在东京城粉碎了 600 余名日、伪军对横道河子的进攻，毙伤日、伪军 200 余人。9 月，又袭击了敦化县沙河沿八家子“集团部落”。10 月，敌人冬季“讨伐”开始后，第二军第五师部队与第五军第二师陶净非部在敦化沙河沿森林中进行休整。

1939 年春，抗联第二军第五师部队与第五军第二师陶净非部共 250 人在延吉、敦化、桦甸一带共同活动。6 月初，在敦化县大蒲柴河苇塘沟与日军 150 人、伪军 300 余人激战，击毙日军牛岛大佐以下 14 人、伪军 17 人，伤伪军 10 人，俘虏伪军 35 人，缴获三八式步枪 40 支、子弹 7000 发、手榴弹 3 箱、小炮弹 2 箱及其他军需品。

陈翰章率领抗联第二军第五师部队与日、伪军的英勇斗争沉重地打击了日伪在宁安、敦化的统治，人民群众热烈拥护陈翰章所部的斗争，群众中到处传颂着：“日本鬼子遭了殃，出门遇见陈翰章。”

1939 年 6 月中旬，抗联第二军第四师在敦化县大蒲柴河南与第二军第五师和第五军第二师陶净非部胜利会师。不久，第二军第四、第五师指战员在敦化县牛心顶子将前来劝降的日本人伪敦化县副县长三岛笃、伪吉林省警务厅警备科长西獭户秀夫、伪敦化县警务科警正永田善男、伪敦化县治安工作班警佐福田素直等 4 人逮捕、处死。这一果断行动，粉碎了敌人妄图瓦解抗联部队的阴谋，其影响远播省内外，群众闻之无不拍手称快。之后，第二军第五师与第四师部队根据陈翰章部署，分兵两路转移，第四师开往延吉县天宝山一带活动，第五师奔赴汪清县大房子一带活动。

6 月下旬，抗联第二军第四师部队转移到延吉县天宝山一带开展游击活动。天宝山是一个盛产铜、铁、铅、锌的矿山。为了打击侵略者，解放苦难矿工，6 月 29 日夜，第四师部队与第二方面军第九团联合袭击了天宝山铜铅矿矿务所和天宝山镇伪警察署。战斗中，第四师部队与第二方面军第九团兵分两路，一路由第四师第一团团长崔贤率领直捣矿场，一路由第四师参谋长朴德范率领攻入天宝山镇。第四师部队与第二方面军第九团毙伤日军守备队 12 人，俘虏了矿山全部伪警察，烧毁了敌矿山事务所和天宝山镇伪警察署，破坏了矿山的生产设备，没收了镇内日伪经营的商店、粮店、药店的布匹、棉花、粮食、药品等物资及日币 2 万余元。6 月 30 日晨，第四师指战员在天宝山镇小学校召开群众大会，进行反满抗日宣传，并处死几个罪大恶极的日本人把头，把缴获的布匹、棉花、粮食等物资分给贫苦群众。部队撤退时，有许多工人帮助抗联战士搬运缴获的物品，有 50 多名青年矿工参加了第二军第四师。天宝山一战，给敌人造成 80 余万元的经济损失，使该矿停产 1 年之久。

1939 年 7 月，魏拯民率领抗联第二军第二方面军第九团，崔贤率领第二军第四师第二团，陈翰章率领第二军第五师，再度于安图县汉阳沟会师。7月末，在魏拯民主持下，根据第二次老岭会议精神，在汉阳沟附近的海沟召开了第二军第四、第五师部队领导人会议。会议传达了第二次老岭会议精神，讨论了当时斗争形势，制定了今后的战斗计划。会上，魏拯民讲述了国际、国内斗争形势和抗联面临的斗争任务，提出为应对1939年冬严峻的斗争局面要做好充分的思想准备和物资准备。会议宣布将原第二军第四、第五师合编为东北抗日联军第一路军第三方面军。陈翰章任指挥，侯国忠任副指挥，朴得范任参谋长。第三方面军下辖3个团，即第十三、第十四、第十五团和1个警卫连。第十三团团长崔贤，政委赵正哲；第十四团团长金东奎，政委安吉①；第十五团团长兼政委李龙云。第三方面军共300余人，活动区域为延吉、汪清、珲春、敦化、额穆、蛟河、宁安、五常、舒兰等地。会后，抗联指战员举行联欢会，演出了话剧、歌舞等，庆祝抗联第一路军第三方面军正式成立。

第三方面军成立之后，在魏拯民、陈翰章、侯国忠率领下转战于安图、敦化、宁安、额穆等地。1939年8月上旬，第三方面军刚刚组成，士气旺盛。第一路军总司令部决定第三方面军一部攻袭安图县城（今松江镇），以策应第一、第二方面军的斗争。但在进军途中，因叛徒告密，使安图守敌加强了防范，攻打安图县城未能实现。8月14日，第三方面军指挥陈翰章率部在额穆县威虎岭与一支日、伪军展开战斗，击毙日本警官石上等10余人。次日，第三方面军和第五军第二师一部在敦化县马家趟子伏击一支伪军，俘虏50余名，缴获轻机枪4挺、步枪15支。

在攻打安图县城难以实现的情况下，为给敌人以沉重打击，经魏

① 安吉（1907—1947），朝鲜人。1931年在中国东北参加革命。中共党员。1933年参加延吉反日游击队。历任东北抗日联军第一路军第三方面军第十四团政委、第三方面军参谋长、东北抗联教导旅第一营政治副营长等职。抗战胜利后返回朝鲜，任朝鲜人民军总参谋长。1947年逝世。

拯民、陈翰章、侯国忠共同研究，决定攻打位于安图县城和明月沟之间的大沙河镇，并运用“围点打援”战术，消灭安图县城和明月沟前来增援的敌人。8月下旬，魏拯民等率第三方面军、第二方面军第九团及第五军陶净非部，向安图县大沙河挺进。按计划部队由陈翰章率领攻打大沙河镇；由侯国忠率领埋伏在大沙河南杨木条子，截击从安图方向来的援敌；由魏拯民率领在大沙河东北方的“大酱缸”地方设伏，截击从明月沟方向开来的敌人。一切布置妥当后，8月24日凌晨，陈翰章率领第三方面军第十四团、第二方面军第九团共300余人，携带9挺机枪、2个掷弹筒开始进攻大沙河镇。战斗一开始，抗联战士击毙在城门站岗的伪自卫团员，一拥而入，直奔伪警察署大院。日本警长德武正臣命令伪警察依据院内炮台拼命抵抗。抗联战士前进受阻，只得用临街房屋做掩体，与敌人展开激战。至中午，抗联部队占领敌人炮台，终将伪警察署敌人歼灭。伪警察死伤30人，日本人警长德武正臣被击毙，一些伪警察逃跑到城北柳毛趟子里。进街后，抗联战士将镇内日本洋行货物全部没收。此战缴获轻机枪1挺、步枪20余支、弹药3000发①。

进攻大沙河镇的战斗打响之后，果然不出所料，从安图县城开来了一汽车日伪援军。为了掩护部队搬运战利品及大部队从镇内撤退，侯国忠率一个连战士跑步奔向大沙河南，在距大沙河二三里地远的杨木条子公路东侧设下埋伏。当敌人汽车进入埋伏圈后，即遭到一连指战员的阻击。经一小时激战，打退敌人数次进攻。因阻击地点选得不够好，战斗很艰苦。在敌人的重火力进攻下，抗联指战员顽强拼搏，击毙日本守备队员4人，予敌以一定杀伤。杨木条子阻击战

---

① 《抗联第一路军1932年至1940年主要战斗统计表》（1941年初），载中央档案馆、辽宁省档案馆、吉林省档案馆、黑龙江省档案馆编：《东北地区革命历史文件汇集》甲60，1992年印，第244页。

掩护了大部队的顺利转移。但第三方面军副指挥侯国忠在指挥战斗中不幸牺牲，另有4名战士受伤。

8月26日，魏拯民率领司令部直属部队警卫旅第三团、崔贤所部第十三团袭击了大沙河东北的大酱缸“集团部落”，并伏击了由明月沟开来的敌人。当日，日军宫本“讨伐队”80余人和敌“间岛特设部队”20余人乘5辆汽车从明月沟方向向大沙河驶来救援。当汽车队开到柳树河子时，遭到魏拯民所率第三方面军的猛烈袭击。魏拯民在公路西边的一个山包上带着一个警卫班指挥战斗。当敌人进入抗联将士的埋伏圈后，警卫班机枪首先开火。接着，隐蔽在伏击阵地的抗联战士以密集的火力猛烈射向敌人的汽车。经激战，除6名敌兵逃跑外，其余包括宫本在内80余名敌人皆被击毙，敌人5辆汽车皆被焚毁。第三方面军缴获掷弹筒2个、轻机枪3挺、步枪40余支、手枪5支、弹药5000发及其他许多军用品。

大沙河之战是抗联第三方面军以接连三次的攻击战和伏击战组成的一次较大战斗。因魏拯民、陈翰章指挥有方，战术巧妙，战士们英勇奋战，取得了重大胜利。

大沙河战斗后，魏拯民率第三方面军一部去桦甸县一带活动。崔贤率领第十三团前往安图县汉阳沟、两江口一带活动。第十四、第十五团在陈翰章率领下，向敦化县寒葱岭方向转移。

陈翰章率部转移途中，在9月中旬连续攻克了敦化县倒木沟等几个“集团部落”，将伪自卫团和伪警察缴械，并在大蒲柴河伏击了伪满军一个连。不久，攻克了额穆索镇，击毙日军2人、伪警察50人，缴获步枪50支、手枪9支及粮、棉、布等物资。当群众帮助将战斗中缴获的粮食、布匹等物资运走时，敌人援军紧紧追来，陈翰章率部又与敌人开战，将敌人击退，缴获轻机枪1挺、步枪20余支。

陈翰章率抗联部队在敦化县的频繁活动，使日伪当局十分恼怒。

日伪当局为消灭这支抗日武装，便派出日军松岛部队 300 余人乘 12 辆汽车前往大蒲柴河一带进行“讨伐”。9 月 24 日晨，陈翰章得知这一消息后，便率所部与抗联第五军第二师第五团陶净非部共 500 余人在敦化县高海楼店公路旁设下埋伏，准备袭击前来“讨伐”的敌人汽车队。中午，由敦化县开往大蒲柴河前来“讨伐”的敌人汽车 12 辆驶进抗联伏击阵地，即遭到陈翰章所指挥部队的袭击。当指挥员枪响，第三方面军和第五军第二师第五团战士即以猛烈火力向敌人汽车射击，把敌人汽车击毁。抗联战士一举冲入敌阵，拼搏冲杀，与敌人展开肉搏。此战击毙敌队长松岛以下 80 多人（其中军官 10 余人），焚毁敌人汽车 9 辆，缴获重机枪 1 挺、轻机枪 2 挺、掷弹筒 3 个、步枪 40 余支、手枪 10 支、子弹 6000 多发及其他军需物资①。战斗中，第三方面军牺牲、负伤 20 余人。

9 月间，第三方面军第十三团在团长崔贤和第三方面军参谋长朴德范指挥下，在安图县西北岔进攻伪军一个连，解除其武装。之后，又在安图县寒葱沟袭击伪骑兵 3 个连，缴获轻机枪 3 挺、步枪 150 支、无线电台一部及其他军用品。不久，在同一地点，第十三团袭击伪军汽车 2 辆，枪毙了伪宪兵队长，所俘虏的 31 名宪兵经教育后释放。此次战斗，缴获轻机枪 1 挺、手枪 15 支，2 辆汽车被烧毁。九十月间，第十三团连续袭击了延吉县福全村、鹤林村、福兴村、长乐洞等 12 个“集团部落”，俘虏伪自卫团 100 余人。10 月 25 日，第十三团与抗联第五军第二师第五团 150 余人在由敦化向汪清行进途中，于当日上午 10 时在敦化县沙河掌貂皮沟森林地带与日军守备队 100 余人遭遇。经 5 小时激战，杀伤日本守备队 70 人，缴获轻机枪 1 挺、掷弹筒 1 个，步枪 7 支及其

① 《第四、五军战斗情况统计表（一九三七年六月——一九四〇年六月十日）》，载中央档案馆、辽宁省档案馆、吉林省档案馆、黑龙江省档案馆编：《东北地区革命历史文件汇集》甲 58，1991 年印，第 178 页。

他军用品甚多[①]。11月20日，第十三团和第五军第二师第五团共150人在安图县荒沟岭汽车路设伏，成功地袭击了由明月沟开来的敌人5辆汽车，此战毙敌9人，伤5人。缴获机枪1挺、步枪30支、手枪11支、弹药5000发及其他许多军需品。敌人的5辆汽车被焚毁[②]。

荒沟岭袭击敌人汽车战斗后，天气逐渐寒冷。因为粮食不足，给养供给困难，无法维持大部队活动，根据方面军指挥部决定，第三方面军以团为单位，划成小部队分头进行游击活动。

1939年秋冬，敌人在敦化、安图地区展开异常频繁的“讨伐”，在敌人极其猖狂的围追堵截下，第三方面军的活动遇到很大困难。同年冬，第十三团由崔贤率领转移到延吉、汪清一带活动，第十四团在安吉率领下转移到额穆一带活动，第十五团和警卫队在陈翰章率领下与陶净非所率第二师第五团在敦化一带进行游击活动，以与魏拯民所率部队会合。

对抗联第一路军第三方面军在1939年与日、伪军展开的激烈战斗，日伪当局深感惊骇，称：“第三方面军……总指挥为陈翰章……第三方面军为在东边道匪帮中于本期内活动最为活跃旺盛者。”[③]第三方面军在极端艰苦的环境下坚持与敌人开展英勇斗争。仅据日伪统计，1939年6月至12月，第三方面军袭击敌人及与敌人交战共计55次[④]。

自1938年7月抗联第一路军决定改编为3个方面军，至1939年末

---

① 《第四、五军战斗情况统计表（一九三七年六月——一九四〇年六月十日）》，载中央档案馆、辽宁省档案馆、吉林省档案馆、黑龙江省档案馆编：《东北地区革命历史文件汇集》甲58，1992年印，第186页。

② 《第四、五军战斗情况统计表（一九三七年六月——一九四〇年六月十日）》，载中央档案馆、辽宁省档案馆、吉林省档案馆、黑龙江省档案馆编：《东北地区革命历史文件汇集》甲58，1992年印，第179页。

③ 吉林省档案馆编译：《东北抗日运动概况》，吉林文史出版社1986年版，第88页。

④ 吉林省档案馆编译：《东北抗日运动概况》，吉林文史出版社1986年版，第88页。

的一年半时间里,第一路军各部在杨靖宇、魏拯民的指挥下,实行分区作战,取得了许多重大战斗的胜利。这些胜利的战斗,消灭了敌人有生力量,扰乱了日伪的反动统治,极大地增强了广大抗日军民夺取抗战胜利的信心。

第九章　东北抗日联军各路军在反“讨伐”斗争中殊死抗敌

第一节　东北抗联第一路军在东南满坚持艰苦斗争

一、日、伪军对东南满地区展开“大讨伐”

1939年,德国发动了侵略波兰的战争,英、法两国对德宣战,第二次世界大战在欧洲展开,日本侵略者亦加紧对华作战。这一年也是东北日伪当局实施所谓“三年治安肃正计划”的第三年。日本侵略者对伪三江省地区的“大讨伐”告一段落后,把“讨伐”的重点又转移到东南满地区伪通化、吉林和间岛省,将进攻的矛头指向抗联第一路军。

日本关东军司令部于1939年4月7日公布的《昭和十四年度关东军治安肃正计划要纲》中特别提出,“对于捕杀匪首”杨靖宇等“须全力以赴”,“从第一、第二独立守备队选拔人员编成挺进队”,“努力捕杀杨靖宇”等“匪首”。“为此,其讨伐行动地区不受限制,但在进行时须事前密切联系,并相互配合,特别是与所在的满洲国军密切联系。”①在伪满治安部制定的所谓《治安部一九三九年度治安肃正要

① 《昭和十四年度关东军治安肃正计划要纲》(1939年4月7日),载中央档案馆、中国第二历史档案馆、吉林省社会科学院合编:《日本帝国主义侵华档案资料选编·东北“大讨伐”》,中华书局1991年版,第234、235页。

纲》附件《治安部关于捕杀抗联及抗日军高中级干部的赏金规定》中，列出60名抗联高中级干部的名单，其中排首位的就是杨靖宇，赏金为1万元①。

日本关东军司令部与伪治安部为消灭在东南满活动的抗日联军第一路军，经过周密策划，于当年3月专门在伪通化省新成立了第八军管区，由王之佑任司令官，管辖所谓东边道地区的军事事宜，并延长"三年治安肃正计划"，制定了1939年10月至1941年3月"东边道治安肃正计划"，决定在伪间岛、吉林、通化三省进行日满军警联合"大讨伐"。为此，在吉林市设置了"三省联合讨伐司令部"，司令部以日本关东军第二独立守备队司令官、少将野副昌德为总司令官，曾在伪三江省"大讨伐"中任过参谋长的陆军大佐北部邦雄为参谋部长，宪兵少佐、伪新京宪兵队特高科长玉岗严为宪兵部长，伪治安部警务司长植田贡太郎为警察部长。司令部内设有伪满军联络部、伪铁道警护队联络部、伪法院联络部、伪协和会联络部、伪行政联络部等，统一参与指挥这次联合"大讨伐"。因为这次"大讨伐"的敌酋为野副昌德，所以也称之为"野副大讨伐"。

为开展"大讨伐"，日伪当局纠集的兵力有：日本关东军独立守备步兵第五大队由中佐古见率领，配备于通化、濛江地区；独立守备步兵第二十一大队由中佐布上率领，配备于延吉地区；独立守备步兵第九大队由大佐小林率领，配备于桦甸、宁安、和龙地区；独立守备步兵第八大队由中佐德弘率领，配备于敦化地区；独立守备步兵第七大队由中佐木崎率领，配备于吉林地区。另有伪军第二军管区驻敦化步兵11个旅，驻桦甸骑兵1个旅，驻通化第八军管区3个混成旅、1个

① 《治安部关于捕杀抗联及抗日军高中级干部的赏金规定》(1939年4月14日)，载中央档案馆、中国第二历史档案馆、吉林省社会科学院合编：《日本帝国主义侵华档案资料选编·东北"大讨伐"》，中华书局1991年版，第237页。

教导旅。从佳木斯第七军管区调来的1个混成旅；从牡丹江第六军管区调来的1个混成旅；间岛省警察大队、通化省警察大队、吉林省警察大队；从牡丹江省、热河省、奉天省调来的警察大队及间岛、吉林、通化3省所属的宪兵、特务等。参加“讨伐”的兵力共计7万余人，约相当于1936年秋到1937年春“东边道北部大讨伐”兵力的3倍。

在这次“大讨伐”中，敌人采取“日满军警合为一体”的体制，派出精锐部队占据东南满大小城镇和山村据点，对抗联第一路军游击区实行长期、严厉的封锁。同时，敌人为对抗联部队进行分割包围，追击围歼，把用精良武器装备起来的日、伪军警分别编成“讨伐队”、“挺进队”、“警防队”、“游击队”、“特搜班”、“工作队”、“特设队”等队伍。敌人为了捕杀抗联第一路军总司令杨靖宇还专门组成“富森工作队”及抗联叛徒任头目的“程斌挺进队”、“唐振东挺进队”、“崔胄峰挺进队”和“地方工作班”。

这次“大讨伐”，日伪仍采取“治标”、“治本”和“思想工作”相结合的办法进行。在“治标”方面，以日军为主，伪军部队和各省警察队都受日军部队长直接指挥。此次“大讨伐”，敌人除使用以往“讨伐”惯用的办法外，还特别使用了以下三种恶毒手段：(1)强迫农民提前秋收，放倒青纱帐，使抗联部队活动失去隐蔽之物，以便“围剿”。(2)搜索“无人区”，捣毁“山寨”即抗联密营。(3)派出铁道警护队管制交通，并在铁路沿线地区设立“爱路村”，防备抗联部队袭击列车，破坏铁路。搜集情报，由宪兵伪警察“肃清”地下工作人员搜捕援助抗联的居民。

1939年8月11日，伪第八军管区司令官王之佑依据野副昌德命令，向各部队长下达作战命令：混成第三旅骑兵第八团和第八教导队、骑兵团、步兵团即日归入通化守备队大队长、中佐古见的指挥，由集结地开始行动。混成第三旅骑兵第七团由集结地开始行动。步兵第五团即日归入山城镇守备队大队长的指挥，担任铁路警护。混成第一旅步兵第三团、骑兵第三团和混成第二旅步兵第二团、骑兵第四团即日归入日本守备队大队长的指挥，由集结地开始行动①。这些部队按区域在飞机的配合下，采取“陆空呼应”、“篦梳山林”、“踩踏战法”向抗联第一路军展开疯狂进攻。同时，要求不管哪个部队只要发现抗联部队，就要穷追不舍，可以打破区域界限，以所谓“狗蝇子战术”（又称“狗虱战术”）死死叮住不放，越区追赶。

敌人在派出大批“讨伐队”进行军事“讨伐”的同时，作为“治本”工作的重点，普遍推行“集团部落”政策，做到“集团之外绝无家屋，食宿之处所一律捣毁”。敌人还将多数“集团部落”配置武器，由武装警察守护，建成“防卫部落”。在伪通化省的454个“集团部落”中，“防卫部落”竟有379个。在“集团部落”内，广大群众受到严厉控制，出入部落必须检查证件，后来又由“指纹班”以指纹对证盘查，如稍有差错即以“通匪”论处。

为了切断抗日联军衣食之源，敌人对粮食和其他生活用品实行严厉的经济封锁政策，许多物品都实行所谓“专卖”，严加控制。日伪当局规定在“匪区”和“半匪区”禁止民众搬运携带一切物资。在“准半匪区”和“良民区”居民粮食等生活必需品限量销售。如发现有向抗日联军支援粮食、生活必需品者，捉住后则格杀勿论，并累及全家，连坐邻里。敌人妄图以饥饿政策使抗日联军由穷困疲惫而归于自消自灭。

敌人为了加强“讨伐”部队的机动能力，还在伪吉林省、通化省、间岛省强迫群众修筑“警备道路”、架设“警备电话线”。吉林省桦甸、

---

① 《王之佑笔供》（1954年8月8日），载中央档案馆、中国第二历史档案馆、吉林省社会科学院合编：《日本帝国主义侵华档案资料选编·东北“大讨伐”》，中华书局1991年版，第503页。

敦化、舒兰、蛟河、磐石5县，共建筑、修补警备道路330公里，伐掉道路两侧200米内的树木，新架设电话线100公里、电杆3300根，修复原有电话线500公里，役使人数达11万人次，建成了一个纵横交错的交通、通讯网络。

不仅如此，这次“大讨伐”改变了过去偏重武力的做法，将“讨伐第一主义”改为“军事讨伐”同“诱降工作”相结合的策略，对抗联部队大力进行政治瓦解工作。日伪当局利用“特殊工作班”和“宣抚班”进行欺骗宣传，收买叛逃、脱队、动摇分子，对被俘虏人员也不像以前那样一律处决，而是软硬兼施，许以高官厚禄，进行腐蚀，使之叛变，加以利用。敌人还采取在游击区到处散发淫秽书刊、色情照片等卑鄙手段，以图动摇抗联指战员的士气，瓦解抗日联军。

在1939年秋季开始的反“讨伐”斗争中，抗联第一路军各部在极端艰苦的条件下，经常与敌人展开连续性作战，有时一日数战，战斗十分激烈。据日伪资料记载，1939年8月至10月，抗联第一路军各部与敌人战斗共137次，其中袭击敌人92次，交战45次①。进入冬季，斗争便更加艰苦，抗联战士缺衣少食，冒着零下三四十度严寒与敌人进行搏斗，战争之频繁、残酷、激烈达到了空前的程度。在激烈的战斗中，抗联第一路军广大指战员不畏艰险，顽强奋战，表现出无比的勇敢和伟大的牺牲精神。但在这次“大讨伐”中敌人以残暴、狠毒的“武力战”、“经济战”、“思想战”疯狂地向抗联第一路军进攻，致使抗联第一路军遭到很大损失。据日伪《匪情及讨伐情报》“在东边道地区日满军警讨伐综合战果表”（1939年10月上旬至1940年3月下旬）载，“灭匪（按，指抗联指战员）实数”：遗弃尸体789具、投降

① 吉林省档案馆编译：《东北抗日运动概况》，吉林文史出版社1986年版，第87、88页。

625人、俘虏488人、共计1929人。“缴获武器”：步枪868支、步枪子弹57965发、手枪333支、手枪子弹7187发、重机枪1挺、轻机枪21挺。这些数字虽然不完全可信，但从中可以看出抗联第一路军所遭受的损失是相当严重的。到1939年末，抗联第一路军只剩1000余人。东南满抗日斗争形势日趋恶化，抗日游击区域不断缩小。遭到很大损失的东北抗联第一路军被逼进东部边境伪通化省、间岛省的森林地带，陷入了异常困苦的境地。

日伪当局开展的伪间岛、吉林、通化三省“大讨伐”，为时一年半之久，使东南满地区抗日军民蒙受深重灾难。在残酷的反“讨伐”斗争中，抗联第一路军许多指挥员相继牺牲，许多战士于频繁战斗、饥寒交迫的险恶环境中献出了宝贵生命。

二、杨靖宇壮烈殉国

伪间岛、吉林、通化三省联合“大讨伐”来势凶猛。中共南满省委和抗联第一路军总司令部针对日伪当局三省联合“大讨伐”，将“治安肃正”的重点转移到东南满地区的实际情况，及时召开会议，对反“讨伐”斗争进行认真部署。

1939年9月，杨靖宇率总部警卫旅和少年铁血队转移到桦甸县荞麦楞稍事休整后，于9月30日从荞麦楞出发到达桦甸头道溜河口，与魏拯民等会合。10月1日至5日，杨靖宇、魏拯民在桦甸县头道溜河主持召开了中共南满省委和抗联第一路军主要领导人会议。参加会议的有韩仁和、全光、方振声、徐哲、黄海峰等。会议分析了当时的严峻形势，研究了反对敌人开展的三省联合“大讨伐”的斗争策略。会议决定为保存抗联部队的实力，避免遭受歼灭性的打击，将第一路军各部编成小股部队进行分散活动。具体部署是，魏拯民和第三方面军之一部去吉林、敦化地区隐蔽歼敌；金日成率第二方面军在长白山区、鸭绿江上游地区与敌人周旋转战，牵制敌人；杨靖宇率军部直属部队及第一方面军一部在濛江、抚松一带坚持开展对敌斗争，并居中指挥，以冲破敌人的三省联合“大讨伐”。

此后，抗联第一路军各部化整为零，在长白山区的濛江、抚松、金川（今划归柳河、辉南）、辉南、桦甸、敦化、和龙、安图、临江、辑安（今集安）、宁安等地同敌人周旋转战，坚持艰苦斗争。

头道溜河会议结束后，为牵制敌军，配合其他部队转移，杨靖宇便率领军部直属警卫旅及第一方面军部分队伍，转战于桦甸县夹皮沟、濛江（今靖宇）县瓮圈、金川县回头沟等地。10月间，在濛江县条河沿与300余名伪军激战，毙敌30余人。11月间，杨靖宇率警卫旅等部队在桦甸与濛江两县毗邻的密林深处整训20余天。杨靖宇亲自给干部战士们作报告，阐明斗争形势，提出要打几个胜仗的要求。这期间，曾被叛徒程斌胁迫投敌的原第一师干部于霖李反正回到第一军部队。为痛斥叛徒，号召降队反正弃暗投明，效法于霖李的行动重新抗日，杨靖宇以第一路军总司令部名义发表《告安光勋、程斌、胡国臣转降队书》，严厉指斥安、程、胡等叛徒甘当日寇鹰犬，指出“你们始而参加革命，继而背叛革命，终而破坏革命，思想矛盾，行动卑鄙，试问人生意义在哪里？你们恬不知耻招摇撞骗的行为，虽影响到抗日联军内极少数动摇不稳分子的附和，但绝不能说革命无望和不能取得最后成功”。与此同时，杨靖宇还以第一路军总司令部名义发表了《为世界大乱群起救国告东北同胞书》，就世界大战爆发的新形势，号召东北同胞乘世界战乱崛起联合行动起来，推翻伪满洲国，驱逐日本侵略者出中国。

1939年11月下旬，约有5000余名日、伪军在桦甸、濛江两县边界地区集中“讨伐”抗联第一路军司令部及直属部队。杨靖宇率部由桦甸县进入濛江县境，日、伪军紧跟其后。为痛击敌军，11 月 22 日，警卫旅第一、第三团于濛江县那尔轰一号桥设伏袭击了日伪“讨伐队”，毙敌 30 余人。战斗结束后，杨靖宇率部队沿龙岗山脉向南行进。尔后，在濛江县境与敌人又展开 2 次战斗。12 月 7 日，又在龙泉镇北方绞杆顶子一带与日军有马部队展开激战，毙伤敌 10 余人。12 月 9 日，杨靖宇率部于濛江县小孤顶子与日军渡边部队激战数小时后，甩掉敌人，于当夜在龙泉镇附近横穿朝阳至抚松公路，顺利南下。

之后，杨靖宇率警卫旅与先后在濛江县瓮圈与军部参谋李兴绍所部、在濛江县珠子河与韩仁和所率少年铁血队、在金川县回头沟与曹亚范所率第一方面军、在临江县西南岔与第二方面军参谋长林水山所部会合，贯彻头道溜河会议精神，商讨反对敌人三省联合“大讨伐”斗争问题。随即，杨靖宇率警卫旅与李兴绍、曹亚范所部奔赴临江县，途中曾在金川县回头沟与伪军、伪警察队展开战斗。为了夺取越冬给养和服装，还先后袭击林子头、白水泉铁路工房，并计划攻袭八道江铁路工程现场。12 月 24 日，杨靖宇率 400 余人在临江县板石沟 1162 高地与日、伪军激战，尔后转移。之后，根据日、伪军加强了对八道江铁路工程守卫的情况，决定放弃攻袭八道江铁路工程计划。同时，为保存实力，实施化整为零、分散游击的策略，杨靖宇果断决定曹亚范、李兴绍各率所部北上，离开总司令部，分开活动。12 月末，杨靖宇率司令部经金川又向濛江县境行进。一次，在桦甸、濛江两县毗邻地带的七号桥与伪军战斗中，因侦察失误，警卫旅和司令部遭到很大损失。

据日伪当局统计，抗联第一路军在杨靖宇指挥下，1939 年 10 月、11 月、12 月 3 个月袭击敌人、与敌人交战共计 138 次。其中，在 10 月份袭击敌人 24 次，与敌人交战 26 次；11 月份袭击敌人 25 次，与敌人交战 29 次;12 月份袭击敌人 9 次,与敌人交战 25 次①。对于杨靖宇率部于 1939 年秋冬的反“讨伐”斗争,日伪当局评述说:“东北抗联第一路军系统匪帮接续前期以东边道一带为游击区,继续进行凶猛之活动。杨靖宇等抗日意识坚强之干部、党员,团结一致,抗拒严峻之军警讨伐,利用讨伐之漏洞,断然袭击部落、警备机关,疯狂奔走于宣传抗日,夸口说:‘日本军实为豆腐军,满军乃供应我军武器弹药之部队’。另外于本期大讨伐之际的十一月十六日濛江县青江岗之战斗中,为讨伐队所缴获之杨靖宇致韩仁和之指示信,信中称‘粉碎敌人一钱不值之冬季讨伐。’其豪言如斯。”②由于日伪当局的残酷“讨伐”,游击根据地基本丧失,抗联第一路军的许多后方密营被敌人破坏,储备的粮食被敌人焚毁,粮食给养严重告缺,斗争陷于极端艰苦境地。

1940 年 1 月 1 日,为筹集给养,杨靖宇率部袭击了濛江县大阳岔,与日军大原部队、伪警察队交战。此次战斗杨靖宇所部虽然取得一定胜利,但也使敌人得知杨靖宇率队在濛江县活动的情况。1 月上旬,伪通化省警务厅长岸谷隆一郎在濛江县公署专门召开“讨伐”杨靖宇会议,确定由伪通化省警务厅长岸谷隆一郎坐阵濛江,调集日军大原、有马、渡边、小滨、有政等部队,伪军步兵第一旅第三团与叛徒程斌等 9 个伪警察大队、1 个森林警察队,在杨靖宇及抗联第一路军总司令部活动地濛江县张罗布网,开展“讨伐”。

1 月 9 日,杨靖宇、韩仁和指挥警卫旅在青江岗北方西岗地区与日军小滨部队及叛徒程斌、崔胄峰“挺进队”发生激战。1 月 11 日,杨靖宇考虑为使部队摆脱敌人围歼,将所部再次进行分散,由警卫旅政

① 吉林省档案馆编译:《东北抗日运动概况》,吉林文史出版社 1986 年版,第 87 页。
② 吉林省档案馆编译:《东北抗日运动概况》,吉林文史出版社 1986 年版,第 86—87 页。

委韩仁和和警卫旅第一团政委黄海峰率60余人北上向桦甸县方向挺进，寻找魏拯民所率队伍并牵制敌人兵力。而他则率警卫旅第一团第四连、机枪连第一排、特卫排和少年铁血队继续留在濛江县西岗地区活动。

敌人自开展所谓三省联合“大讨伐”以来，始终把进攻的重点目标放在第一路军总司令部所在地。在形势日趋危机之际，杨靖宇多次分兵，让曹亚范、李兴绍、韩仁和等指挥员所率部队突围离开总司令部所在地，其目的是让其他部队能够安全脱离敌人集中进攻的目标，离开危险区域。

杨靖宇率警卫旅一部和少年铁血队继续在濛江县西岗地区活动，谋求与第一路军军需处处长全光会合，研究解决部队粮食、棉服供给问题。但是一连20余天，始终未能见到全光及其所率部队。由于杨靖宇滞留西岗地区过久，未能及时撤出这一狭小危险区域，结果，所率部队陷于敌人频频围攻的被动境地。这期间，杨靖宇率队在濛江县西岗地区与敌人紧张周旋，多次展开战斗，所率部队大量减员，原有200余人的部队已剩不到100人。

1940年1月15日，第一路军司令部参谋兼警卫旅旅长方振声在桦甸开展地方群众工作、筹集给养时，被敌人逮捕，后被杀害。1月18日，因下山筹粮的部队暴露目标，敌人派重兵“追剿”，杨靖宇指挥部队与敌激战。1月21日，警卫旅第一团参谋丁守龙于濛江县马架子战斗中负伤被捕后叛变。这个可耻的叛徒全盘供出杨靖宇的行动计划。之后，敌人加紧了对杨靖宇的搜捕。日伪当局调集由大原、有马、渡边、小滨、有政等日军部队和伪军第一旅、步兵三团及程斌、崔胄峰等叛徒为头目的“挺进队”组成的“讨伐”部队，在伪通化省警务厅长岸谷隆一郎指挥下，采取所谓“狗蝇子战术”，并加以飞机侦察配合，在青江岗北方西岗地区展开了疯狂的搜索和“讨伐”。这时，战斗更加激烈，又有许多战士牺牲在战场上，他身边具有战斗力的队员急剧减少。为突破敌围，杨靖宇不得不率部向西南濛江与辉南两县交界的四方顶子转移。

1月末，杨靖宇率部抵达四方顶子西坡马屁股山。不幸，在此又陷入敌围。战斗中，部队又受到很大损失。2月1日，特卫排排长张秀峰携款逃跑，向五斤顶子伪森警投降，进一步暴露了杨靖宇所部的行踪。到2月2日，杨靖宇身边只有27人，到2月7日仅剩15人。这期间，抗联第二路军一名交通员，奉周保中之命由吉东辗转来到南满，找到第一路军总司令部。杨靖宇在率队与敌周旋空隙间，听取了第二路军交通员的汇报，知道周保中为克服“我南北满军事联系与内部工作进行上发生困难，对于全东北游击运动一致性之进展上亦甚缺陷”，盼望南满党军“派负责代表偕来吉东省委余处集议一切”①。由于敌人紧紧“追剿”，杨靖宇难以派出负责同志去吉东。他只能将关于目前抗日斗争问题的一些意见讲述给交通员，让其回返吉东代为向周保中传达。次日，有敌人“讨伐队”前来追击，杨靖宇决定将15名战士分成两组进行突围。跟随他的有7名战士，他们是警卫员黄生发、司务长刘福泰以及朱文范、聂东华、洪瑞泰、老吴、老孙。另一组是少年铁血队副队长等8人。突围中，队员再一次被冲散。黄生发、朱文范在寻找杨靖宇时，意外发现第二路军交通员胯骨被打坏，负伤躺在雪地上。他们二人将交通员安排在一棵大树下，继续去找杨靖宇。他们找到杨靖宇向其汇报发现第二路军交通员负伤情况后，杨靖宇命令黄、朱2人将交通员背回。之后，杨靖宇带领战士们抬着第二路军交通员，继续前进。但山间无路，积雪深厚，实在难行。行走一

---

① 《周保中给杨靖宇的信》（1939年12月20日），载中央档案馆、辽宁省档案馆、吉林省档案馆、黑龙江省档案馆编：《东北地区革命历史文件汇集》甲56，1992年印，第119—120页。

段路程后，第二路军交通员怕大家由于照顾他而影响突围，说什么也不让战士们抬着他前进。开始时，杨靖宇执意要把这位交通员带出来，后来见他伤势确实十分严重，便让战士们在一个很隐蔽的地方搭个小窝棚，把他安置在了里面。临分手时，杨靖宇将自己的羊皮袄披在交通员身上，把战士们带的干粮分给他一部分，并说："同志，在这里坚持几天，我们联系上大部队，就来接你。"之后，杨靖宇等又来到另一个山窝。其间，老吴在去附近木场搞给养时受伤被俘。

1940 年 2 月 12 日，天刚亮，敌人飞机在低空盘旋，搜索目标。接着，敌人"讨伐队"前来追击。敌人一面打枪，一面狂叫："快投降吧，投降了有粳米白面吃……"这时，杨靖宇与身边的 6 名战士一边抵抗，一边迅速转移。战斗中，警卫员黄生发、刘福泰、老孙负伤，洪瑞泰脚被冻坏。当晚，杨靖宇决定让警卫员黄生发带另外 3 名伤员转移。但战士们都不同意，都表示不愿离开总司令。他们说："要活，活在一起；要死，死在一块。"杨靖宇见此，便耐心地向大家解释说："多活一个人，就多一份革命力量，死在一块有什么好处？"[①]他决定由黄生发带 3 名伤员往回走，去找地方关系住下养伤，并联络部队到七个顶子会合。他带朱文范、聂东华及两名警卫员向前走，去寻找部队。

敌人为了捕捉杨靖宇，责令在这一带开展"讨伐"的程斌、崔胄峰、唐振东"挺进队"600 余人进行"追剿"、搜寻。

2 月 15 日清晨，杨靖宇在濛江县五斤顶子西北方的一个小山坳里被敌人发现。杨靖宇看到敌兵追击而来，便迅速跑步转移。午后 3 时，600 余名敌人终于在一个山顶上追了上来。杨靖宇利用有利地势向敌人猛烈射击，使敌人不能前进。此时，"讨伐队"副队长伊藤向杨

---

① 黄生发：《艰难岁月的战斗》，载《吉林文史资料》编辑部、政协通化市委员会文史资料委员会编：《吉林文史资料》第 24 辑《回忆杨靖宇将军》，政协吉林省委员会文史资料委员会 1988 年版，第 154 页。

靖宇高喊:“投降吧”,杨靖宇见此,佯称:“别开枪,我有话说,你一个人过来!”当伊藤站起来的一瞬间,杨靖宇的枪又响了。伊藤应声倒下。战斗中,杨靖宇毙敌 1 人,伤敌 6 人,“讨伐队”队长崔胄峰大腿被打断,伊藤肠子被打出。杨靖宇乘敌人混乱之机,再次甩掉紧追不舍的敌人“讨伐队”。但其左臂被敌人击中一枪,负了伤。随后杨靖宇等迅速转移,进入密林之中。跟踪搜捕的敌人则被杨靖宇等拖得筋疲力尽,开始有 600 余人的“讨伐队”,追上来的只有 40 多人。杨靖宇与另外 2 名战士继续在密林中前进。2 月 18 日,杨靖宇等 3 人来到濛江县城东南大东沟。杨靖宇派 2 名警卫员外出寻找食物,被坏人发现举报,敌人“特搜班”立即追击过来,2 名战士在激战中牺牲。敌人在他们身上搜出了杨靖宇的印鉴,断定杨靖宇就在附近,于是加紧搜索,进一步缩小了包围圈。

2 月 23 日,杨靖宇只身辗转来到濛江县保安村三道崴子,中午,见到 4 个上山打柴的人。杨靖宇托他们买些粮食、棉鞋。4 人中有 1 人是保安村伪牌长,叫赵廷喜。赵廷喜等劝杨靖宇投降,杨靖宇坚定地表示:我是中国人,是不能向日本侵略者投降的!赵廷喜等见他如此回答,便佯装答应回村给他取粮食和棉鞋。途中,赵廷喜遇到日本特务李正新,他们一起到村公所去报告,村公所当即报告了县伪警察队本部。当日下午 3 时,日伪“讨伐队”将三道崴子密林层层包围。开始,敌人幻想活捉杨靖宇,劝他“归顺”。杨靖宇在蜂拥而上的敌人面前,在一阵阵劝降声中,身靠大树,顽强地向敌人开火。下午 4 时 30 分,日伪“讨伐队”头目益子理雄下达“打死他”的命令。在敌人密集的枪弹下,杨靖宇壮烈牺牲,时年 35 岁。

杨靖宇牺牲后,敌人在他身上搜到匣枪 1 支、子弹 160 发,考尔特式二号手枪 1 支、子弹 30 发,考尔特式三号手枪 1 支、子弹 40 发,现金 6660 元,手册 4 本、钢笔 2 支、怀表 1 块及宣传文稿 1 折。日本侵略者对杨靖宇在粮道早已断绝、数日连续围攻中如何生存颇感疑惑。为弄清究竟，凶狠残暴的敌人决定解剖杨靖宇的遗体。结果发现在他的胃里竟连一粒粮食也没有，有的只是树皮、草根和棉絮。对此，日本侵略者也惊叹不已，感到不可思议：中国竟有如此威武不屈的人！

杨靖宇的牺牲，是东北抗日联军和中国人民抗日武装斗争事业的巨大损失。杨靖宇于 1932 年冬受满洲省委派遣，到南满地区领导抗日武装斗争。他在组织动员各民族、各阶级、各阶层群众投身抗日斗争中，作出了不懈的努力。他认真贯彻党的抗日民族统一战线政策，使党领导的抗日武装经反日游击队、人民革命军、抗日联军三个阶段迅速发展壮大，使南满抗日游击运动蓬勃开展。他率领抗联第一路军驰骋东南满大地，英勇抗战，沉重地打击了日本侵略者，有力地配合了全国抗战，为夺取抗日战争的胜利，作出了重要贡献。杨靖宇是中华苏维埃共和国中央执行委员会委员、中共七大准备委员会委员。群众尊崇他为敬爱的杨司令。杨靖宇为中华民族的解放事业奋斗了一生，献出了宝贵生命。他是中国人民不畏强暴、英勇抗争的杰出代表，伟大的抗日民族英雄，优秀的共产主义战士。他的崇高精神和英雄形象，将永远活在人们的心中。

三、第一路军警卫旅和第一方面军坚持顽强斗争

杨靖宇牺牲后，抗联第一路军副总司令魏拯民肩负起全面指挥抗联第一路军的重任。魏拯民在长期艰苦的抗日斗争中，身体备受摧残，他患有严重的胃病和心脏病。为继承杨靖宇未竟的抗日大业，他强忍疾病折磨，抱病出征，指挥抗联第一路军警卫旅和第一、第二、第三方面军在东南满地区继续与敌人进行着顽强的斗争。

1940 年 3 月 13 日至 15 日，魏拯民在桦甸县头道溜河主持召开

中共南满省委和抗联第一路军领导干部会议。出席会议的有韩仁和、全光、徐哲、陈秀明、金广学、金柏山、黄海峰等。会议首先对杨靖宇牺牲表示沉痛哀悼。会上，魏拯民在讲话中指出：杨总司令“为革命事业艰苦卓绝地奋斗了一生。他的全部生活是党的生活，他没有个人生活。”他是为我们中华民族的解放事业而被日本侵略强盗杀害的，我们要完成杨总司令生前未完成的事业。“到革命胜利的那天，我们每个人都要问心无愧地站在靖宇同志墓前说：杨靖宇同志，我们在你之后，做了我们应该做的事。我们庄严宣誓：为了祖国人民，为了杨总司令，我们第一路军全体战士，紧密团结，坚决继承杨靖宇的事业，踏着烈士的血迹，继续奋战，克服一切困难，一定把鬼子赶出去！”[①]魏拯民的讲话，高度评价了杨靖宇的一生，其庄重誓言代表着广大抗联战士的心声。与会人员都表示要继承杨靖宇的遗志，把抗日武装斗争进行到底。

头道溜河会议分析、讨论了当时面临的形势、任务和军事、党的工作等问题，对抗联第一路军今后的活动作了重要部署。会议根据党的地方组织遭到严重破坏，地方工作薄弱的实际情况，决定从部队抽调有一定地方工作经验的干部转到地方工作，克服忽视地方工作的缺点。派联络员赴苏联，以便通过苏联的帮助恢复与中共中央的联系。

对于军事活动，会议决定抗联第一路军警卫旅，第二、第三方面军突过“新京”至图们铁路线，向汪清、宁安、东宁、穆棱、五常等地突围，打击日、伪军，第一方面军在原地坚持斗争，以掩护主力部队北上，并负责筹集给养。

会议还决定整编警卫旅，因警卫旅旅长方振声在1940年1月中

① 封志全：《抗联一路军在濛江》，吉林大学出版社1990年版，第278页。

甸于桦甸活动时被敌人逮捕，由朴得范继任警卫旅旅长职务，政委仍由韩仁和担任。

会后，即按会议部署分头进行活动：派金在范（原第二军第四师第二团政委）等5人到延吉、桦甸松花江以北地区，在工农、学生中进行抗日宣传、鼓动，以加强地方工作。派陈秀明为联络员赴苏联，以便通过苏联的帮助恢复与中共中央的联系。派全光率机枪班、总司令部秘书处及部分后勤人员到桦甸、濛江一带总司令部后方密营活动。魏拯民率警卫排赴桦甸牡丹岭一带活动。

第二次头道溜河会议结束之后，魏拯民强忍病痛，亲临斗争第一线指挥战斗。活动在南满、东满的抗联战士紧密团结在抗联第一路军总司令部周围，与日本侵略者进行着不屈不挠的斗争。

抗联第一路军警卫旅，其主力自1940年初奔赴桦甸后，因敌人追阻，未能按预期规定与总部会合。警卫旅政委韩仁和只好率队活动于桦甸、辉南、敦化、安图等地。同年春季，韩仁和率部与魏拯民会师之后，在桦甸县木箕河、大榆树河子、西北岔、草帽顶子、安图县杨木桥子和敦化县大蒲柴河等地，采取伏击、突击、夜袭战术，予敌以意想不到的打击。其中，4月份警卫旅一部40人在安图县杨木桥子与伪警察20人交战，敌死伤10人，缴获机枪1挺、步枪15支。5月，袭击敦化县江治村“集团部落”。6月，警卫旅部队在和龙县境活动，攻袭一“集团部落”，并与伪军30余人交战，毙伤伪军20余人，缴获步枪20余支。

1940年6月下旬，魏拯民与韩仁和率领总司令部和警卫旅一部在宁安县境与第二方面军一部分队伍会合。会合后，根据魏拯民的指示，警卫旅以分散游击的形式，在桦甸、安图、抚松、敦化、延吉、汪清等县活动。

此时，日、伪军在东南满地区的“讨伐”日益加紧，由于敌人对抗联部队实行军事打击和经济封锁兼施的政策，断绝民众对抗联部队的一切粮食、生活必需品的支援，给抗联部队造成了极大困难。1940年7月1日，魏拯民致信中共驻共产国际代表团和中共中央，详细地报告了抗联第一路军面临的困难状况，同时他决定将第一路军现有部队化整为零，在敌人“讨伐”的间隙中穿插突围，跳出敌人“讨伐”的中心区域，逐渐向北进发。

抗联第一路军第一方面军主力部队在曹亚范、伊俊山率领下，于1940年春在临江、濛江县境频繁出击，狠狠地打击了敌人。据不完全统计，第一方面军在1940年3月份进行了如下主要战斗：

3月2日，袭击临江县珍珠门、大阳岔一带的日伪警防队和伪森林警察队。5日，在临江县三岔子东南，曹亚范率主力部队袭击伪军三团和伪森林警察队。6日，曹亚范率第一方面军主力部队100余人在濛江（今靖宇）县湾沟痛击日军长岛工作队，毙伤敌11人，缴获轻机枪1挺、步枪9支、匣枪3支、粮食400余斤。3月中旬，曹亚范率主力部队不时地出现在濛江县湾沟和临江县大板石沟等地，与日、伪军和伪森林警察队周旋游击。从3月22日到4月，曹亚范率第一方面军与其他抗日部队于临江、濛江、辉南、柳河、抚松各县活动，为夺取敌人的粮食、服装、牲畜等物资，不断与敌人展开战斗。

第一方面军指战员在冰天雪地、缺衣少食的极端困难的日子里，坚持与顽敌搏斗。在敌人跟踪追击时，常常是几天几夜不吃不睡，许多战士躺倒在雪地上就再也起不来了。由于饥饿、严寒和敌人的不断“讨伐”，第一方面军大量减员。1940年春，部队为了解决给养，在与敌人拼搏中损失很大，整个部队已只剩数十名队员。4月8日，曹亚范在濛江县龙泉镇西瓮圈活动时，被叛徒杀害。曹亚范牺牲后，第一方面军部分人员继续转战，后与第二方面军会合，跟随第二方面军进入苏联境内。

四、第一路军第二、第三方面军艰苦突围

自杨靖宇牺牲后，敌“三省联合讨伐司令部”总司令野副昌德指挥“讨伐队”把“讨伐”的重点转向抗联第一路军的第二、第三方面军，其“讨伐司令部”也从通化移至延吉。第一路军第二、第三方面军的斗争日趋艰苦。1940 年春，第二、第三方面军根据头道溜河会议精神，按会议决定的活动方向积极开展游击活动，伺机寻敌薄弱环节，攻袭敌人。

在艰苦的对敌斗争中，在敌人的诱降政策之下，有个别人经受不起考验，思想动摇而屈服于敌人。1940 年 2 月，第二方面军参谋长林水山投敌叛变。为避免叛徒带领敌人前来搜捕、袭击，第二方面军指挥金日成决定部队化整为零，实行分散游击的方针。

1940 年 2 月下旬，第二方面军在歼灭入侵白水滩密营的敌人“讨伐队”后，迅速转移。3 月 11 日，主力部队 250 人采取迂回战术袭击了和龙县大马鹿沟木场伪森林警察队。这次战斗摧毁了敌人据点伪森林警察队本部，歼灭伪森警百余人，缴获轻机枪 1 挺、匣枪 3 支、步枪 10 支、子弹 10 余箱、军服百余套、面粉 70 袋及其他许多军需物品。翌日，第二方面军部队顺利地撤到大马鹿沟北部山林中。

大马鹿沟战斗的胜利使日伪当局十分震惊，原以为抗联部队已销声匿迹，没想到竟给伪森林警察队以致命打击。为消灭这支强悍的抗联队伍，日军中队长前田纠集和龙县伪治安警察、“特设部队”、伪森林警察约 200 余人组成前田“讨伐队”进行“追剿”。第二方面军侦知前田“讨伐队”前来追寻的信息后，决定在追敌必经之路设下伏兵，准备敌兵到来时一举歼灭。

3 月 25 日晨，第二方面军第七、第八团在和龙县红旗河以北 30 公里一高地设下埋伏。根据金日成的部署，在峡谷右侧山峰上布置

机枪排和警卫连，左侧山峰的周围布置第七、第八两个团。诱敌小队则一直走到沟口，留下脚印，沿山沟诱敌进入伏击圈；另一小组占据峡谷第一高地北面，以切断敌人退路。下午4时许，前田“讨伐队”果然被引入埋伏圈。第二方面军指战员凭借有利地势，以猛烈火力射向敌人。前田“讨伐队”在第二方面军猛烈火力攻击下被打得人仰马翻。接着，英勇的抗联战士端起刺刀与敌人展开肉搏战，许多敌人在抗联战士的刺刀下毙命。此战约经1小时，消灭日军中队长前田以下150余人，其中击毙110余人，俘虏40余人，缴获轻机枪15挺、步枪140余支、手枪18支、子弹1万余发、电台1部、望远镜2个①。3月26日，第二方面军在和龙县花脸砬子伏击尾追之敌，又毙敌40余人。

大马鹿沟战斗和红旗河战斗是第二方面军在艰苦斗争时期取得重大胜利的战斗。特别是红旗河战斗，消灭了包括日军部队长前田在内的敌人“讨伐队”，使抗日军民受到很大鼓舞，给敌人的“讨伐”以有力回击。红旗河战斗中，第二方面军政治部主任吕伯岐负伤，以后，第一方面军政治部主任伊俊山调任第二方面军政治部主任。

红旗河战斗后，金日成率主力部队前往安图花脸砬子密营召开会议，对大马鹿沟和红旗河战斗进行了总结。会上，表彰了作战有功战士，总结了斗争的经验。4月16、17日，第二方面军在安图县东南岔与来犯之敌展开战斗并袭击了羊草沟“集团部落”。4月29日，又袭击了安图县南道屯、韩家街，缴获伪自卫团一批枪支、弹药和给养。

1940年春夏之交，日伪当局以野副昌德为总司令指挥的“大讨伐”愈益加紧。在极端艰苦的岁月里，战士们没有粮食吃，就挖野菜熬汤吃，庆祝五一节也只能用从河沟里捉来的青蛙填肚子。但第二

① 《抗联第一路军1932年至1940年主要战斗统计表》（1941年初），载中央档案馆、辽宁省档案馆、吉林省档案馆、黑龙江省档案馆编：《东北地区革命历史文件汇集》甲60，1992年印，第246页。

方面军指战员们始终保持革命乐观主义精神，他们经常开展文体活动，进行操练、摔跤、唱歌、跳舞。逢年过节或庆祝重大战斗胜利还进行文艺演出。行军途中休息，有时还搞娱乐会。六棵松战斗后，为庆祝战斗胜利，欢迎新战士入伍，第二方面军在松花江畔举行一次文艺演出。观众有新战士、老战士和帮助部队运送战利品的林场工人。此次演出还搭了简易舞台，用几个帐篷连起来做成帷幕，挂在舞台上。节目有合唱、独唱、舞蹈、口琴独奏、四弦琴演奏、小魔术表演、小独幕剧。演出结束后，干部、战士情绪活跃，有些工人还要求参加抗日队伍。部队文体活动的开展对激扬革命精神，坚定抗日必胜的信念，克服困难局面起到了重要作用。

5 月 2 日，第二方面军部分领导人在敦化县六棵松开会，分析斗争形势，研究今后活动方向等问题。但因敌人前来“讨伐”，会议中止，部队转移。此后，第二方面军部队与“追剿”的日、伪军交战，毙敌 10 人。同日，第二方面军一支部队突袭安图西南岔敌人。5 月 14 日，又袭击了安图县五道阳岔木场的敌人。5 月 21 日，第二方面军袭击了安图与和龙两县交界处大荒沟附近的木场守敌，均取得了胜利。入夏，第二方面军赴敦化，先后取得袭击敦化县哈尔巴岭车站和黄泥河子伪警察队的胜利，分别缴获一批粮食，使部队的给养得到补充。

第三方面军在指挥员陈翰章率领下，于 1940 年初与魏拯民所部会合。根据魏拯民关于第三方面军以团为单位分区进行活动的指示，陈翰章率第三方面军指挥部、第十五团与第五军第二师政治部主任陶净非所率部队一起在敦化、汪清活动。曾于敦化县三道沟在前来“追剿”的 100 余伪军必经之路设下埋伏，致使该部伪军遭到歼灭性打击。随后，又突袭了汪清县梨树沟、百草沟、大荒崴“集团部落”。

第三方面军第十三团在安吉率领下积极活动于延吉、汪清一带，以攻袭伪森林警察守护的“木帮”①和“集团部落”为目标进行多次战斗。

1940年1月，第十三团在延吉县舞鹤洞与50名伪警察交战，毙敌10人。2月26日，在安图县明月沟一带活动，在攻打一“集团部落”后被日、伪军包围，遭到重大损失。3月间，第十三团袭击了汪清县鸡冠砬子、老母猪河等“集团部落”，后在天桥岭与日、伪军交战，伤亡较重。4月间，在汪清县桦皮甸子与一伪警察队交战，俘伪警察10余人。之后，在汪清县小汪清与日本守备队80余人展开战斗，毙敌10余人。5月7日，第十三团袭击了汪清县霍家营日、伪军据点，缴获一批粮食和其他军需物品，在张家店击溃前来追击的敌人。

1940年春，敌人以“篦梳山林”战术，在敦化地区进行“拉网式”“大讨伐”。敌人残酷的“大讨伐”，使第三方面军设在敦化县牛心顶子山的几处密营遭到严重破坏。被服厂里的女战士惨遭敌人杀害，18台缝纫机及储存的粮食、萝卜全部被敌人掠走，第三方面军失去了后方基地。但陈翰章率领的第三方面军指挥部警卫队和第十五团战士不畏艰难，坚持活动在敦化地区，攻袭了敦化县黄泥河车站，缴获一批粮食和布匹。但当部队撤退到牛心顶子山在一大庙休息时，遭到跟踪而来的大批日、伪军包围。敌人在飞机配合下，向抗联部队猛烈进攻，战斗中大庙被炸塌，行军锅被炸飞，30多名战士负伤、牺牲。

战斗结束后，陈翰章与抗联第五军第二师政治部主任陶净非所部会合。这时第三方面军50余人，第五军第二师23人，他们率领近80人的队伍在敦化一带坚持斗争。曾在敦化县双砑岭东岗与日军德宏守备队交战，击毙日军30余人。之后，日伪当局在敦化地区派出大批兵力对抗联进行疯狂“讨伐”。由于敌情严重，遵照魏拯民关于“目前我

① “木帮”，即伐木场。

必须脱出敦化县，敌人讨伐的中心区域”的指示[1]，陈翰章与陶净非率第三方面军第十五团和第五军第二师第五团于1940年5月间，由敦化地区向舒兰、五常方向转移。

1940年5月中旬，陈翰章与陶净非率队进入蛟河县，袭击了窝瓜站森林采伐事务所，毙日军13人、伪森林警察14人。6月2日夜半，第三方面军第十五团和第五军第二师第五团在陈翰章与陶净非率领下，攻打舒兰水曲柳森林采伐事务所，毙伤日伪人员8人，缴获步枪8支和其他军需物资。6月初，联合部队进至五常县境，积极开展游击活动。6月5日，袭击了五常县拉林河伪森林警察队响水河子分驻所，毙日军10人、伪警察4人、解放劳工120余人，缴获机枪1挺、匣枪2支、步枪40支、粮食百余石。6月10日，欲再次袭击拉林河伪森林警察队响水河子分驻所，以解决给养，不料遭遇由沈家营来的伪军60余人，遂与敌军展开3小时激战，伪军一部被缴械，一部乘黑夜逃窜。6月中旬，袭击了六道滴达、石头河子、辛家营子等敌人据点。6月18日，在五常县冲河南张家湾与驻该“集团部落”的日军守备队和伪警察队90人展开激战，毙伪警察5人，伤3人。六七月份，又攻袭5个“木帮”，俘虏伪森林警察100余人，缴获步枪80多支[2]。陈翰章等率部在五常县境积极活动，日伪当局异常惊恐。敌人为消灭这股抗联部队，集结大批日、伪军于拉林河两岸，对抗联部队施行“讨伐”。第三方面军在陈翰章率领下，利用声东击西的游击战术，以秘密行动，躲过敌人的追击，绕到五常县冲河镇附近。当时，冲河镇内敌人空虚。陈翰章决定攻袭该镇，回击敌人的

① 《陶净非给周保中的报告》（1942年×月16日），载中央档案馆、辽宁省档案馆、吉林省档案馆、黑龙江省档案馆编：《东北地区革命历史文件汇集》甲63，1991年印，第403页。

② 《第四、五军战斗情况统计表（一九三七年六月——一九四〇年六月十日）》，载中央档案馆、辽宁省档案馆、吉林省档案馆、黑龙江省档案馆编：《东北地区革命历史文件汇集》甲58，1991年印，第191—198页。

“讨伐”。6 月 25 日，抗联战士装扮成伪军，将城门守兵解除武装，第三方面军以一部兵力钳制防所内的日军，使其不能出动，另一部兵力则冲到街里，占领 2 小时后退去。

攻打冲河镇后不久，第三方面军第十五团与第五军第二师第五团在五常拉林河一带多次袭击敌人据点，歼敌百余人，缴获武器、粮食、现金甚多。对此，日伪当局称：“第一路军第三方面军陈翰章匪”150 人，7 月“中旬再度出现于五常县内，袭击各处，行动极为活跃”①。陈翰章与陶净非率部在五常一带活动造成很大声势，给敌人以一定打击。

第二节　东北抗联第二路军在吉东地区坚持艰苦游击战争

一、东北抗联第二路军总指挥部及直属部队在林口、宝清的斗争

1939 年初，日伪当局虽然把“讨伐”的重点转到东南满地区，但对以伪三江省为中心的东北部地区的“大讨伐”仍在继续。敌人不断增兵于抗联第二路军活动区域，对抗联部队进行封锁、堵截，搜查山林，寻觅抗联部队的踪迹，予以围攻、歼击。同时，日本侵略者强迫大批劳工在佳木斯、富锦、宝清、密山、虎林、饶河、东宁等地构筑军事设施，其目的主要是为对苏战争做准备，也企图“震慑”活动在边境地区的东北抗日联军。抗联第二路军面临着严峻的斗争形势。

抗联第二路军第五军第一师师长关书范在困难面前惊慌失措，丧失信心，在部队内部散布悲观失望情绪和“假投降”理论，公然向第五军军长柴世荣献策，搞所谓“暂时假投降”。1939 年 1 月 2 日，竟向第二

① 吉林省档案馆编译：《东北抗日运动概况》，吉林文史出版社 1986 年版，第 158 页。

路军总指挥部提出了“投机保存实力之办法”。周保中接到报告后，即意识到这一问题的严重性，及时采取稳固内部的措施。1月6日，周保中组织召开总指挥部及直属警卫部队共产党员参加的吉东党员临时会议，讨论形势，统一思想。会议认为，干革命事业，就是在不顺利、困苦艰难达于极点的条件下，也要干到底。“任何时候都不能变节，愿为中国人而生，不愿苟且偷生，愿为抗日救国坚决彻底而死，不愿屈膝作猪狗为日贼屠宰而死。”要坚持抗战到底，反对任何动摇悲观、投降、变节行为。据此，周保中于1月9日给第五军军长柴世荣和第一师师长关书范回信，予以严厉批评，再三告诫：“莫作错误的想念，莫走失节的错误道路！！！”[①]同时，急调抗联第五军军长柴世荣、第一师师长关书范火速前来第二路军总指挥部临时驻地牡丹江岸。此时，关书范已与日军三道通工作班小林、斋藤等接洽，并随小林赴佳木斯会见伪三江省“讨伐军”司令部顾问北部邦雄，会商投降事宜。

1939年1月15日，吉东党组织在抗联第二路军总指挥部召开临时会议，由周保中主持，讨论了第五军驻刁翎部队搞所谓假投降的问题。会议明确指出，关书范去佳木斯和敌人走在一起，企图把第五军从根本上消灭，这是一件令人痛恨的事。会议决定，开除关书范党籍，撤销其抗联第五军第一师师长职务，若归来时，就地处以死刑。

1月16日，关书范身着日本军服随敌人工作班乘汽车从佳木斯来到刁翎。他返回抗联第五军中，妄图兜售其叛国降敌之谋，即被第五军战士逮捕，执行枪决。抗联第二路军总指挥部果断处理第五军第一师师长关书范动摇、叛变事件，对日伪收降政策是个很大的打击，对于稳定第五军第一师以及其他部队的军心，坚定抗日到底的信心起到重要

① 《周保中关于工作情况及希火速前来讨论问题等事给柴世荣、关书范同志信》（1939年1月9日），载中央档案馆、辽宁省档案馆、吉林省档案馆、黑龙江省档案馆编：《东北地区革命历史文件汇集》甲54，1991年印，第18页。

作用。

关书范被处决后，日伪当局大为恼怒。敌人把破坏中共吉东省委执行部和围歼抗联第二路军总指挥部作为“讨伐”行动的重要目标。1939 年 1 月至 2 月，日伪当局为搜寻抗联第二路军总指挥部和消灭抗联第五军部队，从勃利、林口调动约 2600 名日、伪军，扑向刁翎地区。

1939 年 1 月下旬，为了冲破日、伪军的包围，抗联第二路军总指挥部决定活动在依兰刁翎地区的所属第五军部队及第九军、救世军部队离开现地临时驻屯所，分东、西两路进行突围。其具体部署是：以第二路军总指挥部警卫部队连同第九军、救世军部队为一路，由周保中率领，西向老爷岭突围，进入方正、延寿地区；以第五军部队为另一路，由柴世荣率领向北佯动，迷惑敌人，然后向东突破图佳铁路和勃利、林口两县间的敌人封锁线，转赴宁安县，与第二军第五师部队协同作战。

根据总指挥部的部署，1939 年 1 月 29 日，各部队分头行动。1 月 31 日，周保中率领抗联第二路军总指挥部警卫队、第九军和救世军部队，绕过敌人在刁翎三道通所设防线，跨越牡丹江，准备进攻驻守于方正陈家亮子等地的敌人。从 2 月 1 日起，部队开始西进。时值大雪纷飞，战士们冒着零下 40 度的严寒，踏着没膝深的积雪艰难地行进着。翻过老爷岭后，开始在原始森林中行军。因山中无路，战士们披荆斩棘，顶风冒雪，摸索前进。每夜在帐篷中宿营，燃柴取暖。给养仅有黄豆和高粱，菜类全无，食盐亦缺，生活异常艰苦。顽强的抗联第二路军战士越过崇山峻岭，在森林雪地经过六七天艰难行军，于 2 月 8 日晨到达方正县陈家亮子东北约 5 公里一日本人经营的山元木业组合采伐场附近。

根据侦察，得知山元木场分上、腰、下 3 棚，上棚至下棚距离约 15 里，有公路和电话、无线电联络。山元木场驻有伪森林警察队、日军守备队。兵营设在各棚工人房舍一端，设有三层铁丝网等防御工事。抗联第二路军总指挥周保中与第九军军长李华堂、救世军军长王荫武研究决定，为打击敌人补充给养，于当夜攻打山元木场上棚。不料，当日下午3时，因敌兵前来搜索，进入第九军警戒线，双方交火。第二路军警卫队前来增援，敌兵终被击退。下午4时，周保中指挥部队绕过敌人防所东南角转西北方向行进。半夜时分，抵达山元木场上棚。抗联第二路军部队发起猛烈袭击，与伪森林警察队，日军守备队进行了3小时战斗。战斗中，救世军曲师长、第九军政治科科长金助一、杨副官牺牲，第九军军长李华堂腿部受伤。因当晚由大罗勒密开来的100余名敌援军依据防御工事死力抵抗，使战斗久拖不决。这时，若再继续战斗，恐于战局不利。于是，在给敌人木业以相当破坏、没收40余匹马之后，第二路军部队于次日拂晓前主动撤退到老爷岭四道河子西北岔上掌。

为打击追敌，周保中从第二路军总指挥部警卫队和救世军中，选派两个中队携带轻机枪埋伏在岭西坡道两侧山势险要地带以待来敌。2月11日下午1时许，敌军百余人跟踪而至。敌军进入抗联第二路军埋伏线后，即遭到伏兵左右夹击，被截为两段。敌尖兵先遭迎头痛击，机枪一响，敌死伤10多名，余者狼狈回逃。此时，在山顶右侧指挥的周保中命令第二线伏兵向敌后卫部队猛射，敌军又遭打击。

山元木场战斗结束后，第二路军总指挥部派出的侦察人员探知敌人封锁部队仍未撤除，只是对陈家亮子一带山林区域搜索行动稍有收敛，所以向方正、延寿方向突围难以进行。据此，周保中等决定分兵活动：周保中率抗联第二路军总指挥部警卫部队、第九军第二师政治部主任王克仁带领第二师一部重返牡丹江东岸刁翎地区葫芦崴子一带进行休整；李华堂率第九军大部向北部转移，去西风沟养伤休整；救世军由王荫武率领赴三道河子上掌一带休整。

由于斗争环境的艰难，抗联第九军有些战士萎靡不振，情绪动摇，离队逃走者不断出现，部队面临瓦解的严重局面。为使整个部队免受其消极影响，减少损失和巩固部队，周保中和第九军第二师政治部主任王克仁商议决定，对第九军第二师8名思想动摇人员给资遣散，枪支弹药由第二路军总指挥部全部隐藏起来以备后用。

在部队休整期间，抗联第二路军总部直属警卫部队给养困难。第二路军总指挥部周保中得知这一情况，拟托当地民众购买或用马匹换给养，但皆因联系中断而告失败。于是，周保中派出黄玉清、王克仁带队去小百顺沟的抗联密营取回储藏的6石玉米。可是黄玉清等到该储藏地后，发现密营已被敌人破坏，存储的粮食全部损失。他们只好在另外地方从群众手中借得玉米6斗。有限的一点粮食仅够200余人吃一两天。在给养严重缺乏，斗争环境极端恶劣的情况下，为稳定部队情绪，克服个别人纪律涣散的不良倾向，周保中于2月27日召开第二路军总指挥部秘书处会议。会议强调要提高对目前斗争形势的认识，坚定抗日立场。每个共产党员都要树立坚持到最后的精神，思想一致，行动一致，坚持进行扰乱日本侵略者后方的斗争。3月8日，给养征发队归来，他们在徐家屯西方寻觅到抗联第五军原来藏的少量玉米及农民窖藏已冻的马铃薯。第二路军指战员只得将现地密营保存的糠皮炒熟捣成细末，掺到玉米面里，煮粥充饥。

1939年3月中旬，日伪当局派出大批兵力，分编10余个部队采取分区封锁包围、轮流出击的战术进攻抗联部队。以牡丹江左岸三道通为据点的日、伪军900余兵力，向抗联第二路军总指挥部驻地四道河子附近展开进攻，连续破坏了第二路军总指挥部牡丹江岸江西、江东两处密营。在江西密营中养伤的抗联第三军第二师组织科科长李洪秀牺牲；在江东密营的吉东省委秘书处秘书长姚新一等4人遭到敌人袭击，英勇牺牲。

自1938年11月至1939年3月，在四五个月时间的反“讨伐”斗争中，抗联第二路军总指挥部领导活动在依兰、方正地区第二路军各部同

10 倍于己的敌人周旋苦斗，进行大小战斗 37 次，破坏“集团部落”11 处。虽然打死打伤大批日、伪军，拖得敌人疲惫不堪，但由于敌人的疯狂“讨伐”和严密封锁，第二路军总部确定的总部直属部队及第五军部队分东、西两路展开突围的计划未取得成功。在连续不断的战斗中，部队受到很大伤亡，人员减少三分之一以上。第二路军总指挥部及直属部队、第五军部队处于极端困难的境地中。

为正确分析目前所处的形势，克服面临的严重困难，中共吉东省委于 1939 年 3 月 30 日至 4 月 1 日，在牡丹江西岸四道河子沟里由周保中主持召开了省委扩大会议。参加会议的有：柴世荣、黄玉清、王克仁、金石峰、冯丕让、颜江童、金光侠等 23 人。会议分析了当时形势，研究了 1938 年后抗日游击战争出现困难局面的原因，提出了“再振旗鼓，收集联军各残部，力加整顿”，坚持斗争的方针①。会议认为：当前虽然遇到很大困难，但抗日斗争并未失败。无论受任何重大损失，都必须继续整顿现有兵力，作出切实可行的新的活动规划，以突破目前的难关。会议作出了迅速突破敌人包围及实现新的活动规划的决定：（1）周保中率领抗联第二路军总指挥部及直属警卫部队重向宝清、密山转移，恢复对抗联第四军留守部队、抗联第五军第三师和抗联第七军部队的联系，加强对活动在依兰、勃利、方正等地的抗联第八、抗联第九军及救世军残部的领导，力促脱离现地敌人的包围，特别注意内部稳固，防止奸细破坏。（2）由第五军军长柴世荣、政治部代理主任王克仁率领第五军军部教导团第一、第二、第三、第四连及第二师部队南进，向穆棱、东宁、汪清地区转移，创立南方旧区新基础，并寻求与抗联第一路军联系。（3）由第五军副官长冯丕让、省委秘书处主任金石峰率领部分队伍分散在刁翎、勃

① 《周保中简短日记》（1939 年 3 月 31 日），载中央档案馆、辽宁省档案馆、吉林省档案馆、黑龙江省档案馆编：《东北地区革命历史文件汇集》甲 41，1991 年印，第 244 页。

利西部等地，用“麻雀战术”扰乱敌人，牵制敌人，并安置伤病人员，处理善后事务，建立后方基地。

1939 年 4 月 10 日，抗联第二路军总指挥部直属警卫部队发现在乌斯浑河老头沟附近有日军黑石部队步兵六七十人自西向第二路军警戒线东进，另有敌人骑兵百余人在样子沟北方活动，其他敌军分散在小锅盔山、西沟一带。这些日、伪军在第二路军部队活动地区轮番出扰，加紧封锁，严密搜查，妄图追击、围攻抗联部队。为了粉碎敌人的阴谋，第二路军总指挥部直属警卫部队和第五军部队于兴隆沟北方 20 余里的葫芦崴子山地与敌人展开激烈战斗。此战毙敌 5 人，伤 20 余人。战斗中，警卫队第一分队机关枪班班长毕世信牺牲。战斗结束后，第二路军总指挥部和第五军军部及所率部队分别撤退到腰围子东沟。在此地经数日休整，补充给养后，周保中率领第二路军总指挥部及直属警卫部队共 90 余人开始向东突围。为保证胜利实现突围，警卫部队做了充分准备。每个队员都携带着布制子弹袋 1 条，内有百余发子弹，背囊 1 个，小口袋三四个，分装粮食、盐及勺、匙、茶缸、饭碗等物品。每三四个人带一洋瓷盆为行军用锅。平均 20 人左右带大小斧各 1 把、大小锯各 1 把、铁锹 1 把、帆布水桶 2 个。

4 月 15 日，周保中率部刚从后刁翎东部马桥河宿营地开始移动，即被封锁该地的日、伪军部队发现。抗联第二路军总指挥部直属警卫部队迅猛出击，毙伤仓促应战的日、伪军 30 余人。部队指战员于当日傍晚悄然离开宿营地，南走荒野。夜半，至拉拉别河上游，在穿越一片五六里宽的沼泽地后，连日沿荒山密林向东隐蔽行军。4 月 19 日，通过勃利县青山林区。4 月 20 日晚，部队跨越图（们）佳（木斯）铁路，径向东北方向前进。以后又经骆驼砬子，奔大五站、小五站，一路上巧妙地避开了敌人设立的许多据点，于 5 月 2 日到达茄子河边。5 月 7 日，部队抵达宝清县境内兰棒山联军留守处密营。至此，第二路军总部及直属警卫部队向东突围终获胜利。

在抗联第二路军总指挥部及直属警卫部队进行突围的同时，第五军部队也按计划取得了突围斗争的胜利。第二路军总指挥部及直属警卫部队、第五军部队都摆脱了被动处境。

抗联第二路军总指挥部及直属警卫部队从刁翎地区转移至宝清后，周保中在兰棒山第二路军总指挥部宝（清）密（山）留守处，听取了活动在宝清的第五军第三师副师长张镇华和第七军政治部主任王效明的汇报。对宝清、密山一带的抗日斗争作了部署。此后，第二路军总指挥周保中在宝清东南的兰棒山密林中的后方基地直接领导下江地区的第二路军所属各军的抗日游击活动。

1939年6月，日伪当局从哈尔滨、佳木斯调集大批日、伪军分驻在富锦、集贤、同江、宝清等地。这些配有坦克、大炮、装甲车、汽车的敌人同驻当地伪军一起在图（们）佳（木斯）、林（口）密（山）铁路沿线和桦川、富锦、宝清、密山之间的线路上布置严密的封锁，在飞机的配合下，不断对活动在下江地区，即牡丹江、松花江下游、乌苏里江左岸地带的抗联部队展开进攻，妄图把在这一地区活动的抗联部队追逼至虎林、饶河边境线，以便进行最后消灭。

在这种极其严重的情况下，抗联第二路军总指挥周保中为提高部队指战员对抗战前途的信心，克服困难，坚持斗争，于1939年7月10日，向各部队党组织发出了《关于东北游击运动目前严重阶段的斗争任务紧急通知》。《通知》号召："凡忠实于党、爱好民族、有气节的共产党员应该巩固坚实的直向前冲"，并坚定地提出"中国民族解放战争必然获得胜利"①。各部队通过学习，认清了形势，统一了思想，坚定了克服

① 《关于东北游击运动目前严重阶段的斗争任务紧急通知》（1937年7月10日），载中央档案馆、辽宁省档案馆、吉林省档案馆、黑龙江省档案馆编：《东北地区革命历史文件汇集》甲29，1989年印，第69页。

困难战胜敌人的信心。

7月上旬，抗联第二路军总指挥部警卫部队在富锦县李金围子西北截获敌人一支运输队。7月28日，又袭击了富锦县兴隆镇附近的杨家“集团部落”。8月10日，派出东部派遣小队袭击了宝清县柳毛河日本采金会社保护队驻屯所，毙敌10人，伤敌5人，余者狼狈逃窜。此战缴获轻机枪4挺、步枪31支、手枪11支、各种子弹近2万发。与此同时，东部派遣小队在挠力河东五道岗征集给养时，与当地百余名木业采伐工人取得联系，与他们一起召开联欢会，向工人宣传抗日救国道理及内地抗战前线的真实消息，号召工人投身抗日运动。工人看到抗联战士艰苦抗战，深受鼓舞，积极帮助派遣队筹集给养，有的还将自己的衣服、鞋子送给抗联，以支援抗联斗争。

8月20日，抗联第二路军总指挥部又派出北部派遣队，其任务是：(1)根据敌情状况，破坏敌人设于佳木斯、宝清间军事交通运输线。(2)努力寻求线索，恢复宝清、富锦地方民众联系。(3)开展群众宣传工作。(4)劫夺敌人输送物品，解决秋冬服装和给养。(5)侦察山边封锁线，了解农民所种庄稼生长情况，以便秋后为进行粮食征集工作做准备。

第二路军总指挥部直属部队各小股派遣队采取分散游击的形式，运用隐蔽、机动、灵活的战术，破坏敌人交通运输线和军事设施，劫夺敌人运输车辆，袭击敌人据点，与敌人展开了积极有效斗争。经艰苦努力，都胜利完成工作任务。

这期间，抗联第二路军总指挥部警卫队在周保中领导下，在宝清县兰棒山后方还新建一些密营，开垦秋菜种植地，较好地解决了部队宿营和部分给养问题。为提高部队干部战士的政治、军事素质，周保中还亲自编写包括政治常识、军事常识、社会学常识三种“临时教科书”，由总部秘书处印刷装订成册，供部队干部战士学习。第二路军总指挥部还经常派出干部到第五、第七军活动地巡视、指导工作。抗联第二路军各部在周保中指挥领导下，皆以小股部队形式，克服重重困难，分别在乌苏里江左岸及完达山地区继续坚持开展艰苦的抗日斗争。

二、东北抗联第五军转战穆棱、富锦等地

中共吉东省委扩大会议后，1939年4月上旬，抗联第五军军部教导团及第一、第二师根据第二路军总指挥部的部署分别实行突围。在军长柴世荣、政治部代理主任王克仁率领下，部队于4月15日离开宿营地，由徐家屯附近过河，分兵两路，在乌斯浑河左岸山地进行隐蔽行军，按计划拟再次越过中东路南下，挺进穆棱、东宁一带。4月18日，到达林口龙爪沟，继续南下，在向阳站附近越过图佳铁路，在向穆棱县梨树镇前进途中被敌人发现。于是，第五军部队改变方向，向南行进，佯装奔袭密山县平阳镇，以避开敌人。此时，敌人从密山、林口两县及梨树镇、平阳镇两地调重兵封锁铁路沿线，妄图在黄泥河子至张家街一带阻击、消灭第五军部队。4月20日，第五军先头部队到达梨树镇西北红石砬子附近，前队变后队，沿山南行。4月22日夜，第五军在穆棱站西部敌人守备力量薄弱处越过中东铁路。因目标暴露，料到必有敌人追兵前来，便在泉眼河设下埋伏。次日，穆棱、下城子方面果然有数百名日、伪军追踪而至，第五军伏兵部队与敌人展开5小时激战，敌人伤亡惨重。但第五军也受到一定损失。战斗中第五军政治部代理主任王克仁及第三团副团长王德山以下20名指战员英勇牺牲。

泉眼河战斗后，抗联第五军部队在军长柴世荣率领下，迅速向穆棱与宁安两县交界的东偏脸子前进，在八达岭林区进行休整后不久，即与在宁安县镜泊湖一带活动的抗联第一路军第三方面军取得了联系。至此，第五军军部教导团及第一、第二师队伍在军长柴世荣率领下，自1939年4月从刁翎地区突出敌围后，转至宁安、穆棱

县一带，以老爷岭山地为依托，在图（们）佳（木斯）、中东铁路和宁（安）敦（化）公路沿线开展游击活动。同年秋，第五军部队实行分散活动，以便解决越冬物资。柴世荣率小股部队在穆棱县宣羊砬子活动时遭到敌人包围。突围后，在敌人紧追不舍的情况下，被迫越境进入苏联。

此外，曾一直与抗联第五军在穆棱县九站南沟一带共同活动的姚振山部义勇军百余人，因敌人的严厉“讨伐”，处境十分困难。1939年夏，该部在与敌军一次激战中遭受很大损失，姚振山在战斗中壮烈牺牲。

活动在宝清、桦川、富锦县一带的抗联第五军第三师，在艰苦的游击战争中指战员多有牺牲。但该部英勇坚强、经过艰苦斗争考验的战士们在师长李文彬的率领下，以团为单位，利用小股部队的灵活性，主动向日、伪军出击，给敌人以很大打击。该师第八团在团长费广兆率领下，于 7 月曾伏击了桦川县驼腰子日本采金船，缴获轻机枪 1 挺。之后，该师第九团与第七军补充团组成第五、第七军联合部队共同袭击了虎林县黑嘴子敌人的秘密军事工程，取得胜利。

1939 年 8 月 1 日，抗联第二路军总指挥周保中为研究今后斗争和活动计划，了解各军情况，派在总指挥部工作的黄玉清为吉东省委及第二路军总指挥部巡视员去虎林、饶河巡视下江地区党及抗联第五、第七军工作。黄玉清在虎林第五、第七军活动区检查军队工作及党组织工作后，回返宝清第二路军总指挥部。同行的有第五军第三师师长李文彬、第九团政委姜信泰等率领的第九团部队 200 人。该部由虎林西北出发，入宝清渡挠力河，于 9 月 12 日到达原第五军密营前哨所（板石河子西南）附近露营待命，由黄玉清先去总指挥部报告经过后再定行止。不幸，第五军第三师第九团于 9 月 13 日下午 3 时，遭到伪军第三十五团和伪警察队的包围，师长李文彬在指挥部队奋力突围中英勇牺牲。

李文彬牺牲后，由抗联第五军第三师副师长张镇华继任第三师师长，第二路军总指挥部决定从警卫队中分拨部分人员到第五军第三师第九团，以充实、巩固该部基础。

10 月 23 日，经过整顿的抗联第五军第三师第九团 50 余人在抗联第二路军总指挥部政务处主任黄玉清率领下，袭击了宝清县凉水泉子伪警察分署和自卫团，毙敌 1 人，俘虏 7 人，缴获许多衣物。战斗结束时，将伪警察分署烧毁。11 月 8 日，第五军第三师第九团与第七军联合部队和总指挥部直属第二中队在大砬子东山与日、伪军 500 人激战 5 小时，击毙日军 20 余人、伤 8 人，击毙伪军 5 人、伤 3 人，缴获轻机枪 2 挺、步枪 20 支。12 月，又袭击了宝清县七星河镇，击毙日本指导官 1 人、教官 1 人、士兵 10 余人，伤 20 余人。

1940 年 1 月 1 日晨，第五军第三师第九团袭击了宝清县王福岗伪警察所，将伪警察全部缴械。之后，袭击了驻扎在西沟的敌人。不久，又袭击了富锦县尖山子木营。在桦川县七星砬子与日军“讨伐队”交战，毙伤敌 20 余人，缴获轻机枪 2 挺、步枪 60 余支、手枪 2 支、伪币 1000 余元及其他军需物资。

自 1939 年冬起，敌人集中大批兵力向抗联第五军第三师活动的依兰、桦川、富锦、宝清各县山边和森林地带大举进攻。敌人从密山等地调来 300 余日军骑兵和 2000 余伪军对第五军第三师活动地区进行长期轮番搜索、“讨伐”，使第五军第三师部队行动极为困难。敌人厉行经济封锁，粮食来源被割断，抗联指战员们经常处于饥饿状态中。设在崇山峻岭里的后方密营屡遭敌人破坏，临时根据地也不易建立。部队大量减员，得不到补充。在艰苦的对敌斗争中，第五军第三师第九团团长戴克正和继任团长刘学悦先后牺牲。1940 年 2 月 20 日，一直与第五军第三师一起活动的总指挥部政务主任黄玉清率队向南部转移，于宝清县王福岗南方石灰窑附近寻找给养时，与敌遭遇，被数倍于己的敌人追击。黄玉清等 18 人在战斗中牺牲。

1940 年二三月，抗联第五军第三师遭到敌人疯狂进攻，损失很大。第五军第三师师长张镇华和朱新玉等 6 名女战士在与敌人战斗中被俘，张镇华后于佳木斯监狱被敌人杀害。第五军第三师仅剩的第九团 90 余人中，有 40 余人在战斗中牺牲，10 余人被敌人俘虏杀害，10 余人过境去苏联。最后，所剩 20 余人在第九团政委姜信泰率领下于宝清、勃利两县交界处编入抗联第二路军总指挥部直属警卫部队。

活动在吉东南部的抗联第五军第二师第五团，在师政治部主任陶净非和团长任德胜率领下，于 1939 年春由宁安县经安图县向敦化县移动，在敦化县大蒲柴河找到抗联第一路军队伍，此后便与第一路军第三方面军部队一起在中东路道南敦化、安图、额穆（今属敦化）、汪清等县一带开展游击活动。1939 年 4 月至 7 月间，第五军第二师第五团部队与第一路军第二军第五师第十四团在安图县青沟子、敦化县苇塘沟、寒葱沟等地与敌人展开数次战斗。

袭击安图县青沟子“集团部落”战斗是在 4 月末进行的。抗联第五军第二师第五团和抗联第二军第五师第十四团共 100 余人，利用黑夜向敌防所展开进攻。先以便衣队持手枪在前头行进，接着主力部队迅速把敌防所紧紧包围，将 40 余名敌人解除武装。此战毙伪自卫团军官 1 人、士兵 4 人，伤 2 人。缴获步枪 30 支、弹药 1500 发及其他物品甚多。6 月初，第五军第二师第五团与第二军第四师第一、第二团，第二军第五师第十四团共 250 人在敦化县大蒲柴河苇塘沟与日本守备队 150 人、伪军 300 人交战，日、伪军死伤严重①。

---

①《第四、五军战斗情况统计表（一九三七年六月——一九四〇年六月十日）》，载中央档案馆、辽宁省档案馆、吉林省档案馆、黑龙江省档案馆编：《东北地区革命历史文件汇集》甲 58，1991 年印，第 173 页。

1939 年 6 月中旬，抗联第五军第二师第五团在敦化县大蒲柴河南与抗联第一路军副总司令魏拯民取得联络，以后与抗联第二军一部一同在魏拯民直接领导下开展活动，曾收编一支山林队二十五六人，使部队增编 1 个连。7 月中旬，为向伐木工人宣传抗日救国，动员他们参加抗日部队，第五军第二师第五团与第二军一部袭击了敦化县寒葱沟“集团部落”。该“部落”有 600 余名伐木工人。抗联部队一举冲入村内，30 名伪警察越墙狼狈逃窜。经动员，部分工人参加了抗日部队。9 月 25 日，第五军第二师第五团与第三方面军第十三团、警卫旅共 500 人在敦化县高海楼店汽车路旁设下埋伏，打了一场胜利的伏击战。

1939 年 9 月下旬，陶净非所率抗联第五军第二师部队与魏拯民等指挥员分开活动。11 月，第二师第五团与第三方面军第十五团在汪清县先后攻袭了梨树沟、百草沟、大荒崴等“集团部落”。12 月下旬，第五军第二师部队与第三方面军第十五团又赴宁安县活动。12 月 28 日在南湖头附近柞木台地方与敌人展开激战。

1940 年 1 月，陶净非率部队回返敦化县境活动，因在敦化县三道沟、南双牙岭等地解决给养暴露目标，遭到由飞机配合的日、伪“讨伐队”的袭击，受到一定损失，一度与抗联第一路军第三方面军分开活动。5 月之后，又与第一路军第三方面军指挥陈翰章取得联系，根据魏拯民的指示，向五常转移。经过 20 余天的时间，到达五常县境，曾攻打香水河森林采伐事务站，攻进冲河镇，缴了拉林河伪军 1 连人的械，得机枪 1 挺、步枪 40 余支。同年秋，为寻找魏拯民和第三方面军第十三、第十四团，陶净非率部与第十五团从五常返回敦化活动。途中，进行多次战斗。之后，又到宁安县境活动。10 月，抗联第五军第二师在南湖头等地开展筹集越冬给养工作。12 月 7 日，第五军第二师后方密营被敌人攻袭，给养遭到损失。之后，陶净非率部到北湖头去解决给养，与敌人遭遇展开战斗，受到损失。不久，陶净非等3人过境进入苏联。此时，第五军第二师第五团尚有赫子臣连长等5人在五常县活动，第五军第一师第一团团长曲玉山等六七人在敦化县沙河掌活动，穆连长等六七人在敦化县牛心顶子活动①。

抗联第五军第二师第五团在吉东南部与抗联第一路军第三方面军部队紧密配合，共同作战，加强了吉东和南满抗联部队之间的联系，消灭敌人的有生力量，给这一地区广大群众以良好的政治影响。

三、东北抗联第七军在饶河、虎林、抚远开展游击活动

1938年末开始，日伪当局在抗日斗争活跃的饶河、虎林县普遍建立“集团部落”，并纠集3000余兵力展开“大讨伐”。在敌人的疯狂“讨伐”下，抗联第七军仍在顽强地坚持斗争，在虎林、饶河、抚远等地开展游击活动。

为冲破敌人的包围，抗联第七军代军长景乐亭率第七军军部教导团和第一师在虎林、饶河与敌周旋；第七军第三师和补充团赴虎林和抗联第五军第三师一起活动；参谋长崔石泉率一部分队伍赴抚远活动。

在激烈的反“讨伐”斗争中，抗联第七军第一师遭到一些损失，第一师政治部主任何可人腿部受重伤，后去苏联治疗。第七军第三师在虎林秃顶子与一支伪军展开战斗，毙敌50余人。1939年1月23日，日、伪军由臭松顶子来包围第三师密营。第三师战士在密营外凭借雪地工事，毙伤一批敌人。战斗中，第三师政治部主任刘廷仲率部向敌人反击时不幸牺牲。

---

① 《陶净非给周保中的报告》(1942年×月16日)，载中央档案馆、辽宁省档案馆、吉林省档案馆、黑龙江省档案馆编：《东北地区革命历史文件汇集》甲63，1991年印，第406页。

崔石泉所率部队在抚远县积极开展游击活动，先后袭击了大板屯、明山洞、卧虎山等“集团部落”，皆取得胜利，解决了部队给养、服装和弹药等军需物品。不久，一支有500余人的伪兴安军在日本指导官的监督下，顺雪地脚印寻觅到抗联第七军踪迹，便紧追不舍。当部队行进到老等窝地方时，崔石泉决定利用有利地形，设下埋伏，打击敌人。在敌兵进入埋伏圈后，崔石泉指挥战士们以猛烈火力射向敌人。但敌军依仗人多势众，负隅顽抗。第七军战士与敌人战至天黑，终使敌军狼狈败退。此次战斗敌军死伤百余人，第七军朴副官等牺牲。老等窝战斗结束后，部队转移途中，与一支有80余人的伪靖安军相遇，战斗中，第七军击毙伪靖安军20余人，其中有日本军官3人，俘敌18人，缴获步枪、手枪20余支。

在长期艰苦战斗中，由于许多干部牺牲，抗联第七军失去一些领导骨干。为加强、充实第七军领导力量，1939年初，抗联第二路军总指挥部调总部参谋处长王效明、第四军留守处主任彭施鲁到第七军工作。同年2月，中共吉东省委又任命季青为“吉东省委下江三人团”书记，以进一步加强对第七军和下江地区抗日斗争的领导。3月5日至6日，季青在虎林县秃顶子主持召开了对第七军党特委工作检查会议。出席人员有季青、王效明、鲍林、崔石泉、景乐亭、金品三①，郑鲁岩列席会议。会议检查了第七军自1938年11月召开第七军党的扩大会议到1939年3月初的工作，批评了郑鲁岩等第七军领导人未经上级组织批准，便召开党的扩大会议，擅自决定撤销下江特委书记朴元彬职务，解除崔石泉代军长职务，改选景乐亭为军长等重大事

① 金品三（1909—1940），原名金万钟，辽宁昌图人。1935年2月在黑龙江省富锦县参加反日会。1936年参加东北抗日联军第七军，同年5月加入中国共产党。1938年后历任东北抗日联军第七军第三师政治部主任、师党委书记，第七军军部秘书长、军党委书记等职。1940年牺牲。

宜。指出扩大会议是不合组织原则的、非法的。会议讨论、总结了过去的工作，开展批评与自我批评，调整了第七军党特委和军部领导干部。会议决议：建立军党特委，书记崔石泉，常委王效明、景乐亭，执委李一平、鲍林、何可人、郝永贵，候补执委王汝起、金品三。军长由景乐亭代理，崔石泉兼任参谋长，军政治部主任由王效明代理。军部秘书长金品三兼任教导团政委及团总支书记。撤销违背组织原则、独断专行的郑鲁岩的政治部主任职务。对违抗上级指示的第三师师长云鹤英记大过一次，取消军党委候补委员资格。会议决定原第一、第二师暂行合并为第一师，王汝起任第一师师长，政治部主任何可人（何治病期间，由彭施鲁代理）；鲍林任第三师政治部主任①。会议讨论制定了 1939 年的活动计划，决定崔石泉率军部和第一师第一团在饶河地区活动，景乐亭率第一师到抚远、同江一带活动，王效明率第三师和补充团在虎林与第五军第三师联合开展游击活动。

此次会议在“吉东省委下江三人团”的领导主持下，基本解决了第七军内部存在的问题，整顿了队伍，鼓舞了士气，受到干部、战士的拥护。

1939 年春，为了冲破敌人经济封锁，解决部队粮食给养，抗联第七军各部根据军党委会议精神，在险要的深山丛林中开辟数块屯垦地，自耕自种解决给养。第七军第三师、补充团与第五军第三师第九团派部分队员在虎林县秃顶子、马鞍山、三人班深山密林中建立密营，开垦了几十块荒地，种植了许多玉米、萝卜、窝瓜、马铃薯等农作物。第一师派部分战士作为留守人员，在富锦、同江、饶河三县交界处的大旗杆一带开垦数块荒地，第三师在饶河县十八垧地、大旺砬

---

① 《中共吉东省委三人团对抗联七军党特委的工作检查》（1939 年 4 月 9 日），载中央档案馆、辽宁省档案馆、吉林省档案馆、黑龙江省档案馆编：《东北地区革命历史文件汇集》甲 29，1991 年印，第 32、33 页。

子、花砬子、爆马顶子等地建立了临时密营，开垦了五六块荒地。这些自耕地，虽然有些地块在夏秋两季被敌人“讨伐队”发现遭毁坏，但仍有部分地块保留了下来，得到收获。秋收时，战士们将收获的粮食等农作物搬运贮藏于密营或埋在地窖里，解决了部队所需给养。

1939 年三四月间，抗联第七军部队主动寻觅敌人薄弱环节，与敌人展开斗争。第七军代军长景乐亭率部约 300 人前往抚远、同江县途中，于 4 月 1 日在虎林县大西南岔高地与日、伪军林宽部队所属钱福部队展开长达 10 小时激战。战斗中，击毙敌步兵中尉山田金吉以下 7 人，击伤钱福部队长以下 13 人。这次战斗激烈异常。在日本人主办的《盛京时报》上称此战为“稀有之猛战”①。

抗联第七军第一师部队在师长王汝起、副师长刘雁来、政治部主任彭施鲁率领下，在饶河县大带河老会房地方处决了前来劝降的关门嘴子伪百家长范长江。之后，王汝起、刘雁来、彭施鲁等率第七军第一师 100 余人的队伍穿越 300 里荒山和尚未解冻的沼泽地，以豆饼充饥，向抚远县境挺进。在路过同江县一村屯时，部队征集了给养。当时部队在离开同江县前，将敌人设置在松花江岸的电话线杆锯断三四十根，同时砍断电话线。这样，给敌人一个错觉，敌人以为抗联部队要在同江采取什么行动，而实际上，第七军部队径向东方，以抚远为目标前进。

抚远县位于黑龙江与乌苏里江汇合处的三角地带，敌人的统治力量相对薄弱，有利于抗日游击战的开展。1939 年 5 月，沼泽地开始解冻，抗联第七军第一师战士们在向导赫哲族老人带领下踏着冰水穿越沼泽地。部队进入一村屯受到欢迎，群众听说是抗日队伍来了，都十分高兴，百家长通知各家给战士们做饭，帮助安排住宿。抗联第

---

① 《盛京时报》，1939 年 4 月 30 日。

七军第一师领导人根据了解到的情况，制定了1939年夏秋两季在抚远活动计划：第一，这里的群众对抗联特别友好，应在此基础上进一步开展抗日救国宣传活动，扩大兵源；第二，以乌苏里江岸的几个镇子为目标，设法消灭伪警察，夺取其武器弹药及其他军需品补充自己；第三，在乌苏里江岸的几个镇子里筹款①。

同年春、夏两季，抗联第七军第一师部队利用有利的自然条件，在群众的支持下，克服地理情况不熟的困难，按照既定的活动计划，连续在抚远县与敌人展开多次战斗，前后攻袭了蒿通镇、杨木岗、抓吉镇、国富镇等地。这些战斗都取得了胜利。

蒿通镇位于乌苏里江沿岸。1939年6月的一天夜晚，抗联第七军第一师部队通过蒿通镇边的小吊桥，突然冲进伪警察所院内，将伪警察全部缴械。在此地，部队补充了给养，召开了群众大会，宣传了共产党的抗日救国主张，同时向几家商号征收了布匹、胶鞋、火柴等物资。不久，又攻袭了伪军驻地杨木岗，消灭伪军1个连，缴获步枪47支、手枪7支及许多弹药和伪军服装等大批军需品。6月26日，王汝起率队攻袭了在杨木林子的日伪运送给养、服装的伪警察队，毙敌10余人，俘虏伪警察20余人，经教育后其中有5人参加第七军，其余被遣散。此次战斗缴获步枪40余支、子弹4000余发，以及大米、咸菜、服装等物资。部队离开此地时，战士们锯电柱、掐电线，切断了敌人的通讯线路。

7月25日，又攻袭了乌苏里江边的抓吉镇。当时，抗联第七军第一师指战员选拔20人组成“敢死队”，化装成伪军，打着伪满洲国的国旗，开进镇内，将前来迎接的15名伪警察全部逮捕。大部队随之入内。根据伪警察交代，还有15名伪警察陪同2个日本官吏乘船去海

① 彭施鲁：《我在抗日联军十年》，吉林教育出版社1992年版，第225页。

青渔场检查，中午可能返回。之后，第七军第一师部队在江岸修筑工事，设下埋伏。中午时分，待去海青渔场检查返回的两船敌人接近岸边时，王汝起一声令下，战斗开始。战斗中1名日本官吏负隅顽抗被当场击毙，1名被击伤，不久也死去。伪警察被俘虏。抓吉镇战斗缴获30支步枪、8支手枪，还有一批伪警察服装。被俘虏的伪警察经教育后释放。第七军第一师将缴获的面粉、物资大部分分给了当地群众，只携带少部分撤离。

8月16日，抗联第七军第一师又袭击了抚远县国富镇，并攻打了由抚远方向开来的北满航运局“新京号”轮船。九十月间，敌人展开“大讨伐”，第七军第一师部队在王汝起、刘雁来、彭施鲁率领下，避敌锋芒，穿过石砬子山，跨过挠力河，经过小根菜嘴子，又回到饶河县大山里，着手修筑密营，进行越冬准备。

抗联第七军补充团与第五军第三师组成联合部队一直在虎林县积极开展游击活动。1939年8月，成功地攻袭了虎林县黑嘴子日军军事工程工地。

黑嘴子秘密军事工程是日本侵略者为准备日苏战争而修建的，整个工地有上万名劳工参加修建军火库、兵营和要塞。他们多半是日本侵略者从关里以欺骗手段招募来的劳工。这些劳工的劳动环境和生活条件极为恶劣，患病无医，死亡相继，死于非命者累累皆是，黑嘴子军事工程工地实为人间地狱。7月中旬，有4名劳工从黑嘴子一工棚逃出跑到抗联第七军补充团驻地，要求参加抗联。他们向抗联指战员讲述了黑嘴子工程情况，特别是详细讲述了他们所在工棚工地的地形、敌人防御布局和工人的悲惨状况。8月1日，“吉东省委下江三人团”书记季青与第七军补充团团长李一平及同在虎林一带活动的抗联第五军第三师第九团领导人姜信泰开会研究，决定袭击黑嘴子秘密军事工地，破坏日本侵略者的军事工程，解放受苦劳工。

8 月 4 日晚，按战斗部署，抗联第五、第七军联合部队战士分 6 个小队，打进了一个工棚，消灭敌守卫队 50 余人，没收了“大柜”（经理）的物品，俘虏了反动工头，缴获了大批物资。在工棚里，抗联战士向工人进行抗日救国宣传，解救出 180 名劳工，其中有 110 余人参加了抗联部队。第五、第七军部队带领劳工向石青山转移时，虎林日本守备队古田少尉带领 75 名日军前来截击。交战 30 多分钟，甩掉了敌人。敌人又派飞机轰炸、扫射，一部分劳工失散。战斗中消灭日军 30 余人、伪警察 18 人。

黑嘴子工地战斗是一次胜利的战斗。伪军警说：“抗日联军真是神出鬼没，快进街了，我们还不知道呢！”①黑嘴子工地战斗的胜利，扩大了抗联的影响。此次战斗后，抗联第七军补充团与抗联第五军第三师第九团分开活动。

1939 年 8 月 1 日，抗联第二路军总指挥周保中致信抗联第七军领导同志。信中，周保中在分析了目前的斗争形势后说，你们对于全部第七军的领导及民众可能的联系，必须有长久艰苦斗争的打算，军事、军需，特别是给养粮食，应做必要的准备，万不可有超越实际斗争的幻想而耽误了当前工作。同时，派遣黄玉清为省委执行部特派员到虎林、饶河第七军部队巡视解决党组织、军队中的实际问题②。

1939 年 9 月，日伪当局纠集日军 1600 人、伪军 2000 人向在虎林、饶河一带活动的抗联第七军展开“大讨伐”。此时，第七军代军长景乐亭经请求上级批准，领妻子王玉洁去苏联治病。不久，原第七军政治部主任郑鲁岩在虎林县秃顶子密营被敌人逮捕叛变，带领日军

---

① 《关于解放黑嘴子工人之役的战斗经过》（1939 年秋），载中央档案馆、辽宁省档案馆、吉林省档案馆、黑龙江省档案馆编：《东北地区革命历史文件汇集》甲 58，1991 年印，第 79 页。

② 《周保中关于目前斗争问题给景乐亭等并转军党特委的指示信》（1939 年 8 月 1 日），载中央档案馆、辽宁省档案馆、吉林省档案馆、黑龙江省档案馆编：《东北地区革命历史文件汇集》甲 55，1991 年印，第 208、209 页。

“讨伐队”破坏了第七军在虎林、饶河的许多密营。为了保存部队有生力量，第七军军部决定化整为零，由崔石泉、王效明、王汝起、彭施鲁各率一部，在虎林、饶河山区活动。这期间，由于叛徒出卖和敌人的残酷“讨伐”，许多密营被焚毁，抗联战士耕种的庄稼被毁坏，一些抗联战士、干部被敌人逮捕。10 月 23 日，在饶河县三道亮子附近养病的补充团团长李一平，在与前来搜捕的日军“讨伐队”战斗中牺牲。

入冬，日、伪军“讨伐队”在饶河山林地带围追堵截抗联第七军第一师，部队给养供应遇到极大困难。就在此时，第七军第一师部队行进到别拉洪村东部山林时，遇到一位朝鲜族老乡赶着马爬犁上山拉木柈子。刘雁来副师长向这位老乡说明抗日部队缺少粮食的情况，请求他予以支援。第二天，这位朝鲜族老乡上山拉木柈子时，用马套包子装来 30 多斤大米送给第七军第一师部队，并告诉明天有日本“开拓团”40 张牛爬犁上山，可以截击他们。次日，第七军第一师部队很早就在进山路上设下卡子，果然，有日本“开拓团”的 40 多张牛爬犁缓慢向山上走来，当即被第七军第一师战士截击，缴获 40 多头牛。之后，第七军第一师部队在军参谋长崔石泉、师长王汝起的率领下，用缴获的日本“开拓团”的牛在前面拉道，向大林子转移。在大林子与前来追击的敌人展开一次战斗，前头敌人被击毙，马队被打散。当夜，部队离开大林子，欲奔向富锦县大石砬子，因无向导，结果误入小石砬子山伪军营地。战斗中，第七军第一师受到严重损失，牺牲、负伤 30 多人。随后，部队从富锦县小石砬子撤到饶河县山里。

为救护伤员，第一师师部将伤员分头安置。转移到十八垧地密营的伤员由军部警卫连连长吴应龙负责安置并解决给养。吴应龙带领 4 名战士，在地下交通员帮助下搞到一些食品。返回途中与 100 余名日军遭遇。战斗中，吴应龙腿部受重伤。他命令战士把给养送到密营，后为掩护战友英勇牺牲。另有安置在爆马顶子密营的 8 名伤员，大部队离开时留给他们一些粮食，并告诉他们过几天还会送来粮食。但有限的一点粮食很快吃完。此时大雪封山，敌人又频繁“讨伐”，加之无医无药，生存极为艰难。数日后，当师部派来送粮食的战士到达密营时，发现8名伤员为不当俘虏全部自缢身亡。8名伤员悲壮牺牲的消息传到师部后，抗联第七军参谋长崔石泉和第一师师长王汝起十分悲痛。他们率领身边人员赶赴8名烈士牺牲地，为他们举行了追悼仪式。

1939年11月14日，中共吉东省委执委主席、抗联第二路军总指挥周保中致信抗联第七军负责人，指出第七军应整顿部队，保持基本实力，以冲破日军最近的疯狂进攻和包围，逐渐向抚远、同江转移。同时留下部分部队坚持虎、饶游击区的斗争。指定王效明任抗联第七军参谋长，崔石泉调到抗联第二路军参谋处，季青任第二路军总部政务处副主任，并任总部和吉东党组织驻第七军军部特派员，帮助抗联第七军及党组织开展政治教育，并指示改组第七军军党委，指定景乐亭、王效明、季青为委员，王效明为临时主席，共同负责改选建立新的军党特别委员会执委会，书记由执委选举后报吉东省委批准。撤销“吉东省委下江三人团”，第七军军党特委直接由省委执行部领导①。

根据抗联第二路军总指挥部的指示，同年11月末，抗联第七军参谋长崔石泉和第一师师长王汝起率所部160余名战士为脱离敌人包围线，快速向抚远移动。12月间，第七军部队克服冬季严寒，给养缺乏的严重困难，转战抚远、同江等地，与敌人交战4次。其中在抚远县新屯与170名日军、伪靖安军激战1天，毙敌70余人。在同江县西砬

① 《周保中给王效明等人的指示信》（1939年11月14日），载中央档案馆、辽宁省档案馆、吉林省档案馆、黑龙江省档案馆编：《东北地区革命历史文件汇集》甲56，1992年印，第27—30页。

子与100余日军骑兵战斗，毙敌20余人，并缴获军用地图等重要军需品。但在频繁的战斗中，第七军部队也牺牲许多战士，人数已明显减少。

1940年1月，抗联第七军根据中共吉东省委关于整顿部队的指示，缩编了队伍，补充团余部并入教导团，由军部直接领导；第一师（包括前第二师余部）全部缩编为1个团，番号为第一师第一团；第三师亦缩编为1个团，番号为第二师第四团。

1940年3月24日，抗联第七军100余人在虎林县小穆河渔梁子后山休整。此时，第七军代军长景乐亭和秘书、护兵3个人从苏联回到第七军部队。两日后，军部召开全体干部战士大会，宣布景乐亭在对敌寇斗争最困难时期产生动摇，在联军内部结集反革命小团体，密谋叛变，经军部决定以"企图叛降罪"判处景乐亭死刑，并立即执行。景乐亭被处死，一时造成很大影响。判处景乐亭死刑是当时特殊的环境下，只凭重大可疑现象，未经调查，弄清事实，仓促作出的决定，属内部误杀。

在1939年冬季和1940年初的反"讨伐"战斗中，抗联第七军许多干部战士牺牲在战场上。同时，由于敌人严密封锁，部队给养经常发生困难，战士数日吃不到粮食、食盐，有时只能以树皮果腹，为了避敌锋芒、隐蔽目标，部队在严寒露营之际不能生火取暖，经常是日夜不停地连续行军，许多指战员在极端艰苦的情况下饿死、冻死、病死。部队减员很大，1939年10月前尚有400多人，到1940年初已减至160余人。但他们克服重重艰难，依然顽强地坚持与日、伪军进行激烈的搏斗。

四、东北抗联第八军的瓦解

在1938年春季，为冲破日伪当局开展的"三江省大讨伐"，中共吉东省委曾决定包括抗联第八军在内的抗联第二路军主力部队向五常地区进行西征。但第八军军长谢文东对吉东省委决议不予执行，并阻挠第八军政治部主任刘曙华落实组织第八军第一、第四师参加西征的工作。因此，抗联第八军部队没有参加西征，而是继续在原地活动。

在此之前，为帮助抗联第八军，吉东省委虽曾派出刘曙华、金根等政治工作人员到该军从事政治工作，贯彻党的抗日统一战线政策，为团结抗日做了许多工作，但在谢文东的控制下，部队的教育改造工作收效甚微。

随着日伪当局发动的“三江省大讨伐”的开展，活动在伪三江省的抗联部队陷入极端困难的境地。在反“讨伐”斗争中，抗联第八军曾与抗联第三军第四师在勃利县境共同与日、伪军展开斗争。5 月底，第一师副师长徐德民、教导团政委贺成久在刁翎与敌战斗中牺牲。在日伪当局的疯狂“讨伐”下，第八军一部在与敌人作战中被打散。加之该军内部组织复杂，纪律松弛，领导人员思想动摇，部队呈现不巩固状况。日伪当局为消灭抗联第八军，在加紧军事“讨伐”的同时，不断加紧对第八军的劝降工作。之后，该军各部持枪降敌者日见增多，暗杀党组织派进的干部之事时有发生。继 1937 年 12 月第八军第三师叛变分子将该师政治部主任金根杀害后，1938 年春，又出现杀害第八军军部参谋长于光世的事件。当时，有人散布第八军参谋长于光世率第八军教导队要离开第八军投奔第五军，谢文东命令第八军警卫营将其缴械。在于光世率第八军教导队于五道河子附近与第八军警卫营相遇时，被包围并解除武装。警卫营在押解于光世去见副军长滕松柏途中，将其杀害于马蹄沟。

为了解决抗联第八军内部出现的投降叛变、杀害领导人等严重问题，1938 年 6 月 2 日，抗联第二路军总指挥周保中将第八军政治部主任刘曙华自依东召至宝清尖山子西南第二路军总指挥部，参加指挥部召开的会议。会上，刘曙华汇报了第八军存在的严重问题，内部领导人物与各系统关系、各部队状况及其认识，党在第八军的作用，干部及群众基础等情况。经过研究讨论，对整顿、巩固第八军及开展游击运动的问题作出具体决定：停止谢文东党籍，责成刘曙华解决第八军问题，要制止动摇、投降倾向，并部署西征事宜。

为了巩固抗联第八军部队，抗联第二路军总指挥周保中除主持专门会议研究第八军的问题外，还极力做第八军领导人的工作，分别写信向他们说明抗日前途，告诫其珍重自己光荣历史，指明抗日斗争行动方策。6 月 4 日，周保中致信谢文东，指出第八军军部存在的严重问题，如未能建立直接掌握的巩固部队、军部威信未树立起来、纪律多受破坏、军令政令不执行等；提出应以坚固不拔之精神，严令各部切实执行远征计划；在对内部巩固上应有更大警觉，凡阳奉阴违或行为悖谬之徒，应一律须加以排斥清洗；军令政令应完全依照抗日救国的南京国民政府之法令执行；在联军关系上必须消解以往之成见等。信中指出，关于目前联军及第八军游击策略行动方针，由第八军政治部主任刘曙华转达，希采纳实施[①]。但是，第八军军长谢文东等领导人对于第二路军总指挥周保中的指示置之不理，不接受第八军政治部主任刘曙华提出的整顿部队的意见。在第八军中，由于缺乏正确领导，封建势力左右其间，使部队逐渐走向衰败和瓦解。

1938 年 6 月 7 日，抗联第八军第二师与抗联第三军第四师联合攻打了勃利县城。在战斗结束后，第八军第二师师长关文吉将第三军第四师保安连诱骗解除武装并寻找借口，将陈主任、单主任、尤副官杀害，致使第三、第八军关系更为紧张。

同年 6 月，抗联第八军第四师副官带部分人员，将师政治部主任

---

① 《周保中给谢文东同志信》(1938 年 6 月 4 日)，载中央档案馆、辽宁省档案馆、吉林省档案馆、黑龙江省档案馆编:《东北地区革命历史文件汇集》甲 52，1991 年印，第 35—38 页。

柴荫轩[1]解除武装，在萧家屯投降日军；随后，带领日、伪军前来进攻七星砬子附近联军密营，战斗中，第四师政治部主任柴荫轩牺牲。6月24日，第八军第六师师长赵庆珍、参谋长刘廉汉在遭受日、伪军“讨伐”，密营被破坏的情况下，到勃利向日军投降。

1938年夏，抗联第八军第一师师长秦秀权暗中与日本特务横田联系，与日军密探长、翻译去富锦县城密谋投降事宜。同时，在部队内散布谣言，制造思想混乱，阻止刘曙华整顿部队和带领部队参加西征。6月17日、30日，刘曙华将上述第八军中存在的问题两次写信报告给第二路军总指挥部，指出第八军问题的严重性，第八军不愿意我们再派来新的干部工作，第八军西征恐不能实现。而后，刘曙华离开富锦县第八军第一师后方，到勃利县第八军第三师后方。在这里，刘曙华与第三师师长王子孚讨论参加西征问题。王子孚虽然表面同意西征，但背后却阴谋投敌，企图杀害军政治部主任刘曙华。当刘曙华发现其阴谋之后，坚决与其斗争，向第三师干部战士宣传抗日救国、坚持抗战到底的道理，揭露王子孚的投降阴谋。8月22日，王子孚为实现投敌目的，将拒绝投降的刘曙华杀害。刘曙华牺牲后，王子孚于9月5日带55人到勃利县向日本宪兵队投降。与此同时，第八军第五师师长董宪章带15人也到方正县投降了敌人。

1938年秋，早有投敌意图的抗联第八军第一师师长秦秀权，率部下40余人投降。此时，第八军第二师师长关文吉借口活动区域、林业税收等问题又与抗联第三军第四师挑起矛盾。关文吉指挥所部偷袭第三军第四师，使第三军第四师死伤二三十人，将机枪2挺、步枪50余支缴去。1938年末，关文吉在西北楞荒沟密营率70多人去佳木斯

---

① 柴荫轩（1903—1938），吉林省人。1937年2月任东北抗日联军第八军第四师第十三团政治部主任，后任东北抗联第八军第四师政治部主任。1938年在战斗中牺牲。

投降日军。

秦秀权、赵庆珍、王子孚、董宪章、关文吉等投敌后，在日本侵略者的驱使下，或当密探潜回部队做离间、劝降工作，或带领日、伪军“讨伐”抗联部队，使第八军面临的严峻形势雪上加霜。至此，第八军所属各师主要领导人大部已投降敌人。第八军已濒临瓦解。

1938 年 11 月，抗联第八军第四师师长齐红林率部在富锦被伪吉林第二教导队击溃，副师长李延会等被俘，齐红林下落不明。第八军军长谢文东、副军长滕松柏为躲避敌人的“讨伐”，率残余部队潜入五道河子一带深山密林中。日军即派已投降的原第八军第二师师长关文吉到山里劝降谢文东、滕松柏。关文吉将所带队伍留在山下，只身来到山上。滕松柏怀疑关文吉之所述有诈，将关枪毙后，带领亲信离开谢文东。

1939 年初，日伪当局组织大批“讨伐”部队在刁翎、三道通、五道河子一带深山密林中对谢文东所率残部展开“讨伐”。为劝降谢文东，伪三江省军事顾问北部邦雄指令曾率部起义参加抗联第八军、后又投降日伪的伪军第二十九团团长赫奎武去说服谢文东。赫奎武先拉拢谢文东警卫营营长姜永茂，并与其共同做谢文东策反工作，谢文东表示同意投降。1939 年 3 月 19 日，谢文东率残部 24 人到依兰县土城子投降日军。不久，第八军副军长滕松柏在佳木斯投降敌人。至此，抗联第八军彻底瓦解。

谢文东投降后认贼作父。3 月 21 日，他在日军黑石部队长和北部邦雄顾问引领下去“新京”，向日本关东军司令官植田谦吉表示“谢罪”，后任鸡西城子河煤矿把头和勃利县劳工大队长，为日本侵略者效劳。滕松柏在佳木斯投降敌人后，曾任伪三江省军管区情报科组长，充当日本侵略者的帮凶。1943 年病死于佳木斯。

抗联第八军军长谢文东、副军长滕松柏等动摇投降，认贼作父，效忠日寇，成为民族败类。但是，人们不会忘记以景振清、刘曙华、金根、于光世、柴荫轩、徐德明等为代表的自土龙山暴动以来，为国家、民族的独立解放事业英勇斗争而献出宝贵生命的民众救国军、抗联第八军广大将士。

五、东北抗联第十军在五常遭受挫折

抗联第十军在军长汪雅臣的率领下，一直活动在五常、舒兰、榆树等县山岳地带，成为活跃在北满地区日伪统治中心哈尔滨附近的重要抗日力量。

1938 年夏，抗联第二路军主力部队由松花江下游向五常县西征后，抗联第十军军长汪雅臣得知这一信息十分高兴，因有第二路军的部队来五常活动，定能增加这一地区的抗日力量。于是，他决定率队接应第二路军西征部队。但部队行进到五常小山子时，遭到敌人阻击，汪雅臣不幸负伤，不得已，只好率领队伍撤回九十五顶子山区。

1938 年 8 月，抗联第二路军西征部队之第四军部队，在军长李延平和副军长王光宇率领下，进入五常县境后，曾于冲河张家湾与抗联第十军部队会合，第十军对第二路军西征部队给予了帮助和支持。

抗联第二路军西征部队失利之后，在敌人的严厉“讨伐”和分割包围之下，抗联第十军与第二路军总指挥部的联系被隔断。在此期间，第二路军总指挥部虽然多次试图与第十军取得联络，但都未能实现。1939 年抗联第十军陷入孤军作战的境地。尽管如此，抗联第十军指战员始终没有放弃抗击日本侵略者的斗争。他们采取组成小股部队形式，以五常县南部崇山密林为依托，坚持开展游击活动，袭击敌人。

1940 年 9 月 11 日，抗联第十军攻击了五常县山河屯。这是第十军为打击敌人、解决冬季服装和弹药的一次重要军事行动。山河屯是五常县第二大镇，拉滨铁路线一个车站，距五常县城 25 公里。镇内设有伪警察署等机构，驻有日军守备队和伪警察队，有日本人经营的“金融组合”和开设的当铺。战斗前，军长汪雅臣先派人侦察了镇内敌人部署情况。9 月 9 日，汪雅臣作了战斗动员。当夜，第十军 80 余名战士由宿营地摩天岭出发，途中有 30 多名舒兰县上金马、下金马和五常县沙河子等地农民自卫队员自愿随军参加战斗。队伍昼伏夜行，9 月 10 日晚，部队行至缸窑林子，汪雅臣听取了侦察员关于敌情的汇报，进一步研究了作战计划。9 月 11 日晚 9 时，第十军战士和农民自卫队员逼近山河屯东门城墙附近。抗联战士首先割断电话线，突破东门进入镇内，冲入伪警察署，俘虏了伪署长，缴获全部武器弹药。在与日本守备队战斗中，消灭日军 3 人，其余十几名日军狼狈逃窜。此战获胜，缴获日本人经营的“金融组合”、当铺、服装店现金 3000 余元及价值 6 万余元的金、银首饰，还有皮袄、棉服、粮食等物资。战斗结束后，第十军战士和农民自卫队员满载战利品顺利从东门撤出，返回驻地摩天岭。为答谢抗日群众的支援，军长汪雅臣决定将缴获的一部分金、银首饰，衣物和粮食分给参战的农民自卫队员和当地群众。

1940 年秋，日伪当局为消灭抗联第十军，派出大批兵力到五常县向阳山、沙河子和舒兰县金马、六道滴哒一带第十军经常活动的地方进行“讨伐”。同时，派出以伪吉林省警察厅特务科长牧芳太郎为首组成的搜查班，在五常县向阳山、舒兰县金马等地进行秘密调查，逮捕抗日群众。由于敌人的疯狂“讨伐”和对根据地的破坏，第十军部队的活动日益困难。为保存实力，汪雅臣军长将部队化整为零，实行分散活动，继续战斗在五常县摩天岭、九十五顶子一带。

1941年1月12日，由特务王永贵、叛徒郭珍和汉奸伪屯长孙永清引领，梶田率日军守备队和伪军300人进山“讨伐”。凶恶的日军守备队和伪军直奔抗联第十军军部所在地五常县南部蛤拉河子附近的尖山子密营。因敌众我寡，汪雅臣率军部人员和保安连主动撤退，离开尖山子密营。敌人占领尖山子密营后，将密营破坏。抗联第十军赖以越冬的给养物资皆被敌人烧毁，损失殆尽。

1月下旬，敌人再次纠集兵力，向九十五顶子进攻。当时，抗联第十军战士被迫在零下40度的严冬时节露宿在山岭上，与敌搏斗，不少战士在饥寒交迫中冻饿致死。1月29日，梶田率日军守备队40余人，又从向阳山、柳树河子、常安屯调集伪自卫团五六十人，分兵包围了第十军蛤拉河子东山石头亮子宿营地。发现敌情，军长汪雅臣指挥战士奋力突围，他亲自率领部分战士阻击日军守备队，以掩护副军长张忠喜带队突围。张忠喜率部分战士奋力突出包围后，在抢占东山高地时壮烈牺牲。在前头阻击日军的机枪手中弹牺牲，军长汪雅臣接过机枪，一面向敌人射击，一面命令部队向西南方向突围。他向东南方向边打边退，把敌人吸引过来。使部队指战员冲出敌围转移。汪雅臣左臂中弹受伤，警卫员中弹牺牲。汪雅臣只身继续与敌人进行战斗，其胸部、腿部又接连受重伤，不能站立而倒地。在敌人蜂拥而上将其包围时，他镇定自若，痛骂日本侵略者。最后，在敌人将其抬往贾家沟途中牺牲。

抗联第十军冲出重围的部队继续在拉林河上游山区坚持抗日斗争。一些被打散的战士在深山里潜伏下来过起隐居生活，他们立下誓约，誓死不投降，不当亡国奴。在山上又坚持了4年多的艰苦生活。抗日战争胜利后，党组织派人进山，告诉他们日本已经投降，他们才从山里走出来。

第三节　东北抗联第三路军在黑嫩地区开展平原游击战

一、西北临时指挥部的成立及平原游击战的初步开展

北满抗联主力部队在中共北满临时省委的领导下向黑嫩平原西征的胜利实现，为在小兴安岭西麓、黑嫩平原地区开展游击战争，开辟新的抗日游击区域创造了条件。

1938年10月15日，中共北满临时省委常委、抗联第三军政治部主任金策率西征部队到达海伦县后，立即召开了第三、第六、第九军远征部队各师领导干部联席会议，研究、部署了在黑嫩平原开辟新的游击区、开展游击战争的计划，并成立了江省西北临时指挥部筹备会，以统一领导指挥西征到黑龙江省西北部的抗联各军部队。同时，为了培养、提高干部政治、军事领导水平，决定开办短期训练班，培训干部。为加强地方党和群众工作，决定派出4名干部到讷河、绥化、庆城（今庆安）、肇州等县开辟地方工作，建立地方党组织，组建群众抗日救国会，发动群众开展抗日活动①。

1939年1月，江省西北临时指挥部正式成立。张寿篯与许亨植分别任政治、军事负责人。冯治纲任参谋长，李景荫任参谋处长，张光迪、王明贵、郭铁坚、雷炎为参谋，赵敬夫、于天放为政治部科长②。

---

① 《金策关于西征顺利到达目的地给张寿篯、高升山的信》（1938年10月16日），载中央档案馆、辽宁省档案馆、吉林省档案馆、黑龙江省档案馆编：《东北地区革命历史文件汇集》甲53，1990年印，第86页。

② 《张寿篯给高禹民、夏振华并转徐光海及全体战士的信》（1939年2月20日），载中央档案馆、辽宁省档案馆、吉林省档案馆、黑龙江省档案馆编：《东北地区革命历史文件汇集》甲54，1991年印，第193页。

西北临时指挥部正式成立后，为了统一领导，迅速开展黑嫩平原抗日游击战争，根据北满临时省委的指示和各军部队在不同区域活动的实际情况，将西征到海伦、绥棱县一带的抗联第三、第六、第九、第十一军和原在铁骊（今铁力）、庆城、海伦、绥棱一带进行斗争的抗联第三军第一、第二、第三、第六、第九师等部队，在保留原部队番号的情况下，按其活动地区，统一编成第一、第二、第三、第四支队和第一、第二独立师。第一支队，由第三军第三师第八团一部和第六军第一师第六团组成，支队长张光迪，政治部主任陈雷；第二支队，由第六军第二师第十一团、第十二团和第三军第三师第八团一部组成，支队长冯治纲，政治部主任赵敬夫；第三支队，由第六军第三师第八团、第六军教导队和第十一军第一师一部组成，支队长王明贵，政治部主任于天放；第四支队，由第六军教导队一部、第六军第十九团、第九军第二师组成，支队长雷炎，政治部主任关树勋；独立第一师（亦称龙南第一支队），由第三军第一师组成，师长任永富，政治部主任周庶泛；独立第二师（亦称龙南第二支队），由第三军第三师第七团及第十一军第一师一部组成，师长马光德，政治部主任朴吉松。

根据各部队活动区域，第一、第二、第三支队为龙北部队，由张寿篯负责领导，主要活动在海伦、讷河、嫩江、克山、德都、通北、北安等地；第四支队和独立第一、第二师为龙南部队，由许亨植负责领导，主要活动在绥棱、绥化、庆城、铁骊、巴彦、木兰、东兴等地。

为进一步加强党对嫩海地区抗日游击运动的领导，不久，中共北满临时省委决定成立中共北满临时省委嫩海地区代表团。代表团由张寿篯、许亨植、侯启刚、王明贵组成，张寿篯为负责人。嫩海地区代表团在省委领导下工作，直接对省委负责。西北临时指挥部和嫩海地区代表团的成立，使西征到海伦地区的抗联部队有了统一的指挥和领导，更加适应了抗日斗争形势发展的需要，在组织上为开展黑嫩平原游击战争做了充分的准备。

1939 年初，为总结反日游击战争的经验教训，研究面临的新环境、新形势，确定新的战斗任务，中共北满临时省委于 1 月 28 日在庆城老金沟召开了第九次常委会。张兰生、金策、冯仲云等参加了会议。会上，金策作了《关于北满抗日游击运动新方略》的报告。会议总结了 1938 年 5 月以来党的工作，分析了西征后北满游击运动的形势，提出了新的斗争任务。会议指出："估计到目前的形势，还不是直接革命形势，而是长期耐苦的准备阶段。因此，首先要把我抗日联军游击运动和民众运动配合起来，重新布置有战略意义的方向，并加强内部巩固，去克服局部性的不平衡的发展，争取局部形势高涨。克服与国内抗战的隔离性，加速东北反日游击运动由不平衡的、隔离性的、局部运动连接为全部性的运动。"①

针对北满抗联过去工作的缺点及目前斗争形势，会议将开辟黑嫩平原游击区确定为新的战斗任务，并围绕这一战斗任务提出了北满游击运动的新方针。这一方针的要点是：争取北满军事领导的统一；根据抗联统一行动纲领与规程，分区集中，建立各区指挥部，统一各区的领导与指挥，并加强与地方组织紧密配合；以高度的决心和突击精神继续克服下江联军"猬集"现象，冲破敌人"三江省封锁"重围，继续远征，开辟新区，打通与南满抗联第一、第二军的联系，迎接深入到热河和辽西的八路军游击支队及马占山挺进军，以便与之会合；加强与统一政治工作，将每一个队员都引导到政治生活里。巩固、扩大队内党的组织，加强党支部工作，保证党的领导作用；各部队政治部应布置各自活动区域的群众工作，领导他们进行抗日斗争；加强伪军

① 《中共北满临时省委第九次常委会决议》（1939 年 1 月 28 日），载中央档案馆、辽宁省档案馆、吉林省档案馆、黑龙江省档案馆编：《东北地区革命历史文件汇集》甲 24，1989 年印，第 251 页。

工作，利用敌人内部矛盾争取其哗变抗日；提高政治警惕性，揭露与反对敌特奸细的各种阴谋活动。

中共北满临时省委第九次常委会认真总结了反“讨伐”作战和进行远征的战术经验，指出“我们的战术是站在主动地位，善于利用敌人的弱点‘以小制多’、‘以少胜多’的灵活游击战术，采取破坏、扰乱、埋伏、袭击……迅速、及时‘化整为零’、‘化零为整’”。并且具体指出，在老游击区要建立后方基地，并要经常移动，以便进退自如，使敌人无法捉摸，要反对“冒险攻坚”、“蹲仓主义”，要与群众建立密切联系，并要加强侦察工作。在进行远征时，坚决反对“平推主义”的集中远征，“冒险冲击”的“左”倾突击或畏缩不进。必须采用“逐步伸长”、“分开前进”、“轻兵奇入”的战术，特别要注意慎重挑选对远征有信心，坚定、耐劳、机警的干部来担负领导。要轻装行军，在适当地点建立游击站，以便前后联络，尽量设立后方，准备给养，熟悉当地情况。要紧紧掌握抗日民族统一战线政策，接近群众，团结少数民族广泛开展抗日斗争。在新开辟的游击区，行动初期要尽可能避免与强敌正面作战，决不要轻举妄动，进行冒险行动。应将骑兵游击（平原游击）和步兵游击（靠山游击）结合起来，有效地牵制敌人。为反对敌人以设伏、堵击、长追、围困等方式进攻我军，应及时脱出敌人包围线，进行大圈远距离游击，并要事先必须在各处准备好粮食和给养，以免因粮食缺乏、断粮而使内部动摇，部队遭受损失①。

中共北满临时省委第九次常委会议还对党的工作、民众运动问题，包括地方工作、发动民变、对敌人归屯的斗争策略、城市工作、青年妇女工作，及少数民族问题、伪军工作问题、反奸细斗争等问题作

---

① 《中共北满临时省委第九次常委会决议》（1939 年 1 月 28 日），载中央档案馆、辽宁省档案馆、吉林省档案馆、黑龙江省档案馆编：《东北地区革命历史文件汇集》甲 24，1989 年印，第 253、255、256 页。

出规定或提出要求。中共北满临时省委第九次常委会是在北满抗联主力部队转移到黑嫩平原后的新形势下召开的一次重要会议。这次会议提出了新的游击运动的方针，统一了北满全党同志的思想认识，提高了抗联部队的战斗意志，坚定了抗战必胜的信念。特别是会议所总结的反“讨伐”作战和进行远征的经验，对以后开展黑嫩平原游击战争，完成新的战斗任务起到了重要的指导作用。

1939 年春节前后，北满抗联各支队在加强后方军事基地建设，积极开展群众工作的同时，顶风冒雪，克服种种困难，寻找敌人薄弱环节，采取突袭、夜袭、偷袭等战术，积极开展游击活动。

第一支队，即原西北远征队，有 100 余人。在西征部队未统一编成支队前，便在队长张光迪、政治部主任陈雷率领下，于 1938 年 10 月上旬从海伦与绥棱交界的八道林子出发，踏上西北远征的征途。当到达通北县南北河支流木沟河时，遇到敌人追击。张光迪见秋风强劲，急中生智，命令战士将荒草点燃，顿时火借风势，风助火威，形成一条火龙，挡住追敌。远征队借助熊熊烟火迅速转移，摆脱了敌人追击。尔后，跨越北（安）黑（河）铁路向德都县五大连池一带挺进。11 月上旬，在龙门山与敌人展开战斗，取得胜利后，奔向德都县朝阳山。11 月中旬，获悉西北远征队任务是在德都、嫩江一带建立游击根据地。七八日后，该部又从朝阳山插入嫩江县东部。但由于孤军深入，与后方失去联络，11 月 27 日在松门山露营时突遭日、伪军 200 余人袭击，支队长张光迪负伤，20 余名战士牺牲，部队受到很大损失。以后，该部在敌军骑兵追击和飞机跟踪轰炸下，北进黑河地区。1939 年 3 月被迫在黑河上马厂附近过界进入苏联境内。3 个多月后，于同年六七月间张光迪、陈雷又先后分别返回东北抗日战场。

第二支队，在支队长冯治纲和政治部主任赵敬夫率领下深入到德都县平原地区讷谟尔河流域活动。1939 年 1 月 12 日，第二支队所属的抗联第六军第二师第十二团于德都县田家船口击溃了一支4倍于己的敌人“讨伐队”。战斗中，击毙日本人警尉目黑俊一，活捉德都县伪警务科长刘日升等25人，缴获步枪30余支。战斗结束后，被俘虏的伪警察经教育后全部释放。田家船口战斗后，第二支队转移至德都西15公里的谷家窑，突然被来自北安、克山、讷河的近千名日、伪军警包围，部队在谷家窑与敌激战终日。夜幕降临时，敌人调兵封锁进山通道，妄图切断抗联部队退路。在支队长冯治纲指挥下，第二支队乘敌人频繁调动之机，展开突围战斗。第六军第十二团政治部主任王钧①率先头部队冲破敌人围攻薄弱处，随后大部队有序地相继突出敌围，向卧虎山脚下摄洛霍屯奔去。在激烈的突围战斗中，第二支队牺牲1名战士，而敌人在黑夜中自己相互射击死伤多人。第二支队在田家船口和谷家窑两次战斗的胜利，使群众为之欢欣鼓舞，在德都平原一带壮大了抗联声威。与此同时，另有第二、第三支队混合部队得知当地敌人进攻第二支队后方根据地消息后，抢在敌人之前，乘其不备攻破孙家船口（额木尔站），缴获步枪39支，弹药若干。待敌人前来追寻时，第二支队后方人员早已转移，敌人扑空，毫无所获。随后，第二、第三支队混合部队调转头来，进攻了海伦县东北青石岭木营，取得了胜利。

1939年3月，北满抗联总政治部主任张寿篯率教导队来到第二支队，听取支队长冯治纲的工作汇报，指示第二支队在敌人统治区域内开展游击活动，不能固守在一个地方，要实行机动灵活的战略战

① 王钧（1914—2000），原名王捷民，黑龙江汤原人。1932年参加抗日斗争。1935年加入中国共产党。历任东北抗日联军第六军保安团政治部主任、第六军第十二团政治部主任、东北抗联第三路军第三支队参谋长等职。抗战胜利后任黑龙江省军区副司令员兼参谋长。新中国成立后，任黑龙江省军区副司令员、黑龙江省体育运动委员会主任等职。2000年病逝。

术，运用夜袭、突袭和远距离奔袭打击敌人，保存自己。根据张寿篯的指示，第二支队离开德都，向讷河、嫩江等地移动。4 月 27 日，第二支队于北进途中乘夜攻袭了龙门县（今属北安市）紫霞宫伪警察分署，缴获步枪 10 支、手枪 1 支及很多服装、给养。接着，又袭击了龙门日军飞机场，毙日军 2 人。之后，第二支队分两部活动，第六军第十团、第三军游击团南返，执行新的作战计划。冯治纲率支队部和第三军第八团，则巧妙匿迹，北进西出，与在德都、讷河活动的第六军第二师第十二团会合。此时，驻守龙门的敌人刚刚撤离，南去追击抗联部队。冯治纲指挥部队于 5 月 5 日一举袭击了龙门车站，将 5 名路警缴械，处死作恶多端的工务段长等 4 名日本人，其余人员经教育释放。此次战斗缴获步枪 6 支，服装、给养甚多。龙门车站战斗后，六七百名日、伪军被派遣进山“讨伐”，并有飞机配合侦察、轰炸。为避敌锋芒，冯治纲与赵敬夫分兵活动，赵敬夫率步兵东进至小兴安站附近活动。

1939 年 5 月下旬，冯治纲率领第二支队骑兵西进讷河，夜袭讷河县东部三合屯，将讷河县伪警察队 30 人全部缴械，毙敌 1 人，缴获轻机枪 1 挺、步枪 28 支、手枪 6 支、子弹 3000 余发，服装若干。经过几次胜利战斗后，第二支队指战员枪支得到改换，第三军第八团一律换成三八式步枪，仅第六军部队尚有少数杂牌枪，弹药得到补充，服装得到统一，均着黄色军衣，第二支队全体指战员士气大振。

第三支队为适应平原作战，在支队长王明贵指挥下想尽一切办法夺取敌人马匹，使部队变为骑兵。1939 年 1 月 8 日晨，第三支队和第四支队一部共 200 余人，在王明贵率领下冒雪埋伏在距离诺敏河支流二道河子附近的公路旁，将来自一棵松日满运输株式会社的运输车队截住，没收 70 余匹马和大批粮食。1 月 22 日晚，第三支队又袭击了位于绥棱县诺敏河上游的一棵松日本人经营的森林采伐作业区一伐木场，缴获 100 余匹良马。连续两次战斗，使第三支队完全变成骑兵队伍。2 月以后，第三支队在王明贵率领下，曾在绥棱县四海店、双泉镇等地与敌人开展战斗，在海伦县袭击了董凌阁屯和孙炮营，击溃伪警察和自卫团武装，在海伦县三圣宫、刘四把棍屯，绥棱张庆屯、克苏里桥与日、伪军展开激战，予敌人很大杀伤。

第四支队，在支队长雷炎、政治部主任关树勋率领下，活动在铁骊（今铁力）依吉密河支流小黑河附近。1939 年初的一天，抗联交通员刘大爷前来报告，一支由庆城（今庆安）、铁骊两县日军守备队和伪警察队组成的联合“讨伐队”，沿依吉密河溯流而上，欲围歼抗联部队。第四支队支队长雷炎得到这一情报后，决定派出 9 名队员化装成农民下山，伺机混入敌人队伍，以里应外合消灭这股敌人。这 9 名队员下山后，敌人将他们当农民抓住，让他们去背弹药和给养，他们乘机详细地了解到敌人队伍情况。当联合“讨伐队”到依吉密河上游张家湾宿营时，其中 4 名队员于夜间返回到第四支队营地，将侦察到的敌人数目（150 人，都是步兵）、装备及宿营地（搭 6 座帐篷）等情况向雷炎作了汇报。雷炎迅速率队出发，直奔敌宿营地。夜半时分战斗打响。第四支队以 4 挺机枪向敌人帐篷猛射，睡梦中的敌人遭到突然袭击乱作一团，争相逃命。此战，击毙日、伪军 30 余人。

1939 年 2 月中旬，第四支队在雷炎率领下，由绥棱县东山里穿越（哈尔）滨北（安）铁路到达望奎、绥化、兰西县平原地区活动。部队每到一地便向群众宣传党的抗日救国政策，主动帮助群众干活。部队严格的纪律、良好的作风，赢得了群众的信任。2 月 16 日，支队长雷炎率部在海伦与望奎两县交界处的李老卓屯活动，不幸被日、伪军 1000 余人包围。支队长雷炎指挥部队依托村内岗洼、壕沟、矮墙、柴垛与敌人展开激战。战斗中毙伤敌百余名。傍晚，在组织突围中支队长雷炎牺牲。第四支队遭到严重损失。第四支队突围后，由参谋长郭铁坚带领，返回绥棱东山里，后并入第三支队。

在此期间，龙南独立第一、第二师也在艰苦的环境中与敌周旋，相机开展游击活动，打击敌人。

抗联各支队和各独立师在积极开展游击战争的同时，根据中共北满临时省委关于“加强党政工作，大批吸收队员，取得广大群众密切联系，建立地方工作基础”的指示，普遍加强了部队政治建设。各支队、独立师把加强队内党政工作，提高部队战斗力，充分调动每个战士的积极性作为中心任务；把前方英勇战斗与后方建设联系起来，认真搞好屯垦工作和密营建设；把动员群众参加抗日救国斗争与广泛建立抗日救国会配合起来，并以抗日救国会作为团结群众、组织群众的核心。同时，把积极开展肃奸反特和团结义勇军旧部抗日力量作为重要任务来抓。由于这些工作的开展，各支队、独立师部队政治、军事素质均有很大提高。

黑嫩平原游击战争的初始阶段，不仅在一定程度上打击了日伪的反动统治，扩大了抗联部队在这一地区的影响，更为主要的是使经过远征到此地的北满抗联部队在黑嫩平原站稳了脚跟，积累了开展平原游击战争的经验，这为进一步广泛开展黑嫩平原游击战争打下了基础。

二、东北抗联第三路军的组成及部队党政工作的加强

1939 年初，在黑嫩平原抗日游击活动刚刚兴起之际，中共北满临时省委为重整北满抗日游击运动阵容，以适应新的斗争形势，讨论目前迫切需要解决的重大问题，于 3 月 9 日和 4 月 12 日先后在铁骊（今铁力）和通河召开执委会议。出席铁骊会议的有省委常委、宣传部部长金策，省委执行委员、北满抗联总政治部主任张寿篯，省委执行委员许亨植；参加通河会议的有省委书记张兰生、省委秘书长冯仲云及许亨植 3 人。这两次会议的出席者包括当时省委全部执行委员，两次会议虽是异地举行，但所讨论

的问题均为当时重大问题，形成的决议、决定内容大部分一致且互为补充，又因在紧急的战争环境，省委执委分散在各地，难于集中召开全体执委会议，所以省委将这两次会议合并称为中共北满临时省委第二次执行委员会全体会议。

中共北满临时省委第二次执行委员会全体会议一致认为北满临时省委第九次常委会决议仍然是目前工作的指导方针，追认第九次常委会决议为第二次执委会政治决议案。会议着重讨论了当时迫切需要解决的关于组织上的重大问题，并作出决定。其中主要有：(1)“‘北省九次常委会决议’仍旧是目前工作的指南针，仍旧有效”。(2)将中共北满临时省委员会之“临时”二字去掉，改为中共北满省委员会。选举金策、张寿篯、冯仲云为新省委常委，金策为书记、张寿篯为组织部部长、冯仲云为宣传部部长。(3)检查“北省七次常委会后省常委工作”，认为路线转变后的省常委会在总的方面并未离开中央路线及“北省七次常务会议”的总精神。(4)为重整北满反日运动新阵容，更加巩固统一军事计划和指挥，以适应新的斗争环境的需要，正式成立东北抗日联军第三路军，并成立第三路军总指挥部。总指挥由张寿篯担任，总参谋长由许亨植担任，李华堂担任副总指挥(暂不发表)。成立日期为5月30日(“五卅”纪念日)。(5)为加强对第三、第六军的领导，由许亨植担任第三军军长，张兰生担任第三军政治部主任；张寿篯担任第六军军长，冯仲云担任第六军政治部主任。(6)估计到下江和龙北地区工作需要，派冯仲云到下江地区担任省委代表工作，张寿篯到龙北地区担任省委代表工作。(7)补选周庶泛、徐光海二人为北满省委执行委员。(8)“北满新常委要以最大努力设法打通并与中央连络关系，经常向中央作报告。”(9)原省委执委蓝志渊因叛变投敌，决定开除其党籍，予以通缉，判处死刑；原省委执委周云峰生活腐化，抽大烟，撤销省委执委工作；批准抗联总政治部撤销侯启刚工作的决议，决定开除其党籍①。

中共北满临时省委第二次执行委员会全体会议改组成立新的省委，并作出成立东北抗日联军第三路军的重要决定，使北满抗日游击运动有了新的领导阵容，为以后开展黑嫩平原游击战在组织上、军事上准备了坚实的基础。

中共北满临时省委第二次执行委员会全体会议后，中共北满省委于1939年5月发出《中共北满临时省执行委员第二次全会通告第一号——成立东北抗日联军第三路军》，指出，中共北满省执行委员第二次全会遵照1935年度中央指令，呼应南满东北抗日联军第一路军，吉东东北抗日联军第二路军，成立东北抗日联军第三路军。全会一致通过东北抗日联军第三、第六、第九、第十一军应该无条件地参加东北抗日联军第三路军，成为第三路军骨干部队。第三路军应以最大的民族革命的热情、信心、勇气、毅力去实现第三路军内部的统一领导、统一指挥、统一军事计划、统一武装、统一待遇、统一纪律。通告要求各部队内党部及各地党部要立即召集会议，详细研究、讨论抗联第三路军的成立，在北满反日游击运动中的重要意义和作用，完成新的军事计划、工作计划及争取新的军事胜利，来庆祝抗联第三路军的成立②。

根据中共北满临时省委第二次执行委员会全体会议决议和成立抗联第三路军的通告精神，1939年5月30日，第三路军总指挥部在德都县朝阳山后方基地正式成立，张寿篯任总指挥，许亨植任总参谋

---

① 《中共北满临时省委执行委员会第二次全会决议》（1939年4月12日），载中央档案馆、辽宁省档案馆、吉林省档案馆、黑龙江省档案馆编：《东北地区革命历史文件汇集》甲24，1989年印，第395—400页。

② 《中共北满临时省执行委员第二次全会通告第一号——成立东北抗日联军第三路军》（1939年5月），载中央档案馆、辽宁省档案馆、吉林省档案馆、黑龙江省档案馆编：《东北地区革命历史文件汇集》甲25，1990年印，第2、3页。

长。第三路军总指挥部辖抗联第三、第六、第九、第十一军。总指挥部下设参谋处、军需处、训练处、秘书处、教导队，全军约800余人。

朝阳山位于德都县（今五大连池市）县城北部，隔科洛河与嫩江县相邻。朝阳山区山峦起伏，朝阳山、大横山、石荧山等凸现其中，林木茂密，周围有丘陵漫岗、沟塘沼泽。抗联第三路军总指挥部就建立在大横山西北坡的山坳里。在周围的山上，第三路军还建有修械所、被服厂、后方医院、战备仓库等。

当日，在朝阳山举行了庆祝东北抗日联军第三路军成立大会。会上，发表了《东北抗日联军第三路军成立宣言》和《为成立东北抗日联军第三路军呈国府电》、《致马占山及第八路军游击师通电》、《致抗联第一、二路军通电》。

宣言和通电赞颂了在中国共产党领导下的东北抗日游击运动；强调全国抗战开始后的大好形势，“举国抗战，将近两载，敌寇厄运，已迫眉睫，我大中华民族之自由解放，指日可待”；表示了第三路军将士誓以最忠勇坚毅的精神，开展北满抗日游击运动，响应全国抗战，夺取抗战最后胜利的坚强决心。宣言号召抗日军民：“站在中国人民抗日救国的责任上，光复东北的义务上，一致奋起，英勇向前迈进，争取全国抗战的彻底胜利。”①

抗联第三路军总指挥部成立之后，为加强对各地区抗日游击战争的领导，决定成立3个地区性指挥部：龙北指挥部，由第三军军长许亨植任指挥（后由第六军参谋长冯治纲任指挥），该指挥部领导第一、第二、第三支队。其活动区域为海伦、讷河、嫩江、德都、龙门、通北、克山、克东一带。龙南指挥部，由第十一军第一师师长李景荫任指

① 《东北抗日联军第三路军成立宣言》（1939年5月30日），载中央档案馆、辽宁省档案馆、吉林省档案馆、黑龙江省档案馆编：《东北地区革命历史文件汇集》甲55，1991年印，第21页。

挥，负责领导第四支队及第一、第二独立师。其活动区域为绥棱、庆城、铁骊、绥化、木兰、东兴、巴彦一带。下江指挥部，由第六军第一师师长徐光海任指挥，负责对活动在松花江下游地区汤原、萝北、绥滨、桦川等地的北满抗联留守部队的领导（后因徐光海牺牲，指挥部未能成立）。

抗联第三路军总指挥部为第三路军最高指挥机关，各地区指挥部为地区指挥单位，各支队为战斗行动单位。第三路军总指挥部的成立，使北满抗联部队实现了领导统一、指挥统一、军事统一、纪律统一，内部更加巩固，有力地促进了北满抗日游击运动的发展。同时，抗联第三路军的编成使之与抗联第一、第二路军形成北满、东南满、吉东犄角之势，三路抗日部队遥相呼应，有利于配合全国抗战，共同打击敌人。

抗联第三路军总指挥部成立后不久，为进一步加强部队党的工作和政治工作，抗联第三路军训练处于 1939 年 6 月 15 日发出《关于党政工作问题》的文件，提出在新形势下党在抗日联军中的政治工作的基本任务、要求和办法。其中明确提出：党在抗日联军中的政治工作的基本任务就是巩固与提高抗日联军的战斗决心和战斗力。抗日联军的军事训练和政治教育工作是建筑在反日群众队员的团结和中国共产党政治领导基础上来进行的。部队中的政治委员及政治指导员必须是由忠实的和肯牺牲的共产党员来担任。每个党员及候补党员都应该在军队一切生活中、在思想团结上、毅力坚决上成为模范。在战斗时或平时，连党支部在连内、排内、班内，在战斗上、团结上，应负重大责任；政治指导员在服务战斗、行军及勤务中，要不倦地加强领导支部，使党支部成为在群众队员中坚固的政治核心。根据北满游击运动的环境，军政指导工作中心应该移到连、排、班里面，党支部必须根据当时的具体条件，在各排、各班里适当分配共产党员和青年团员，在各排有党小组长负责进行党务和政治工作。《关于党政工作问题》共有17条，对部队政治指导员、党支部书记的职责、任务，部队政治文化工作等都有明确规定①。这一文件发布后，抗联第三路军所属各部队根据其精神，进一步加强了部队党政工作，健全了政治委员和政治指导员制度，加强了连队党支部工作，使党支部成为基层连队坚强的政治核心。

6月29日，抗联第三军第一次军部会议总结了第三军过去长期斗争中党政工作的经验教训，提出《关于党政工作的意见》，指出“只有巩固的党和军队的组织，才能担负起严重的历史的迫切任务，而同时只有加强刻苦的党政工作，才能巩固起党和军队的组织，因此每个布尔什维克在工作转变中，应当以千百倍的坚毅精神勇敢地进行党政工作”。这个文件中还提出了整顿党政组织工作的任务：健全队伍内连的党支部建设；建立独立游击队党政负责同志报告制度；加强培训党政干部；发挥党员在学习、遵守纪律、作战、劳动、群众工作等方面的先锋模范作用等②。《关于党政工作的意见》的贯彻执行，对于加强部队党的领导，提高部队政治素质，增强部队的战斗力起到了重要作用。

与此同时，抗联第三路军总指挥部还突出抓了干部培训工作。由于战斗中一些干部牺牲，也由于建立第三路军新的队伍阵容迫切需要大量新干部，第三路军成立不久，就举办两期干部训练班。第一期有学员30余名。对于开办干部训练班，北满省委和第三路军总指

---

① 《抗联第三路军训练处关于党政工作问题》(1939年6月15日)，载中央档案馆、辽宁省档案馆、吉林省档案馆、黑龙江省档案馆编：《东北地区革命历史文件汇集》甲55，1991年印，第49页。

② 《抗联三军第一次军部会议关于党政工作的意见》(1939年6月29日)，载中央档案馆、辽宁省档案馆、吉林省档案馆、黑龙江省档案馆编：《东北地区革命历史文件汇集》甲55，1991年印，第99页。

挥部的领导都十分重视。第一期训练班是省委书记金策亲自主持在第三军第一师后方密营举办的，抗联第三路军训练处《关于党政工作问题》，就是他参考红军《军事常识》和《红军生活状况》里面的党政工作问题编写的，曾作为训练班教材之一。第三路军总指挥张寿篯也亲自在德都朝阳山第三路军总指挥部驻地主持训练班，讲授党的抗日救国十大纲领、抗日军人十大要义、陈云的《随军西行见闻录》、彭德怀的《论游击战术》等课程，开展军政教育工作。训练班的开办，为培训干部，以适应斗争形势的需要发挥了重要作用。同时，第三路军各部队普遍充实了政治工作人员，进一步加强了政治工作和文化建设。在政治部领导下，各连队普遍成立了政治研究、军事训练、文化识字、经济管理、卫生和文娱等小组，并健全了士兵委员会组织。第三军政治部宣传科继 1938 年编成的《东北抗日联军革命歌集》（共收入 37 首歌曲）之后，又于 1939 年 7 月 7 日编印出《革命歌集（第二集）》（共收入 13 首歌曲）。在抗日战争的艰苦岁月，传唱这些反映抗日斗争的革命歌曲，对于抒发抗联将士的豪情壮志、振奋精神、鼓舞士气、激励抗联战士英勇杀敌，发挥了重要作用。

总之，抗联第三路军总指挥部通过一系列工作，使抗联第三路军各部队政治工作和文化建设都得到加强，广大指战员坚定了抗日到底的信心，进一步提高了部队的政治、军事素质。

三、第三路军龙北部队平原游击战的广泛开展

抗联第三路军总指挥部成立后，龙北部队在冯治纲指挥下，根据总指挥部关于广泛开展平原游击战的指示，利用日本侵略者在中蒙边界诺门汗地区向苏联挑衅，日苏军队发生战事之机，以德都县朝阳山为依托，进出北安、讷河、德都、克山等县，主动出击敌人统治薄弱环节，勇敢杀敌，攻袭城镇和伪警察署、所，消灭许多敌人。

1939 年 6 月下旬，冯治纲率领第二支队进驻北安县李殿芳屯。以此为基地在周围村屯建立起抗日救国会和抗日妇女救国会组织，广泛发展抗日救国会会员，在北安一带燃起抗日烈火。尔后冯治纲率队进入德都县境开始新的活动。6 月 20 日，袭击了德都县红霍尔基伪警察分署，俘虏伪警察 4 人，缴步枪 4 支、子弹 500 发、服装若干及许多给养。3 日后，又奔赴讷河县，袭击了大汉奸高四阎王院套，扫除抗联部队在讷河一带活动的障碍。6 月 27 日，攻破曹乃修屯，解除伪自卫团全部武装。7 月末，再次攻袭德都县红霍尔基伪警察分署，取得部分胜利。不久，第二支队再次攻袭龙门火车站，破坏了敌人运输线。

8 月 1 日，中共北满省委针对日本关东军制造的诺门汗事件，发出《告北满全党同志书》。文告号召“动员民众，武装民众，扩大反日民族革命战争，响应国内抗战，响应外蒙古人民反日自卫战争”。中共北满省委决定根据新的形势及敌人主力大部调往前线和边境地区的情况，要求各武装部队改变游击活动方式，将过去的山边游击战，转为深入敌人腹地、广泛开展平原游击战，争取或大或小的军事胜利，破坏敌人军事设备、桥梁、电线，袭击汽车、火车，攻袭城镇等，坚决反对畏缩不进的倾向，采取积极的游击运动，牵制、打击敌人。

8 月 16 日，抗联第三路军总指挥张寿篯来到讷河，在姜家粉房与第二支队所属第六军第十二团团长耿殿君会面，对第十二团的活动进行安排、部署。3 日后，第十二团团长耿殿君率部南渡讷谟尔河，袭击了讷谟尔河岸的日本“开拓团”，缴获百余匹马，使部队变为骑兵。随即又攻袭了讷河县九井伪警察分署，缴获步枪 10 余支。之后，在讷东三马架（今龙河镇境内）与孙强所率伪龙江教导队激战 3 小时，缴获轻机枪 1 挺、马盖枪 11 支、手枪 2 支。8 月 22 日，第二支队所属第六军第十二团攻破克山县北兴镇，解除了伪警察署和伪自卫团武装。

缴获步枪50余支及大量弹药、布匹、衣物等军需物资。

为开辟黑嫩平原游击区，自1939年上半年起，中共北满省委陆续派出地方工作人员方冰玉、尹子奎、陈静山等在讷河等地进行秘密工作。到同年夏季，地方工作已有相当开展。8月，建立了中共讷河县委，尹子奎任县委书记。工作分布在讷河、嫩江、德都、克山、依安、拜泉、布西（今内蒙古自治区莫力达瓦达斡尔族自治旗）等地。在讷河县委领导下，在讷河三马架、倭都台、南阳岗、天字十九号、讷南、马家窝堡、栾成海屯等地建起了抗日救国会组织。同时还建起一支地方武装讷河青年救国军，队长刘景阳，拥有34人，后改名为讷河人民抗日先锋队。

8月22日北兴镇战斗后，冯治纲将缴获的枪支交给讷河人民抗日先锋队，进一步增强了地方武装的力量。这支地方武装在配合抗联部队开展平原游击战争，打击日伪在讷嫩一带统治发挥了重要作用。9月7日，抗联第六军第十二团与讷河人民抗日先锋队在讷河县唐火犁屯击溃日、伪军混合部队，缴获轻机枪1挺、步枪32支、手枪4支。

9月，龙北部队为贯彻北满省委关于“加紧活动，破坏敌人后方，牵制敌人兵力”的指示，根据讷河县委关于讷河城内敌人兵力空虚的报告，决定与讷河人民抗日先锋队共同在9月18日攻打讷河县城。

9月15日夜，冯治纲率抗联第三路军第二支队（抗联第六军第十二团、第三军第八团）270余人从驻地哈拉巴歧山出发向讷河县城挺进。9月18日夜，冯治纲指挥第二支队和讷河人民抗日先锋队分兵三路按时到达预定地点。夜11时，冯治纲指挥部队向讷河县城发起突然进攻，一举攻进县城。各路攻城部队分别攻克了伪县公署、警务科、警训所，攻进伪警备队驻地北大营，击毙日军14人，其中包括日本人副县长本多彦次、日本人指导官阪根满郎、训练教官森川直道等；俘虏伪军警100余人，其中包括伪军团长孙承义和伪县警务股长、特务科长、警察署长等伪官佐。打开监狱，释放了狱中300余名在押人员。砸开弹药库、物品库、粮库，缴获步枪130支、匣枪100支、子弹3万余发[①]及大批棉被、粮食等军需物品。次日清晨，第二支队在城内召开群众大会，进行了抗日救国宣传。抗联第二支队勇敢的战斗精神、严明的组织纪律和威武雄壮的歌声给群众留下了深刻印象。群众纷纷议论：“伪满洲国的劫数快到头了”，“抗日联军才真是救国救民的队伍”。当时，有数十名爱国青年参加了抗联部队。9月19日，第二支队撤离讷河县城，途中路过孔国村和龙和镇时，又采取化装成伪警察的办法巧妙地连续解除了这两个地方伪警察分署的武装。

攻克讷河县城的战斗是抗联第三路军编成后一次非常重要的战斗，是东北抗日联军斗争进入艰难时期对敌斗争取得的又一次重大胜利。这一胜利轰动了北满各地。讷河、嫩江一带人民无不暗自拍手称快，“在群众中、豪户中、商号中、满军中都起了强烈的反日好的影响”[②]。抗联第三路军龙北部队在中共北满省委和第三路军总指挥部的领导、指挥下，在黑嫩平原纵横驰骋，频繁袭击敌人军事据点、伪警察署（所）、交通运输线路、军用飞机场，取得巨大成绩，使敌人惊恐不安，广大群众则兴高采烈、赞叹喝彩。

抗联第三路军所开展的游击战争，也与南满、东满、吉东地区抗日部队开展的英勇斗争一起有力地策应了苏联、蒙古军队在诺门汗地区对日本关东军作战。

日本向苏联进行挑衅的诺门汗战争失败后，日伪当局便将在中

---

① 《张寿篯关于北部部队活动情况给许亨植的信》（1939年11月19日），载中央档案馆、辽宁省档案馆、吉林省档案馆、黑龙江省档案馆编：《东北地区革命历史文件汇集》甲56，1992年印，第54页。

② 《张寿篯关于北部部队活动情况给许亨植的信》（1939年11月19日），载中央档案馆、辽宁省档案馆、吉林省档案馆、黑龙江省档案馆编：《东北地区革命历史文件汇集》甲56，1992年印，第54页。

蒙边界撤下来的大量日、伪军调到内地，制定所谓“黑、北、龙三省汇攻计划”，用以“讨伐”抗日联军。为挫败敌人的进攻，抗联第三路军总指挥张寿篯提出“巩固现在力量，发展新的抗日武装部队；巩固现有群众关系，扩大新的群众基础”的斗争方针，要求各部队采取化整为零，分散活动，以灵活地大步前进、大步后退、昼伏夜动、迂回作战的形式，坚持开展黑嫩平原游击战争，冲破敌人布置的所谓“黑北龙三省汇攻计划”。根据抗联第三路军总指挥张寿篯的部署，9 月下旬，龙北部队第二支队经过短暂休整后，又活跃在讷河、嫩江一带。

1939 年 9 月间，抗联第三路军总指挥张寿篯率领抗联第六军军部教导队到讷河与抗联第三军第八团、第六军第十二团以及讷河人民抗日先锋队，共同在孔国村、哈里屯（今孔国乡兆麟村）等地广泛深入地开展群众工作。张寿篯曾到哈里屯召集群众会议，向群众宣传抗联的性质和任务，讲抗联是中国共产党领导的人民抗日队伍，是专打日本鬼子和汉奸、卖国贼的，号召群众积极支援抗联的斗争。在他的动员下，哈里屯爱国群众积极捐献棉衣、棉鞋、棉帽，使抗联第六军教导队及第三军第八团的冬装得到解决。张寿篯率第六军军部教导队在讷河活动时，多次与敌人遭遇，都经巧妙周旋，化险为夷。一次在土城沟，即将宿营时，张寿篯所率第六军军部教导队遭到 40 余名日军及大批伪军的夹击。经半小时战斗后，张寿篯率第六军教导队巧妙地躲过敌人攻袭，主动撤至讷东三星堡。结果使日、伪军发生误会，“自己接仗”，打得“枪炮齐鸣”、“血肉横飞”。次日，第六军第十二团部队与伪军孙强部队展开战斗，张寿篯率第六军军部教导队前去援助，战斗异常激烈，敌我双方皆有伤亡。第六军第十二团团长耿殿君和白连长腿部受伤。此后，第六军第十二团继续在讷河、嫩江“大界”（平原地区）活动。10 月上旬，第六军军部教导队和第三军第八团在团长姜福荣率领下，于讷东三合屯（今友好乡境内）与日伪“讨伐队”展开激烈战斗，一举击溃了4倍于己的优势敌人。战斗结束后，张寿篯率第六军军部教导队返回朝阳山。

1939年10月下旬，大批日、伪军集结在讷河东部，准备在讷河、嫩江、德都3县交界地带“讨伐”抗联第三路军龙北部队。为了冲破敌人的“讨伐”，第三路军总指挥张寿篯于10月28日分别给活动在讷河的抗联第六军第十二团团长耿殿君、政治部主任王钧、副队长曹玉魁、杨副官和抗联第三军第八团团长姜福荣发出训令，命令第六军第十二团及总部教导队加紧征收棉衣，调换精壮马匹；侦察讷南镇及德都南部各小村镇敌人防卫情况，要求在11月上旬东渡讷谟尔河，伸入河南，采取灵活的大步前进、大步后退的战术寻敌薄弱环节，巧妙打击敌人；加强宣传鼓动工作，建立群众关系，提高民众的抗日救国决心。命令第三军第八团与讷河人民抗日先锋队继续留在讷河、嫩江一带活动。进行广泛的宣传工作，深入发动群众，并将群众组织起来、武装起来；巩固自己的部队，加强部队党政工作，注意保存实力；积极开辟新区，努力争取军事胜利，以分散敌人力量，与第六军第十二团遥相呼应，配合行动①。

秋后，龙北部队所属抗联第三军第八团和抗联第六军第十二团根据第三路军总指挥部的部署又连续展开一系列战斗。第三军第八团曾经北上进入嫩江县境，攻袭了鹤山车站，缴获步枪5支、服装给养若干。10月30日，第六军第十二团在政治部主任王钧率领下袭击了克山县西城镇，缴获步枪50支和大量军需物品。随即，攻袭了讷河县讷南镇，缴获步枪50支。前进中攻袭了九井伪警察分署，缴获步枪10余支。又在讷河东部火烧于屯与300余名日、伪军交战，击毙日、伪军80余人。

① 《东北抗联第三路军总指挥部密令(元号)》、《东北抗联第六军司令部训令》(1939年10月28日)，载中央档案馆、辽宁省档案馆、吉林省档案馆、黑龙江省档案馆编:《东北地区革命历史文件汇集》甲55，1991年印，第435、439页。

战斗结束，部队转移至通北附近后，又攻下石泉镇。接着，该部在德都县花园、凤凰山等地先后与日、伪军激战，毙伤大批敌人。同年12月，第三军第八团配合第六军第十二团在克东县东南活动，由于敌人在飞机配合下大举进攻，抗联部队行动迟延，第三军第八团50余人损失一半，第三军第八团团长姜福荣和第六军第十二团团长耿殿君牺牲。

1939年11月，日伪当局又调动大批兵力在讷嫩地区展开对抗联部队的冬季“大讨伐”。为突破敌人对讷嫩地区的“讨伐”，中共北满省委召开龙北各支队干部会议，对龙江北部游击运动作出新的部署。会议正式决定由冯治纲担任龙北军事指挥部指挥。省委要求龙北部队在抗联第三、第六军中组织选拔一批队伍，以东北抗日联军第三路军欢迎马占山将军暨出关抗日挺进军先遣队名义，向嫩江西部地区进行远征，插入大兴安岭以开辟新的游击区域。

1939年末，冯治纲根据省委远征大兴安岭的部署，率120余名骑兵，避敌之锐，进入甘南，迅速跨越嫩江，深入伪兴安东省莫力达瓦旗、巴彦旗、阿荣旗一带少数民族地区开展游击活动。这3个旗位于黑嫩平原西部边缘地带，是山区与平原的接合部，地广人稀，居住着鄂伦春、达斡尔、蒙古等少数民族。龙北部队在这里广泛开展抗日宣传活动，认真贯彻民族政策，团结少数民族群众共同战斗。他们经常采取寻敌薄弱环节，灵活穿插的方式，与敌人展开英勇斗争，取得了很多胜利，推动了这一地区抗日斗争的发展。1940年2月3日，冯治纲率领所部在阿荣旗三岔河上游活动时，遭日军重炮猛轰。次日，冯治纲率部转移到任家窝堡与日军、伪兴安军再次展开激战，战斗中冯治纲弹无虚发，敌人纷纷倒地。但由于敌军人多势众，龙北军事指挥部指挥、第二支队队长冯治纲与副官长齐宝贤壮烈牺牲。冯治纲牺牲后，敌人乘机大肆宣传抗联全部瓦解。而坚强不屈的抗联战士表示，即使只剩下一个人也要把抗日斗争坚持到底。为粉碎敌人“抗联已被彻底消灭”的欺骗宣传，龙北远征部队在阿荣旗仍坚持活动1个多月后才东返讷河、德都，到达朝阳山后方基地。

龙北部队在抗联第三路军总指挥部的统一指挥下，在黑嫩平原与敌人展开积极、英勇、顽强的斗争，使日本侵略者大吹大擂的“五大连池会师”的预谋彻底破产。对此，日伪当局称：“在北安、龙江省游击区，以第三军第三团姜福荣匪帮、第六军三师王铭贵（应为王明贵——引者注）匪帮及第四师耿殿臣匪帮等约三五〇，开辟北从龙江省嫩江县南至北安省拜泉、望奎、绥化广大游击区。”“其中尤以冯治刚（应为冯治纲——引者注）、姜福荣、耿殿臣（应为耿殿君——引者注）、王铭贵（应为王明贵——引者注）匪帮活动最为频繁，彼等善于忽聚忽散，纵横奔驰于游击区，肆无忌惮以九·一八纪念日为期袭击讷河县城，又于十一月十三日北黑线小兴安车站胆敢袭击列车、袭击宁墨线鹤山车站及北黑线小兴安车站，恣意放火、杀伤、抢掠。另外袭击克山县西成镇、占领警察分所并收缴武器、袭击金融合作社、杀害日本人、掠去现款一万余元等，极尽恶劣凶猛之能事。”①敌人的咒骂和哀叹就是抗联部队取得胜利的证明。

据不完全统计，从1939年春到1940年初，抗联第三路军仅龙北部队与敌人进行规模的较大的战斗就有40多次，主要战果计有：缴获长短枪500多支、轻机枪5挺、重机枪1挺、子弹4.5万发，攻袭城镇七八处，作战中缴敌械3次，破坏火车站3个，消灭日、伪军250人以上，其中日军占40%，缴取16处伪自卫团、伪警察武装，俘虏伪军500人以上。龙北部队在战斗中发展新队员180多名②。

---

① 吉林省档案馆编译：《东北抗日运动概况》，吉林文史出版社1986年版，第106页。

② 《中共北满省委给中共中央政治局的报告》（1940年3月13日），载中央档案馆、辽宁省档案馆、吉林省档案馆、黑龙江省档案馆编：《东北地区革命历史文件汇集》甲26，1989年印，第68页。

抗联第三路军在黑嫩地区开展游击战争中，逐步形成了一套平原游击战术：即灵活地大步前进，大步后退，迂回作战，伺机袭扰敌人；在群众未发动起来的地方，采取远距离奔袭，寻找敌人薄弱环节，出其不意地歼灭敌人；在群众已发动起来的地方，采取深入敌人内部，里应外合的方式打击敌人。这些在抗日游击战争实践中形成的平原游击战术在对敌斗争中发挥了巨大效力。

抗联第三路军龙北部队在极端困难的环境中，英勇地开展游击运动，在对敌斗争中开辟了德都、讷河、嫩江、甘南、阿荣旗等县（旗）游击区，建立了后方基地，发展了抗日部队的实力，建立了一些地方组织的基础，摧毁许多站镇等敌人据点，消灭了敌人许多有生力量，受到广大民众的热烈称赞。

四、第三路军龙南部队开展的游击战

龙南地区是抗联第三、第六军部队曾经活动的老区，北满抗联主力西征各军途经过这里，因此，敌人在这一地区集结许多兵力，用以"讨伐"抗联。抗联第三路军总指挥部成立后，龙南部队避开日、伪军的正面进攻，深入到绥棱、绥化、铁骊（今铁力）、庆城（今庆安）、青冈、拜泉等山边、丘陵和平原地带，广泛开展群众工作，积极开展游击战争，伺机打击敌人。

1939 年夏季，龙南部队所属独立第一师在政治部主任周庶泛率领下，在铁骊县安邦河上游活动，之后又伸展到绥化县东部、庆城县西部地区，扩大了抗日联军的政治影响。独立第一师第一团 20 余人，在团长韩玉书率领下坚持在木兰、通河一带开展游击活动。

龙南部队所属独立第二师在师长马光德和政治部主任朴吉松的率领下，活动在铁骊县马鞍山及依吉密河上游一带，经常出没于绥（化）南（岔）铁路工地和日人经营的采伐林区内，日伪当局称，由于其

“行动逐渐尖锐化”，致使县内“治安恶化”[①]。4 月 4 日，独立第二师攻袭铁骊县马鞍山附近木营解决部分给养。4 月 6 日，与追赶上来的伪森林警察展开战斗。战斗中，原第三军第三师师长张连科牺牲。同年夏，独立第二师师长马光德率部于铁骊东北部山区活动，在马家屯战斗中牺牲。

龙南部队根据北满省委的指示和抗联第三路军总指挥部的部署，派出所属部队深入到绥棱、庆城县平原地带农村中，开展群众性抗日宣传工作，并对伪保甲长和自卫团进行分化瓦解，争取他们向抗联靠拢或保持中立。据此，独立第二师所属原第十一军部队以绥棱县等地山岳地带为依托，编成骑兵深入青冈、明水、拜泉、克东、肇东等县平原地带开展游击活动，宣传群众，组织、发动群众支援抗日斗争。他们开展的游击活动得到群众的广泛拥护，一些青年参加抗联，这一带民众的反日斗争情绪不断高涨。独立第二师政治部主任朴吉松率领抗联第三军第三师第七团，于9 月中旬袭击了铁骊县北关门嘴子伪警防所，缴获步枪 13 支、子弹 1200 发、粮食 3 石多。

1939 年 7 月、8 月、9 月 3 个月，龙南部队利用青纱帐起的有利时机，采取昼伏夜动，集中兵力，远距离奔袭等战术不断打击敌人。9 月 25 日，龙南指挥部指挥李景荫、政治部主任周庶泛、参谋长郭铁坚领衔发表龙江南部指挥部正式成立宣言。宣言指出：“国内抗战，已经两年多了！”“当这样紧急的关头，东北抗联各部，站在切实响应国内总抗战、欢迎国民革命军第八路军游击师及马占山将军挺进军之北上长征，并配合呼应东北抗联第一、二各路军之游击活动，以期迅速光复东北，早日得到自由解放的利益上，在统一的军事指挥下面，建立分区的集中领导，实有最重大的意义。”宣言称：“今后我们在统

---

① 《铁骊事情》，1939 年编，黑龙江省档案馆存。

一的分区集中领导下面，一定积极忠实的进行神圣的抗日战争，有计划的破坏日寇的一切军事设施、交通、运输、联络各种要道，袭击敌人的兵站、仓库、兵工厂，协助领导各界同胞们抗日斗争，解除同胞切身痛苦，摧毁日‘满’政权，驱逐日寇滚出东北”①。

之后，龙南部队避开敌人在庆城、绥棱、东兴、木兰等县的“讨伐”，派出一支骑兵队伍深入拜泉、青冈、望奎、明水等县开展游击活动，受到当地群众拥护，一些群众自愿募捐支援抗联队伍。在此期间，抗联第六军第十团在冷绍生、边凤翔领导下，在通北县（今属北安）管玉峰“集团部落”、马广太“集团部落”和拜泉县吕家烧锅、赵家窝堡等地与伪军王福、白文“讨伐队”及奥林指导官指挥的伪警察队展开多次交战，毙伤敌百余人。在克东、克山县攻破3处伪警察分所。1939年秋，团长冷绍生在拜泉县东腰窝堡战斗中不幸受伤被俘，牺牲于狱中。

由于敌人的严密封锁，切断粮食、服装等供给来源，龙南部队在战况紧急、十分困难的情况下，为了部队生存，曾出现违反群众纪律、侵犯群众利益的现象。对此，龙南指挥部进行严格检查，总结经验教训予以改正，并向群众解释和道歉，使部队和群众的关系好转。

在反“讨伐”斗争中，龙南部队也遭到很大损失。1939年春季敌人开展“讨伐”时，抗联第三军第三师第七团曾被敌人包围，以致伤亡10余人。不久，因叛徒出卖，第七团后方存储的粮食被敌人抢走，使第七团活动陷入极端困难的境地。由于在反“讨伐”斗争中许多干部战士相继牺牲，龙南部队作战活动逐渐减少。

龙南指挥部为了加强对各界群众的抗日宣传，准备新的抗日力量，于1939年9月连续发表了《劝告自卫团、青年团书》、《劝告伪警

① 《东北抗日联军第三路军龙江南部指挥部成立宣言》（1939年9月25日），载中央档案馆、辽宁省档案馆、吉林省档案馆、黑龙江省档案馆编：《东北地区革命历史文件汇集》甲55，1991年印，第307、308页。

满兵书》、《为争取中国抗战最后胜利响应外蒙反日自卫战争劝告满兵书》和《告江省各界同胞书》。这些文告，讲述了全国抗战爆发两年多的形势，指出在共产党和国民党的亲密合作和抗日民族统一战线的旗帜下，不但全国军民一致奋起向日本侵略者进行了决死的战斗，而且得到了世界上爱好和平主张的国家和民族——英、法、美、苏及其他各国的同情和帮助。东北收复指日可待。文告号召各界同胞不要犹豫，不要退缩，不要因循，不要动摇，坚决行动起来，一致向日本侵略者作决死斗争，把日本侵略者打出东北，获得自由解放，取得最后胜利。这些文告曾在龙南地区群众中产生良好影响。

1939 年 12 月 20 日，抗联第三路军总指挥张寿篯发出《关于目前形势和战斗任务给各独立部队的信》，提出新的战斗任务：(1)整理部队，巩固部队，创造新的部队。(2)发动群众，武装群众，发动群众力量扩大反日统一战线。(3)凭藉军事胜利的开展，依靠后方建设的巩固，山林游击与平原游击配合。(4)改造旧干部，训练新干部，创造战斗伟力最深厚之根源[①]。该指示信发出后，各独立部队进一步加强了政治、军事建设，加强了群众工作和干部的培养教育工作，使各独立部队的素质得到全面提高。

在这期间，龙南部队在北满省委及抗联第三路军总部领导下进行了反奸细斗争，粉碎了敌人利用叛徒企图瓦解龙南部队的阴谋，果断处决了任永富等奸细、叛变分子，使敌人策动独立第一师部队叛变投敌的阴谋彻底破产。但敌人不甘心失败，日本特务机关又继续派遣特务前来进行策反活动，企图将龙南部队搞垮。对此，按第一师政治部主任周庶泛提议，以欢迎派人前来进行投降谈判的名义，诱杀了

---

① 《张寿篯关于目前形势和战斗任务给各独立部队的信》(1939 年 12 月 20 日)，载中央档案馆、辽宁省档案馆、吉林省档案馆、黑龙江省档案馆编：《东北地区革命历史文件汇集》甲 56，1992 年印，第 142 页。

日伪派来策反的金世庸、张一鹏等8人，予敌以打击。但敌人利用这个信息，在庆城大肆宣扬“欢迎投诚的周主任”，在社会上造成了不良影响。为消除不良影响，总结教训，中共北满省委决定对此事责任人给以留党察看4至6个月处分，令其吸取教训。不久，省委执委张兰生与第一师政治部主任周庶泛等7人根据省委指示，由南河前往庆城北部的老金沟省委所在地工作。不料行进途中，周庶泛和第三军军需处处长车永焕于3月3日在依吉密河畔被叛徒枪杀而牺牲。

1940年1月28日，中共北满省委为总结1939年北满抗日游击运动，部署1940年的工作，召开了第十次常委会。参加会议的有省委书记金策、组织部部长张寿篯、省委执委许亨植。会议对1939年北满党的工作作了充分肯定，分析了当时东北政治形势，提出了党的斗争策略。会议指出，游击运动是抗日民族革命战争的最主要斗争形式，为了适合于抗战的要求和彻底扩大东北抗日民族革命运动，在坚持恢复旧区，不动摇拓展新抗日游击区域的基础上，必须坚决肃清游击运动中“萎缩不进”状态，积极开展平原游击运动。同时要反对“左”的冒险主义和右倾的“临敌迟疑”动摇，要坚决地抓住敌人统治中的薄弱环节，进行有计划的军事行动。号召各部队以龙北部队为榜样，学习冯治纲在龙北积极开展游击活动的斗争精神，提高民众抗日救国决心，依靠胜利的军事行动，扩大抗日运动。在整理部队和改造部队的基础上，拥护集中指挥，加强每个战斗单位的战斗性和团结性，坚定依靠群众，发动群众，武装广大人民，克服抗战中的各种困难，在游击运动的全般工作问题，必须切实执行第三路军总指挥部给各独立部队信中提出的要求，以便创造北满抗日游击运动的新阵容①。

---

①《中共北满省委第十次常委会告全党书》(1940年1月28日)，载中央档案馆、辽宁省档案馆、吉林省档案馆、黑龙江省档案馆编：《东北地区革命历史文件汇集》甲26，1989年印，第14—15页。

第十次常委会之后，北满省委为了加强对部队的直接领导，省委主要负责同志进行了分工，金策在龙南后方担负总的领导，张寿篯负责领导龙北部队，许亨植负责领导龙南部队。

1940 年初，龙南、龙北部队根据省委第十次常委会精神，广泛地开展抗日游击活动。

2 月 9 日，龙南指挥部高继贤、朴吉松率部 50 人袭击了铁骊县东北 50 公里处的日本青年义勇队训练所。该训练所有很高的院墙，防守严密。进攻中，因敌人军犬阻碍，未能获得应有胜利，仅缴获马 20 匹。2 月 12 日，朴吉松率部袭击铁骊县鱼眼泡日本“开拓团”获得胜利，但战斗中朴吉松右眼受伤。2 月 13 日，高继贤率部 43 人在铁骊县东北 70 公里的山林中，夜袭由日本守备队 40 人、伪警察 50 人组成的联合“讨伐队”，击毙敌 70 余人，缴获轻机枪 1 挺、步枪 15 支及许多弹药，取得胜利。3 月 23 日，该部在铁骊县鱼眼泡与来自绥化县的伪警察队和日本“讨伐队”交战，毙敌 50 余人，缴获三八式机枪 4 挺、大小枪 50 余支、子弹 2000 发、军用品甚多。

龙南部队开展的游击活动不断袭扰敌人，使敌人不得安宁。其部队指战员的英勇斗争得到铁骊、庆城、绥棱等县广大民众的欢迎和拥护，增强了夺取抗战胜利的信心。

五、第三路军下江部队在汤原、嘉荫等地的战斗

进入 1939 年，由于日伪当局不断强化所谓“治安肃正”，活动在松花江下游地区的北满抗联部队面临着极其严峻的斗争形势。

在下江地区，日、伪军并没有因抗联主力部队西征转移而减轻对汤原、方正、通河、富锦、桦川、萝北等地的封锁、“讨伐”。在汤原旧根据地，小兴安岭山边的日本“开拓团”，都有相当的敌人兵力保护。为彻底消灭抗联部队，扑灭抗日烈火，日、伪军不断在山边搜索抗联部

队踪迹，对活动在这里的抗联部队进行“讨伐”，还从双城、哈尔滨及南满调来新兵，增加“国境”地带的兵力。敌人的口号是：“三个月彻底消灭下江抗日军。”

活动在汤原、萝北县一带的抗联第六军部队第四师第二十九团余部和留守团共 103 人，曾在 1938 年底编成第六军第一师第一团，团长夏振华，团政治部主任陈芳钧。该团下辖两个连。夏振华率第一团团部及第二连一部、第三军第七十四团一部在黑龙江沿岸萝北县兴东一带活动，陈芳钧率第一连及第二连一部在汤原县东部一带活动。由于敌人严密封锁，在严冬之时，活动在下江地区的抗联部队棉衣棉鞋尚未齐备，许多战士在大雪天还穿着单胶鞋，手脚被冻坏者每连都有七八个。在艰苦的对敌斗争中，有的战士牺牲了，有的负了伤。还有的受不了艰苦，提出越过边界去苏联。对此，第一连政治指导员马克正和下江特委书记高禹民通过个别谈话、召集全队讲话等方式教育大家，使大家认识到目前坚持东北抗日斗争的重要性和必须经过的艰苦阶段，才能争取最后胜利的道理。使战士们深知，处在艰苦困难的关键时刻，要决心拿出布尔什维克的精神去冲锋前进，不论是怎样艰苦和困难，怎样挨饿和受冻，只要血在温，头尚存，丝毫不能动摇革命的意志①。由于高禹民等细致的思想工作，第六军第一师第一团战士们振奋精神，继续坚持斗争。1939 年 1 月 28 日，高禹民将下江部队活动情况向省委作了汇报。为了解决下江部队存在的实际问题，加强对这一地区抗日斗争的领导，同年 4 月省委召开的第二次执委会上决定冯仲云担任抗联第六军政治部主任并以省委代表身份去下江地区担负领导工作。

当时，粮食严重缺乏，战士们只好找松籽为食。在汤原东部一带

---

①《高禹民关于下江部队情况给张寿篯同志的信》（1939 年 1 月 28 日），载中央档案馆、辽宁省档案馆、吉林省档案馆、黑龙江省档案馆编：《东北地区革命历史文件汇集》甲 54，1991 年印，第 104 页。

活动的陈芳钧所率第一连和第二连一部在无粮断炊、饥寒交迫的情况下，为解决给养和棉服及反击敌人的攻袭，在几次战斗中遭到很大损失。下江部队为了生存，曾采取强拿群众粮食、衣物、牛马的粗暴办法，结果造成不良影响。省委代表冯仲云严肃批评这种错误。他指出：我们要经过群众关系购买给养，要依靠群众的拥护来解决给养。为坚持长期斗争，解决1939年度的吃粮问题，下江特委书记高禹民也致信陈芳钧，告诫不许采取这种破坏群众关系的解决给养的方式，要求第一团第一连必须完成在山里种20垧地的计划，要准备好玉米籽、谷籽、窝瓜籽，准备好种地的一些工具。第二连也要制定屯垦计划，以积极的精神去执行。同时，要通过地方关系，秘密找山边一带民众给部队种地，以解决给养。

1939年2月23日，陈芳钧在率领队伍筹办给养途中与敌人遭遇，在战斗中牺牲。以后，第一团第一连因外出寻觅粮食，误入敌卡，这部分队伍大部损失，仅剩马克正指导员与两三名队员。

在黑龙江沿岸萝北县兴东一带活动的有夏振华所率第一团团部及第二连一部和第三军第七十四团一部分队伍。由于团长夏振华不领导队员积极活动，蹲山挨饿，18名队员过境入苏，仅剩11名队员在坚持活动。

在汤东活动的抗联第六军第一团原有103人，到6月，因牺牲、被捕、失踪、过界、请假、脱队等减员，只剩23人。

在绥滨县西江套一带，抗联第六军第二十三团在坚持活动。该团经过几次战斗，损失很大，部队由近百名减至20余人。

1939年春，抗联第六军第一师第二、第三团尚有60余人在代理师长陈绍宾的率领下，在松花江南富锦、宝清、桦川等县山岳地带活动。陈绍宾曾提议解散部队，但遭到白福厚团长等抗联战士的坚决反对，以后转移至松花江北汤原东部山区活动。该部队在夏初曾再度过界入苏，同年 8 月又返回。入冬，该队大部西进铁骊（今铁力）、绥棱，以后在黑嫩平原进行活动。

1939 年，在通河县尚有抗联第三军第二师 30 余名战士在师长李泰领导下在那里坚持斗争。敌人以“轻兵奇袭”战术，不断向第三军第二师展开进攻。1940 年春，在一次战斗中，李泰[①]不幸牺牲。李泰牺牲后，部队失掉核心骨干，无法继续在那里立足，便回到庆城编入抗联第三路军第十二支队。

在下江地区坚持战斗的省委代表冯仲云及高禹民等抗联干部，时刻以积极的说服、教育，鼓舞战士们抗战必胜的信心。他们以同生死共患难、以身作则的模范行动去影响下级，使下江地区抗日武装仅有的一点实力得到保存。以后，根据冯仲云的决定，在下江活动的部队分别离开下江向嫩江、海伦一带转移，去找第三路军总指挥部。不久，冯仲云为寻求与中共中央的联系和苏联远东方面军、边疆区党委对东北抗联斗争的支援，于同年 9 月 18 日去苏联，后参加了吉东北满省委代表会议。

1939 年在通河、方正县一带活动的还有抗联第九军军长李华堂所率部分队伍。由于日、伪军以大批兵力向松花江两岸地区大举进攻，同时，配合以经济封锁、政治诱降等手段，第九军中出现一些叛逃投敌者。

对于李华堂及其队伍的情况，中共北满临时省委十分关注。1939 年 2 月，中共北满临时省委致信李华堂说：“前次听到声传，你们在江南遭受敌人的暗算，受了些部分的损失，华堂同志也受了伤，使我（们）更万分的着急。我们只希望这一声传不成为事实。如果真的

---

① 李泰（？—1940），生年不详，原名宋仲鹤，朝鲜族。中共党员。1933 年参加珠河反日游击队。1935 年任东北人民革命军第三军第一师第三团政治部主任。1939 年任东北抗日联军第三军第二师师长。1940 年在战斗中牺牲。

说华堂同志在江南困难，也可以过江北来。”[①]但李华堂出于对北满党组织的成见，没有到江北来。之后，北满省委多次派人去江南找李华堂，都未能找到。在此前后，周保中也多次致信李华堂，望其珍视自己光荣革命历史，坚持抗日到底。但此时，日伪不断进行劝降活动，李华堂对抗日斗争丧失信心。7 月 14 日，李华堂派一名部下赴依兰与日伪工作班联络。7 月 19 日，在未接到前去联络的人员回报前，李华堂欲渡松花江北上。当他出现在沙河子与洼洪河中间的江岸时，被伪军邓云部队的密探曹永禄发现。曹永禄极力劝李华堂“归顺”。李华堂便托曹永禄交涉“归顺”事宜。7 月 20 日，李华堂携其妻及副官张永芳等 7 人，携带武器，到方正县大罗勒密向伪军邓云部队投降。李华堂叛变后，第九军除第二师郭铁坚部在北满省委领导下继续坚持斗争外，其余大部解体。

正当松花江下游地区抗日斗争遭到严重破坏、北满抗联主力部队转移到黑嫩平原地区活动之际，原北满抗联总司令、抗联第三军军长赵尚志、抗联第六军军长戴鸿宾、抗联第十一军军长祁致中率 100 余名抗日战士从苏联回到东北。1939 年 4 月 15 日，苏联元帅伏罗希洛夫和内务人民委员贝利亚发布命令：“内务人员委员部哈巴罗夫斯克边疆局局长尼基绍夫应把被扣留的中国游击队领导人赵尚志和戴宏彬（即戴鸿宾——引者注）交给第二独立红旗集团军军事委员会”，以派回满洲做侦察工作[②]。5 月 30 日，苏联远东第二独立红旗集团军司令员伊万·科涅夫（后为苏军元帅）、政委比留科夫及集团军情报

① 《中共北满临时省委致李华堂的信》（1939 年 2 月 1 日），载中央档案馆、辽宁省档案馆、吉林省档案馆、黑龙江省档案馆编：《东北地区革命历史文件汇集》甲 24，1989 年印，第 279 页。

② 《伏罗希洛夫和贝利亚关于给予中国满洲游击队运动援助的命令》（1939 年 4 月 15 日），载中共中央党史研究室第一研究部编：《共产国际、联共（布）与中国革命文献资料选辑》第 20 卷，中共党史出版社 2012 年版，第 47 页。

部门负责人阿列申少校与赵尚志等在哈巴罗夫斯克会见。参加会见的几名苏联军官称对赵尚志等被关押一事不知情，认为苏方的关押是场误会，宣布释放赵尚志、戴鸿宾、祁致中。同时，传达了共产国际关于赵尚志为东北抗日联军总司令的任命①。赵尚志提出请苏联帮助将过界到苏联的抗联第三、第六军等队伍，由他带回东北开展抗日斗争。苏方人员告诉他，那些队伍已经回到中国新疆，但可从留在远东的抗联人员中组织一支队伍，配合诺门汗作战，从事军事侦察活动，并建议赵尚志首先与活动在松花江流域的旧部建立联系，组成联军，设立强大的司令部，整肃队伍，开除那些革命意志薄弱的成员，成立反谍处②。随后，为之组织了一支有 100 多人的由在苏联境内的抗联人员组成的部队。这支部队有苏联帮助配备的武装：日式轻机枪 6 挺、步枪 80 支、手枪 6 支、手榴弹 230 枚、步枪子弹 3 万发、无线电台 1 部。

赵尚志把这支部队编成 1 个教导队，2 个中队，任命戴鸿宾为总司令部参谋长兼教导队总队长，祁致中为总司令部副官长。队内建立了党的组织，赵尚志任支部书记，李在德任支部副书记。

1939 年 6 月末，赵尚志率队回国，并立即在佛山（今嘉荫）、汤原一带开展抗日游击活动。首战攻袭了佛山县乌拉嘎金矿，毙俘 20 余名伪矿警，缴获了电台、金砂、面粉等许多战利品。同时召开群众大

---

① 《访问戴鸿宾同志记录》（1962 年 11 月），中共黑龙江省委党史研究室存；《冯仲云给中共中央的工作报告》（1939 年 10 月 12 日），载中央档案馆、辽宁省档案馆、吉林省档案馆、黑龙江省档案馆编：《东北地区革命历史文件汇集》甲 25，1990 年印，第 147 页；《中共北满省委给各独立游击部队党委、支部的通知》（1939 年 12 月 26 日），载中央档案馆、辽宁省档案馆、吉林省档案馆、黑龙江省档案馆编：《东北地区革命历史文件汇集》甲 25，1990 年印，第 189 页。

② ［俄］叶夫尼根·戈尔布诺夫：《我们在伪满洲国的游击队》，载俄罗斯《独立报》，2006 年 1 月 20 日，转引自新华通讯社主办：《参考消息》，2006 年 1 月 25 日。

会，宣传抗日救国政策，动员部分金矿工人参加抗日部队，队伍扩大到150余人。战斗结束后，祁致中被错误地以拒绝执行命令、搞阴谋活动等理由，由党支部讨论决定，并经赵尚志批准处死，造成了极为不良的后果。

乌拉嘎战斗后，赵尚志率队又在汤原北部袭击了日本关东军武装测量队，俘虏了日军测绘技师，缴获了敌人的测绘报告、测绘仪器新式瞄准器和测距仪及测绘地图，并派人送往苏联。7月，赵尚志在汤原马把头碓营遇到第三军警卫团团长姜立新，得知自己离开北满入苏期间，北满抗日斗争形势发生很大变化，北满抗联各部队在敌人“讨伐”下，减员一半多，下江抗日游击根据地基本丧失。同时，北满临时省委还开展了“反倾向”斗争，把他定为“反党左倾关门主义路线之主要负责者”。赵尚志听到这些情况后，感到很不满，认为北满临时省委主要领导人有奸细嫌疑。9月，赵尚志率队来到汤原马把头碓营，决定分兵活动，力图恢复松花江下游抗日游击根据地。他派中队长刘凤阳率领40余人去绥滨开展活动，派戴鸿宾率领80余人去汤旺河沟里攻打守卫铁路修筑工地的敌人。赵尚志率司令部10余人留在原地，决定以抗联总司令的名义召集北满党、军主要负责人会议，研究重整抗日阵容、继续开展抗日斗争等问题，并派人前往省委所在地递送他写给省委书记金策的信。然而司令部所派出的戴鸿宾、刘凤阳所率两支队伍遭到严重挫折。在此期间，隐藏在队伍里的叛徒尚连生①跑到在附近活动的抗联第六军陈绍宾队伍中，大造谣言，破坏革命队伍团结。陈绍宾曾一度企图率队缴赵尚志等司令部人员的械，还要派人向日伪密告赵尚志活动情况，因部下反对，都没有得逞。

① 尚连生，生卒年不详。曾任中共绥滨县委宣传部部长。1938年初叛变，后又混入抗日队伍。1940年10月25日公开向北安县日军宪兵队投降。

以后，陈绍宾、尚连生遇到在汤旺河沟里七号桥战斗中遭到失败、躲藏在山里的戴鸿宾，他们一起去铁骊找北满省委。尚连生、陈绍宾二人在北满省委歪曲事实，编造谣言，说赵尚志以开会为名，要捕杀北满省委领导人。本来省委领导人收到赵尚志来信准备前往司令部参加会议，但听到尚连生、陈绍宾等人的诉说以及戴鸿宾后来的报告，对赵尚志召开北满党、军主要负责人会议的目的产生怀疑，也就没有前往。

中共北满临时省委内部开展的“反倾向”斗争始于赵尚志过界赴苏联不久。1938 年 2 月末，北满抗联一位领导人给北满临时省委写信（即《二月意见书》），揭发批判赵尚志自创建珠河反日游击队以来包括在珠汤联席会议的“反党左倾关门主义”错误，要求省委扫清“左倾关门主义”的影响并与“左倾份子”进行斗争。

1938 年 5 月间，中共北满临时省委召开第七次常委会。会议认为 1936 年 9 月召开的珠汤联席会议执行了“反列宁主义的系统、反党、反组织、反中央的精神”的“左”倾关门主义路线；珠汤联席会议成立北满临时省委而不成立松江省委是“反党反组织的小组织活动”；赵尚志“是反党‘左’倾关门主义路线之主要负责者”①。决定撤销赵尚志第三军军长职务，撤销所谓“左倾关门主义路线积极拥护者”原第九军政治部主任许亨植职务②。

对于北满临时省委第七次常委会展开的反对赵尚志所谓“左倾关门主义”的斗争，当时许多人不理解。1938 年 6 月，第三军第四师

---

① 《彻底拥护执行中共中央策略路线坚决反对珠汤中心县委、三六军党委联席会议之左倾关门主义反党路线之决议》（1938 年 5 月 1 日），载中央档案馆、辽宁省档案馆、吉林省档案馆、黑龙江省档案馆编：《东北地区革命历史文件汇集》甲 24，1989 年印，第 76 页。

② 《中共北满临时省委第七次常委会议决议案》（1938 年 5 月），载中央档案馆、辽宁省档案馆、吉林省档案馆、黑龙江省档案馆编：《东北地区革命历史文件汇集》甲 24，1989 年印，第 111 页。

政治部主任金策看到《二月意见书》后，写出《致北满省委三、六军党委和下江、哈东各特委的意见书》，回顾了赵尚志对中共代表团《王康指示信》等来信由拥护执行到进行抵制和反对的过程，认为赵尚志反对的“吉特补充指示中对于归屯问题及城市统一战线策略问题上的确有缺点，如果依照这个策略去执行的话，那么实际行动是就表现出消极的反抗”。金策还指出，《二月意见书》对赵尚志的有些批评“不合于事实”；有的错误“全部推上赵尚志同志身上是不合乎当时实际环境”的，有些“左”倾冒险错误不只是赵尚志有，他（金策）也有错误，提出《二月意见书》的同志也做过他的“尾巴”[①]。

1939 年 1 月 28 日，中共北满临时省委召开第九次常委会。会议认为第七次常委会对于组织问题的认识是错误的，第九次常委会有必要立即修正第七次常委会决议中“‘反党“左”倾关门主义路线’、‘反党组织行动’等不正确字样，而用‘反中央路线的“左”倾关门主义路线’等，而删去‘反党小组织行动’等辞句”[②]。1939 年 4 月，中共北满临时省委第二次执行委员会全体会议对赵尚志作出处分决定：在党内撤销其北满临时省委执行委员职务，给予严重警告；在联军方面，撤销其联军总司令及第三军军长职务。1940 年 1 月，中共北满省委（此时中共北满临时省委已改为中共北满省委）又作出“永远开除赵尚志党籍”的决定。后来，在对其处分决定中去掉“永远”二字，改为开除党籍[③]。在

---

① 《金策致北满省委三、六军党委和下江哈东各特委的意见书》（1938 年 6 月 28 日），载中央档案馆、辽宁省档案馆、吉林省档案馆、黑龙江省档案馆编：《东北地区革命历史文件汇集》甲 58，1991 年印，第 408、410 页。

② 《中共北满临时省委第九次常委会决议》（1939 年 1 月 28 日），载中央档案馆、辽宁省档案馆、吉林省档案馆、黑龙江省档案馆编：《东北地区革命历史文件汇集》甲 24，1989 年印，第 249 页。

③ 1982 年 6 月，中共黑龙江省委根据中共中央组织部通知，对赵尚志被开除党籍问题进行认真复查，决定撤销 1940 年 1 月中共北满省委关于开除赵尚志党籍的决定，恢复其党籍、名誉。

这次“反倾向”斗争中，一些曾赞同赵尚志观点的同志被认定为“右倾分子”而遭到处罚。不少同志因对赵尚志不在东北的情况下开展对他的批判提出意见而遭到斥责，弄得人人自危。

中共北满临时省委（后为中共北满省委）内部的“反倾向”斗争，为时两年多。批判者无限上纲，认为被批判者是“反党反中央倾向份子”；被批判者认为批判者“有奸细嫌疑”。这种内部斗争是在敌人正开展三江地区“大讨伐”，斗争形势十分严峻的时期进行的，其结果是损害了内部团结，分散了对敌斗争的精力，严重地削弱了对敌斗争的力量。北满临时省委（北满省委）纠正党内存在的某些“左”的错误是必要的；北满党和第三军的主要领导人赵尚志在思想和执行政策上确有缺点，也犯过严重错误，在党内对他进行批评帮助本来是应该的。但当时北满临时省委（北满省委）对他所做的组织处理则是错误的。北满临时省委（北满省委）内部的所谓“反倾向”斗争，是在分散游击的环境中，敌我斗争十分复杂、党内生活很不健全和领导人缺乏党内斗争经验的情况下发生的，应当引为历史教训。

第四编

东北抗日联军实行战略转移，为抗战最后胜利而斗争

（1940年1月—1945年9月）

第十章 东北抗日联军部队逐渐收缩，保存实力，坚持开展游击活动

第一节 伯力会议和中共中央对东北抗联的关注

一、中共吉东、北满省委代表联席会议的召开

东北抗联各军经过1939年秋冬艰苦的反“讨伐”斗争，虽使日伪当局通过“三年治安肃正”彻底消灭抗联的图谋未能得逞，但抗联部队也受到了严重损失。抗联第一、第二、第三路军部队人员从1937年的3万余人，到1940年2月减到1800余人。原有的抗日游击根据地大部被破坏，游击区被压缩，东北抗日游击战争处于极其困难的局面。但是，东北抗联的全体指战员在穷凶极恶的敌人面前，始终没有屈服。他们仍然在长白山区、小兴安岭、松花江下游和黑嫩平原坚持抗日游击战争，英勇杀敌、浴血奋战。

如前所述，自1934年10月中央红军开始长征后，东北党组织、抗联部队就与中共中央失去了联系，而由中共驻共产国际代表团领导。由于中共驻共产国际代表团远在苏联莫斯科，而且这种领导又时断时续，1937年之后，更是断而不续。这种状况使东北党组织与抗联部队领导人深感苦恼。他们认为，严峻的形势要求东北党组织和抗联最高决策层必须实现党的统一领导，改变游击运动的战略布局和活

动方式，以继续坚持抗日游击战争。

长期以来，东北党组织为了恢复与中共中央的联系，得到中共中央的指示，曾派人到苏联，想通过苏联的帮助与中共中央接上关系，但都无结果。赵尚志、周保中也先后过界赴苏，寻找中共驻共产国际代表团，或者期望通过苏联方面的渠道，转达东北党组织给中共中央的报告，但这些努力也都未能达到预期的目的。

1939 年 9 月，中共北满省委又派省委常委冯仲云去苏联进行联系。冯仲云考虑为使此次行动确有把握，他先派下江特委书记高禹民过界到苏联，和苏联远东地区有关部门进行联系。不久高禹民返回，传达了苏方同意北满省委常委冯仲云前往苏联伯力（哈巴罗夫斯克）的信息。

冯仲云到伯力后，与苏联哈巴罗夫斯克边疆区党组织磋商，寻求苏联对东北党组织和抗日联军的帮助。冯仲云提议请求苏方协助东北党组织打通与中共中央的联系，以便解决东北抗日游击运动中的一切问题。冯仲云的提议得到苏联哈巴罗夫斯克边疆区党组织和远东方面军的支持，苏方表示愿意在中共东北党组织和抗联部队实现统一的条件下，协助召集北满、吉东党的代表会议，并为召开会议提供方便，表示指定专人负责，在政治、组织、军事上对抗联部队给予最大帮助。之后，派人送信给周保中，邀他前来伯力参加会议，同时也电请赵尚志前来参加会议。这样，1939 年 11 月末、12 月中旬，周保中、赵尚志先后赴苏抵达伯力。

为保证吉东、北满省委代表联席会议顺利进行，同年 12 月下旬，先是由周保中、冯仲云、赵尚志 3 人分别进行多次交谈，互通情况，就东北抗日游击运动的得失、政治路线、面临的最迫切任务、今后工作方针等问题，以及相互间的看法等交换了意见。通过个别交谈，3 人沟通了思想，增进了相互间的理解，消除了误会，为会议的正式召开准备了必要的条件。

1940 年 1 月 24 日，中共吉东、北满省委代表联席会议在苏联伯力苏军 55 号房舍正式召开，所以这次会议亦称伯力会议。会议以周保中、冯仲云、赵尚志“三人讨论会”形式进行。

会议分为两个阶段。第一阶段参加者为周保中、冯仲云、赵尚志，由周保中主持。会议的中心议题是：总结东北抗日游击运动的经验教训；分析形势，确定今后斗争方略；讨论与苏联远东方面军建立联系及相互合作问题。

会议经过反复讨论、研究，形成了3个文件：《吉东北满党内斗争问题的讨论总结提纲》（简称《总结提纲》）、《北满党内问题讨论终结——关于负责同志个人估计的意见》和《关于东北抗日救国运动的新提纲草案》（简称《新提纲草案》）。

《总结提纲》首先肯定了吉东、北满党组织多年来贯彻执行党在现阶段的政治路线——全民族抗日统一战线政策，领导广大群众开展抗日救国运动、抗日游击战争，牵制日军的大批兵力，有力地配合全国抗日战争，获得了不可磨灭的成绩。同时也指出了在执行党的路线政策过程中产生的缺点和错误，总结了经验教训。《总结提纲》强调指出：在当前艰苦的抗日战争中，加强吉东、北满党组织的集中领导和统一行动，是十分重要、十分必要的，建议首先实现吉东、北满党组织领导统一，进而达到全东北的党的领导的统一。

《北满党内问题讨论终结——关于负责同志个人估计的意见》主要是对包括赵尚志在内的北满党、军的主要负责人具有鉴定性质的评语，在肯定每个同志优点的同时，也指出了缺点和不足。

《新提纲草案》是与会人员在认真学习中共中央六届六中全会决议和毛泽东的《论持久战》等文件，结合东北抗日游击战争的实际，在共同讨论的基础上由周保中整理形成的。该文件首先分析了国内外形势，指出：由于东北地处重要位置，是日寇进攻中国内地和苏联的重要基地，日寇采取了一切残酷的法西斯高压手段巩固它在东北的殖民统治，对东北人民和抗日武装进行镇压和“讨伐”，这就必然引起东北人民的反抗。抗联目前虽然遭受损失，处于困难地位，但是并没有被消灭，仍有“不断起作破坏和牵制日贼侵略军所根据的实力”，广大人民群众中更是“酝酿很广泛的抗日民族革命浪潮”。《新提纲草案》在阐述东北党组织的任务时强调：“首先必须掌握现有东北抗日联军游击队的领导，恢复和重新建立各地方党的组织、城市和乡村的群众抗日救国运动，无论游击运动受到怎样的创伤和失败，不能把八年来东北广大群众抗日救国斗争锻炼的结晶看作残余无力。在现有的游击队中，不但保存着忠实于民族解放战争的优秀战士，特别是保存着经过长久历史考验的中国布尔塞维克共产党员的组织力量。党是游击战争的创造者，必须扼住目前转变阶段，力争各种可能，引导游击战争步步稳踏向前迈进，必须排除那些无根据的再等更大事变的机会主义的观点。由于斗争环境的改变，绝不可依照机械公式照旧说积蓄力量的空话，抹煞新的生动的事实。在游击运动的本身，目前应力图恢复整理和巩固现有实力，应该提高创造时期的新精神、民族革命的新基础，逐渐使游击运动的紧缩性伸开。必须把农村隔离、群众隔离的现状积极改变，恢复和重建民众的组织运动，加强巩固游击队的新生力量，这是目前东北党的头等任务。”①

《新提纲草案》分析了东北游击运动发生、发展、挫折的原因和过程，指出了最后胜利的前途。同时对于抗联斗争的策略、党的组织、军队改编、游击活动、干部问题、反奸细斗争等问题都作了规定。其中在斗争策略问题上指出：“党的基本策略——全民族抗日统一战线，在东北目前应根据以往的斗争经验教训，更正确的坚持和运用。”“在东北是要发动广大人民，进行坚持继续抗日游击，使日贼后

---

① 《关于东北抗日救国运动的新提纲草案》（1940 年 2 月 2 日—3 月 19 日），载中央档案馆、辽宁省档案馆、吉林省档案馆、黑龙江省档案馆编：《东北地区革命历史文件汇集》甲 29，1989 年印，第 89、94—95 页。

方——‘满洲国’统治动摇，牵制日贼侵略。党号召群众，领导群众斗争，反对走狗汉奸做日寇傀儡的‘满洲国政府’，而要建立代表全体人民的民主政府。”[①]《新提纲草案》对城市工作策略，对敌人“归屯并户”、“集团部落”的策略，对抗日义勇军关系问题，对伪满军警斗争的策略，以及对游击战争的战略和战术问题，都在总结经验的基础上提出了新的要求并作出了规定。

《新提纲草案》还特别强调提出，在敌人实行分离政策，抗联失去群众和游击区的困境下，要注重军事活动后方根据地的建设，即在活动的区域中选择秘密的地方，进行自耕和代耕，加强粮食储备，以防止粮源断绝。总之，在革命斗争的困难时期要看到光明，增强战胜困难的勇气，去争取胜利。

会议在形成上述 3 个重要文件后，对于苏方根据共产国际同意“援助我东北党组织及东北游击运动”的问题进行了协商。与会者认为，东北抗联在失去同中共中央联系的情况下，经共产国际的同意，可以接受苏联远东红军领导者对我们的友谊指导，并表示愿与远东红军方面建立经常的联系，愿接受有限度的物资援助，并且愿意在不妨碍中共政治威信和组织关系中，来直接帮助远东红军领导方面的需要——把所获得的日本侵略者在满洲的情报通知远东红军。

在中共吉东、北满省委代表联席会议上，周保中、冯仲云、赵尚志还根据东北抗日游击运动的现状，认真研究了东北抗日联军为适应统一的游击运动，对抗联第二、第三路军部队进行整编的问题。自 1938 年东北抗日游击战争转入艰苦斗争时期，抗联各军人数锐减，在这种情况下，部队的组织形式必须改变。会议确定抗联各路军以下之部队编制

① 《关于东北抗日救国运动的新提纲草案》(1940 年 2 月 2 日—3 月 19 日)，载中央档案馆、辽宁省档案馆、吉林省档案馆、黑龙江省档案馆编：《东北地区革命历史文件汇集》甲 29，1989 年印，第 96、97 页。

为：支队——大队——中队——小队。决定抗联第二、第四、第五、第七、第十军各部合并编制为抗联第二路军。抗联第三、第六、第九、第十一军各部合并编制为抗联第三路军。支队以下，设三个大队；大队以下，应有三个以上的中队[①]。抗联部队实现改编，建立支队形式是适应当时斗争环境的一项重要举措。它将打破以往部队编制，根据部队人数缩减的实际情况，编成新的队伍，便于各路军总指挥部的统一指挥和调动，便于各部队协同动作，打击敌人。同时，改编为支队的过程也是一个政治建军的过程，抗联各支队编成后，建立正常的领导指挥体系，组织纪律性将会进一步加强。

会议期间还讨论了赵尚志的工作问题。因此时得知北满省委作出决定，撤销赵尚志抗联第三军军长、北满抗联总司令职务，并开除其党籍，他难以再回北满工作。经协商，周保中同意赵尚志到抗联第二路军工作，任副总指挥职务。

2 月 5 日，中共吉东、北满省委代表联席会议第一阶段会议宣布休会。

1940 年 3 月 19 日，会议进入第二阶段。会议地址在伯力郊区远东红军驻地。会议由中国、苏联双方人员参加。中方参加者有周保中、冯仲云和赵尚志，苏方参加者有联共（布）哈巴罗夫斯克边疆区委员会书记伊万诺夫、远东方面军代理总司令那尔马西、内务部长王新林[②]，以及伯力、双城子（原伏罗希洛夫市，现乌苏里斯克市）驻军负责人等。会议主要解决东北抗联同苏联远东党组织和军队建立临时指导关系的问题。

① 《关于东北抗日救国运动的新提纲草案》（1940 年 2 月 2 日—3 月 19 日），载中央档案馆、辽宁省档案馆、吉林省档案馆、黑龙江省档案馆编：《东北地区革命历史文件汇集》甲 29，1989 年印，第 111 页。

② 王新林，系苏军远东方面军一军官的中国化名，为俄名瓦西里之谐音。此后苏联远东方面军与抗联部队的联系人员有更换，但化名始终不变，一直称王新林。

东北党组织由于与上级组织失去联系，在极端困难的情况下为了求得抗日力量的生存和发展，就近寻求当时被称之为“工人阶级祖国”的苏联党组织的临时指导和取得苏军对抗联的支援，应该说是十分必要的。

双方经协商，共同确定在东北党组织和抗联部队依然遵循中国共产党的政治路线和不干涉中国党的内部事务的原则之下，建立苏联边疆党组织与远东方面军对东北抗联临时的工作指导与援助关系。会上公布了苏方代表海路、王新林提出的对东北抗日联军第二路军总指挥周保中、副总指挥赵尚志和第三路军总指挥张寿篯、北满党省委代表冯仲云的《指示纲领》。苏方指定王新林作为苏联边疆党和远东方面军的代表，直接同东北党组织与抗联实行固定联系。

《指示纲领》规定：“我们是代表党和总指挥在现时和平时期和军事时期中来指挥满洲游击队的运动（党的、政治、组织和军事）等问题。”《指示纲领》明确指出：“估计到目前满洲的环境，摆在东北游击运动面前的任务，是要把人民从殖民地压迫下解放出来。同时，在现阶段，东北游击运动，在中共中央领导下，应执行的主要任务是：巩固抗日民族统一战线，坚决的为建立统一的中国民主自由政权革命斗争。”①

《指示纲领》详细地分析了日本侵略者对东北游击运动所采取的各种进攻手段和抗联部队面临的困难形势后，指出东北抗日联军的领导者和党的组织要改变斗争策略，在军事斗争上要“采取分组部队”的活动方式，“因环境的关系，不能建立很大的队伍，为使队伍行动顺利起见，每个部队的人数，可由一百人到三百人”。

《指示纲领》还提出：为了“保存游击队原有的生存力的目的，

① 《海路、王新林给周保中、赵尚志、张寿篯、冯仲云的指示纲领》（1940 年 3 月 19 日），载中央档案馆、辽宁省档案馆、吉林省档案馆、黑龙江省档案馆编：《东北地区革命历史文件汇集》甲 57，1992 年印，第 137 页。

必须避免与伪满军和日本军大批兵力的队伍发生冲突开火战斗。应该给敌人以短促急遽的打击，然后就应迅速让避到另一地方去。同时，多采取设伏兵，给敌人以意外的偶然的打击，以后就迅速撤走，不要拖延战斗，拒绝在固定的区域和游击队根据地附近作战，应经常采取夜战及用巧妙方法欺骗敌人和假装动作，并要组织侦查和警戒队”，等等。同时，对组织问题、给养问题、建立根据地问题、侦察工作、党的政治工作、宣传工作、群众工作、青年工作、少数民族工作、伪军工作等也都作了原则性的规定。《指示纲领》最后就人员往来作如下规定：“只有抗日联军的领导者们，才可以同我们发生联系，没〔假〕如没有抗日联军领导者们的允许而向我们来的人，我们则以为是逃兵或是假队员。”“向我们来的交通员，要有相当的证据，并在交通人员的证据上，写明此人的姓名和有总指挥的图章手印。”①

会议期间，在讨论到抗联与苏联远东方面军关系问题时，苏方明确表示，远东方面军对抗联的指导只是临时采取的必要措施，并愿意代替抗联党组织与中共驻共产国际代表团进行联系。周保中等还要求通过联共（布）远东边疆区委的协助，建立同关内重庆、延安、昆明等地的无线电通讯联系，苏方当时也许下诺言，但后来没有实现。此次会议于3月20日晨4时结束。

伯力会议是一次重要的会议。会议取得的主要成果是：（1）吉东、北满党代表周保中、冯仲云及赵尚志就东北抗日游击战争的策略、方针、政策等问题交换了意见，各自作了自我批评，在一定程度上消除了过去因所谓路线问题之争造成的隔阂，增进了相

---

① 《海路、王新林给周保中、赵尚志、张寿篯、冯仲云的指示纲领》（1940年3月19日），载中央档案馆、辽宁省档案馆、吉林省档案馆、黑龙江省档案馆编：《东北地区革命历史文件汇集》甲57，1992年印，第139—140、145—146页。

互理解，加强了团结。（2）认真总结了多年开展的东北抗日游击战争的经验教训，在总结经验教训的基础上规定了新时期游击运动的方策，提出了以保存实力为主，逐渐收缩的新的斗争方针，确定了抗联部队改编的原则和各部队的番号。（3）确定了临时接受联共（布）边疆区委和苏联远东方面军工作指导关系，进一步加强了双方互相支援与合作。特别是与苏方达成了一项不成文的协议，即抗联各部队在战斗失利或因其他原因需要临时转移到苏联境内时，苏方应予接纳并提供方便。

伯力会议所取得的各项成果，特别是东北党组织、东北抗联与联共（布）边疆区委和远东方面军建立的正式关系，取得苏联对抗日联军的援助，对于东北党组织、东北抗联在以后极端艰苦的环境中坚持开展抗日游击战争，具有极其重要的意义。

二、中共中央对东北抗联斗争的关注

中共吉东、北满省委代表联席会议结束后，吉东、北满两省委代表周保中、冯仲云于1940年3月24日写信给中共中央，报告了这次会议的情况。报告中说："一九三八年及其以前时期，吉东党省委及北满党省委，都曾经由特殊联络交通，寄给报告及各种文件，呈交驻国际中共代表同志，并请转达中央。我们不知道中共国际代表同志，接到了我们信件否？更不知道中央是否明了我们东北党组织及全般工作的实况？我们固然在中央总的政治路线下，坚固自信，忠实、彻底的继续进行东北的抗日救国斗争。然而我们设想到现实环境和中共党东北组织的久远前程，使我们不能不感觉到东北党自己四年来的'化外党'的苦痛。我们以往仅仅在一年、半年的时间内，偶然一次、两次，得到党的公开报纸：《救国时报》、《新华日报》。""处在这样非常状况之下，我们不能不寻求方法，现在已得到相当有力的政治领导和工作帮助，并且相当的解决了党内问题。然而这不能代替了中共全部系统和整个工作。换言之，东北党的全部工作，迫望着党中央，迅速恢复直接联系，规定根本办法。”[①]这份报告充分反映了抗联领导人坚定的中国共产党人的原则立场和组织观念，以及渴望同党中央取得直接联系的急迫心情。

长期以来，中共中央对东北党组织和东北抗联的斗争一直是十分关注的。1936 年九一八事变 5 周年时，毛泽东在《救国时报》发表给抗日救国会负责人章乃器、陶行知、邹韬奋、沈钧儒的信中说：“我们东北抗日义勇军能够进行继续英勇的抗日斗争。敌人的报纸都承认东北义军已使敌人损失‘十万以上的生命和几万的金钱’，并使日本帝国主义不能很快地侵入中国内地，虽然他们还未取得彻底的胜利，可是对于国家、民族已有了巨大的功劳与帮助。”全国抗战爆发后，针对国民党蒋介石所谓“抗战到底，要恢复七七事变前的原状”的说法，毛泽东明确表示抗战到底是“打到鸭绿江边，收复一切失地”[②]。中共中央为八路军确定的战略任务和战略方针，将援助东北抗日联军并与之取得密切联系作为重要任务之一。

1937 年 8 月下旬，中共中央政治局扩大会议（洛川会议）通过的由毛泽东起草的《中国共产党抗日救国十大纲领》，明确地将“援助抗日联军，破坏敌人的后方”作为重要内容。同年末，中共中央政治局为总结党的第六次代表大会以来的工作，决定召开党的第七次代表大会，并成立了“准备召集中国共产党第七次全国代表大会委员会”。

---

① 《中共吉东、北满省委代表周保中、冯仲云给中共中央的信》（1940 年 3 月 24 日），载中央档案馆、辽宁省档案馆、吉林省档案馆、黑龙江省档案馆编：《东北地区革命历史文件汇集》甲 29，1989 年印，第 132 页。

② 中共中央文献研究室编：《毛泽东年谱（1893—1949）》（修订本）中卷，中央文献出版社 2013 年版，第 140 页。

在这个由毛泽东、朱德、周恩来等 25 人组成的委员会中，东北抗联第一路军总司令杨靖宇名列其中。

1938 年 2 月，毛泽东在延安会见美国合众社记者王公达先生，在回答其提出的问题时说："中国共产党和东三省抗日义勇军确有密切关系。例如有名的义勇军领袖杨靖宇、赵尚志、李红光等等，他们都是共产党员，他们的坚决抗日、艰苦奋斗的战绩，是人所共知的。那里也是民族统一战线，除共产党员外，还有其他的派别及各种不同的军队与民众团体，他们已在共同斗争方针下团结起来了。"①毛泽东的谈话，对东北抗联的斗争和东北抗日民族统一战线给予了充分肯定。

同年 9 月至 11 月，中共扩大的六届六中全会召开。根据会议安排，前中共吉东特委书记、中共驻共产国际代表团专职负责东北工作的杨松向全会作了关于东北抗日联军斗争的报告。全会专门给以杨靖宇为代表的东北抗日军队和全东北同胞发出致敬电。电文赞扬抗日联军是"在冰天雪地与敌周旋七年多的不怕困苦艰难奋斗之模范"。并指出："我们在过去、现在和将来都不会忘记沦陷在敌人铁蹄统治下的东北三千万同胞，我们也不会忘记在最艰难困苦的条件下，同民族死敌作长期斗争的亲爱的同志们。八路军一个支队曾到冀东游击，希望在东北各地的民族志士及全体同胞，在敌人后方响应与敌进行更加长期的持久的艰难的游击战争，更加巩固和扩大各党派各阶级各军队的抗日民族统一战线，以准备我国军队将来反攻，而达到收复东北的目的"②。毛泽东对东北抗日联军的上述论述和党的六届

---

① 毛泽东：《同合众社记者王公达的谈话》，载《毛泽东文集》第二卷，人民出版社 1993 年版，第 103 页。

② 《中国共产党扩大的六届六中全会给东北义勇军及全体同胞电》（1938 年 11 月 5 日），载东北抗日联军史料编写组：《东北抗日联军史料》（上），中共党史资料出版社 1987 年版，第 182 页。

六中全会给以杨靖宇为代表的抗日联军和全东北同胞的致敬电等文件，通过各种渠道传到东北，给广大抗联将士以巨大鼓舞，坚定了他们抗日到底的决心。

1939年1月26日，中共中央书记处召开会议，讨论生产运动和东北抗日联军问题。会上，毛泽东在谈到东北抗日联军问题时指出：东北义勇军抗战最久，有7年的历史，现在虽只有1万人，但成为很好的基础。现在的问题是使中央同东北抗日联军建立联系，首先派交通员并设法派电台去。东北抗日联军，如果有好的领导，在有山村及反对民族敌人等条件下有发展的可能，否则也有削弱的可能①。同年初，党中央在延安成立东北工作委员会，一方面负责了解、研究日伪统治下的东北情况，了解抗联活动的情况，一方面派人到东北，与抗联取得联系。此后，中共中央在晋察冀分局和山东分局分别成立专门的东北工作委员会，利用与东北毗邻的条件去做东北工作。延安、冀东、山东等地的中共党组织和八路军曾派遣许多经过训练的工作人员奔赴东北，仅晋察冀东北工作委员会就派有80多人到东北担负寻找地下党、抗联，收集情报和建立地下党组织等任务。其中中共中央情报部派遣的李维民，晋察冀分局东北工委派遣的李冀、申东黎和八路军前方总部派遣的刘健民等，在吉林、辽宁、哈尔滨等地长期潜伏，进行了搜集情报和建党工作。

1939年6月，由延安出发的原抗联第七军战士王鹏（彭森年）辗转来到东北，在饶河找到了第七军（同时由延安出发的还有李义广，负责寻找抗联第一军），要第七军派一忠实、可靠同志作为代表去延

① 中共中央文献研究室编：《毛泽东年谱（1893—1949）》（修订本）中卷，中央文献出版社2013年版，第109页。

安,参加中共六届七中全会。时任抗联第二路军第二支队政委的王效明亲自与王鹏谈话①,并派人将其送至第二路军总部。9 月 12 日,周保中致信王效明说:"关于中央交通员来历,已经审查清楚,无问题。王朋(即王鹏——引者注)同志现留本部。"②王鹏虽然找到抗联,但当时也无法与党中央进一步取得联系。第二路军总部曾将他带入苏联境内,并想在苏联人的协助下使他由新疆返回中国再去延安,苏联人答复说做不到这一点,以后遂作罢。

上述事实,充分说明党中央是十分重视、十分关注东北人民、东北抗日联军在日本独占的东北沦陷区开展的抗日斗争的。但由于关山险阻、敌人封锁,中共中央与东北抗联的联系未能实现,一直处于隔绝状态。尽管如此,党中央的重视和关怀,毛泽东、朱德领导的八路军、新四军的胜利消息,使东北抗联指战员增强了坚持长期艰苦斗争的信心,增添了争取抗战最后胜利的巨大力量。

第二节 东北抗联第二路军所属部队的艰苦斗争

一、第二路军第二支队战斗在饶河、虎林

中共吉东、北满省委代表联席会议结束后,1940 年 3 月 27 日夜,吉东省委代表、抗联第二路军总指挥周保中和抗联第二路军副总指挥赵尚志率警卫队由苏境出发,次日清晨到达虎林县小穆河。周保

---

① 《王效明给王新林的信》(1941 年 3 月 10 日),载中央档案馆、辽宁省档案馆、吉林省档案馆、黑龙江省档案馆编:《东北地区革命历史文件汇集》甲 61,1990 年印,第 97 页。

② 《周保中给王效明的信》(1940 年 9 月 12 日),载中央档案馆、辽宁省档案馆、吉林省档案馆、黑龙江省档案馆编:《东北地区革命历史文件汇集》甲 58,1991 年印,第 359 页。

中和赵尚志在此地听取了抗联第二路军总参谋长崔石泉和抗联第七军政治部主任王效明关于第七军活动情况的报告。周保中向崔石泉、王效明传达了伯力会议精神。

4 月 3 日，抗联第七军召开党的代表会议。会议历时 7 天，于 9 日结束。第七军党组织代表王效明、崔石泉、彭施鲁、王汝起等 38 人及省委代表、抗联第二路军总指挥部总指挥周保中和副总指挥赵尚志参加了大会。会上周保中代表吉东省委作了工作报告和改选省委执行委员会的报告，传达了吉东、北满省委代表联席会议精神。会议选举周保中、崔石泉、王效明、王光宇、黄玉清、陈翰章、侯国忠、季青为省委执行委员会候选人，周保中为省委书记。会议决定将抗联第七军改编为抗联第二路军第二支队。王汝起为支队长，王效明为政委，刘雁来为副支队长。第二支队下设 2 个大队，1 个教导大队。第一大队队长王汝起（兼），副大队长李呈祥，政委夏立廷；第二大队队长隋长青，副大队长孙玉杰（暂行代理大队长），政委李永镐；教导大队队长崔勇进，副大队长赵荣久，政委金品三。刘凤阳为教导大队军事教官①。

第二支队成立后，抗联第二路军总指挥周保中、副总指挥赵尚志与崔石泉、王汝起、王效明等开会研究，制定了第二支队活动计划，决定部队化整为零开赴乌苏里江沿岸和完达山区开展游击活动。

第二支队成立时，全支队共有 198 人。其中：支队部 12 人，后方耕地人员和后方交通人员 35 人。第一大队 56 人，第二大队 38 人，教导大队 39 人，妇女组 10 人，交通队 8 人。第二支队武器有迫击炮 1 门、掷弹筒 1 支、轻机关枪 7 挺和子弹 3050 发、步枪 168 支和子弹 2.5

① 《周保中、赵尚志命令》（1940 年 4 月 10 日），载中央档案馆、辽宁省档案馆、吉林省档案馆、黑龙江省档案馆编：《东北地区革命历史文件汇集》甲 57，1992 年印，第 181—199 页。

万余发、手枪 55 支和子弹 3300 发①。根据抗联第二路军总指挥部和支队领导确定的游击活动计划，支队长王汝起率领第一大队进入同江、富锦和抚远地区活动；支队政委王效明率第二大队一部和教导大队向密山、勃利移动，在那里开展游击活动；隋长青率第二大队第二中队留在虎林、饶河地区坚持斗争，并担负各部队之间联络任务。

1940 年 4 月下旬，支队长王汝起派刘雁来、彭施鲁带小队作为先遣队奔赴同江、富锦、饶河几县相连的大片沼泽地中心地带的大旗杆。大旗杆有许多黑土林地，可供屯垦开荒，种植农作物。刘雁来、彭施鲁率小队到大旗杆后即着手开荒，种植玉米，以解决部队给养。

4 月 28 日，支队长王汝起率部 15 人，袭击了饶河县佛寿宫伪警察，俘敌 7 人、缴获马枪 6 支、子弹 700 余发。5 月，王汝起率部开赴大旗杆途中，得知大岱河沟里有一支守备伐木场的伪森林警察队。为解决部队给养和弹药，王汝起决定袭击这股敌人。5 月 24 日，王汝起率部 30 人在秃山头东南离大岱河 5 公里地的树林中设下埋伏。前来秃山头巡逻的伪森林警察队 30 余人进入埋伏圈后，战斗开始。激战中，伪森警被击毙 5 人，击伤 3 名，俘虏 9 人，余者溃逃。第二支队缴获敌人轻机枪 1 挺、步枪 17 支、子弹 700 余发。不幸的是，王汝起在指挥作战中身负重伤，后牺牲。王汝起牺牲后，第一大队主力奔赴大旗杆，与刘雁来、彭施鲁所率先遣队一起活动。他们在大旗杆开垦荒地 8 垧多，种植了玉米、马铃薯等农作物，秋后为部队解决了部分给养。

原计划赴密山、勃利方向活动的第二大队和教导大队，由于敌情严重，未按原计划行动，在王效明率领下继续在虎林境内开展活动。5 月 9 日，在乌苏里江支流独木河袭击伪森林警察队押送的运输船，击毙伪

① 《抗联第五路军一九四〇年工作杂记》（1940 年 12 月），载中央档案馆、辽宁省档案馆、吉林省档案馆、黑龙江省档案馆编：《东北地区革命历史文件汇集》甲 60，1992 年印，第 23—24 页。

森警 7 人，俘虏 7 人。缴获七九步枪 10 支、自来得手枪 1 支、子弹 3000 余发、大米 130 多包、面粉 180 袋、食盐 10 包及其他食品和军需品[①]。

1940 年 5 月，敌人为消灭抗联第二支队，从宝清、富锦调集大批日、伪军来到虎林、饶河地区。从 5 月 16 日开始，展开新一轮“讨伐”。敌人派出独木河日军守备队冈林部队伙同伪军第十八团和从黑嘴子开来的伪军第二十八团，大约四五百人，搜索马鞍山、大小荒山子、大小西南岔、老会房沟里、东林岔、五林洞沟里、大小穆河各地。由于第二大队和教导大队与敌巧妙周旋，没有受到大的损失，只是与运输队接触一次，第二支队第二大队和教导大队迅速转移，第二支队后方的给养也没有受到损失。

入夏以后，日伪当局调动伪军第十八、第二十八、第三十团等部约计千余人，另有日军 300 名，在飞机、坦克配合下，向第二支队活动的虎林、饶河地区进攻，妄图消灭第二支队。第二支队教导大队大队长崔勇进和政委金品三率队 30 余人去独木河一带活动，不幸被敌人发现，在部队于独木河北山宿营时，被敌人包围。在突围战斗中，教导大队政委金品三牺牲。

在强敌进攻面前，第二支队总结经验教训，采取避实就虚策略与敌人巧妙周旋。王效明率第二大队和教导大队于 6 月 24 日起程，转移到第一大队活动地大旗杆一带活动。崔石泉率第二大队第二中队转移到抗联第二路军总指挥部驻地活动。这期间，第二支队不时寻敌薄弱环节打击敌人。7 月 12 日，第二支队 11 人在巡视员彭施鲁带领下于孟家店伏击一支 40 余人的伪警察队，击毙伪警长 1 人，击伤伪警察 1 人。7 月 19 日，第二支队一部 8 人在同江县苏里店南大林子

---

① 《王效明给周、赵指挥的报告》(1940 年 5 月 18 日)，载中央档案馆、辽宁省档案馆、吉林省档案馆、黑龙江省档案馆编:《东北地区革命历史文件汇集》甲 57，1992 年印，第 260—261 页。

截击敌人，将敌人击溃，敌死 1 人，伤 2 人。8 月 21 日 2 时，王效明率第二支队 4 个中队共 70 余人，袭击了富锦县七区柳大林子“集团部落”与伪警察官、自卫队开展战斗，毙伪自卫团 3 人，伤 3 人，缴获牛马 81 头(匹)、粮食 200 袋、服装被褥及敌人文件若干。

鉴于支队长王汝起已牺牲，同年 8 月，抗联第二路军总指挥部任命姜信泰为第二支队政委，于保合为第二支队宣传科科长。9 月 11 日，任命王效明为第二支队队长，刘雁来为支队副队长兼第一大队长，彭施鲁任代理支队政治部主任，兼管第一大队政治工作。9 月 13 日，王效明率第二支队袭击宝清县七星河镇。进攻之前第二支队曾通过关系派人与伪军第三十团士兵杨清海等数人联系，策动不满日本人统治、压迫的伪军哗变。在第二支队的协助下，伪军第三十团第三营两个机枪连百余名官兵起义，击毙日本指导官和伪军连长。同时，第二支队攻打七星河镇取得胜利，将 120 名伪军全部缴械，经教育，有 70 余人表示愿意参加抗日联军。此战，缴获重机枪 4 挺、子弹 8000 发，轻机枪 3 挺、子弹 2400 发，步枪 180 支、子弹 6 万余发，手枪 4 支，手榴弹 2 箱，军马 20 匹，皮大衣 40 件，给养 300 袋及其他军用物资甚多。第二支队率起义官兵征用大车 10 余辆，运载缴获的大批战利品撤出七星河镇赶赴四方林子一带。次日，敌人急派大股兵力尾追，并用 6 架飞机跟踪狂轰滥炸，起义人员一部分逃散，但仍有 41 人加入第二支队。

自伪军第三十团士兵起义后，有大批日、伪军不断追击第二支队。9 月 18 日，有 100 名敌人前来尾追。第二支队在宝清陆家林东与之展开战斗，经 6 小时激战，毙伤日、伪军 22 名，第二支队安全转移。9 月 28 日，教导队大队长崔勇进根据王效明指示率 40 人在挠力河长林子和南卡子侦察敌情，与前来搜索的 100 余名日、伪军相遇，展开战斗，毙日、伪军 20 人，伤 13 人。此后，敌人不断派飞机跟踪轰炸第二支队，另有日、伪军约 3000 人部署在宝清、富锦、虎林等地分头堵击第二支队。为免遭敌人围攻，经第二支队领导研究，决定派遣第一大队去饶河，掩藏给养。支队长王效明率70余人去密山活动，以便把敌人引诱到密山方向。10月20日夜11时，王效明率队攻打了密山县二道岗日本移民团和伪东安省公署所属的种畜培育所，击毙日本移民“开拓团”11人，伤敌5人。缴获步枪12支、军马6匹、牛3头、粮食60袋、棉花600余斤和军用大衣等物，烧毁一部分敌人房舍。拂晓时，安全撤退到密山、宝清、虎林3县交界的森林地带。

11月2日，抗联第二路军总指挥周保中给王效明发出指示，令其设法保持第二支队实力。由于第二支队连续攻打柳大林子、七星河镇等多处日本移民“开拓团”，引起敌人的极大注意，日伪当局派大批兵力对第二支队进行“讨伐”。11月13日、14日，第二支队东进途中，在虎林大砬子、秃顶子等地连续遭敌袭击，受到损失，有9名队员牺牲，所携带的130多斤棉花被敌人掠去。11月25日，建在虎林小穆河宝山的第二支队密营被敌人破坏，所有粮食、物资尽皆丧失。战斗中，第二支队牺牲11人，负伤11人，失踪2人，冻伤14人。

抗联第二路军第二支队在异常艰苦的条件下一直在坚持英勇的抗日斗争，频频攻袭敌人，令日伪当局震惊。日伪当局感叹道，抗联第二支队，“支队长王效明等约一五〇名为第二路军中最为精锐匪徒”。并称：“特别是九月十三日教导队长崔永进等二十八名，受王效明命令袭击驻扎星河镇满军步兵第三十团，使满军步兵七十七名叛变投匪，掠夺大量武器、被服以图增强匪势。”①

在艰苦、激烈的抗日斗争中，第二支队许多干部战士英勇牺牲在战场上，还有许多干部战士因饥饿、伤病和严寒牺牲在行军路上。到1940年11月初，第二支队具有战斗力的人员，只剩五六十人。为保存实力，

---

①　吉林省档案馆编译：《东北抗日运动概况》，吉林文史出版社1986年版，第166页。

坚持长期斗争，王效明根据抗联第二路军总指挥周保中的指示，将机枪4挺、步枪80支、弹药6箱、手榴弹1箱埋藏起来，留下副支队长刘雁来率10余人继续在饶河大叶子沟活动。王效明率第二支队40余人于11月末过乌苏里江越境入苏，进行野营整训。

二、第二路军总部直属部队及第五军开展小群游击战

1940年春，抗联第二路军各部根据吉东、北满省委代表联席会议精神，在指定地区进行分散游击活动。为了深入贯彻《关于东北抗日救国运动的新提纲草案》精神，5月29日，抗联第二路军总指挥部暨警卫队直属部队党员大会在宝清召开。大会听取了赵尚志所作政治报告和金京石关于党组织问题的报告。会议讨论了目前斗争的形势与任务，改选了新的总支委员会，研究了加强宣传工作和文化教育问题。大会决议指出：坚决拥护《新提纲草案》所指出的原则，在东北反日游击战争中的中国共产党员，必须坚决巩固的团结在党组织周围，要以一贯到底的精神，最后牺牲的决心来拥护全民抗战，继续坚持东北游击运动，尽自己的力量，利用一切可能，给日本侵略者以政治上、经济上、军事上的牵制、破坏、袭扰，这是我们党组织坚持和拥护全面抗战，争取反攻胜利到来的唯一任务。特别不能失掉抗联与广大群众血肉相关的联系，务必从各方面努力恢复与广大群众的联系。对于游击活动，要利用去年紧张活动的经验和现在敌人的新弱点，制定适当伸缩计划，积极开展游击队军事活动，号召全体党员、全体队员用最大的努力和吃苦耐劳忍受一切的精神来执行和实现每一军事计划①。

---

① 《第二路军总部暨警卫队直属部队党员大会决议案》（1940年5月29日），载中央档案馆、辽宁省档案馆、吉林省档案馆、黑龙江省档案馆编：《东北地区革命历史文件汇集》甲57，1992年印，第280、282页。

根据原计划，抗联第二路军总指挥部和直属部队拟迅速到达中东铁路南部开展游击活动，但由于中东铁路南部敌情严重，同时不能很快恢复牡丹江下游地区的活动，只能在勃利、富锦、宝清、密山等地开展斗争。

这期间，周保中、赵尚志率领抗联第二路军警卫队直属部队在林口至佳木斯、林口至密山铁路沿线及附近公路上，针对敌人防守的薄弱环节，积极派遣多支精悍的小股部队分头袭击敌人的孤立据点，破坏敌人的军事设施、经济部门和交通运输，即开展“小群游击战”，使得敌人一日数惊，穷于应付。

5 月 1 日深夜，总指挥部派遣警卫队代政委姜信泰率领一支小部队突袭宝清南小色金别拉河畔的一个日本屯垦军小队，敌兵 10 人全部被击毙，缴获步枪 10 支、子弹 600 发和粮食 2 石。5 月 28 日夜，警卫队一支小队在团政委金光侠率领下袭击了桦川县南部孟家岗（今属桦南县）东南 15 公里处日本人经营的采金班，击毙日本军官 1 人、主事 1 人，击毙伪军 5 人，俘虏伪军 10 人，缴获轻机枪 1 挺、步枪 15 支、子弹 2000 发，还有一些粮食和军用品。5 月 25 日至 6 月 1 日，总指挥部派出的小股部队在宝清兰花顶子附近破坏敌人交通，使其运输中断，击毙日军 2 人，缴获马牛 20 匹（头）、粮食 2 石。

7 月以后，青纱帐起，对开展游击活动更加有利。7 月 2 日，总部派遣的姜信泰小部队在富锦县南李金围子西北约 10 公里的高地上袭击敌车队，一举击溃敌监护部队 50 余人，毙敌 3 人，伤 4 人，截获敌运输车 9 辆，马 30 匹，粮食、豆饼等物品甚多。

7 月 28 日，抗联第二路军总部警卫队代政委姜信泰、队长朴洛权率领两支小部队袭击了富锦兴隆镇附近的杨甲长“集团部落”。该“集团部落”甲长杨某仰仗日军势力，横行乡里，不仅拒绝为抗联部队代购粮食，还将抗联行动密告敌人。为惩治其罪行并获得粮食等物资,总部决定攻破该“集团部落”。当日夜,姜信泰、朴洛权率部捣毁了该部落伪甲长办事处,缴枪26支,没收马28匹、牛11头、粮食3石。袭破杨甲长“集团部落”后,小部队准备转移到七星河南岸,估计到敌人一定会有援兵追击小部队,所以兵分两路,以分散敌兵追击目标。一路由队长朴洛权率马队缴获的物资先行过河;另一路步行小分队由代政委姜信泰率领在扁石河子庙岭一带设伏待敌。7月30日,敌骑兵百余名自兴隆镇出发,绕过步行小分队埋伏之路,沿七星河上行并发现小部队马队行踪,穷追不舍。这时朴洛权队长在七星河南岸杨木岗方向发现敌骑兵追来,于是先将一部分马匹、粮食等物资撤走,只留下1个小分队乘精壮马匹在河南岸约200米处选一有利地形,设下埋伏。敌骑兵几乎在同一时间涉水过河,朴洛权指挥小分队集中火力向敌群猛烈射击,毙伤敌15人。敌骑兵遭到突然打击,队伍溃散,遗弃许多粮食、军需用品后逃窜。

从7月28日袭击杨甲长“集团部落”到7月31日杨木岗伏击敌人,前后历时4天。战斗之后,周保中主持战斗讲评,总结了战斗经验,指出此次战斗由于指挥得当,是抗联小部队以少胜多的典型战例,并写出《七星河杨木岗西南战斗经过批评简要》。

8月中旬以后,第二路军总部警卫队直属部队各派遣队继续在依兰县东部及林口至佳木斯铁路线,宝清、富锦等县境开展游击活动,不断给敌人以破坏和袭扰,多次作战均获胜利。

根据总指挥部指示,姜信泰将第二路军直属警卫队及第一中队编成西部派遣队。8月16日,西部派遣队1个小队向勃利、林口铁路线移动,执行炸毁铁路桥梁任务。8月19日,该部在林口县虎山站北方500米处用黄色炸药实施爆破。晚11时,由北向南行驶的186次货车通过虎山至佛岭间铁桥时,铁路桥被炸毁,使机车1辆、货车10余辆脱轨坠入河中,日军官兵死伤15人。破坏桥梁任务完成后,西部派遣队执行任务的小队在铁路附近散发了抗日救国宣传单。虎山站铁路桥被袭后，日军铁道守备队急速前来搜查，但派遣队早已撤走。

8月25日夜9时，西部派遣队另一个小队在图(们)佳(木斯)铁路追分和弥荣车站间的一铁路桥处实施爆破。炸毁桥梁1座，1列货车脱轨颠覆。炸毁机车1辆、列车10余辆。击毙日本关东军汽车队司机8人、机车司机3人，并缴获一批大米、面粉及其他军需品。

自5月1日至9月初，活动在下江依兰、勃利、富锦、宝清地区的第二路军总部警卫队直属部队与敌人战斗4次，进行特种工作4次，击毙日、伪军38人，伤20人，俘虏17人，缴获轻机枪1挺、步枪25支、洋炮26支、弹药3000余发。炸毁火车机车2辆、客货车20余辆、桥梁2座，攻陷“集团部落”1处，没收粮食9石、牛马89头(匹)，缴获日伪文件若干，军需品若干。警卫队直属部队负轻伤1人，失踪2人，消耗弹药1200发、手榴弹16枚。密(山)宝(清)、佳(木斯)富(双鸭山)、宝(清)图(们)铁路林(口)佳(木斯)线经常被破坏，其中破坏铁路交通影响较大，对敌人打击也更为沉重①。

9月26日，西部派遣队指挥姜信泰率队行至林(口)佳(木斯)铁路线东侧，决定再次破坏敌人铁路交通。9月29日夜11时许，抗联二路军西部派遣队一个小分队突入孟家岗日本屯垦区，在图(们)佳(木斯)线追分至弥荣车站之间埋置炸药，将铁路炸毁，使1列由北向南开行的特别列车脱轨，毁坏机车皮车箱7节，致日军死亡160余人②。之后，西部派遣队大队迅即向东行进。途中，与前来追击的100

---

① 《下江依勃富宝区抗日游击队夏季活动总结报告》(1940年9月9日)，载中央档案馆、辽宁省档案馆、吉林省档案馆、黑龙江省档案馆编：《东北地区革命历史文件汇集》甲58，1991年印，第335页。

② 《抗联第二路军总指挥部九、十月份作战情况纪要》(1940年冬)，载中央档案馆、辽宁省档案馆、吉林省档案馆、黑龙江省档案馆编：《东北地区革命历史文件汇集》甲60，1992年印，第53页。

名日、伪军展开1小时战斗，尔后安全撤走。后经两日急行军，于10月1日到达富锦县南部煤窑沟进行休整。

自1940年春季以后，抗联第二路军总部及直属部队贯彻执行伯力会议精神，采取组织派遣队形式，开展小群游击战，积小胜为大胜，取得了一定战果，引起敌人的注意。日伪当局派出大批兵力连续不断搜寻抗联第二路军西部派遣队。这一时期，日、伪军为“讨伐”第二路军直属部队，出动骑兵700人、步兵2600人，袭击累计16次，致使第二路军总部直属部队活动日益困难。

入秋，抗联第二路军总指挥部计划向中东路道南活动，拟与抗联第二、第五军及抗联第一路军余部会合，但由于敌人的追寻、封锁，未能实现。周保中遂改变计划，决定部队向东转移，以与抗联第二支队会合。

10月初，抗联第二路军总指挥部及警卫队开始向东移动。10月4日，敌人侦知第二路军总指挥部及警卫队在宝清西兰棒山驻地。敌百余人兵分两路，一路直扑宿营地，一路欲沿山脊自北南进，以截断抗联退路。周保中率指挥部人员以敏捷行动，离开驻地，登上东山山脊。当发现敌人在侧面发动进攻时，周保中果断命令机枪手猛烈射击，抵抗敌人，致敌死伤5人。在与敌人战斗半小时后，周保中率本部人员直下高地东坡，急速退走，摆脱危险。

10月下旬，抗联第二路军总指挥部及警卫队行至虎林县三人班一带又遭到日军追击。10月27日，在虎林县三人班大桥及其西北高地与日军八九十人展开遭遇战。当日午后1时，部队尖兵抵达大桥南头，与敌人守桥哨兵展开战斗。驻守桥北屯的日军七八十人为阻止抗联部队过桥，拼命阻击。第二路军警卫队队长朴洛权当即指挥警卫队与敌人展开激战，以掩护总部撤走，脱离不利地势。战至3时40分，总部人员全部占领高山优越地势，以猛烈火力痛击日军。至5时，总部人员和警卫队分批撤走。此战击毙日军官 1 人、士兵 4 人，伤 3 人。后数日，第二路军总指挥部与第二支队始终未能取得联系。而敌人自三人班作战后，已判明第二路军活动方向，遂在三人班以东直达乌苏里江江岸布置大批日、伪军，兵分多路，进行拉网搜索，形势异常紧张。在这种情况下，第二路军总指挥部决定部队渡过乌苏里江，进入苏联。10 月 31 日，总指挥部参谋长崔石泉派出小队，在大穆河找到一破旧小船，经修理，部队得以乘船东进过江。11 月 1 日，总指挥部及警卫队全部渡过乌苏里江进入苏联境内。当数路日军追兵齐集第二路军渡河地点时，只能在江岸大放野火，乱鸣枪械，望江兴叹。

当抗联第二路军总部直属部队开展小群游击战的时候，深入到穆棱、宁安地区的抗联第五军和一直活动在五常、舒兰、榆树等县的抗联第十军，不仅未能和第二路军总指挥部取得联系，而且第五、第十军相互之间的联系也已断绝，只是依据各自的实际情况，在当地坚持开展游击活动。

1939 年末，中共吉东省委、抗联第二路军总指挥部为加强中东铁路道南地区工作，于 12 月 20 日委任抗联第五军第三师政治部主任季青为抗联第五军政委兼绥宁区、敦延区政务特派员，负责中东铁路（哈尔）滨绥（芬河）线道南地区抗日联军政治、军事及地方组织工作。

1940 年 1 月，季青率军部教导团第四连到达道南地区。抗联第二路军总指挥周保中交代其任务是：去道南寻找抗联第五军柴世荣部队、重建中共道南特委、打通与抗联第一路军关系和转递周保中给杨靖宇的信件。季青率部进出东宁县片底子、汪清县大甸子、穆棱县泉眼河及磨刀石等地。但因日、伪军正在哈尔巴岭东西地区“讨伐”第一路军，对这一地区控制十分严密，季青得不到柴世荣率领的第五军部队与抗联第二军第五师的消息。不仅如此，部队本身活动也十分困难。季青率部艰难地熬过寒冷的冬季。到 3 月初，他们从穆棱泉眼河南山木营里弄到一些给养，不料，敌人第三天就毁掉木营，随后“讨伐队”也开进山里。季青率部又转移到东宁的片底子，拟以此为根据地开展游击活动。当地有一个二道沟村，村内有二三十户人家，同第五军关系密切，曾给第五军很大帮助，在敌人封锁十分严密的情况下仍然设法支援抗联部队。在那里，季青通过群众关系建立起后方基地，组织了二道沟地方反日会，并在此垦荒种上玉米，以解决部队给养，但因耕种较晚，收成不佳。

1940 年 4 月初，抗联第三军第四师第三十二团团长李铭顺率部来到东宁县片底子，与季青部会合。通过李铭顺，季青方知柴世荣部在穆棱以北遭敌袭击，队伍溃散，柴世荣率一部赴苏，余部同李铭顺所率部队一起活动，后来都到宁安北磨刀石沟里，住在“九彪”反日山林队的密营里。4 月 24 日，季青同李铭顺一起到“九彪”队的密营处接收了与柴世荣失去联系的第五军余部 9 人（其中女队员 3 人）。之后，季青将部队组成若干小队分头转移到宁安花脸沟一带，与李铭顺所部及反日山林队“和好队”一起活动。5 月 12 日，在乜河南沟打退敌人进攻，缴获牛马 9 头（匹）。5 月 15 日，季青率部与李铭顺协同作战，袭击了敌人守备薄弱的迎门山“集团部落”，缴获马 15 匹，粮食 3 石，给养得到补充。6 月 29 日，在穆棱大段西边袭破敌人木营，解放苦难劳工 100 余名，将 7 个异常刻薄、肆意欺压、残害工人的日本工头处死。

7 月初，季青得知岭南有抗联部队攻打宁安八人沟“集团部落”的消息，估计是抗联第一路军在那里活动，遂率队越过老爷岭，返回东宁县片底子。在这里，接到二道沟反日会派人送来的第一路军队伍来到二道沟的消息，便与送信人一起前往二道沟，与第一路军第三方面军会师。之后，季青率抗联第五军部队同第一路军第三方面军安吉所部留在道南开展游击活动。8 月 29 日，季青带 18 名队员在穆棱县泉眼河截击了敌人运输队，缴获两马车物资，其中鞋 500 双、各种物品颇多。次日，在穆棱县南徐家小铺与前来追击的日本守备队 60 人战斗 1 小时，击毙日军 6 人，伤日军 7 人。缴获自来得手枪 1 支、弹药 100 发、望远镜 1 个。战斗中，第五军副官方政隆牺牲，1 名战士负伤。打退敌人之后，季青率第五军部队迅速转移到宁安境内活动。

在宁安活动数日后，季青所部遇到抗联第一路军第三方面军及抗联第五军失去联络的病伤人员及女战士 13 人，季青决定将他们护送回片底子后方基地。9 月初，季青所部返回片底子时，柴世荣也率小部队由苏联返回片底子。不久第一路军第三方面军参谋长安吉率部亦到达该地，随后第一路军第二方面军第八团团长孙长祥因作战失利也率部至此，并得知第一路军警卫旅旅长朴德范西返途中战败被捕，因确认同第一路军总部联系已无法实现，于是 10 月 5 日在片底子召开道南各部队团以上干部会议，即东北抗日联军绥宁区部队联席会议。会上决定组成中共道南特委，书记季青（第五军政委），常委柴世荣（第五军军长）、安吉（第一路军第三方面军参谋长），执委崔春国（第一路军第二方面军第八团政委）、朴德山（第一路军第三方面军第十三团政委），候补委员崔贤（第一路军第三方面军第十三团团长）、孙长祥（第一路军第二方面军第八团团长）、黄光林①。特委领导道南所有抗日部队开展冲破敌人冬季“大讨伐”的斗争。会议还研究了共同活动、服装、给养、军队编制、干部互相调遣等问题；具体商讨了道南各部队行动计划：拟将给养秘密储备于片底子，待敌人“讨伐”时转移到道北依兰、方正一带，敌人进攻锋芒转到依兰、方正后再返回道南，利用所储给养度过冬天，维持到雪化时节再向老爷岭一带

---

① 《抗联第五路军南部活动记录》（1940 年 12 月），载中央档案馆、辽宁省档案馆、吉林省档案馆、黑龙江省档案馆编：《东北地区革命历史文件汇集》甲 60，1992 年印，第 4、6 页。

活动。

1940 年 10 月上旬，柴世荣率部顺利越过中东路到达林口县红石砬子，在这里稍停筹备给养。由于帮助买粮的户长告密，突遭日本“讨伐队”袭击，行动计划暴露，不得不退回道南地区。待柴世荣部与季青部欲会合时，部队已断粮两天。为了解决给养，柴世荣率部60 多人决定袭击白石砬子附近敌人经营的伐木场。10 月 7 日，与日军40 人展开5 小时战斗，击毙日军13 人，击伤日军6 人。但抗联部队也受到很大损失，8 名队员牺牲，6 名负伤。10 月 12 日，柴世荣部与季青部在悬羊砬子会合。11 月 14 日晚 9 时许，季青、柴世荣率第五军及第一路军第三方面军第十三团 160 余人攻打了东宁县东杨木桥子木营。

杨木桥子木营驻有小绥芬伪森林警察队 50 多人，负责木营的警戒任务。战斗伊始，抗联战士即发起凌厉攻势，伪森林警察仓促应战，经1 小时战斗，击毙伪森警10 人(其中有3 名日本人)，伤6 人，其余伪警察狼狈逃窜。此战缴获步枪 5 支、弹药 500 发，另缴获大米 13 包、面粉 64 袋、马 5 匹、棉胶鞋 121 双、服装 23 套、军用手套 50 副、现金 450 元。战斗结束后动员部分工人把缴获的物资送往山里，但因天降大雪，次日敌人即沿足迹尾追而来。11 月 18 日上午 11 时，抗联第五军部队在杨木桥子西南 12 公里的大寒葱河附近休息时，遭到追击之敌的进攻。战斗一直坚持到午后 5 时，敌军死 2 人、伤 4 人后退去。此次战斗，因遭突然袭击，第五军队伍被打散。当晚，部队仅集合 39 人①。第五军军长柴世荣在战斗后与队伍失去联系，后率数人越界进入苏联。

---

① 《抗联第五路军南部活动记录》(1940 年 12 月)，载中央档案馆、辽宁省档案馆、吉林省档案馆、黑龙江省档案馆编:《东北地区革命历史文件汇集》甲 60，1992 年印，第 5 页。

此次战斗结束后，季青率部经老黑山，将伤员送走，尔后率7人转移至珲春一带活动。12月，苏联远东军司令部派人通知季青到苏联境内开会。季青遂率小部队赴苏联伯力参加会议。

第三节　东北抗联第三路军所属部队坚持苦斗

一、第三路军第三支队转战黑嫩平原

1940年3月下旬，伯力会议结束后，中共北满省委代表冯仲云率领一支30多人组成的小部队于3月22日从苏联伯力出发，返回东北。途中，在逊克县境，曾两次遭到日伪当局组织的索伦炮手队的袭击。队伍转移后，行进在没膝深的积雪中，翻过无数崇山峻岭，穿过无边密林，越过许多冰河，忍饥受饿，克服种种困难。经21天艰苦行军，终于到达通北县境南北河支流木沟河的抗联第三路军总指挥部。在此地，冯仲云会见了第三路军总指挥张寿篯。冯仲云向张寿篯传达了伯力会议精神；通报了欧洲战场情况、国内抗战情况等目前形势；介绍了毛泽东《论持久战》的主要内容；并根据《关于东北抗日救国运动的新提纲草案》和苏方代表海路、王新林于3月19日提出的对东北抗日联军第二路军总指挥周保中、副总指挥赵尚志和第三路军总指挥张寿篯、北满党省委代表冯仲云的《指示纲领》的要求，共同布置了第三路军的工作。当时，适值第三路军龙北部队集结在南北河第三路军总指挥部附近，遂决定在第三路军总指挥部驻地召开抗联第三、第六军部分干部会议（即南北河会议）。会议传达学习了中共吉东、北满省委代表联席会议精神和毛泽东著《论持久战》，传达了中共北满省委第十次常委会精神，决定将活动在嫩江、松花江、黑龙江之间的抗联第三路军所属第三、第六、第九、第十一军部队按活动

地域分别重新改编为第三、第六、第九、第十二支队。

首先，由张寿篯、冯仲云将集结在讷谟尔河、南北河一带的龙北部队改编为第三、第九支队。

第三支队由抗联第六军教导队、第六军第一师第十团、第二师第十二团、第三师第八团和抗联第三军第三师第七团等余部100余人组成，支队长王明贵，政委赵敬夫，参谋长王钧。下辖第三、第六2个大队：第三大队队长白福厚，政治指导员姚世同；第六大队队长许保合，政治指导员迟万钧。第三支队以德都朝阳山、五大连池为后方基地，活动于嫩江、讷河、德都、甘南、布西（今内蒙古自治区莫力达瓦达斡尔族自治旗）、阿荣旗、景星（今属龙江县）等地。

1940年春，抗联第三支队在支队长王明贵、政委赵敬夫、参谋长王钧率领下，按照中共北满省委和抗联第三路军总指挥部的指示，努力开辟地方工作，发动与领导民众的反日斗争，积极展开抗日游击活动。

当时，日伪当局为彻底消灭抗联第三路军所属部队，调集了日军一部以及伪兴安骑兵团、伪森林警察队、伪军1个团在嫩江、讷河、克山、德都县一带疯狂“追剿”第三路军各支队。其中，以驻在北兴镇的伪北安省警察“讨伐队”最为凶狠。为扫除开展平原游击战的障碍，第三支队决定采取调虎离山之计，消灭这支伪警察“讨伐队”。

1940年3月间，第三支队在王明贵指挥下，派一小队引狼出洞。果然，北兴镇伪警察“讨伐队”寻踪尾追而来。当敌人开至德都县境，遭到严阵以待的第三支队的伏击，狼狈逃走。但敌人“讨伐队”并没有撤回原驻地，而是仍在五大连池一带寻觅第三支队。第三支队领导人决定乘敌人兵力空虚之际，突袭敌人驻地北兴镇。

3月中旬的一天，第三支队在支队长王明贵和参谋长王钧率领下直奔北兴镇。部队在距离北兴镇1公里远的壕沟边隐蔽待命。夜半时分，支队长王明贵下达战斗命令。根据进攻计划，第三支队指战员向敌人据点冲锋。部队从南城墙冲入后，兵分三路，一路由王钧率领进攻“讨伐队”兵营，一路由许保合带领进攻伪警察署，一路由白福厚率领去缴伪自卫团的枪械。战斗中，第三支队俘虏了伪自卫团长，因其拒不投降，执行就地处决。“讨伐队”留守后方的几个伪警察被俘虏，伪警察署30人全部被缴械。部队进街后，打开监狱，解放了被关押的数十名爱国志士和无辜民众。战斗结束，对俘虏进行教育后全部释放。此次战斗，缴获战马18匹、步枪50余支、子弹数千发。

3月24日，中共北满省委为配合全国抗战，掀起新的抗日斗争高潮，发出《关于红五月通告》。通告号召抗联第三路军各抗日部队广泛开展杀敌竞赛活动，以胜利的军事行动纪念“红五月”。要求各支队根据各地实际情形，攻破敌人的城镇、防所、车站，破坏铁路、桥梁、通讯，缴取敌人武器，发展新队员，建立地方群众组织等[①]。根据省委关于开展纪念“红五月”活动精神，第三路军各部积极响应省委号召，利用青纱帐起的有利时机，频繁出动，打击敌人，斗争异常活跃。

根据省委《通告》精神，第三支队队长王明贵率70名队员，于5月间接连攻破嫩江县沐河村、四站（塔溪）和二十里河“集团部落”，并在讷河东与敌人展开激战。沐河村是嫩江县伪森林警察大队队长董连科的老窝。董连科原为土匪头子，后来被日本侵略者收罗，死心塌地效忠敌人。该部有经日军挑选和训练、武器装备精良的骑兵200人。每次日伪“讨伐队”进山追击抗日部队，他们都充当“马前卒”，打头阵。

5月5日晚，第三支队全体指战员涉过沐尼河，秘密进入沐河村。经侦察得知伪森林警察大部外出执行“讨伐”任务，只有40多人留在

---

① 《中共北满省委关于红五月通告》（1940年3月24日），载中央档案馆、辽宁省档案馆、吉林省档案馆、黑龙江省档案馆编：《东北地区革命历史文件汇集》甲26，1989年印，第111—112页。

部队里。当时，第三支队指战员在村内一少年带领下，进入伪森林警察大队后院，第三支队的两个大队分别绕到伪警察队住的两个房间门前，缴了哨兵的枪后，冲进屋里，勒令伪警察交枪投降。在睡梦中被惊醒的40多名伪警察见到抗联战士，顿时惊慌失措，交出全部枪支，乖乖当了俘虏。伪森林警察大队队长董连科因未在村内，侥幸漏网。这次战斗，缴获轻机枪1挺、步枪40支、手枪5支和子弹5000余发及其他军需品。被俘虏的伪森林警察经教育后全部释放。

5月13日，第三支队离开嫩江县到讷河县境活动，时逢驻讷河伪军“讨伐队”回营，第三支队在湖山镇与伪军李桐部队80余人展开了一场遭遇战。第三支队通过正面突破和侧翼迂回，将敌击溃，毙伤伪军18人，俘伪军2人，敌连长负重伤。缴获给养车及军需品若干。战斗结束后，第三支队返回德都县（今五大连池市）朝阳山后方基地。

5月21日，第三支队从朝阳山后方基地转至黑嫩公路附近活动。根据预定作战计划，第三支队袭击了四站（塔溪）。四站驻有伪军刘素“讨伐队”及伪自卫团100余人，伪警察20余人。当夜，王明贵率第三支队60余人，向四站发起进攻。伪警察署和伪自卫团在第三支队攻击下不堪一击，30余人全部被缴械。伪军“讨伐队”兵营则因工事坚固，敌军据垒顽抗，战斗异常激烈。此战持续到凌晨4时许，第三支队领导人为减少损失，遂率部队撤出战斗。此战，除将伪警察和伪自卫团30余人缴械外，还在伪军营房中缴获三八式步枪27支，毙敌2人，伤敌4人（其中副连长1名），得战马2匹。战斗中第三支队吴中队长、赵小队长等4名同志牺牲。第三支队在上述3次战斗中，共毙伤俘伪警察、伪自卫团100余人，缴获轻机枪1挺、步枪90多支、手枪5支、子弹7000余发、手榴弹12枚、军刀数把、战马4匹、服装等军需品若干。

四站战斗后，第三支队乘胜前进，于6月6日午夜又袭击了嫩江县大椅山“满拓”青少年训练所施工工地，俘虏日本工头 4 人，经教育后释放。此战缴获粮食 4 石、马 14 匹，解放劳工 170 人。之后，又攻打了讷河县天字二十号伪警察署、嫩江县双泉屯伪自卫团。7 月 17 日，攻打了嫩江县科洛村，打开了村公所。战斗中，第三支队副官金学京用日语向日本武装人员喊话，交代政策，4 名日本人放下武器投降。此战还获得一批枪支弹药、油印机和粮食及其他物资。

从 5 月初到 7 月中旬，第三支队转战于嫩江、德都、讷河、北安等地的山林和平原，袭击伪警察署，攻打小城镇，频繁出击，对敌人造成威胁。战斗中，第三支队严守群众纪律，除在小兴安临时征用几十匹马并作详细解释外，在其他各地活动时，对百姓丝毫无犯，与群众保持了良好的关系。1940 年上半年，第三支队在战斗中吸收一批新队员，使队伍有所发展，到 7 月初又增编第九大队。队内党组织健全，政治工作不断加强，各支部由指导员具体领导，不时检查各种工作。支队部所属教导队经常坚持政治学习，开展军事教育。因在“红五月”及以后游击活动中，第三支队与敌人进行多次战斗，成绩突出，受到中共北满省委的表彰，被列为抗联第三路军的优胜单位。

第三支队的积极活动引起敌人的重视。自 7 月 17 日攻打嫩江县科洛村后，驻嫩江日军渡边部队和伪嫩江森林警察大队组成的混合“讨伐队”开始尾追第三支队。

在科洛村战斗中，第三支队缴获 1 台油印机、一批纸张和油墨等印刷用品。当时，第三支队政委赵敬夫根据总指挥部指示，去抗联第三路军总指挥部参加干部训练班，并把这些战利品送往总指挥部。他率十几名战士从小路进入总指挥部驻地德都县朝阳山。第三支队队长王明贵率队在山边与尾追而来的敌人混合“讨伐队”周旋，参谋长王钧率领一部主力在山外监视敌人的动向，并在公路两侧设伏准备迎敌。伪嫩江森林警察大队长萱连科十分熟悉朝阳山一带地势。

他避开第三支队大部队，尾随赵敬夫所带小部队足迹进山搜寻。王明贵发现尾随的敌人突然不见，认为其有可能要进山偷袭第三路军总指挥部。为了总指挥部的安全，王明贵特派 1 名中队长和 1 名队员骑快马给总指挥部送信，报告敌情。这时，赵敬夫等带着油印机和纸张等物品已来到朝阳山，将这些物品交给总指挥部。7 月 19 日下午，在王明贵派人向总指挥部报告敌情时，日军渡边部队和伪嫩江森林警察大队 150 人的混合“讨伐队”携带轻重机枪、迫击炮等武器已向朝阳山第三路军总指挥部扑来。

当总指挥部人员听到敌人战马嘶鸣声，发现敌人突然出现在总指挥部附近，即迅速撤离。敌人来到总指挥部驻地眼见无人后，继续以骑兵前后迂回追击，从三面包围了总指挥部人员，情况十分危急。当时，总指挥部只有 20 余名指战员，力量单薄，寡不敌众。刚到达的第三支队政委赵敬夫和总指挥部教导队队长曹玉魁指挥总指挥部教导队战士与敌人展开激烈战斗，掩护总指挥部领导人员突围，使张寿篯和部分干部、学员、战士安全脱险转移①。战斗中，击毙伪嫩江森林警察大队长董连科以下 10 余人，但北满省委委员张兰生、第三支队政委赵敬夫、第三路军总部机要主任兼电台台长崔清秀等 10 人壮烈牺牲，曹玉魁等 8 人负伤。

1940 年夏，第三支队异常活跃。他们利用青纱帐起的大好时机，积极开展游击战。在支队长王明贵和参谋长王钧率领下，8 月 8 日攻打了讷河县讷南镇，8 月 15 日攻袭了克山县通宽镇，8 月 20 日袭击了讷河县拉哈镇。三次战斗均取得胜利。这期间，第三支队还攻打了讷河县九井村、克山县蔡家窝堡等地的伪自卫团，共缴获步枪 20 多

---

① 《张寿篯给金策的信》（1940 年 7 月 31 日），载中央档案馆、辽宁省档案馆、吉林省档案馆、黑龙江省档案馆编：《东北地区革命历史文件汇集》甲 58，1991 年印，第 267 页。

支、子弹2000多发。

9月间，第三支队与第九支队在抗联第三路军总政委冯仲云（1940年5月任职）的领导下联合攻打了克山县城。之后，日伪当局调动日、伪军3000余人，分进合击，在德都北部山林地区进行大规模的“讨伐”。第三、第九支队在转移途中多次与敌人遭遇，经大小战斗7次，涉过湍急的讷谟尔河，终于突破敌人的包围，摆脱了敌人增援部队的追击和飞机的轰炸，到达德都五大连池的卧虎山一带。

1940年10月，第三支队与第九支队回到朝阳山以后，在抗联第三路军总政委冯仲云主持下召开了第三、第九支队军政干部联席会议，出席者有冯仲云、王明贵、高禹民、边凤翔、郭铁坚、曹玉魁、白福厚等。会议总结了第三、第九支队于夏季在黑嫩平原开展游击战争的经验，总结了攻打克山军事行动的成绩与不足，分析了当前敌我斗争的形势，部署了今后特别是秋冬季的战斗任务。会议决定第三、第九支队分开各自独立活动：第三支队在配合讷河县委开展嫩江西岸少数民族工作的基础上，西渡嫩江，奔赴大兴安岭地区的阿荣旗、布特哈旗、巴彦旗等地，开辟大兴安岭新游击区，争取与在热河边境活动的八路军打通联系；并坚持嫩江东部山脉的军事根据地，配合地方党组织，巩固嫩江、讷河、克山一带的群众组织，创造各县新的抗日游击队，保持自己的有生力量，英勇地开展军事行动，冲破日伪冬季“讨伐”。同时，会议决定，调第九支队政委高禹民接替赵敬夫任第三支队政委。

朝阳山会议后，第三支队80余骑兵根据会议的决定，在支队长王明贵、政委高禹民、参谋长王钧率领下，摆脱敌人追击，绕道北上，横断嫩江至黑河公路，之后，向大兴安岭地区挺进。行进途中，第三支队袭击了嫩江县霍龙门。

霍龙门是北（安）黑（河）铁路线上的一个车站，是敌人的一个军事据点，也是黑龙江省北部金矿、木业的中心。那里设立有日本修筑北（安）黑（河）铁路的物资供应站，储备有大量武器、弹药、汽油、被服、粮食等物资。10 月 12 日，第三支队指战员到达霍龙门附近 10 公里处。他们在当地烧炭工人的帮助下，摸清了刚来霍龙门不久的 300 多名日军已乘火车返回嫩江县城等有关敌人的重要情报。于是，决定采取突然奔袭战术，进攻霍龙门。战前，支队长王明贵、政委高禹民作了战斗部署：由第八大队主攻伪军骑兵连，缴获其武器装备和马匹；第七、第九大队牵制、阻击日军守备队，并占领车站，缴取火车站伪路警的武装；支队直属中队攻占日本“大柜”（经理机关）、伪警察署、铁路工程技术人员宿舍和没收仓库物资。

10 月 13 日，第三支队骑兵趁朦胧夜色，由工人带路，迅速向霍龙门挺进。当接近霍龙门车站时，各部队到指定地点将马匹隐蔽好，变骑兵为步兵，奔向预定目标。夜 11 时，第八大队队长徐宝和、指导员姚世同带着全队最先摸到伪骑兵连驻地，用两条毛毯搭在铁丝网上，越过障碍，冲到伪军营房。酣睡中的伪军被枪声惊醒，乱作一团。战士们冲进屋去，将伪军全部俘虏，收缴了枪支弹药。第七大队在大队长白福厚、指导员迟万钧带领下冲入霍龙门车站，将伪路警全部缴械。这时，日军守备队从大门口向第七大队冲来，第七大队机枪射手一阵猛打，将敌人顶了回去。但中队长韩印堂在冲锋时牺牲。与此同时，参谋长王钧带直属中队迅速占领车站北边的敌人仓库，在烧炭工人协助下，将大米、面粉、服装、呢料、毛毯等大批军需物资运出。日本侵略者铁路物资供应站变成抗联的物资补给站。

霍龙门战斗仅用 90 分钟，击毙日军 5 人，除伪军外俘虏日本工程技术人员 10 人。所俘虏的伪军及日本工程技术人员等经教育后释放。此次战斗缴获步枪 13 支、手枪 1 支、战马 200 余匹、弹药 1000 余发、伪币 7000 元，另有许多军需物资。第三支队撤离霍龙门时，用 10

余辆马车把缴获的物资运出站外。将敌人仓库物资分给炭窑工人和当地群众。随后，把伪警察分驻所、满铁工务局、日本妓院房舍付之一炬。

袭击霍龙门之后，第三支队以全部骑兵的装备来到嫩江边。时值深秋，霜重水寒，第三支队在一朝鲜族老乡帮助下，乘木筏子顺利渡过嫩江，并在其帮助下缴取了嫩江沿岸的几个日本人经营的木业供应站，补充了给养。而后第三支队向阿荣旗、布特哈旗、景星、泰来、甘南方向前进。途中，曾多次遭到日军飞机轰炸，并与日、伪军遭遇，均安全脱险。10 月下旬，渡过甘河，到达巴彦旗。第三支队在这一带发动群众，宣传抗日救国道理，受到蒙古、汉、朝鲜、鄂伦春等各族人民的热烈欢迎。此时，日、伪军加紧“讨伐”追击抗联部队，第三支队曾在莫力达瓦旗后太平桥与日军渡纲部队，伪军孙强部队、陈学部队激战；在格尼河西尚家屯遭日军飞机轰炸；在金山堡与前来“讨伐”的敌军展开战斗。为避免与敌人打消耗战，第三支队且战且退，到达甘南县千家户屯，终于摆脱敌人围攻。11 月下旬，第三支队回师北上，进入阿荣旗，返回大兴安岭南部山区。

为贯彻抗联第三路军总指挥部关于打通与活动在察北和热河的八路军联系的指示，第三支队于 11 月末向博克图以南地区行进。在与日、伪军激战三次后，绕过日军渡纲部队的堵截，经巴林站，穿过中东路，渡过阿伦河，向索伦方向前进，到达泰来、洮南、景星等地活动。此时，敌人调动大批日军、伪军、伪兴安军和白俄雇佣军不断向第三支队进攻，第三支队为避免遭到更大损失，放弃继续南进计划，决定回返朝阳山。

12 月 1 日，王明贵、高禹民、王钧率百余名队员于回返途中，在阿荣旗境内鸡冠山露营时，突遭日军袭击，第三支队奋力反击，与日军展开肉搏战。在掩护部队撤退战斗中，第三支队政委高禹民等 7 名指战员壮烈牺牲。第三支队在掩埋了高禹民等烈士遗体后，回师北上，返回德都朝阳山，向总指挥部汇报挺进嫩江西岸、在大兴安岭战斗等情况。

这时，第三支队朝阳山后方基地地方党组织和抗日团体也先后遭到严重破坏，敌人尾追至此，给第三支队活动带来更大的困难。为了保存现有部队以利再战，第三支队不得不离开朝阳山。部队于夜间行进，穿过密林，来到嫩江县三站，在此地召开了第三支队党委会议。会议对部队现状进行分析，认为部队进入大兴安岭之后，与超过我数十倍之敌辗转战斗两个多月，减员三分之二以上，部队仅剩60余人，还有伤病人员。为保存力量，决定率队北上，跨越北（安）黑（河）铁路线去苏联，向在那里的抗联第三路军总指挥张寿篯汇报工作，进行休整，然后再重返大兴安岭开辟抗日游击区。随后，第三支队向北进发，于1941年1月6日从瑷珲（今爱辉县）小五家子附近跨过冰封的黑龙江进入苏境进行整训。

二、第三路军第六支队活动在绥棱、铁骊等地

1940年5月20日，中共北满省委常委冯仲云从抗联第三路军总指挥部来到绥棱与庆城（今庆安）交界的老金沟中共北满省委驻地。他向中共北满省委书记金策以及省委部分干部传达了伯力会议精神。金策等与会干部完全同意和接受伯力会议确定的指示纲领，并决定将这一指示纲领贯彻到实际工作中去。同时决定冯仲云任抗联第三路军总政委。由于敌人正在绥棱一带开展“大讨伐”，难以召开较大规模会议，因此省委决定分头进行，传达落实指示纲领精神。于是，金策和冯仲云一起来到在省委附近活动的抗联第三军第二师、抗联第十一军第一师驻地，将这两支部队合编为抗联第三路军第六支队。第六支队支队长李景荫，副支队长高继贤，政委于天放，党委书

记朴吉松。第六支队下辖第十六、第十七 2 个大队，第十六大队大队长隋德胜，第十七大队中队长靳国风。第六支队由 90 余人组成，该支队以绥棱东部山区为后方基地，活动于拜泉、明水、青冈、海伦、绥化、兰西、呼兰、通北（今属北安）等地。

第六支队成立后，抗联第三路军总政委冯仲云与第六支队指战员研究了贯彻伯力会议精神和落实第三路军总指挥部关于开展“红五月”活动的计划，认真学习了毛泽东的《论持久战》，进一步坚定了长期抗战和抗战必胜的信心，确定了第六支队开展平原游击战争的任务。第六支队根据抗联第三路军总政委冯仲云指示，计划先在绥棱、铁骊（今铁力）山边活动，入夏到拜泉、望奎、青冈、明水、林甸县平原地带开展游击战争，入秋青纱帐倒时仍回绥棱、铁骊山边活动。会后，抗联第六支队根据总指挥的军事活动方针和计划积极开展游击战争。同时，支队还在后方山里密营开荒种地，以解决部队给养。

在纪念“红五月”活动中，第六支队积极响应省委号召，成立了“红五月”纪念运动筹委会，制定了活动计划，认真选择打击目标。根据活动计划，于 4 月 5 日在庆城县东南袭击一日本移民“开拓团”，毙伤敌 9 人。4 月 19 日，第六支队攻破绥棱县瑞穗村日本移民“开拓团”团部。

瑞穗村日本移民“开拓团”是日本侵略者在北满地区建立的较大也是较早的移民“开拓团”，有近千人的日本移民。这个“开拓团”建立于 1934 年，建筑规模较大。团部院里有制米厂、汽车库、兵器库、油库、商店、学校、医院、会堂、邮局、办公室等。“开拓团”团员大多数为经历过实战的“在乡军人”（退伍军人），配备有精良武器，由有战斗经验的军官作指导，具有较强的战斗力。战斗开始前，金策派二道河子抗日救国会会员李泰打入村内侦察，了解到“开拓团”军事实力情况。4 月 19 日夜，第六支队 60 余名战士突然向瑞穗村发动袭击。“开拓团”团员因毫无防备,仓促应战。第六支队经1小时枪战和白刃格斗,毙伤敌20余人,缴获机枪1挺、步枪10余支、手枪1支、子弹6000余发及一些布匹和服装。5月3日,在铁骊东南八里川汽车站截击保护运送木材的敌人,毙伤敌10人,缴获日本移民“开拓团”和铁骊县县公署的马39匹,将作恶多端的日本木业经理处死。不久,第六支队在副支队长高继贤的率领下,于5月13日又袭击了庆城县东北宋家园子。5月20日,第六支队52人在支队长李景荫率领下,攻袭了铁骊东部圣浪站的敌人,与铁路伪警察30人交战,占领了车站,俘虏铁路伪警察5人,缴获步枪5支,没收现金8000余元。6月1日,第六支队在高继贤率领下,在铁骊东北一木营夜袭日本守备队和伪警察武装,毙敌70余人,缴获机枪1挺、步枪15支。

袭击瑞穗村日本移民“开拓团”团部等战斗的胜利,是对日本侵略者开拓移民政策的一次重大打击。在纪念“红五月”活动中,第六支队的党政工作进一步加强,支队党组织举办训练班,学习党章、省委和抗联第三路军总指挥部颁发的各种文件、省委机关刊物《统一》刊载的文章等,队内指战员政治水平大有提高。

由于第六支队在纪念“红五月”活动中,连续取得重大胜利,党政工作进一步加强,被中共北满省委评为纪念“红五月”活动优胜单位。

自瑞穗村日本移民“开拓团”团部被第六支队攻袭后,敌人纠集约2000人的兵力向第六支队活动区域围攻,频繁搜索,致使第六支队后方密营被破坏,所存储的物品、粮食遭到一些损失。7月,第六支队指战员乘青纱帐起,进入平原地区的望奎、青冈、明水、安达等县开展游击战。

第六支队在平原地区开展对敌斗争中,注意开展群众工作,通过宣传抗日救国道理,建立军民秘密合作关系,并以自己严格的组织纪律，赢得了群众的信赖。7 月 7 日，第六支队 54 名战士在副支队长高继贤率领下，在望奎县高贤村与海伦伪警察大队 80 多人交战，击退敌军进攻，俘虏伪警察大队队长王玉玺及伪警察 3 人，缴枪 4 支。战斗中，副支队长高继贤在追击逃敌时，不幸中弹牺牲。高继贤牺牲后，第六支队在千余敌人尾追之下，与敌周旋，转战于海伦、北安、通北、绥化、拜泉、青冈、明水、安达、兰西 9 县。每到一地，他们都向群众宣传抗日救国道理和抗日联军的政治主张。

1940 年 7 月下旬，第六支队一部得知一支日、伪军要经绥棱县克音河向双泉镇集结的消息，于是从老金沟出发，在克音河大桥附近设下埋伏。待敌人进入埋伏圈时，猛烈开火予敌以痛击。敌人慌忙撤退时，第六支队战士迅速追击，击毙日、伪军 10 余人。8 月 8 日，第六支队 53 名战士在支队政委于天放率领下，在兰西县三合城与日军 100 人、伪军 300 人交战。第六支队先占领该村，在给敌人以沉重打击后撤离。但在开展平原游击战争中，由于敌强我弱，第六支队也经常遭到日、伪军攻袭、追击，致使部队大量减员。

同年 10 月 6 日，第六支队在张光迪（当年 7 月继任支队长）、于天放率领下来到抗联第三路军总指挥部所在地通北县南北河。在此地召开了支队干部会议。在总指挥张寿篯的直接领导下，详细检查了该支队平原游击战的工作，总结了经验教训，整顿了队伍，补充了兵员，任命了干部，讨论制定了开展游击战争的计划。会议确定今后的任务是：恢复巴彦、木兰、东兴（今属木兰县）、凤山（今属通河县）、通河、宾县群众关系，创造凤山南、浓河镇以北的军事根据地，修复在巴彦、木兰毗连地带的蒙古山密营和在东兴与庆城毗连地带的黑山密营，利用优越的地理条件，灵活进出，争取军事胜利。

10 月 12 日，第六支队再到平原地区，准备到海伦征集给养。队伍走到山边时被敌人截击。战斗半小时后，敌兵退走。第六支队也回到山里，在海伦停留不久，即南行到庆城、绥棱等县活动1个月左右。10月16日，在绥棱张家湾附近，袭击敌工棚，缴获帐篷5顶，粮食若干。10月17日，第六支队到达庆城山里老金沟中共北满省委驻地，向省委书记金策汇报工作。金策帮助第六支队进一步总结了平原游击活动的经验教训，研究了执行抗联第三路军总指挥部对第六支队的工作指示和第六支队近期军事行动及政治工作等问题。金策指出，第六支队开展的游击活动扩大了我党我军的政治影响，第六支队与群众的关系甚好，这是优点；但还未能取得军事上更大的胜利，达到预定的目的，还有党政工作和侦察工作不够强等弱点。之后，第六支队召开军政联席会议，认真讨论了金策及第三路军总指挥部对第六支队的指示，确定了近期军事行动等问题。为加强党的工作，支队内建立了党委和3个党小组，支队完全在党委领导下进行工作；重新改组了青年团、士兵会组织；为加强侦察工作，决定派出侦察员，寻查木业、修道工人情况，以确定战斗目标①。

1940年10月下旬，天气渐寒，第六支队又奔赴铁骊，以铁骊、东兴山区为后方，开展游击活动。第六支队政委于天放认真总结了平原游击战争的经验教训，写出了《龙江平原游击的感想》。文中指出：开展平原游击在军事上、政治上、经济上都具有重大意义。为了积蓄实力，保存与扩大新的力量，非执行平原游击的计划不可；为了面向群众，深入群众，取得民众的拥护，非到平原开展游击不可；为了扩大抗联的好的影响，只有到平原地带做游击活动；为了扰乱敌人腹地，响应全国抗战，开展平原游击，牵制日寇兵力，是十分重要的。第六支队仅以几十人的小部队，就牵制近千名的日、伪军。在总结教训时

---

① 《于天放给张寿篯冯仲云的报告》（1940年10月20日），载中央档案馆、辽宁省档案馆、吉林省档案馆、黑龙江省档案馆编：《东北地区革命历史文件汇集》甲59，1991年印，第1—2页。

文中指出：未能大步前进大步后退，采取迂回战术，取得大的军事胜利；由于长驱直入，直线行军，敌人易于明了我军行动目标和方向，实行追击、堵截，使我军行动困难；侦察工作缺乏，以致消息闭塞。文中强调："在将来的工作中，必须以过去的经验教训为警戒和指南，使工作不再遭受无谓的损失。"①

同年冬季，敌人加紧"大讨伐"，第六支队活动十分困难。为保存部队实力，以利再战，第六支队在支队长张光迪、政委于天放、党委书记朴吉松率领下，于12月7日由铁骊转移到通北县南北河一带休整。

三、第三路军第九支队战斗在通北、克山

1940年4月，抗联第三路军第九支队组成时共90余人，支队长陈绍宾，政委周云峰（后由高禹民继任），副支队长边凤翔，党委书记、参谋长郭铁坚。第九支队下辖2个大队。第十五大队队长许世才，政治指导员尹君；第十八大队队长金永贤，政治指导员杜景堂。根据抗联第三路军总指挥部的部署，第九支队一直以通北县（今属北安市）南北河为后方基地，在德都、讷河、克山等地开展游击活动。

4月26日，第九支队支队长陈绍宾率82名战士在通北县东60公里的小南河夜袭伪森林警防所（有伪警察80人、日本人4人），毙伤敌60余人，其中有日本人2名。5月5日，第九支队在通北东30公里处冒险袭击60人的伪警察队，因敌人有所准备，第九支队牺牲2名大队长、1名政治指导员。7月间，第九支队队长陈绍宾逃离抗联队伍，由原副官长边凤翔担任支队长。

7月7日，第九支队队长边凤翔、政委高禹民率领65名战士，袭

---

① 《于天放谈龙江平原游击的感想》（1940年10月22日），载中央档案馆、辽宁省档案馆、吉林省档案馆、黑龙江省档案馆编：《东北地区革命历史文件汇集》甲59，1991年印，第303页。

击了通北县日本移民团。该日本移民团有日本青年义勇队40人。战斗中，击毙日本青年义勇队20人，另20人逃跑。此战缴获步枪5支、弹药300发。7月15日，第九支队67名战士在边凤翔率领下，在克山县杜保董村与驻克山伪军、伪警察200人交战，击溃了敌人，击毙日本参事官1名，伪军、警死伤18人。第九支队牺牲1人，伤3人。7月25日，参谋长郭铁坚率80余人袭击了通北县日本"开拓团"琦玉村十二部落，毙敌5人，缴获步枪4支、粮食若干。7月底，第九支队进入绥棱县，袭击了安古镇日本移民团，毙敌5人。

第九支队指战员在边凤翔、高禹民的率领下，在冲破日伪"讨伐"中，采取机动灵活的战术，避开敌人数次"分进合击"，伺机打击敌人，取得多次胜利。同时，支队党组织积极做政治上的动员，两次进行整训，注意充分发挥党员的先锋模范作用，使部队在恶劣的环境中得到保存，部队战斗力不断提高。

1940年9月间，在抗联第三路军总政委冯仲云领导下，第九支队与第三支队联合攻打了敌人在北满的重要据点克山县城。

克山县地处小兴安岭西麓，松嫩平原北缘，是日、伪军重要基地。日伪称此县是"满洲国的治安模范县"。根据地方党组织转来的敌情报告，克山当时驻有伪军1个团近千人，日本铁路守备队100余人，伪警察训练队和伪警察约200余人，但在具体兵力配备上是城郊强而城内弱。9月初，经过周密侦察，抗联第三路军指挥部研究制订了攻打克山的作战计划。第一步，针对敌人有在秋季青纱帐倒之前布防山边，阻抗联进山的企图，应将计就计，派部队在克山与讷河交界地区频繁活动，摆出要进山的姿态，把驻克山的日、伪军主力引出；第二步，以主力部队突袭克山县城。第三路军总政委冯仲云和第九支队队长边凤翔、政委高禹民率第九支队主力与第三支队会合之后，经研究决定冯仲云担任攻城总指挥，第三支队支队长王明贵担任军事指挥。拟由第九支队进攻伪军团部，第三支队主攻伪县公署，另派中队长刘中学率一班人袭击银行，中队长修身带领一班人阻击和牵制西大营敌人，再以一个机枪班抢占敌中心炮台。9月中旬，驻克山县日、伪军主力果然派往乡下进行"讨伐"，县城内只有日军守备队50人、伪军58人、伪警察50人、自卫队40人担任警备任务。城内敌人兵力减少给抗联攻城带来有利条件。

9月23日晚，第三、第九支队主力200余人经隐蔽行军到达城郊预定地点。9月25日夜幕降临时，指战员身着伪军服装，排成两路纵队突进县城西北角，直冲北二道街十字路口，机枪班首先抢占中心炮台，其他各部也分别奔向各自进攻目标。第九支队将伪军团部门口的哨兵缴械，冲入院内，惊慌的伪军纷纷举手投降。第三支队在王明贵的率领下冲到伪县公署大门口，战士们立刻搭起人梯，剪断电网，跃入院内，向敌人猛烈射击、投弹，敌人死伤甚多，只有少数人逃脱。战士们冲进伪县公署办公室，只见一个日本军官正给守备队打电话，当即将其击毙。残余敌人欲进入伪县公署躲避，又遭痛击。战士们随后打开监狱，释放在押的300余名群众，其中一部分爱国者领取枪弹加入抗联部队，投入战斗。驻西门外的日本守备队接到电话后分乘2辆汽车向城内增援而来，阻击队在中途予以痛击，致敌死伤过半。此战捣毁了伪军第十九团团部，夺得了该县城街道中心炮台，攻取了伪县公署、伪警察署、兴农合作社、种马场、仓库，占领了伪中央银行克山支行，击毙日军30人，俘虏伪军80余人，缴获步枪150支、手枪7支、子弹1.5万余发。打开监狱，释放"犯人"300名[①]。

第三、第九支队攻打克山县城是抗联第三路军取得重大胜利的

---

① 《张寿篯给负责同志并转中共中央政治局的报告》(1940年12月8日)，载中央档案馆、辽宁省档案馆、吉林省档案馆、黑龙江省档案馆编:《东北地区革命历史文件汇集》，甲59，1991年印，第140页。

一次战斗。日伪当局对克山县统治很严，对县城的防守更是严密，围绕县城筑有城墙，墙外挖有深沟，城内修筑的炮台工事也很坚固，日伪一再宣称“铁打的满洲国，模范的克山县”。抗联第三、第九支队用巧妙的战术，施以突然袭击，攻下克山县城，鼓舞了人民群众反日斗争斗志，打击了敌人的嚣张气焰。

第九支队与第三支队一起攻打克山县城后，向德都朝阳山转移。途中短短5天时间里又与敌人进行7次战斗。战斗中，第九支队与第三支队牺牲干部、战士11人，14人负伤①。

1940年10月初，第九支队与第三支队回归朝阳山召开干部联席会议后，第九支队赴通北县南北河进行短期休整，因原第九支队政委高禹民调任第三支队政委，第九支队政委由周云峰担任。

在此期间，在通北县南北河的抗联第三军总指挥张寿篯等总指挥部的指战员刚刚渡过绝粮难关。自入秋后，张寿篯等总指挥部20余人包括一些后勤人员和体弱病残的战士，因山洪爆发，被洪水困在南北河旁的一片森林里，断粮1个多月。开始时，张寿篯带领大家到山里挖野菜、拣榛子、采蘑菇充饥。后来野菜吃光，就只好煮榆树皮吃。在极端艰难的日子里，干部战士饿得难以行走，只好躺在地上以减少体力消耗。此时，张寿篯一再告诫战士们：我们宁可饿死也绝不能动摇抗日到底的坚定信念。他鼓励大家要效法古代伯夷、叔齐，矢志忠贞祖国，永不变心。直到洪水消退，在平原活动的部队和交通员把粮食运来，张寿篯等总指挥部人员才终于得救。

10月初，日、伪军开始展开秋冬季“大讨伐”。敌人施以许多新的反动措施：加强反共宣传，每家墙壁上都要张贴反共传单；统

---

① 《张寿篯、冯仲云给金策的信》（1940年11月1日），载中央档案馆、辽宁省档案馆、吉林省档案馆、黑龙江省档案馆编：《东北地区革命历史文件汇集》甲59，1991年印，第35页。

一发放贴有照片和盖有指纹的“居民证”，以备随时盘查；强化各县谍报网，强迫居民及时报告抗联动向；在进出山地、平原的通道，安置大量日本武装移民，组成严密的封锁线；强迫农民群众沿公路站岗放哨，拉网搜查山林、庄稼地，等等。由于日、伪军展开残酷的秋冬季“大讨伐”，第九支队活动日见困难。边凤翔率65名队员，采取迂回战术，乘骑向呼（兰）海（伦）路以东的山岳地带转移。途中消灭日本竹下“讨伐队”40余人，脱离敌人包围，10月上旬进入呼（兰）海（伦）路以东地带。

10月13日，第九支队随抗联第三路军总政委冯仲云一起来到总指挥部驻地通北县南北河与总指挥张寿篯会面。当时，第九支队队伍状况是：在前方活动的骑兵65人，伤病已愈准备上前方的20人，不能随队活动的伤病人员10余人。第三路军总指挥张寿篯、总政委冯仲云与第九支队领导共同总结了平原游击经验，研究了1940年冬季工作。张寿篯把第九支活动区域确定为南由绥棱、海伦起，北至小兴安岭车站（二站），以海伦、拜泉、通北、北安、克东、龙镇为中心活动区。总指挥部要求第九支队以呼（兰）海（伦）铁路东部山林区和部队原有各个据点作依据，向西灵活地伸张。其中心任务是：加紧巩固部队，提高军事技术和党政工作，巩固现有群众关系，建立新的群众关系，以胜利的军事行动，打击沿山封锁的日本移民团、敌军监视哨、日本人经营的林业等，注意北（安）黑（河）、呼（兰）海（伦）铁路工人工作及建设立侦探工作。

根据活动计划，第九支队活动在北安一带，于11月25日袭击许占国围子，解决了部分给养，缴获几十匹马，使支队变成骑兵。11月29日，袭击了北安县李殿芳村等3个“集团部落”。但在秋冬季敌人“讨伐”中，第九支队有20名战士先后在战斗中牺牲。1940年底，斗争环境越来越残酷，第九支队又转移到通北县南北河，在抗联第三路军总指挥部附近活动。

四、第三路军第十二支队燃起三肇抗日烽火

1940 年 4 月末。中共北满省委常委冯仲云按书记金策的指示，前往安邦河上游，对那里的抗联部队进行整编，并布置工作。冯仲云渡过大小呼兰河，到达庆城（今庆安）、铁骊（今铁力）地区。在安邦河上游，见到了在该地活动的抗联第三军部队和抗联第三路军总参谋长许亨植、原抗联第六军军长戴鸿宾等人。在这里，冯仲云向他们传达了伯力会议精神和南北河会议决定的第三路军各部的整编情况。随后召集该部队党的会议，整理了部队党政工作，对部队进行整编。将活动在安邦河上游的抗联部队整编为第三路军第十二支队。第十二支队由第三军第一师和原第十一军部队组成。支队长李景荫（后为戴鸿宾）、政委许亨植（兼）。下辖第三十四、第三十六 2 个大队。第三十四大队大队长王殿阁，指导员吴世英，支部书记鈕景芳；第三十六大队大队长关秀岩，政治指导员韩玉书，支部书记高凤祥。全支队共有队员 100 余人，其中中共党员 21 名，候补党员 12 名，共青团员 15 名。党团组织经常召开会议。第十二支队是政治、军事素质较强的一支抗日部队，以铁骊、庆城山区为后方基地，活动于铁骊、庆城、绥化、望奎、巴彦、肇东、肇州、肇源等地。

根据抗联第三路军总指挥部的指示，第十二支队于六七月间，举办了干部训练班，准备在青纱帐起之后部队向南移动，进行远征，到三肇（肇东、肇州、肇源）地区开展平原游击战。

1940 年 7 月 7 日，第十二支队 53 名战士在抗联第三路军总参谋长兼支队政委许亨植率领下袭击了木兰县大青沟三合店敌兵站，与伪山林警察大队 33 人展开战斗，毙敌 10 余人，俘虏 8 人，缴获长短枪

7 支、子弹 800 余发，焚毁敌兵营 47 间。战斗结束后，就地召集群众大会，第十二支队指战员进行抗日救国宣传，群众高喊口号，欢呼抗日联军的胜利，在人民群众中产生良好影响。

早在 1939 年春，中共北满省委为开辟三肇地区工作，即派出高人杰、徐泽民等地下工作人员到三肇地区开展群众工作。以后，又派张文廉、高吉良①、刘海等人到三肇地区工作。经过努力，于 1940 年 2 月在肇州朝阳村建立了中共龙江工作委员会（亦称三肇工委、三肇县委、肇州县委），张文廉任书记兼宣传部部长，高吉良任组织部部长，徐泽民为工作员，刘海为交通员。同年 8 月，工委书记张文廉被捕。10 月 21 日，中共北满省委书记金策指示高吉良代理三肇县委书记工作。龙江工委成立后，工委领导以经营杂货铺、行医卖药为掩护，在肇东、肇州、肇源、安达、青冈、兰西等地广泛进行抗日救国宣传，发动群众建立抗日救国会组织。到 1940 年 7 月中旬，三肇地区成立了近 10 个抗日救国会分会和小组，有会员 80 多人，建立了群众抗日武装武术团，并与活动在这一带的山林队“双侠”、“九山”等建立了友好关系。这些工作为第十二支队到三肇地区开展游击战争创造了条件。

1940 年夏，青纱帐起，正是开展平原游击战争的好时机。8 月 9 日第十二支队 70 余人在许亨植和支队长戴鸿宾率领下从安邦河上游后方基地出发，顺呼兰河南下，经庆城、绥化、望奎、兰西，在肇东横跨滨（哈尔滨）洲（满洲里）铁路向肇州进发。9 月 4 日，部队到达肇州朝阳村西土城子屯附近的一片高粱地后，第十二支队领导人同龙江工委负责人高吉良和工作员徐泽民等召开会议，研究敌人在三肇地区的统治情况，确定了第十二支队在三肇地区开展游击活动的计划，

---

① 高吉良（1914—2006），别名高凤亭、高峰，山东沂水人。1935 年加入中国共产党。1936 年后历任东北抗日联军第三、第六军联合办事处主任、东北抗联第三军第九师政治部主任、中共三肇县委（亦称肇州县委）代理书记。2006 年病逝。

并决定将“双侠”、“九山”等山林队收编到第十二支队，编为游击大队。同时为打击敌人，夺取给养，决定袭击丰乐街。徐泽民向丰乐街抗日救国会员布置了侦察敌情的任务。

丰乐街位于肇州县城东部10余公里，是肇州县内较大集镇。据侦察，街内伪警察署有伪警察30余名，自卫团20余名，街内有银行、街公所、当铺，警备较松懈。9月11日夜12时，第十二支队由“九山”队队员作向导，向丰乐街进发。按作战部署，第三十四大队由街东门突入，第三十六大队一部攻打西门，并负责截击可能从肇源方面来援的敌人。政治指导员吴世英、韩玉书率队进入街内，迅速包围伪警察署，一部分战士翻越高墙进入伪警察署大院，内外夹攻，大院的伪警察不得不交枪投降。与此同时，街内银行、当铺皆被第十二队收缴。丰乐街之战，击毙日伪人员5人，其中有日本青年训练所主事、伪警察1人、伪自卫团员3人，解除15名警察和30多名自卫团员的武装，缴获步枪和手枪30余支、子弹3000余发、伪币16.8万元、黄金40两、表40余块及部分金银首饰、鸦片等。战斗中，第十二支队严格遵守群众纪律，对街内商民秋毫无犯，受到群众的欢迎。9月12日晨2时，完成各项战斗任务后，第十二支队顺利撤出丰乐街，往肇东方向移动。

根据活动计划，第十二支队拟袭击肇东宋站。因汉奸告密，部队在宋站附近四撮房突然遭到大批日伪军袭击，战斗中，10余名战士牺牲，8名战士负伤，损失机枪1挺。在分散突围时，部队被敌人分隔，支队政委许亨植率16名战士辗转返回庆城后方基地，第三十六大队向西南撤走，与支队部失掉联络。支队长戴鸿宾、支队党委书记韩玉书及龙江工委工作员徐泽民率领第三十四大队向肇州县六合村转移。当晚，戴鸿宾脱离部队，使部队失去军事指挥。此时，徐泽民、韩玉书考虑到队伍中负伤者过多，返回庆城后方实属困难，于是决定将伤员通过地方关系进行安置，部队返回肇州地区活动。9月下旬，经地方党组织协助，把分散的第十二支队第三十四大队与第三十六大队集合起来。不久，在肇源街南五家召集党员干部会议，因支队主要负责人离队，决定由徐泽民任代理支队长，韩玉书为政治负责人。支队党组织在队员中认真进行思想教育工作，稳定了队员情绪。会议之后，第十二支队领导率领部队在郭尔罗斯后旗（今肇源县）三站镇以北的石家窝堡一带活动。其间，曾在三站北与日、伪军遭遇，展开战斗，毙伤敌30余人。战斗结束后，部队继续向西进发，计划攻打肇源街。

10月6日晚，第十二支队按预定计划，准备在7日拂晓前赶到肇源街外围发起进攻。因天降大雨，夜黑路滑，行军速度迟缓，部队经薄荷台行至敖木台时，天已大亮，夜袭肇源街计划已不能实现。因此支队领导决定在敖木台隐蔽，待天黑后再攻城。徐泽民带3人前去与驻扎在花尔村前葫芦系的绿林武装联系共同袭击肇源之事，支队由韩玉书负责指挥。敖木台由东西两个自然屯组成，近邻松花江，第三十六、第三十四大队各住一屯。7日清晨，一支日、伪军“讨伐队”在东屯出现，第三十四大队首先与之展开战斗。随后，又有大批敌人占领江岸大坝制高点，控制了东西两屯，使第十二支队处于腹背受敌的被动地位。但第十二支队指队员不畏强敌，勇敢应战，整个上午战斗始终处于胶着状态。下午，敌军大批缓兵又至，且用六〇炮等武器向第十二支队驻地猛轰。第十二支队党委书记、三十六大队指导员韩玉书指挥部队与敌进行顽强战斗。战至黄昏，屯中房屋全被击毁，第十二支队伤亡惨重。韩玉书组织部队向江坝突围时，为不让一枪一弹落入敌手，在把牺牲战士的枪支扔入水中时不幸中弹牺牲。此战牺牲的指战员还有第三十四大队大队长王殿阁、政治指导员吴世英，第三十六大队长关秀岩等40余人。

敖木台战斗使第十二支队遭到重大损失。战斗结束后，仅有张瑞麟等 19 人突出敌人重围，途中又有 3 名重伤战士因流血过多而牺牲。所剩 16 人中，有 13 人负伤。他们艰难地撤到松花江边一所渔房中，在当地渔民的帮助下，白天在碱草甸子里隐藏，晚上住在渔房子里。渔民们帮助他们买药治疗伤病，终于康复脱险。

10 月下旬，中共龙江工委书记高吉良一面派人寻找队员，一面组织当地抗日救国会会员救助突围出来的伤员。在群众的帮助下，第十二支队代理支队长徐泽民把打散的队伍又重新集合起 30 余人。部队经过一段时间的休整，逐渐恢复了战斗力。

这时，在肇源街内退职的伪警察郑某骑自行车到西土城子，汇报了肇源街的敌兵力和相关情况，徐泽民决定乘肇源街敌兵力空虚之际攻取之。

为取得攻袭肇源街的胜利，第十二支队领导派人与艾青山领导的抗日武装取得了联系，将其队伍改编为第十二支队三十四大队的一个中队，使第十二支队兵力得到了加强。

肇源街是伪郭尔罗斯后旗旗公署所在地，敖木台战斗后，敌人以为抗联第十二支队已被彻底打垮，进驻街内的敌“讨伐”队主力便撤走，伪县公署院内只驻有伪警察和伪军百余人。当时敌人正在召开所谓三肇地区“剿匪祝捷大会”，三县日军参事官、哈尔滨伪第四军管区及铁路局等均派代表出席会议。敌人在会上声称，敖木台战斗已将抗联部队“全歼”，三肇地区“王道乐土可望实现”，等等。

11 月 6 日，第十二支队在郭尔罗斯后旗三站石家粉房附近一个喇嘛庙里召开干部会议，由徐泽民作战斗动员。之后，部队经一夜急行军，于 7 日拂晓前到达大拉嘎蒙古屯休息。11 月 8 日晚 11 时许，第十二支队新老战士及艾青山部义勇军 80 余人急行军至肇源街附近。这时，《大北新报》肇源分社社长、肇源抗日救国会分会长王秉章等秘密出城迎接，引领部队分头从城西北角突破口进入城里。徐泽民率部迅速冲进伪旗公署门口，活捉哨兵，尔后冲入院内，趁敌不备，将100余名伪军警全部缴械，并毙伤日籍官吏、警察等11人。张瑞麟率战士打开监狱，释放“犯人”29名；又打开军用仓库，收缴军火等军需品。攻打肇源街战斗，缴获轻机枪6挺、步枪300余支、手枪100余支、手枪子弹400余发、步枪子弹一大批、伪币2万元、全鞍马130匹、服装200套、鸦片8箱以及其他军需物资甚多[①]。11月9日晨，第十二支队在十字街召开群众大会，支队宣传主任张瑞麟向群众宣传抗日救国道理，欢迎他们参加抗日联军。当时即有数十名青年参加了抗联部队，他们每个人都分到步枪1支、子弹2袋、战马1匹，穿上了新领的服装。这时十二支队扩大到200余人，其中已有骑兵140余人。随后，在群众的帮助下，将战利品装满1辆汽车和2辆胶轮车，部队撤离了肇源街。

第十二支队撤出肇源后，于11月9日午后又袭击了头台镇，焚毁伪警察分驻所1处，解除15名伪警察武装。同日晚部队到达杨百崇窝棚（今属大庆市），在这里对部队进行整编，第十二支队编为3个大队。同时宣布李忠孝任第十二支队参谋长，张相龙任副官，张瑞麟任支队政治部宣传主任。

第十二支队连续袭击敌人的军事行动，使日伪当局惊恐不安。于是他们调集日伪军警组成“讨伐队”进行“追剿”。11月10日中午，第十二支队在杨百崇窝棚与前来追击的日伪“讨伐队”发生激战。战斗中，艾青山所部新编大队（第三游击大队）走散。11月18日，徐泽民率第十二支队在肇州西阳区与艾青山部第三游击大队会合。11月21日，第十二支队袭击了郭尔罗斯后旗的古鲁站。11月26日，在肇州县启明村何家围子附近收编了绿林武装“庄稼人”，将“庄稼人”

---

① 《徐泽民给北满省委的信》（1940年11月14日），载中央档案馆、辽宁省档案馆、吉林省档案馆、黑龙江省档案馆编：《东北地区革命历史文件汇集》甲59，1991年印，第62页。

的 17 人编入第十二支队，并从第十二支队中抽出 5 名队员与“庄稼人”队伍合编为独立大队，“庄稼人”的头领刘相林任大队长。

此后，第十二支队转战于三肇地区，与日、伪军战斗四五十次，曾攻克小城镇 10 余处。

第十二支队在三肇地区开展的抗日游击战影响深远。不仅广大群众深受鼓舞，其影响夜深入伪军内部。1941 年初，驻哈尔滨王岗伪第三飞行大队起义事件就是在第十二支队的影响和策动下发生的。

哈尔滨王岗伪第三飞行大队成立于 1939 年 10 月，设队部和两个连的编制。大队的正职军官及关键职务都由日本人担任。日本军官欺压伪满士兵，因此，伪满士兵对日本人普遍不满，有的不忍日本人的欺压离队逃跑。曾在王岗第三飞行大队服役的刘远泰，逃跑后参加第十二支队独立大队（原“庄稼人”队）。他向张瑞麟讲述伪第三飞行大队士兵遭受日本人欺压的情况后，张瑞麟便将此情况向第十二支队代理队长徐泽民汇报。徐泽民决定派刘远泰去哈尔滨，通过他在伪第三飞行大队的关系组织该部起义。

刘远泰秘密前往哈尔滨，找到他的好友苏贵祥，传达了抗联第十二支队领导人关于动员伪第三飞行大队士兵起义的计划。苏贵祥同意组织志同道合的士兵举行起义。以后，苏贵祥在伪第三飞行大队中秘密联络龙国兴等积极开展士兵工作，多次秘密研究起义事宜，最后决定了起义日期。

1941 年 1 月 4 日夜，王岗伪第三飞行大队士兵举行起义。在苏贵祥指挥下，起义士兵 84 人分头袭击了军士室、军官宿舍，击毙队内日本人雇员山浦圭治、高本政治郎及伪军 10 余人。他们砸开兵器库，夺取重机枪 2 挺、弹药 5120 发、匣枪 12 支、子弹 810 发、步枪 120 支、子弹 6400 发、刺刀 100 把、被服、军衣多套，随后乘汽车向肇东方向奔去。由于抗联第十二支队正与日、伪军“讨伐队”频繁作战，未能按时前去接应，起义部队遭到敌人追击。1 月 6 日，日、伪军在肇州县郭头井村将起义部队包围。战斗中，起义部队毙伤日、伪军 21 人。起义领导者苏贵祥、龙国兴等 30 人牺牲，44 人被俘，10 人逃脱。起义最终失败。王岗伪第三飞行大队士兵起义发生在哈尔滨，给日本侵略者的打击格外沉重。日伪当局称："王岗事件是国军历史上印下一大污点的不祥事件。"

自抗联第十二支队攻打肇源街及哈尔滨王岗伪第三飞行大队士兵起义事件发生后，日伪当局调动日军子安部队、伪军刘兴部队等大批兵力进入三肇地区，对抗联第十二支队及抗日群众进行"大讨伐"、大逮捕、大屠杀，制造了震惊全东北的三肇惨案。为保存实力，巩固队伍，以利再战，抗联第十二支队退出三肇地区，经呼兰返回到庆城山区。

1940 年是东北抗日游击战争最为困难的一年，从全局看正值斗争低潮阶段。但抗联第三路军各支队以朝阳山和海伦、绥棱、铁骊、庆城山区为依托，广泛地开展了黑嫩平原游击战。其活动范围包括 20 多个县。抗联第三路军各支队指战员积极活动，主动出击，采取灵活机动的游击战术，以突然袭击和埋伏阻截等方法，先后攻打了克山、肇源 2 座县城及 30 多处"集团部落"、伪警察署、日本移民"开拓团"等日伪据点，突袭日、伪军 20 余次，缴获一大批枪支弹药和其他物资。抗联指战员不畏牺牲，到处英勇地打击敌人，接连获得胜利，扩大了党和抗联的政治影响，极大地鼓舞了广大民众的抗日斗志，同时也积极地配合了全国抗战。

第四节　东北抗联第一路军的艰苦转战

一、第一路军警卫旅转战汪清、宁安

1940 年下半年，抗联第一路军警卫旅在政委韩仁和率领下，一直

在坚持斗争。1940年6月中旬,警卫旅100人与金日成所率部队一起在和龙一带活动。7月上旬,与金日成所部分开,在和龙、安图县内袭击各地日、伪军。8月上旬,隐蔽活动于延吉、和龙、安图3县交界地区,后跨越安图向北方撤离。8月15日,警卫旅在汪清县春和村袭击“集团部落”与日军交战,毙敌6人,伤8人,缴获大批粮食、衣物。8月20日进入汪清县境后,为避开“讨伐队”攻击,逐渐北进。9月,警卫旅主力依旧分散于延吉、汪清县交界地区活动。9月中旬,警卫旅分为数队,一部分跨越图(们)佳(木斯)线进入宁安县西部地区。

1940年秋,抗联第一路军总指挥魏拯民任命朴德范为警卫旅旅长。朴德范率队在汪清活动时曾与警卫旅政委韩仁和会见。之后,韩仁和去宁安活动,朴德范率队去东宁与季青所率抗联第五军教导团会合。不久,朴德范率队返回南满寻找杨靖宇,途中于9月29日在汪清天桥岭西被捕叛变。警卫旅余部东返东宁,与第五军季青所部会合。

自1940年9月,韩仁和率警卫旅一部进至宁安县后,在鹿道东北、镜泊湖北湖头等地进行活动。9月18日,在鹿道东北8公里处与前来袭击抗联密营的日军“讨伐队”展开一次激烈战斗。10月11日夜11时30分,韩仁和率警卫旅部队袭击了宁安县镜泊湖北湖头高岗号木材部,并与伪警察分驻所和当地伪自卫团交战,毙伤敌4人,缴获部分粮食和衣物。

10月,警卫旅70人继续活动于延吉、汪清两县交界附近地区。10月20日左右,警卫旅分散数队后北进,跨越图(们)佳(木斯)线,大部分进入宁安县南部地区活动。11月,警卫旅50人,仍然以分散队形进入汪清县西北部及宁安县南部地区,与敌人“讨伐队”交战。12月,警卫旅40人在上述地区分散潜伏。12月中旬,其中一部分向珲春县移动。

对此,敌人在报告中记述:抗联第一路军警卫旅在政委韩仁和的率领下，“袭击各地”极为活跃①。

但在艰苦斗争环境中，也有一些人经不起考验，背叛抗日事业。抗联第一路军军需处处长全光于1941年1月29日在抚松县高升屯向敌人投降。

1941年春，警卫旅在政委韩仁和率领下，转移到宁安县境活动。3月13日在镜泊湖上湾沟与敌人遭遇，在指挥作战中，韩仁和不幸中弹牺牲。韩仁和牺牲后，警卫旅余部陆续转移至苏联境内。

二、第一路军第二方面军转战安图、敦化等地

1940年6月，抗联第一路军第二方面军在金日成率领下，活动于安图县境，曾与韩仁和率领的警卫旅部队会合。之后，分为数队在安图、和龙两县内袭击敌军。6月7日，金日成率部先后袭击延吉与和龙两县交界的卧龙屯、和龙县天水洞之敌。第二方面军的积极活动，使敌人焦躁不安，日、伪军不断加强对该部“讨伐”的力度。6月29日，第二方面军政治部主任吕伯岐在和龙县大马鹿沟附近密营养伤时，被叛徒林水山带领的敌人特设部队逮捕。为扭转因叛徒投敌造成的困难局面，金日成决定第二方面军采取化整为零战术，把部队编成数支小部队继续与敌人开展战斗。

7月初，第二方面军与韩仁和率领的警卫旅分离，游击于安图、延吉、敦化3县交界地带，频繁与“讨伐队”交战。7月2日，第二方面军一部袭击了敦化县哈尔巴岭火车站的敌人，在撤退途中，又设伏袭击了自敦化县乘装甲车扑来的日军。7月11日，袭击了珲春县二道沟“集团部落”，缴获大米9袋、胶鞋100余双。之后，攻入和龙县卧龙屯，毙伤日军20余人。7月12日，又攻袭安图县新光“集团部落”，击

① 吉林省档案馆编译：《东北抗日运动概况》，吉林文史出版社1986年版，第158—159页。

毙日军中佐福田以下20余人。第二方面军在极其艰苦的环境下,突破敌人的“讨伐”,夺取了一系列战斗的胜利。

1940年8月10日,第二方面军在金日成主持下,于敦化县小哈尔巴岭举行军政干部会议,讨论了面临的政治、军事形势及群众工作等方面的问题。会后,第二方面军主力于延吉县内跨过长(春)图(们)铁路,8月中旬再度南下,仍在安图、延吉、敦化3县交界地带开展游击活动,同时,开始着手筹集冬季所需粮食给养等项工作。

9月5日,第二方面军一部在安图县五道阳岔附近与伪军交战。同月,第二方面军一支部队赴东宁县老黑山,在那里建立了秘密营地。秋后,部队又转入长白山密林中进行一段时间的休整,继续在安图、延吉、敦化3县交界地区筹集冬季所需粮食给养等工作。之后,又转往东宁县一带活动,并与中共吉东省委、抗联第五军取得联系。第二方面军第七团在安图县活动一段后,去桦甸县找魏拯民所率总部联络,然后在桦甸县西北岔、腰岔、大蒲柴河等地活动。

11月中旬,第二方面军领导人金日成过界赴苏,以后代表中共南满省委和抗联第一路军参加东北党组织和抗联领导干部会议。

三、第一路军第三方面军在绥宁地区殊死抗敌

1940年6月,抗联第一路军第三方面军第十三团在崔贤领导下活动在汪清县境。敌人称:第十三团于6月“游动于汪清县内,除袭击部落外,于县内各地与讨伐队交战,行动极为活跃”。7月“分为两队,频繁于汪清、珲春两县内活动,断然进行袭击部落”。8月“依然分为两队,本月上旬从汪清东部地区西进,跨过图佳线,中旬以后于汪清县西部地区断然进行袭击各地”①。

① 吉林省档案馆编译:《东北抗日运动概况》,吉林文史出版社1986年版,第156页。

入秋，敌人开始进行大规模“讨伐”，第十三团突破敌人围攻之后，奔赴宁安县、东宁县活动，曾在东宁县火烧铺、绥芬河、三道河子、老黑山等地与伪森林警察队进行多次交战。以后部队转入敦化县，在寒葱沟将在该地集训的伪军新兵团全部缴械。不久，又赴安图县，在荒沟岭袭击了敌人汽车5辆，全歼敌军。与此同时活动在额穆县境的第三方面军第十四团曾攻打额穆镇伪警察署，击毙日本指导官，俘虏10余名伪警察。以后又在小青顶子设伏，将日军“德宏讨伐队”击溃，消灭日、伪军70余人。

8月初，陈翰章将所率第三方面军第十五团和第五军第二师第五团130名战士分成3个分队，由五常东进，拟与抗联第一路军总司令部魏拯民取得联络，寻找第三方面军第十三、第十四团，收容失散人员和在后方密营的伤病人员。行进途中，因解决给养，目标暴露，敌军追踪而来。第三方面军第十五团遂决定回师敦化。回师路上，第三方面军第十五团和抗联第五军第二师第五团几乎每天都要与前来追击、堵截的敌人展开战斗。8月8日，这支部队进入额穆县境，渡过威虎河。为消灭前来追击的伪军，联合部队在河右岸树林草丛设下埋伏。中午12时，急忙赶来的敌军在抗联部队埋伏地对面集结，寻找抗联渡河之处，当即遭到抗联指战员猛烈射击，被击毙15人，其中有日本军官1人。当晚，第三方面军第十五团和第五军第二师第五团在额穆县西部山林又遇到一支伪军。该部伪军160余人，正在抗联部队前进方向的沟趟中宿营。午夜时分，抗联部队对敌人宿营地进行攻袭，击毙伪军20余人，击伤17人。8月13日，部队行至额穆索东牡丹江三岔口附近。为避敌锋芒，陈翰章等决定于当夜过江。晚9时许，部队开始行军，夜半始到江畔，不幸过桥时遭到敌人伏击，部队被打散。8月末，第三方面军第十五团和第五军第二师第五团从五常回师抵达敦化，经过多次战斗，部队大量减员。8月从五常出发时，部队总人数为 135 人，到 9 月时，部队才集聚到 60 余人[①]。

1940 年 10 月间，陈翰章与陶净非率部 60 余人转移到宁安县镜泊湖地区，在以后的几个月里，部队在南湖头等地筹集越冬给养，为冬季休整做准备。10 月 10 日，第三方面军第十五团与抗联第五军第二师第五团攻打了图（们）佳（木斯）铁路鹿道站。战斗中，缴获部分粮食、布匹等物品。10 月 20 日，第十五团团长李龙云在汪清天桥岭托盘沟为部队购买棉衣等物品时，被敌人包围，在突围中负伤后牺牲。

10 月 28 日，第三方面军进攻宁安县二站西沟敌人修汽车道的工棚，解除守护工棚的反动武装，缴获步枪 5 支、子弹 500 余发及其他军需物资。

入冬后，敌军大部队在镜泊湖地区对抗联第一路军第三方面军展开了疯狂“大讨伐”。这期间，由于叛徒告密，敌人找到第三方面军在南湖头的密营，将储存的给养全部烧毁。第三方面军的斗争遇到很大困难。11 月下旬，大雪纷飞，天寒地冻。陈翰章和陶净非等开会讨论，决定将第三方面军和抗联第五军第二师有战斗力的 40 余名人员组成活动队，由陈翰章率领外出进行游击活动，体弱、伤病人员由陶净非负责在小沟密营休整。

12 月 6 日，陈翰章率部由镜泊学园前往镜泊湖小湾湾沟里抗联密营，途中，敌警察“讨伐队”跟踪而来。12 月 8 日，陈翰章一行在小湾湾沟附近密林被伪警察“讨伐队”从三面包围。陈翰章等 10 余人与敌人展开 2 小时激战，连续打退敌人四五次进攻。战斗中，陈翰章右手和胸部受重伤，依然背靠大树，用左手持枪继续战斗。敌人扑上

① 《陶净非给周保中的报告》（1942 年），载中央档案馆、辽宁省档案馆、吉林省档案馆、黑龙江省档案馆编：《东北地区革命历史文件汇集》甲 63，1991 年版，第 404 页。

前,把他的枪夺去。陈翰章怒瞪双目厉声痛骂敌人,被残暴的日军军官用尖刀把双眼剜去,最后英勇牺牲,时年27岁。敌人将他的头颅割下,在敦化县大肆进行宣传后运到“新京”。共产党员陈翰章长期在牡丹江、镜泊湖等地与日本侵略者进行英勇斗争,深受群众爱戴,牺牲后被誉为“镜泊英雄”。

1940年秋,抗联第一路军第三方面军参谋长安吉率领第三方面军一部去罗子沟一带活动,一部留在汪清蛤蟆塘一带活动,另有十几个伤残人员被送往苏联医治伤病。安吉率队去罗子沟活动时,在那里见到了抗联第五军政治部主任季青,尔后与第五军一部一起在老黑山一带活动。此时,第三方面军只剩几十人。入冬,东北党组织和抗联干部会议将要在苏联伯力召开,安吉遂率第三方面军一部前往苏联,准备出席会议。

第十一章　东北抗日联军野营整训，开展小部队活动

第一节　满洲全党代表会议召开，抗联部队陆续入苏

一、召开满洲全党代表会议

1940 年冬季以后，日伪当局为了彻底消灭东北抗日武装，继续推行“治安肃正”计划，疯狂“讨伐”东北抗日联军。

在东南满地区，日伪当局以“专用部队的讨伐为‘经’，以警防队、行政警察、森林警察队、协和会归顺工作队及其他关系机关的各项工作为‘纬’”，把军、警、宪、特纠集在一起，以“一并进行强力治安工作和彻底治本工作”。在敌人的“治安肃正”计划中还特别强调在“增强现有讨伐力”的同时，“彻底断绝粮道”，妄图把抗联第一路军部队赶入所谓“饥饿圈”内，以一举消灭之。敌人为搜捕抗联第一路军作战失散人员和潜伏的地下工作者，在抗联第一路军活动区域普遍实行严格的“盘问”和“大检查”。所谓“盘问”，就是路遇行人或发现行迹可疑者，即进行彻底盘查，“究其同类者及背后关系”。所谓“大检查”，就是按家彻查户口，检查居民证，对居民依据户口、指纹逐一加以对照，发现有不相符者，即当作“不逞分子”加以逮捕。伪通化省和伪间岛省为“覆灭南满省委”，专门成立了特搜班。各县特搜班由县

警防队指挥管理，并与“讨伐队”、宪兵队、警防队、特别工作班、协和会及邻近特搜班密切连络。特搜班的主要目标是破坏中共地下党组织和搜捕抗联交通员、地下潜伏人员，发现、抄收抗联隐藏物品，获取中共党和团组织各种文件等。

1940 年 12 月，日伪当局在日军驻哈司令官大迫中将的主持下，组成了以第四军管区为主，有伪满治安部和伪滨江省警务厅、协和会指导科伪官佐参加的三肇地区治安工作指导部。依据《冬季三肇地区治安肃正计划》，把肇东、肇州、安达、郭尔罗斯后旗（今肇源县）三县一旗确定为伪滨江省的“治安肃正”重点。日伪当局调遣日军子安部队、伪军刘兴部队、伪警察队、宣抚工作委员会组成“讨伐队”，利用冬季结冻期，对抗联进行“彻底讨伐”，对抗日群众进行大逮捕。至 1941 年 3 月中旬，敌人在三肇地区破坏了龙江抗日救国会及其下属 10 余个救国分会组织，逮捕抗联指战员、抗日群众及所谓“投匪者” 292 名。其中被伪哈尔滨高等法院及其派驻的伪肇州及肇源治安法庭判处死刑的有徐泽民等 72 人，判处无期徒刑的 40 人、有期徒刑的 63 人①。三肇地区人民的抗日斗争遭到残酷镇压。

伪治安部为了消灭活跃在北安和三江地区的抗联部队，发出《关于 1941 年度治安肃正的指示》，提出“避免使用大兵力的大风一过式的讨伐，而由各军管区选拔少部分部队进行固定的接连长追，分别捕捉击灭匪团”的方针。根据这一方针，决定从各军管区分别抽调部分兵力组成“特设讨伐队”，由伪治安部大臣直接统辖。在新编成的“特设讨伐队”中，从第二军管区（吉林）抽调 4 个连，400 人；从第三军管区（齐齐哈尔）抽调 4 个连，400 人；从第四军管区（哈尔滨）抽调 2 个

① 中央档案馆、中国第二历史档案馆、吉林省社会科学院合编：《日本帝国主义侵华档案资料选编·东北历次大惨案》，中华书局 1989 年版，第 342 页。

连,200 人;从第五军管区(承德)抽调 3 个连,300 人;从第六军管区(牡丹江)抽调 4 个连,400 人;从第七军管区(佳木斯)抽调 5 个连,500 人;从第八军管区(北安)抽调 2 个连,200 人。总共抽调 24 个连,2400 人,专事对抗联第二、第三路军部队进行“讨伐”。

总之,1940 年冬季以后,日伪当局继续不断地对东北抗日联军、人民群众的抗日活动进行疯狂“讨伐”和残酷镇压,东北抗日武装斗争面临着异常险恶的形势。

鉴于日益严峻的抗日斗争形势,召开一次抗联领导干部会议,制定新的对策是十分必要的,因为东北抗联有许多重大的问题需要尽快研究和解决。东北抗联在 1940 年春,根据中共吉东、北满省委代表联席会议精神,对部队进行了缩编,在一定程度上改变了以往那种完全被动作战、屡受挫折的局面。抗联部队人员虽然比过去减少了,但由于在游击战争中贯彻了“以保存实力为主,逐渐收缩”的方针,各部队比较注重对敌情的侦察和敌我力量对比的分析,因而作战效果较好。在敌强我弱的情况下,各地抗联部队实行迅速的远距离的运动,特别是在冰雪季节,尽量避免与敌人接触,只有在敌情明了、条件对我有利的情况下,如在春夏和夏秋之交,才迅速集中兵力与敌人交战,并对敌孤立据点或远离我后方的据点,给以意外的歼灭性的打击。1940 年这一年,抗联在东北各地就是这样紧张而灵活机动地进行着游击战,取得了一些胜利,歼灭和瓦解了一批日、伪军,缴获了大量枪械弹药和其他军用物资,破坏了敌人的一些军事设施,使敌之交通运输不断受阻。在多次斗争中,还从敌人的监狱里和建筑工地上解放了大批群众和劳工。此外,在党的工作、群众工作和后勤工作方面,也按联席会议精神作了安排。对被敌人摧毁的老游击区的党组织以及抗日救国会的组织,进行了严格的整顿。为更多地保存一批抗日力量,地方党组织完全采取隐蔽方式,即使是游击队,在通常情况下也不与它发生联系。

但是，尽管采取了上述一些措施，东北抗联所面临的严重困难局面不仅没有好转，反而有所加重。抗联同中共中央的联系还没有接通，东北党组织和抗联部队的统一领导、统一指挥问题还没有得到解决，抗联各路军的处境十分艰险。第一路军被隔绝在东南满，主要领导人还不知道1940年初召开的吉东、北满省委代表联席会议的精神。抗联第一路军副总司令魏拯民在一份报告里说："一方面军的部队大部分瓦解了"，而且有"全部瓦解之虞"；"二方面军的部队，在本年春天遭遇日鲜匪团之后，粮食愈感缺乏"；"三方面军和警卫旅的部队，虽然没有多大变化，但仍有少数动摇分子的逃走或投降，也不能补充新队员。旧队员及一部分干部，因为袭击村落而蒙受损害"。魏拯民强调指出，部队物质生活极度困难，尤以粮食奇缺为苦。他说："今年度我军的粮食及用品是非常缺乏，只是靠袭击大村落及小城市来解决我们的粮食问题。我们除了冒险的袭击村落之外别无其他方法，但在袭击村落时，定要付出不可估价的负伤或牺牲。由于得不到粮食时，经常是三五天净吃山中野菜，所以逐渐的造成了队内思想的不稳。"①

第二路军在周保中指挥下，在1940年夏秋季攻势中虽然取得了一些胜利，也遭遇了严重的困难以至挫折。当年的一份党内会议记录说，部队在夏季作战中"曾夺得轻重机枪十余挺，毙敌三四百名"，"但及至降雪后，在敌人的压迫下，又增加了天然的困难条件，使得第二支队在行动上处于被动地位，转入恶劣状态。更由于后方各部门工作任务之未得全部完成及部分的被破坏，使得对活动队给养供给

---

① 《中共南满省委书记兼第一路军副总司令魏拯民致中共代表团的信》(1940年7月1日)，中共黑龙江省委党史研究室存。

缺乏，又遭受到疲劳与饥饿的胁迫，再加上整个指挥人员及战斗员没有注意到最紧张的环境下作最紧张的注意与战斗准备，使得冬季遭受了严重的损失。特别是最后一次宝山密营之被袭，牺牲了很多宝贵的中级干部及战斗员并损失了重要武器，这是最值得痛心的”①。第三路军在1940年黑嫩平原的游击战争中取得了胜利，成绩是突出的，但也遭到敌人的疯狂“讨伐”。张寿篯在一份报告里说：“日寇的大规模军事‘讨伐’，都是动员大批陆、空军的力量，由今年四月开始，各抗日区域分别出发，直到今天也没有一刻停止。”“根据今年与敌接仗的次数的统计，和战斗的激烈，‘讨伐’的严重，是远远超过三九年度。敌人向我们进攻的凶恶性与野蛮性，是显然加紧的”②。正是在这种困难而复杂的情况下，抗联将士迫切要求与党中央取得联系，而研究和解决抗联队伍的一些重大问题又是当务之急。为此，南满、吉东、北满各省委和抗联各部领导人，都怀着十分迫切的心情盼望召开全东北党组织和抗联领导人的联席会议。

1940年春，吉东、北满省委代表联席会议后，东北各地党的负责人及抗联各路军领导人急切盼望党中央及时、正确的领导。抗联各路军领导人同苏联远东方面军代表王新林、海路也一直保持着联系，并力图通过王新林、海路向中共中央报告抗联的战斗、工作活动情况。7月23日，抗联第二路军总指挥周保中写信给王新林。信中提出：“我们希望得到您的允许和帮助，我们要派遣党的代表到内地中共中央所在地解决东北问题，或者在您帮助之下，能从X城（指苏联

① 《中共吉东党组织、抗联第二路军总部召开现地党的干部会议记录》（1941年3月31日—4月1日），载中央档案馆、辽宁省档案馆、吉林省档案馆、黑龙江省档案馆编：《东北地区革命历史文件汇集》甲29，1989年印，第170—171页。

② 《张寿篯给负责同志并转中共中央政治局的报告》（1940年12月8日），载中央档案馆、辽宁省档案馆、吉林省档案馆、黑龙江省档案馆编：《东北地区革命历史文件汇集》甲59，1991年印，第124、125页。

哈巴罗夫斯克，即伯力城——引者注）接到中共中央的直接指示，要我们死守阵地，还是在极不利情形之下，应设法保存残余势力，以图再起”①。9 月 15 日，中共北满省委书记金策就抗联第三路军行动和东北党组织统一领导问题提出意见书，并转给海路。意见书提出：“我认为现在的各地抗日联军，在自己的团结方面，政治路线方面，领导系统方面都有显著的进步。我们已经奠定了局部的领导统一基础。现在我们还未到的（指还未做到的——引者注）就是东北抗日联军总司令（指总司令部——引者注）的建立和东北党中心领导机关建立的任务问题。目前必需列入我们议事日程上具体讨论提交上级。我们现在要解决这些问题，北满党和三路军不能解决的，必须在上级具体领导下面，东北各地党代表和各路军代表共同具体讨论解决了的问题。所以现在我的意见北满党和三路军总部很快的召集一次会议后，须要决定当前紧急问题外，向上级提议，很快召集全东北性的会议，解决许多重要悬案及今后重要问题。同时北满党和三路军，应当在这次会议中选举出自己代表，若是上级同意召集时，及时到场参加会议。”②

鉴于抗联各部领导人的强烈要求，9 月 30 日，苏方代表王新林给抗联各路军领导人杨靖宇（此时苏方尚不知杨靖宇牺牲）、魏拯民、周保中、赵尚志、王效明、张寿篯、冯仲云、柴世荣、季青发出通知：“在今年十二月将要召集党和游击队之干部会议，在此会议上并有中共代表参加，所以应在此会议上来解决党组织和目前游击队运动的一切

---

① 《周保中给王新林的信》（1940 年 7 月 23 日），载中央档案馆、辽宁省档案馆、吉林省档案馆、黑龙江省档案馆编：《东北地区革命历史文件汇集》甲 58，1991 年印，第 255 页。

② 《金策关于三路军的任务与行动及东北统一领导问题的意见书》（1940 年 9 月 15 日），载中央档案馆、辽宁省档案馆、吉林省档案馆、黑龙江省档案馆编：《东北地区革命历史文件汇集》甲 26，1989 年印，第 259—260 页。

问题”，并要求“在十二月前一切军事领导者、政治委员和党书记或党委要达到此地，同时将你们所选择的干部一块带来，现军事指挥和政治委员无有机会来时，那末则派其代理人来参加此会，在此会上一切有您方面两人至三人出席”①。

根据王新林的通知，从1940年11月初开始，抗联部队领导人陆续越界进入苏联，并于12月上旬到达伯力城。参加这次会议的共有11人，即北满代表金策、张寿篯、冯仲云，吉东代表周保中、季青、王效明、崔石泉、柴世荣，南满代表②金日成、徐哲、安吉。这次会议称为满洲全党代表会议，因其同1940年春吉东、北满省委代表联席会议一样在伯力召开，亦称第二次伯力会议。参加会议人员迫切盼望中共中央代表早日到达，以便讨论和解决东北抗日运动的重大问题。12月7日，周保中等人询问苏方：中共中央代表何时到来？12月16日，苏方正式通知：中共中央代表不能前来参加会议。这一消息引起了与会人员思想上的波动与不安。为了安定与会人员的思想情绪，抗联的几位主要领导人一面引导大家认真思考问题，统一认识，一面写信同苏方代表王新林进行交涉。12月20日，周保中、张寿篯写信向王新林郑重声明：根据12月16日晚与你方负责同志会谈，知道中共中央代表不可能参加这次会议。这样，与你方原来通知我们的会议召集情形不同。原来会议通知中共中央代表将参加会议，东北游击运动与苏联远东方面军的工作联系，应由中共中央代表和你方来共同规定新的方针，现在既已经没有中共中央代表参加，我们只能继续执行

① 《王新林为召开党和游击队干部会议给各军指挥的指令》（1940年9月30日），载中央档案馆、辽宁省档案馆、吉林省档案馆、黑龙江省档案馆编：《东北地区革命历史文件汇集》甲59，1991年印，第287、289页。

② 原通知南满方面参加会议的代表是杨靖宇、魏拯民。此时杨靖宇已牺牲，魏拯民重病在身且消息断绝无从联系，故未到会。金日成、徐哲、安吉等3人于1940年11月率第一路军余部越界入苏境。经提议该3人为南满正式代表。

“3 月 19 日提纲”的原则指示，这样，也只有我们东北党组织领导继续讨论这些问题而加以批准才行。因为：第一，东北游击运动，不论其现在情势如何，它是中国共产党整个革命斗争不可分离的一部分。党组织领导游击运动，游击运动的一切问题必须由党组织决定。第二，东北游击运动接受你的直接领导，这是属于临时的特殊状态。第三，按照现实全部环境，不论为加强中国民族独立解放斗争，或为巩固工人祖国边防工作，东北游击队与远东红军间的关系问题显然有其重要性而不是单纯的。中国东北共产党组织，必须依据中共党的战略和策略的意义，去进行自己的工作规定。基于上述理由，要求王新林作为会议的召集人，必须对这次会议的性质、任务及范围作出明确的规定，并要求，我们东北党的领导干部和东北游击队领导干部预先开一次准备会议，集中讨论全满的全部问题。信中最后再一次请求苏方设法代为接通东北党组织与中共中央的联系。

依据周保中、张寿篯写给王新林信的精神，参加会议的代表从 1940 年 12 月下旬开始到 1941 年 1 月上旬，就东北党组织的集中统一，东北游击运动的方针政策，各省委、各路军之间的一些意见分歧等问题，召开一些小型会议进行了广泛交谈。在交谈过程中，苏方代表王新林也和与会代表进行了接触，并回答了代表们提出的一些问题。与会代表在交换意见过程中，逐渐对这次会议的性质和要解决的问题有了统一的认识。

1941 年 1 月 2 日，吉东、南满党的负责人在一起开会进行交谈；1 月 5 日，吉东、北满、南满党的负责人又在一起讨论。这两次会议集中了代表们的意见，形成了以下几项议案：(1) 此次会议的性质是满洲全党代表会议。(2) 为实现“全满党统一集中领导机关由各省代表选举全满临时委员会，暂以 3 人为限，由大会直接选举书记 1 人”；委员候选人为魏拯民、周保中、金策，临时机关暂设在伯力城，另外请求一位联共同志给予工作上的指导。（3）“派遣代表建立中共中央关系，经中共中央批准，要求南京国民政府将东北抗日联军编入全国抗战军队系统内，并求得实际上经济物品之补充”。（4）关于军队问题，“组成统一的最高军事领导机关的总司令部”。同时还议定抗联第一、第二两路军暂时合并组成总指挥部，总指挥由总司令兼任，另选副指挥一名。按照第一次伯力会议规定，第一路军越境人员组成第一支队，其他部队找到关系时，组成第四、第七支队。第二路军第五军教导团与岭西部队组成第五支队，第十军组成第八支队。根据这两次会议提出的议案，与会代表又对议案进行了多次协商讨论，对一些有争议的问题进一步澄清事实，统一认识。会议于 1 月 28 日召开。由于当时没有同中共中央接上关系，许多重大问题和各项议案在没有经中共中央批准之前均不能作出最后决定，加之情况又发生了新的变化，所以在 3 月中旬，“全满党代表会停议之临时停止开会”①。因此所提各项议案并未最后确定和完全实行。但是，通过会议期间的讨论可以看出，加强党和军队的集中统一领导，坚持中国共产党的组织系统，坚持东北抗日游击战争，尽快同中共中央取得联系，是全体抗联将士的一致要求和迫切愿望。会议期间，抗联各路军领导人还和越境部队一起总结了游击运动的经验教训。所有这些活动对于东北抗联全体将士提高认识，统一思想，坚持抗联的伟大旗帜，起到了重要的推动作用。此外，周保中等抗联领导人在这次会议上坚持的独立自主的正确立场，也得到苏共领导人和共产国际执委会的支持。为了更好地协调苏联远东军与抗联的工作联系，苏联远东方面军把原代表王新林调回，另派一位代表，仍称王新林。3 月中旬，新任

---

① 《中共北满、吉东党组关于政治问题讨论案》（1941 年 5 月 26 日），载中央档案馆、辽宁省档案馆、吉林省档案馆、黑龙江省档案馆编：《东北地区革命历史文件汇集》甲 27，1990 年印，第 139—140 页。引文原文如此，意为这次党代表会议即满洲全党代表会议临时停止。

代表王新林给与会代表及越境指战员饯行，东北党和抗联领导干部联合召开的满洲全党代表会议亦宣告结束。

二、建立南、北野营

1940 年以前东北抗联人员进入苏联境内，是个别的偶然事件或小规模的行动。其原因或目的大体上是：战斗失利之后医治伤病员并求得短暂的休整和补充，寻求苏联对抗联的支援，希望通过苏联远东方面军同中共中央取得联系，等等。对于抗联队伍进入苏境问题，苏联远东方面军的态度是根据苏联自身的战略需要，在不同形势下采取不同的态度。但总的来讲，对东北抗联给予了帮助和支援。对于进入苏联境内问题，抗联内部是非常谨慎的，并且有严格的纪律，坚决反对无政府主义状态。当时吉东党组织、抗联第二路军总部的一个会议记录指出："队伍越境问题是与整个革命路线有关系的。要点是因为现在吉东省委在与中央关系不密切的条件下，在最紧张的环境中认为在保存实力图谋作再度积极斗争所必须的办法。当然是否与整个中央路线有违，现在还不能作肯定的答复，不过是在我们整个活动中，要尽量避免造成一种队伍不得不越境的条件。我们要继续的在活动中，争取在冬季支持斗争的各种可能条件。"①为了消除随意过境所引起的不利影响，抗联第二路军总指挥周保中等领导人多次提请苏联远东方面军加以注意，建议他们以后对过境的抗联人员必须明确规定原则办法。对抗联人员入境问题，王新林在抗联干部的建议下，在第一次伯力会议已作出规定：只有经抗日联军领导者的允许，可以同苏方发生联系；假如没有抗日联军领导者的允许而入苏

① 《中共吉东党组织、抗联第二路军总部召开现地党的干部会议记录》(1941 年 3 月 31 日—4 月 1 日)，载中央档案馆、辽宁省档案馆、吉林省档案馆、黑龙江省档案馆编：《东北地区革命历史文件汇集》甲 29，1989 年印，第 174 页。

境的人，则视为逃兵或假队员。可以说，不到万不得已的时候，东北抗联领导人是决不允许部队过境入苏的。

抗联各部在1940年秋冬遭遇到巨大困难和挫折以后，根据1940年春第一次伯力会议抗联与苏联远东军达成的相互支援与合作的协议精神，苏方承诺并允许抗联部队在困难情况下可以转移到苏境整训、补充。于是，从1940年10月末开始，许多抗联部队先后越境入苏。这些越境部队，有的是各省委、各路军领导人根据王新林通知去伯力参加抗联领导干部会议时所率领的部分队伍；有的是因作战失利，进入苏境作短时间的休整和补充的。抗联部队过界的地域大体上是：抗联第一路军和抗联第二路军道南部队从珲春、东宁一带过界，第二路军从乌苏里江岸的饶河、虎林一带过界，抗联第三路军从黑龙江流域的萝北、佛山（今嘉荫）、瑷珲（今爱辉）一带过界。从1940年末到1941年初，先后过界入苏的抗联部队人数大约有500余人。

为便于对越境抗联部队的统一领导和管理，在苏方的帮助和支持下，东北抗联在苏联远东境内设立南北两个临时驻屯所，越境部队分别集中在这两个驻屯所即“野营”内。

北野营的位置在伯力东北75公里处的费雅茨克村附近，这里有少量房屋，建营初期，抗联指战员主要是住帐篷。因其地处伯力东北，为与在伯力以南双城子附近的另一处野营相区别，故称北野营，也称为A野营①。这里位于黑龙江边的漫山坡，森林茂密，夏可游泳，冬可滑雪，是进行军事训练的好地方。费雅茨克村离野营两公里远，住有四五十户人家，此地很少有人来往，便于保守机密。野营所需物

① 北野营位于黑龙江江畔。苏联称黑龙江为阿穆尔河，俄文字头为“A”，所以又称A野营。

资由苏方通过水、陆两路运来，交通方便可保无虞。最早到达这里的部队是抗联第二路军总指挥部直属部队一部分人员，第二路军第二支队越境部队及抗联第三路军总指挥部部分人员。1941 年 1 月，第三路军第三支队入苏后也属北野营领导。北野营当时大约驻有 300 余人。

抗联领导干部集中在伯力开会期间，驻野营的抗联部队也开展总结游击战争的经验教训，整编新的党和军队的组织等工作。1940 年 11 月 27 日，抗联第二路军副总指挥赵尚志，以“向之”的化名写出《关于布置和建立东北游击队的报告》。报告分析了吉东、北满游击运动的形势，指出第二支队现有 145 人应分布在饶河、宝清、依兰 3 个方向进行游击活动；并提出了进一步开展游击运动的设想。12 月 1 日，在野营的第二路军总部警卫队也召开了党的会议，大家广泛地发表意见，请求上级抓紧他们的军事、政治训练，以便早日返回东北战场对日作战。第三路军也进行了工作总结，12 月 8 日写出了《东北抗联第三路军总指挥部关于 1940 年的工作报告》。1940 年 12 月 13 日，周保中给第二路军总部驻北野营党支部委员写信，信中提醒大家在暂时的和平环境里“没有游击队那样步步艰难，断餐绝粒，时刻与死敌日贼作殊死斗争的环境”，“每位同志要会利用现有的好条件，加紧清理自己的思想，增进政治认识，锻炼军事技术技能，提高身体健康”，以返回东北继续坚持抗日游击战争。信中还建议第二路军人员编成临时党委，并要与第三路军的全体指战员“互相亲密和尊重”。

1940 年 12 月 18 日，按照吉东省委的指示，驻北野营的抗联第二路军总部警卫队、第二支队以及抗联第三路军一部，召开了党的干部联席会议。出席会议的有：彭施鲁、李永镐、隋长青、李成祥、姜信泰、乔书贵、陶雨峰、金京石、朴洛权；陈雷以现地“政治负责人”身份参加了会议。会议由彭施鲁主持。会上选举产生了北野营党临时委员会，书记为姜信泰，组织委员乔书贵，宣传委员李永镐，李成祥、金京石为候补委员①。新产生的野营党委对以后的战斗任务、政治学习、纪律和团结等问题进行了研究和部署。军事编制，各路军原来编制保留，按实际人数混合组建连、排。原第二路军编为一连，连长崔石泉，指导员彭施鲁，司务长崔勇进，下设两个排。第三路军也进行了相应的组建，只是原抗联第三军和第六军先期到达野营人员由陈雷负责，与第二路军混编。联席会议后，周保中再次给野营同志写信，强调加强军事训练、政治文化学习的重要性，号召野营的同志克服自发的、散漫的小资产阶级自由主义、无政府主义的破坏纪律的行为，为铁的纪律而斗争。

南野营，其位置在海参崴（符拉迪沃斯托克）和双城子（原伏罗希洛夫市，今乌苏里斯克市）之间的一个小火车站附近，当地人称蛤蟆塘。原来是有几间住房的苏军一个驻屯地。这里也是半山区，树林茂密，人迹罕至。因其地理位置在伯力之南，与北野营南北相向，所以叫南野营。南野营也称 B 野营②。1940 年 11 月、12 月柴世荣、季青所率抗联第二路军第五军一部先期到达这里。不久，张寿篯、周保中等得知抗联第一路军越境部队正在苏联某地接受审查的消息，遂写信给王新林，请他敦促苏联边防军“于检查手续完峻后，迅速解放”③。1941 年 1 月中旬，第一路军警卫旅，第二、第三方面军越境部队 88 人集中到南野营。南野营当时总人数 200 余人。党组织临时负责人由金润浩、朴德山、崔贤、傅有山、张玉春担任。南野营由双城子

---

① 1941 年 8 月，北野营临时党委正式改选为北野营党委，由金京石任书记，由中共吉东和北满省委共同领导。

② 与南野营相邻的伏罗希洛夫市，俄文字头为“B”，故南野营又称 B 野营。

③ 《张寿篯、周保中给王新林的信》（1941 年 1 月 3 日），载中央档案馆、辽宁省档案馆、吉林省档案馆、黑龙江省档案馆编：《东北地区革命历史文件汇集》甲 60，1992 年印，第 141 页。

苏方驻军负责后勤方面的供应工作和军事训练的指导。日常行政、教育等工作由抗联自行负责。

1941 年2 月25 日至3 月12 日，吉东、北满省委代表周保中、金策利用伯力会议休会期间，到南野营视察。3 月 5 日至 11 日，周保中、金策分别召集抗联第一路军警卫旅、第二方面军、第三方面军党员会议和野营临时党委积极分子会议，就如何坚持东北游击运动等一系列问题广泛听取大家的意见，党员之间展开批评与自我批评，整顿了野营的纪律，统一了思想认识。会议之后对南野营部队进行了整编，健全了党的组织。整编的情况是：第一路军越境部队改编为第一路军第一支队。金日成任支队长，安吉为参谋长。支队下分为 2 个大队。第五军，包括尚在东北境内五常、额穆（今属敦化）、宁安等地活动的部队在内，改编为抗联第二路军第五支队，柴世荣为支队长，季青为政委。当时，还决定将抗联第十军汪雅臣部改编为第二路军第八支队，任命汪雅臣为支队长、陶净非为政委，委托柴世荣、季青传达此项决定，后因汪雅臣、陶净非牺牲，所部星散，改编支队一事未能实现。这次会议决定在第二路军总部没有到达中东路道南以前，由柴世荣任道南游击区司令，季青为政委，统一指挥和领导第二路军第五、第八两个支队及义勇军“九彪”、“九站”等各部的军事和政治工作。这次会议还肯定了在中东路道南各部之间的领导关系，确定当第一路军总部还在南满时，在道南活动的第一路军各部由柴世荣、季青统一领导；如果第一路军总部转移到道南，而第二路军总部尚未到达该区，则柴世荣、季青所部统一由第一路军总部指挥。在这次会议上，建立了南野营党的组织，确定党委会由吉东、南满党组织联合组成，中共道南特委名义暂时保留，但要与中共南野营委员会合而为一，书记为季青，委员为柴世荣、金日成、朴德山，候补委员为崔贤、金润浩。周保中、金策在视察南野营时，还同南野营领导人商定尽快把

第一路军越境部队先行派回东北战场,然后再派第二路军第五军越境部队回国,继续开展抗日斗争。

南、北两个野营经过整顿,重新编队,健全了党的组织,部队的认识逐渐统一,大家都充满胜利的信心准备重返东北抗日战场。当时抗联各部领导人也曾预定除把一部分伤残和有病体弱人员留在苏境治疗和休养外,越境部队将分批返回东北。1941 年 3 月上旬,抗联第三路军总指挥张寿篯率领总指挥部部分人员和王明贵指挥的第三支队第一批分别返回东北,同留守部队一起开展黑嫩平原游击战争。

驻南野营的抗联第一路军部分人员,于 1941 年 4 月上旬在第一支队长金日成率领下,经珲春边境回东北。安吉、季青率领的小分队已经做好回东北的准备,整装待发。其他越境部队也接到通知,做好回国前的一切准备。但是第一批部队出发后,正当第二批部队整装待发之际,苏联和日本签订了《苏日中立条约》。原来,1940 年,希特勒的兵力已经横扫西欧大陆,并准备向东进攻,苏联西部安全受到严重威胁。这时,苏联已经意识到,苏德之间战争不可避免。一旦与德国开战,就要在东线稳住日本,以不致陷入东西两线同时作战的不利局面。而此时,日本国内"南进"主张正在得势,也需要调整对苏外交政策。在这种情况下,苏日双方经过谈判,于 1941 年 4 月 13 日在莫斯科签订了《苏日中立条约》。《苏日中立条约》的签订,对东北抗日游击运动造成了直接影响。苏联政府出于稳定苏日关系方面考虑,决定已越界入苏的抗联部队仍留在原地,暂时停止派回东北。

在这种形势下,周保中等抗联领导人一面建议抗联各部对当前政治问题进行学习讨论,一面于 5 月 10 日写信给王新林,指出:我们拥护苏联的和平外交政策,也希望得到苏联的支援。但是,东北游击运动是中国革命的一部分，驱逐日寇出东北是抗联的历史使命，远东军对抗联在工作上的指导要根据中共现阶段的政治路线，按照中共党的组织系统并适合东北游击战争的实际需要去进行。为顾全大局，我们尊重苏方的意见，暂时不把主力部队派回东北，但不能完全“停派”，应派遣小部队回东北继续开展游击战争，大部队则可留在南、北野营中集中整训。这一要求得到苏方的认可。王新林答复愿意按中方的要求派遣小部队，并表示帮助抗联部队进行整训。

抗联各路军主要负责人分别到南、北野营召开会议，开展学习讨论，统一认识，稳定情绪。此时，《中国共产党对苏日中立条约发表意见》已见之于陕北出版的党中央机关报《新中华报》，其中说：“这个条约的意义，首先在于巩固了苏联东面的和平，保证了社会主义建设的安全发展。而苏联的这种和平与发展，也即是全世界劳动人民与被压迫民族的利益。”又说：“苏日条约没有限制苏联援助中国进行独立的正义的对日抗战”，“我们根据苏联的国策，深信苏联是会继续援助中国的”①。中共中央对这一事件的正确分析和严正立场，极大地开阔了抗联指挥员的眼界。

5 月 26 日，吉东、北满党组织举行会议，周保中、金策、冯仲云、崔石泉、王效明等参加。会上，大家以毛泽东《论持久战》一文和党中央对《苏日中立条约》发表的意见的基本思想为指导，对于如何认识全国以及东北的形势，如何对待《苏日中立条约》，以及今后东北游击战争的策略等问题，进行了研究和讨论。首先针对部队停止派遣作了解释和说明的方案之后，着重研究了部队停止派遣后如何坚持东北游击战争问题，通过了《中共北满、吉东党组关于政治问题讨论案》。

---

① 《新中华报》，1941 年 4 月 20 日第 1 版。

讨论案指出：东北虽然经过十年的游击战争，现在还处在极端困难条件之下，部队虽经整顿，但力量比重甚微，并且孤立无援。因此，“目前对于东北游击运动的任务和斗争策略、斗争的方法或问题，必须重新审查和重新具体规定”①。

关于《苏日中立条约》，讨论案指出：“我们认为这是苏联和平政策的发展，我们拥护这个条约缔结”。因为，条约使“苏联伟大人民在东方获得和平的基础”；“限制帝国主义大战在亚洲大陆的扩张”。讨论案同时指出，在认识《苏日中立条约》时，必须在实际斗争中去了解有关问题。一方面要认识到，苏联在受资本主义包围、时刻受到战争威胁的情况下，不能不有适当的外交政策。“我们拥护和平政策，同时就必须诚实的赞助由苏联和平政策基础上所缔结的‘苏日中立协定’。”②另一方面也要认识到，条约对中国抗战的影响问题：只要我国彻底抗战，保持对苏联应有的国家关系，那么苏联是不会放弃对我们的援助的；但同时，东北游击运动“是受到部分的影响”。“这是我们由于已经和远东红军发生工作关系的原因，远东为了执行政令，在新的环境下面，不能不把对我们相互间的工作进行限度，暂时相当改变，这是必需的、正当的”。因此，“我们方面必须根据现实条件来进行我们自己工作，当前问题的适当解决”③。

① 《中共北满、吉东党组关于政治问题讨论案》(1941 年 5 月 26 日)，载中央档案馆、辽宁省档案馆、吉林省档案馆、黑龙江省档案馆编：《东北地区革命历史文件汇集》甲 27，1990 年印，第 133 页。

② 《中共北满、吉东党组关于政治问题讨论案》(1941 年 5 月 26 日)，载中央档案馆、辽宁省档案馆、吉林省档案馆、黑龙江省档案馆编：《东北地区革命历史文件汇集》甲 27，1990 年印，第 134、135 页。

③ 《中共北满、吉东党组关于政治问题讨论案》(1941 年 5 月 26 日)，载中央档案馆、辽宁省档案馆、吉林省档案馆、黑龙江省档案馆编：《东北地区革命历史文件汇集》甲 27，1990 年印，第 138 页。

关于东北党组织的独立性问题,讨论案重申:必须稳固中国共产党的组织立场,必须坚持中国共产党现阶段的革命政治任务,即不变更东北党组织的中国共产党组织系统和保持东北抗日联军的中国革命军队系统。如果认为有必要变更,必须在中共中央或共产国际直接指示下进行,不能欠缺根据或违反原则地轻率地改变;尊重联共党——接受王新林的指示方针,同时根据自己的组织来解决问题。讨论案明确指出抗联领导工作是经过各路军总指挥,而各路军总指挥必须接受党组织的领导。《中共北满、吉东党组关于政治问题讨论案》,既表现了抗联指战员拥护苏联和平外交政策的国际主义精神,也表现了中国共产党人坚持独立自主原则的坚定立场。按照讨论案的精神,在南、北野营中进行了教育解释工作,在很大程度上消除了部队中出现的消极思想,从而增强了抗联指战员继续斗争的信心和勇气。

三、营区建设和生产劳动

1940 年秋冬,抗联部队到南、北野营时,指战员们住进了苏军闲置的旧营房。随着过境部队人数增加,特别是过境人员停止派遣回国之后,大部分人员住在临时帐篷里。根据新情况,要作长期打算,必须首先建设房舍。抗联领导人号召指战员自己动手,伐木制材,建设房舍,采石铺路,架设电线,搞好营区建设。

为了完成这一任务,野营规定半天搞军事训练和政治学习,半天参加营建和生产劳动。第一期 A 野营的营建工作由彭施鲁、陈雷负责筹办。营区建设工作,第一期工程是 1941 年夏、秋季进行的。主要建设项目有:能住 200 人的营房、本部房舍 1 所,平时作教室、开会场所,也可兼作宿舍,本部办公房 1 所和俱乐部。另建面包房、食堂、澡堂、菜窖、汽车库、汽油库、马厩、猪舍等。还制作了大批桌椅、板凳、橱柜、书架和 220 副滑雪板及爬犁等用具。修建了沙石路面的营区道路，架起电灯、电话和广播线路。经过半年多的艰苦劳动，营区初具规模，生活条件有了较大的改善。

营区建设工作，是在苏德战争爆发后的困难时期进行的。在“一切为了战争的胜利，一切为了前线”口号下，为保障前线的供应，后方供应标准降低了，加上野营部队的供给还没有纳入计划，虽然苏军方面从各方努力，保证了每天每人 1 公斤面包的供应，但副食品的供应常常跟不上，加上训练和劳动强度很大，抗联战士们长期处于半饥饿状态，出现了营养不足、健康不良状况。一些战士发牢骚，产生不满情绪。针对这种情况，野营党委在做好细致的思想工作、要求大家忍受困难、进行渡过难关教育的同时，及时地采取了自己动手开荒种地，以改善生活的措施。为此，1941 年 4 月，周保中给崔石泉、冯仲云等野营领导人写信说：春耕工作非常重要，请你们用各种教育说服、启发同志自觉行动，提高积极性和热忱，无论如何多种一些，千万不可以迟误。

1941 年北野营开垦荒地 100 多亩。经过辛勤劳动，当年马铃薯、白菜、萝卜、黄瓜、西红柿等获得丰收。为补冬、春季蔬菜的不足，还腌制许多咸菜。另外还养猪、打鱼、狩猎，供应肉鱼。尽管如此，因处于苏德战争的紧张环境下，部队供应仍较困难。为了保障供应，改善生活，在紧张的军事生活中，又于 1942 年开垦 100 多亩荒地，以连为单位种植各种蔬菜和粮食。各连之间开展生产竞赛，都超额完成了任务，使部队生活有了较大改善。

野营第二期建设工作是 1942 年 8 月教导旅成立以后进行的。教导旅成立后，B 野营人员搬到 A 野营，又吸收苏联东方民族战士编入教导旅，人员激增，急需扩建营房。在旅长周保中和政治副旅长张寿篯的指导下，组成了营建筹备组，由陈雷负责，成员有张祥、伍宗安、阎海军、王昆、夏礼亭、姜焕周、李玉江、朱振生等。苏军一位少校和两位尉官任顾问。

营建工作按营区规划,绘制了各个项目的设计图,经领导审查批准后,按设计进行施工。1942 年夏秋季决定建设 3 栋大型营房和大食堂。大型营房是考虑到在摄氏零下 40 度严寒条件下要满足长达半年的保暖过冬的需要,所以建成半地窨子式的建筑。每栋营房住进 1 个营,即 2 个连、4 个排、16 个班和营部,要容纳 200 人住宿。每栋营房长 30 米,宽 12 米,高 4.7 米。室内一侧有营部小屋,外设有隔墙,南北两侧搭双层床铺,中间搭双排单层铺。

为了适应实战要求,抗联指战员冬季住营房,夏秋季无论军官、战士全部住帐篷。夏秋季时在营房南侧岗地上支起 100 左右个帐篷,每个帐篷住 1 个班 8 至 10 人。

1942 年冬季,战士们顶风冒雪上山伐木,为建营房准备木材。1943 年又建了交通营、迫击炮连的营房和军官宿舍、图书室、医院、幼儿园、汽车库、木工房、大仓库等建筑物以及宽大的练兵场。

营建施工紧张艰苦,劳动强度很大,各营战士轮换上岗,主要施工人员则坚持始终。参加施工的部队每天拂晓就开始工作,天黑才收工。不论天气好坏,施工都争分夺秒地进行。1943 年夏,基本完成了营建任务。30 多名干部战士受到表彰。

在野营建设中,抗联指战员的生活艰苦、紧张、团结、活泼。这一切都是为了迎接新的胜利而必须经过的锻炼过程。

第二节　成立东北抗日联军教导旅,加强政治军事训练

一、东北抗联教导旅的成立

1942 年夏,东北抗联领导人周保中、张寿篯等为了适应国内外反

法西斯战争形势的需要，认真研究了抗联部队和党组织的集中统一领导问题。他们认为南、北野营的建立，使抗联部队得到了休整和训练的场所，抗联指战员经过一段时间休整和训练，政治、军事素质有了很大提高，但是还不能适应当前国内外形势发展和将来迎接更大斗争的需要。1942 年 5 月 18 日，周保中在留伯力党组织领导干部、A 野营党委、小组长联席会议上指出："日寇盘踞我东北，横施强暴统治，若不是日寇整个的根本动摇，则东北人民所受压力仍须加深。由此说明东北人民解放斗争的艰苦和相当长期性。""因此我们久经艰苦奋斗以后'硕果仅存'的东北党组织和抗联游击队力量是必须更要加紧保持，以便再决战关头起应有的作用，继续其在东北的历史任务。"①当时，周保中等抗联领导人认为有必要把两个野营中的抗联战士集中起来，进行统一领导和管理，在中共党组织的领导和苏联远东军的帮助下，进一步提高政治、军事训练的水平，将这些抗联人员培训成为未来战争中的政治军事骨干，成为更好的指挥员，以便在未来战争中发挥更大的作用。他们将上述意见向苏方提出，希望苏方给予支持。

1942 年 7 月 16 日，王新林通知周保中、张寿篯，苏方同意把东北抗日联军游击队南、北野营及在东北活动的抗联人员完全统一编为 1 个旅。关于这个旅的成立问题，王新林还提出以下要点：(1) 目的是培养东北抗日救国游击运动的军事政治干部。(2) 任务是东北转入直接的战争环境时，发展积极有力的游击运动。(3) 中共党组织关系和中共政治路线不变更，今后工作活动不但不限制独立活动性，而且要加强独立活动性。(4) 旅长以下主要军事政治干部由现有的东北

① 《周保中在留 X 党组织领导干部、A 野营党委、小组长联席会议上的报告提纲》(1942 年 5 月 18 日)，载中央档案馆、辽宁省档案馆、吉林省档案馆、黑龙江省档案馆编：《东北地区革命历史文件汇集》甲 64，1991 年印，第 7—8 页。

抗日联军游击队干部充任[①]。7 月 22 日，苏联远东红军总司令阿巴纳申科大将在伯力接见周保中、张寿篯，并以司令部的名义委任周保中为中国特别旅旅长，张寿篯为政委（后改为政治副旅长），金日成、王效明、许亨植、柴世荣分任各教导营营长，安吉、姜信泰、金策、季青任各教导营政委（后改为政治副营长）。阿巴纳申科大将还提出下列建议：

（一）中国旅（东北抗日联军教导旅）之成立，在于培养中国东北各省的民族革命战争中的军事干部。“一旦满洲大变转处于新环境时，中国特别旅应起重大作用，成为远东红军与中国红军之连锁”，使东北人民从日本帝国主义的压迫下解放出来。因此，教导旅“必须加速训练，完成任何时期的战争准备”。

（二）对于教导旅培养的军事指挥员与政治工作人员的要求是：“不但领会战略战术与游击运动的原则原理与经验，同时必须精通现代各种兵器技术技能。”

（三）教导旅必须特别注意构成战斗的神经系统的通信联络，“应培养数目众多的无线电通信技术干部”。

接着，阿巴纳申科大将还进一步强调说：“旅的全员应是将来东北建大军之基干。希望努力完成此项任务。”[②]

最后，阿巴纳申科大将祝贺周保中等各位新受的委任，并询问了东北抗日联军在东北各地的活动状况，周保中、张寿篯通过地图作了说明和回答。

---

① 《周保中关于留 C 中共东北党组织状况及改组的报告》（1942 年 9 月 13 日），载中央档案馆、辽宁省档案馆、吉林省档案馆、黑龙江省档案馆编：《东北地区革命历史文件汇集》甲 64，1991 年印，第 52 页。

② 《周保中简短日记》（1942 年 1 月—1945 年 8 月），载中央档案馆、辽宁省档案馆、吉林省档案馆、黑龙江省档案馆编：《东北地区革命历史文件汇集》甲 43，1991 年印，第 70 页。

7月23日，周保中、张寿篯在伯力写信给南、北两野营负责人，通知他们决定成立教导旅，并指出："对于此次新决定，请向野营党同志和非党同志解释说明，希望大家一致了解，接受指示，积极努力，向着新方向前进。"与此同时，苏联远东军代表杨林到北野营宣布了远东军总部的委任令，并同崔石泉等一起进行改组的具体工作。

1942年7月初，在中苏边境地区的饶河县东安镇伪靖安军二团二营的1个连起义后渡江进入苏联境内也被编入抗联教导旅。这个连不少士兵富有爱国意识，其中祁连升、国如阜、周岩峰、安景春等人不满日伪统治，早有起义之心。他们几个结为盟兄弟，串连几十个人酝酿起义。7月7日凌晨2点，他们打死一贯压迫士兵的伪军官和1名日本电台台长，打开武器库，集合队伍，宣布起义，得到大家响应。随后，他们带上武器弹药，乘上预先准备好的木船，在拂晓时向乌苏里江东岸驶去。由于敌人追击和仓促中缺乏周密组织，过江时有些人员失散，进入苏联境内时队伍中有71人。他们携带机枪8挺，掷弹筒2枚，步枪百余支及子弹若干。起义队伍过江后经苏联方面的帮助，于7月18日到达北野营。周保中、张寿篯等抗联领导人和野营全体抗联战士向他们表示热烈欢迎。当时正在酝酿成立抗联教导旅，这71名起义人员遂被正式编入教导旅中。

1942年8月1日，抗联教导旅组建工作完成。抗联指战员齐集新建营房内，由领导人宣布教导旅组织任命。旅指挥部由下列人员组成：旅长周保中，政治副旅长张寿篯，副参谋长崔石泉。旅以下共编4个步兵教导营，2个直属教导连（无线电连、迫击炮连），1944年又增设自动枪教导营。每营2个连，每连3个排。以第一路军人员为基干组成教导第一营，营长金日成，政治副营长安吉；以抗联第二路军第二支队人员为基干组成教导第二营，营长王效明，政治副营长姜信泰；以抗联第三路军人员为基干组成教导第三营，营长许亨植（许牺牲后由王明贵继任），政治副营长金策；以抗联第二路军第五支队及第一路军一部为基干组成教导第四营，营长柴世荣（后由姜信泰接任），政治副营长季青。全旅共有官兵1000余人，其中，苏籍官兵300人左右，抗联部队700余人。

抗联教导旅的武器，按苏军步兵规格装备，比较齐全，每排有轻机枪1挺，每班有冲锋枪2支，其余为步枪。生活供给、服装等均按苏军陆军官兵供给标准供应，抗联人员任正排以上干部授予军官衔，薪金等待遇亦与苏籍军官相同，副排以下授军士衔，待遇亦与苏籍军士相同。

抗联教导旅暂由苏联远东红军总部代管，接受苏联工农红军独立步兵第八十八旅的正式番号，对外番号是8461步兵特别旅。抗联教导旅虽然列入苏军编制序列，但仍保持抗联的独立性，保持抗联单独的组织系统，坚持执行抗联独立的战斗任务，派遣小部队返回东北进行游击战争。同时，抗联教导旅又是一所培养军事政治干部的学校，它为后来抗联队伍的进一步扩大准备了骨干力量。

二、东北党委员会的组成

抗联教导旅组建之后，迫切需要重新改组南、北野营及东北抗日联军、游击队的党组织，使之适应于新形势，担负起新的任务。当时党的组织系统，除南、北野营建立了党委外，吉东省委和北满省委还同时存在，这种状况既不适应斗争环境的要求，也不符合实际工作的需要。1942年4月20日，周保中、张寿篯根据形势发展的需要和党员与基层党组织的要求，草拟了《党组织彻底改组与集中领导》的提案，并请王新林帮助解决。这一提案的中心思想就是要建立东北地区统一集中的党的领导机关。提案引用中共中央发表的《加强党性的锻炼》社论中的话指出："没有这样坚强统一集中的党，便不能应付革命过程中长期残酷复杂的斗争,便不能实现我们党所担负的伟大的历史任务。”提案分析了东北各省委组织的历史和现状,指出:东北党虽然存在着组织缩小,党员数量减少和长期与中央断绝联系等弱点,但是现有党员基本成分却是“以工农成分为骨干,在工人阶级中共布尔什维克旗帜下,久经民族解放斗争锻炼,政治上是可靠的”,它的党员和基层组织是有相当丰富的革命经验和斗争能力的,是深得群众信仰的。因此,“东北党组织必须继续成为东北人民解放斗争指导的组织”。具体办法就是“在吉东、北满两省委及南满党的基础上,建立新的中共东北党组织临时委员会;同时废止现有的吉东、北满两省委”。王新林对周保中、张寿篯的提案答称:“将从共产国际执委中共代表团方面寻求解决办法”①。9 月 5 日,王新林在伯力同周保中、张寿篯谈话,讨论并决定了抗联教导旅的党组织建立问题。

1942 年 9 月 13 日,抗日联军教导旅召开了全体中共党员大会,正式成立中共东北党组织特别支部局。会上,首先由周保中作了《关于留 C 中共东北党组织状况及改组的报告》,报告简述了自 1940 年冬以来东北游击运动的状况及南北两野营组织成立的经过,肯定了成绩,总结了经验教训,认为:“在王新林同志底积极援助和指导下,以及在东北党组织领导干部的正确领导下,使处于东北抗日游击运动遭受失败和革命斗争环境极度困难条件下的共产党员和游击队得以保存党的干部,保存游击队的力量,团结和锻炼成为更有力的和加强布尔塞维克质量的党组织。保证了中共党组织有革命继承性,保证了中共党东北组织在东北人民解放事业上能继续其历史任务。”报

① 《周保中在留 X 党组织领导干部、A 野营党委、小组长联席会议上的报告提纲》(1942 年 5 月 18 日),载中央档案馆、辽宁省档案馆、吉林省档案馆、黑龙江省档案馆编:《东北地区革命历史文件汇集》甲 64,1991 年印,第 13 页。

告提出，党组织在领导方式和灵活解决问题上存在不足，还存在个别党员触犯了党的纪律等问题。之后，对于支部局的建立作了原则说明。报告指出，新建立的抗联教导旅党的委员会名称定为："独立步兵旅中共东北党组织特别支部局"，亦称中共东北委员会（即东北党委员会）。特别支部局要执行中共政治路线，"中共党组织底基本不改变"；教导旅"中共党组织包括在野营和出发派遣的党员"，特别支部局"对原有的中共东北党组织关系不改变"；特别支部局的领导核心是旅长（中共党员）和政治副旅长（中共党员），由旅长、政治副旅长、支部局书记负责特别支部局的日常领导工作；"保持中共党革命斗争条件下的相当的党的秘密"；特别支部局同教导旅内联共党组织的关系是"兄弟党的关系"，既要保持工作上的紧密联系与合作，如公开大会和党的积极分子教育会议可以合开或互相通气，又要各自保持自己的独立性。

报告对于特别支部局的任务作了明确规定：在旅长和政治副旅长指示下，在旅内发挥先锋模范作用，在平时完成军事政治技术的教育训练等工作，巩固思想和党纪军纪；在战斗时期完成战斗任务；防止奸细暗探和保守国家的、军事的、党的秘密；党组织和党员，要坚决执行旅长和政治副旅长的指示，等等。报告对于特别支部局的组织法也作了明确规定：党组织由旅长和政治副旅长领导下的党员大会选举执行委员和候补委员；支部局执委会以下以营和直属部队为单位，建立党小组；党内选举实行民主；支部委员会和党小组均一年改选一次，等等[①]。会议依据特别支部局组织法选举了特别支部局第一届执行委员和候补委员。执行委员有：周保中、张寿篯、崔石泉、金日

---

① 《周保中关于留C中共东北党组织状况及改组的报告》（1942年9月13日），载中央档案馆、辽宁省档案馆、吉林省档案馆、黑龙江省档案馆编：《东北地区革命历史文件汇集》甲64，1991年印，第53—55页。

成、金京石、彭施鲁、王明贵、金策、王效明、安吉、季青。候补委员有:王一知、沈泰山。其中,执行委员金策、王效明、安吉、季青因在东北执行战斗任务未能到会。

9月14日,新选出的中共东北党组织特别支部局召开了第一次委员会议,选举了特别支部局的书记和副书记,确定了委员分工。选举和分工的结果是:书记崔石泉,副书记金日成。王明贵、王一知负责组织工作;彭施鲁、沈泰山负责宣传工作;金策、王效明、安吉、季青的旅内职务暂不分工;王一知兼管妇女救国会工作;沈泰山兼管抗日救国青年团工作。

中共东北党组织特别支部局(东北党委员会),无论就其成立的宗旨,还是就其后来所起到的实际作用来说,都有着双重意义。第一,它是中共抗联教导旅委员会,负责教导旅的党务工作,在平时配合和保证旅长和政治副旅长搞好军事训练和政治教育工作,发挥党员的先锋模范作用,督促、检查、保证训练任务的完成。在战时,则领导和组织全体党员完成旅长和政治副旅长下达的各项战斗任务。第二,它又是在东北党组织同党中央失去联系的情况下,全东北党组织的临时最高领导机关,因为它的组织原则规定它的成员同原来东北各地党组织的关系不变,即原来吉东、北满和南满省委组织的代表在他们参加特别支部局之后,仍然保留其原地方组织的代表资格,并可以根据实际需要不断派出党员、游击队员同东北地区的地下党组织和党员群众保持联系,指导该地区党组织的活动,贯彻执行党的路线和政策,领导人民进行抗日斗争。中共东北党组织特别支部局(东北党委会)的建立,使在野营中和留守东北各地的抗联部队中的中共党员、干部统一组织起来,形成了较强的凝聚力和战斗力,这对于抗联部队有生力量的保存,对于部队的有效整训,坚持在东北开展小部队活动等,具有非常重要的意义;同时也为完成东北抗日斗争的各项任务，最终取得抗日战争的胜利创造了十分有利的条件。

三、政治、文化学习

自1940年冬抗联南、北野营建立后，除因执行特殊任务被派遣返回东北的小部队外，其他越境部队大部分留在南北两野营开始进行正式整训。由于东北抗联长期处于频繁战斗、生活艰难的困境，无法进行正规的军事训练和政治、文化学习，利用野营这一比较适宜的环境，加紧部队的军事训练，提高政治、文化水平，的确是一个大好的机会，抗联指战员都十分珍惜这一有利条件。整训的具体内容，有政治学习、军事训练、文化学习和其他项目的活动。

进行政治文化学习，对于在野营的抗联指战员来说是十分迫切的。抗联领导人认为，政治教育的方向是：爱中华祖国——中国，爱社会主义祖国——苏联；仇恨敌人——日德法西斯帝国主义侵略者，争取中国独立解放自由，保护苏维埃社会主义共和国，等等。政治教育的目的"最重要的是要巩固革命思想，增强革命信念和积极性"。由于抗联指战员文化程度不同，不仅参加学习的人员会发生困难，教育者也会发生一定困难。因此，抗联领导人按照不同文化程度把抗联人员分为两个组：文化程度较高的编入第一组，以自学讨论为主；文化程度较低或青年同志编入第二组，以听课为主，请负责干部和苏方教官授课。早在野营建立之初，抗联领导干部在伯力开会期间，周保中、张寿篯、冯仲云等每隔十天半月就到野营巡视、讲课，进行政治文化教育。

野营的政治教育也紧密结合国内抗日战争、国际反法西斯战争的形势以及部队的思想实际来进行，对提高抗联指战员的政治觉悟，统一思想认识起到了积极作用。当时，在政治学习中，抗联领导人还经常把从苏联有关方面及电台广播和报纸得到的一些关内八路军和新四军斗争的新情况及时向全体指战员报告或传达，使大家认清形势、明确自己的艰巨使命。1941 年初皖南事变发生后，周保中专门就事变发生的经过及我党的态度等问题发表了演说，号召大家休整后回到东北，不仅要继续与日本侵略者作战，还要准备与国民党进行斗争。1941 年 4 月《苏日中立条约》签订后，野营党委以《新中华报》发表的《中国共产党对苏日中立条约发表意见》一文，作为教材，组织指战员进行学习。抗联领导人还组织大家比较系统和集中地学习了毛泽东的《论持久战》和《联共（布）党史简明教程》的有关章节，并根据中国革命和东北抗日游击战争的实际体验确定若干专题，如《中国民族解放战争的历史阶段及胜利条件》、《全国抗战的形势》、《东北游击运动的发展前途》等进行讲解和讨论，使指战员提高认识，统一思想，坚定了夺取抗战胜利的决心和信心。

后来，野营的政治理论学习的内容逐渐趋于全面和完整，具体包括：（1）中国革命历史、政治经济地理、社会经济生活和现行政治制度；（2）一般的社会形态发展与阶级斗争；（3）中国工人与中国共产党、中国农民问题、中国国民党与三民主义、共产主义与三民主义的区别及前途、抗日民族统一战线的历史阶段及其发展、中国民族革命战争的历史阶段及胜利条件、抗日战局、东北游击运动的历史条件及其发展、东北游击运动的经验教训及其前途；（4）日本帝国主义法西斯的生长与侵华战争、日本统治阶级及工农劳苦群众、“以华制华”和南进政策、日本帝国主义法西斯之走向没落；（5）两个世界——社会主义苏联与资本主义国家、社会主义建设成功与向共产主义迈进、苏联的和平政策、苏联是世界革命的堡垒、第二次帝国主义大战概观、变帝国主义战争为国内战争、资本主义的没落、民族革命战争与被压迫民族解放问题；（6）在游击队中实际的政治工作办法方式问题；

(7)秘密工作方法(地下党的工作方法)等①。

教导旅成立后，抗联指战员的政治学习得到进一步加强。这一时期的学习内容集中体现在有关中国革命和中国民族解放战争、中国共产党的材料方面。为提高指挥员的军事理论水平和指挥能力，全旅干部每周集中一天时间学习毛泽东所著《中国革命战争的战略问题》。由于抗联部队长期与党中央隔绝，要想得到中共中央的文件和来自延安的材料是非常困难的。尽管如此，抗联领导人还是通过各种渠道，千方百计去争取得到党中央的有关文件和中央领导人的讲话、文章，力图及时了解和领会党中央的方针、政策。他们获得材料的主要来源是公开的报刊，如重庆出版的《新华日报》和1938年前法国巴黎出版的《救国时报》。

1942年延安整风运动普遍展开之后，教导旅印发的文件计有：中共中央《关于增强党性的决定》，毛泽东的《反对自由主义》、《改造我们的学习》、《整顿党的作风》、《反对党八股》，周恩来的《论苏德战争及反法西斯斗争》，朱德的《建立东方民族反法西斯统一战线》等。教导旅党组织根据这些文件精神及时引导大家理论联系实际地进行学习、讨论，自觉地整顿党风、学风和文风。不仅如此，教导旅军政训练的负责人还结合实际学习了《中共党史》、《红军长征史》、《西安事变》、《统一战线的联合与斗争》、《平型关战斗胜利的意义》等教材。1943年以后，高级自学班的干部较系统地学习了哲学、政治经济学和联共(布)党史、中国革命史、党的建设理论等，并阅读《共产党宣言》、《论列宁主义几个问题》等原著。在自学的基础上，分专题进行讨论，加深认识。朝鲜同志除了和中国指战员一起学习外，还单独学习朝

---

① 《周保中给野营游击部队全体同志的信》(1941年2月20日)，载中央档案馆、辽宁省档案馆、吉林省档案馆、黑龙江省档案馆编：《东北地区革命历史文件汇集》甲61，1990年印，第66—67页。

鲜历史地理、朝鲜革命运动史、祖国光复会十大纲领和金日成所著《朝鲜共产主义者的任务》等著述。中初级班的政治理论课教学也步入正规，每年由张寿篯、金日成、冯仲云等负责拟定教学大纲，经旅长和旅党委批准实施，担任课程教学任务的教员认真备课，把理论与实际紧密结合，生动地进行讲解，很吸引人，学习效果较好。

通过学习，抗联指战员不仅了解关内抗战的情况，增强了抗战胜利的信心，而且提高了思想认识水平，增强了团结，改进了作风。这对于激发全体指战员的爱国主义和国际主义热情，坚定为中国抗战和世界反法西斯斗争而献身的意志，都起到了很大的作用。中高级干部的政治理论学习，为将来东北解放后领导建党、建军、建政等工作做了思想准备。

教导旅的抗联指战员，虽身居异国，与党中央失去联系，但每个指战员的心都向往着延安，怀念党中央，心系党中央。每个连队的俱乐部都挂着毛泽东、朱德、周恩来的画像，这些画像都是他们自己依据报刊的新闻照片精心绘制的，表达了抗联指战员热爱党的领导人的深厚感情。

此外，在政治教育中，还有增强民族团结、遵守纪律等内容，所有这些对于促进民族团结和日常训练工作的顺利开展起到了有效保障作用。

野营党委还在五一节、十月革命节、红军建军节等纪念日举办报告会，于战斗英雄的牺牲日举办追悼会等办法，向队员进行爱国主义和革命英雄主义教育，收到良好效果。

野营在整训中也开展了文化知识学习和文化娱乐活动。抗联领导人根据指战员的不同文化程度组织了 4 个班，其中中文班 3 个，俄文班 1 个。文化课是通过学习政治读物的形式来学习生字。第一班以《联共（布）党史简明教程》为课本，通过学习文章结构，了解其政治内容；第二班以普希金的故事为读本，学习生字；第三班以识字教育为主，并采用识字检查法以督促大家努力学习。到1942年年初，野营就扫除了文盲。另一个班即俄文班，尽管成年人学习外语难度较大，但经过努力，仍有不少人在学习后能比较流利地用俄文日常用语进行对话。在野营内的朝鲜族指战员，在学习文化课时，单独成立民族组进行学习和讨论，并完全使用民族语言文字。

在艰苦的野营整训时期，抗联指战员的文化娱乐生活是很有特色和吸引力的。野营办有图书室、广播室、俱乐部、小报等，并以连为单位办有墙报；经常举行讲演会、文艺晚会、电影放映等活动。墙报两星期出版一次，由专人负责。墙报设有各种专栏，如政治问题、野营生活、时事、小说、记事、通讯等等，内容具体、丰富。这些活动不仅活跃了野营的文化生活，激发了革命乐观主义精神，增强了战胜困难的信心，而且更促进了抗联指战员知识水平的提高和思想上的不断进步。

四、进行军事训练

为了迎接将来新的战斗，野营对军事训练特别重视。野营的军事课有队列教练、步枪射击、手枪射击、刺杀等。这些课程都是由苏军军官任教，有时是先由他们训练几个“小教员”，再由“小教员”分教大家。

关于军事训练的要求，1941年2月20日，周保中在《给野营游击部队全体同志的信》中作了深入而详细的阐述：（1）“应尽心讲求射击原理和法则，研究步枪、手枪、轻重机关枪、掷弹筒、狙击炮各种武器的构造和机能。”要尽心练习瞄准和实弹射击，无论是指挥员或战斗员或政治工作人员，要养成沃罗什罗夫式的、朱德式的射手，锻炼超等的射击技术，能百发百中，在战斗中能够消灭各种危险目标。“要知道战斗的要诀在于消灭敌人保存自己，达到战斗的目的。无论现在兵器如何发达，步兵作战仍居主要地位，而步兵部队的唯一战斗手段依靠射击，如果射击技能低劣，那么，战斗是不会得到多大效果的。同时须知以射击杀伤和消灭敌人，乃是距离较远的战斗手段，最近距离或迫近敌人，就须要用刺刀肉搏冲锋，才能是战斗结局的最后手段。”（2）“对于侦察勤务、步哨勤务、传达勤务的原则方法及其意义用途和实际动作，都须进一步的讲求。”指挥员和战斗员都要注意在各种不同情况下的战斗动作，特别要讲求“冒敌火匍匐前进狙击敌人，以及脱离敌人的方法，这对于我们东北游击队现实环境是特别注重的”。要克服和打破过去陈旧的片面的习惯和经验，“要从进步的有全般意义的去学习，要能充分适合于对付日寇实战状况的要求。除上述之外，比较大的部队正规军和游击队有联系的战法，也须注意学习，对于防空防毒，亦须择必要学习。”（3）要学习“游击队的战术、战略和战法问题，以及对于正规军作战的关系问题”。（4）要讲求“军队的一般管理问题（军队内务，人事，经理，卫生等），以及游击根据地及后方工作问题，粮食问题”，并能够切实执行。（5）要经常练习“滑雪（穿踏板）、御马术、操舟、游泳以及跳高、跳远、攀登崖岸（爬城）等技术”①。总之，抗联领导人对于军事训练的要求是十分严格的、具体的，而对于射击训练是特别重视的。各营连经常就军事训练、内务管理开展评比活动，先进者则予以奖励。

此外，在北野营每期还抽调20余人组成无线电报务训练班，专门学习无线电收发报技术。第一班从1941年春开始，训练6个月后结束。以后又办了第二班。通过训练，培养出一批素质较高的收发报人员。

---

① 《周保中给野营游击部队全体同志的信》（1942年2月20日），载中央档案馆、辽宁省档案馆、吉林省档案馆、黑龙江省档案馆编：《东北地区革命历史文件汇集》甲61，1990年印，第64—66页。

1941 年 6 月 22 日，德国法西斯背信弃义，突然进攻苏联。南、北两野营抗联指战员从广播里听到消息后，义愤填膺，纷纷请战，要求同苏联红军并肩战斗去打败德国法西斯强盗及其帮凶日本帝国主义。南、北野营，充满着出征的战斗气氛。野营党委号召大家，加强军事训练，掌握杀敌本领。七八月间，北野营全体人员到伯力进行了为期 1 个月的空降跳伞训练，其中有十几位女战士也参加了训练。训练结束时苏联教官表扬了抗联将士的刻苦学习精神，祝愿大家为消灭法西斯、为中华民族的解放努力学习和掌握现代化的军事技术。

1941 年 12 月 8 日，日本偷袭美国在太平洋的重要基地珍珠港，随后又袭击了英国在东南亚的战略基地新加坡。日本帝国主义对英、美两国不宣而战，标志着太平洋战争的爆发。太平洋战争爆发后，欧美和亚洲的许多国家纷纷对日宣战，中国人民的抗日战争同世界各国人民的反日斗争汇合起来，从而使国际反法西斯统一战线更加扩大。反法西斯阵营的壮大，进一步增强了抗联指战员战胜日本侵略者的信心和决心。

自 1941 年 6 月苏德战争爆发后，日本帝国主义趁机在东北集结 70 余万兵力，进行所谓“关东军特别大演习”，准备向苏联发动进攻。与此同时，日伪当局为巩固其所谓“国内治安”，加紧对东北人民的法西斯统治。同年夏，关东军宪兵司令部按“关东军宪兵队服务主要目标”通令，确定其主要任务是：(1)侦察、破坏中共南满、吉东、北满省委及其外围组织。(2)侦察与掌握民心动向，加强对各民族的思想统治。(3)侦察与镇压对重要资源、军事、交通设施的破坏活动。(4)侦察、逮捕苏联及其他国家谍报人员。同年 12 月 27 日，伪满洲国又公布了伪《治安维持法》，规定“以变革国体为目的”，“以散布否定国体或冒渎建国神庙或帝室尊严之事项为目的”者，处以死刑、无期徒刑或六年以上徒刑，对抗日群众进行残酷镇压。1942 年 1 月 10 日，日本关东军宪兵队司令官发布关于“思想对策服务重点”的命令，进一步加强对东北各族人民的反满抗日活动的镇压。

尽管日伪当局强化对东北抗日运动的镇压，但广大抗联指战员毫不畏惧，依然努力进行学习和训练，准备同日本侵略者进行最后的斗争。南、北野营党委也号召大家“加紧学习，加紧准备”，特别提出“学习就是我们目前实际的战斗”，“操场、课堂，就是我们目前的战场，我们要现在要多流汗，以便将来在战场上少流血”①。这时，除以前的军事训练项目外，又增加了爆破、防化、反坦克等内容，夏季武装泅渡、冬季滑雪也成了必修科目。每天学习和训练至少8个小时。抗联指战员尽管身体十分疲劳，但为了打败日本帝国主义，都以坚强的毅力和饱满的精神进行各种军事训练，并且取得了优异成绩，仅劈刺一项就有40余人获得奖励。

1942年8月，抗联教导旅成立后，抗联将士的军事训练更加系统正规地进行。当时除了一部分派遣小部队和在东北坚持游击活动的人员外，能参加军事训练的抗联指战员，平均可保持400多人。训练的内容和要求，比在野营时期的更多、更高，主要是参照苏联远东军司令部颁布的《步兵训练大纲》，结合战时需要和东北游击战争的实际，有计划地进行系统的现代化军事训练，另外也组织一些特殊技术和技能的学习。一般军事训练为队列、刺杀、射击、投弹、爆破、游泳、滑雪、空降等项目，同时也讲授进攻、防御、狙击战、军事地形、供给、卫生、工兵、防化战等课程。

在特殊技术和技能训练方面，主要是空降和滑雪。空降训练，由旅司令部根据需要组织空降跳伞活动，教导旅的负责人周保中等曾

---

① 《中共A野营党支部关于四个月党的工作总结报告》(1942年1月25日)，载中央档案馆、辽宁省档案馆、吉林省档案馆、黑龙江省档案馆编:《东北地区革命历史文件汇集》甲63,1991年印，第53页。

多次参加训练，起到了很好的带动作用。以1942年9月至10月的第一次伞降训练为例，参加者354人，其中203人由于成绩优秀而受到奖励，女战士获奖者为11名。当时教导旅党组织的一份报告中说：这次训练，“全旅战士们，各营军事指挥员们，政治工作人员们，不管上下级都以很勇敢的、充分革命热情的和斗争的精神去服从了这个命令，完成了这个任务”。“学习时，差不多绝大多数的战斗员和军政指挥员们，在思想、行动各方面特别的表示出了最高度的战斗精神，一直继续到结束学习时为止”①。这样的跳伞活动，教导旅曾组织过多次。其中，1942年还集中了48名熟悉东北某一游击地点情况的队员，进行重点训练。针对东北气候严寒、冬季雪大的特点，抗联教导旅非常重视滑雪训练。远东冬季气温经常在摄氏零下40度左右，高山峡谷到处是厚厚的积雪，正是练习滑雪的好季节和好场地。以前游击队员多数不会滑雪，每年冬天，日军乘大雪封山之机进行围困、“讨伐”，抗联指战员吃了不少苦头。积以往之教训，抗联指战员感到学会此项本领十分必要，因而颇为努力。为了滑雪训练，各营、连都发动有木工技能的战士自制滑雪板和滑雪杖，还专门讲授了防止冻伤的卫生课。每年冬季，抗联教导旅都举行一次为期两周的集中滑雪训练活动。教导旅负责人把部队带到距离野营100公里以外处宿营，途中均滑雪而行，并进行编组队形、警戒、搜索、伏击、遭遇战等科目的演习，炊事兵要进行野炊练习，一切从实战出发。宿营后，各部队相互间进行侦察、偷袭方面的战术演习，并设临时射击场进行实弹射击演习。

每项军事训练都是以实战的精神全力以赴，训练强度很大。每

---

① 《抗联特别旅中共党支部局航空降落伞学习总结报告》（1942年10月12日），载中央档案馆、辽宁省档案馆、吉林省档案馆、黑龙江省档案馆编：《东北地区革命历史文件汇集》甲64，1991年印，第62页。

个队员在训练中都很吃苦，加上睡眠不足，营养也跟不上，都感到精疲力竭。但是大家为了战胜日本侵略者，光复祖国的伟大光荣事业，都心甘情愿，刻苦练就战胜敌人的本领，从而战胜了许多困难，经受了考验，胜利完成了训练任务。在临近反攻东北时期，1945 年 6 月，东北抗联教导旅还进行了军事项目的专门考试，包括单人步法操练、单人持枪操练、分队队形练习、5000 米急行军以及掌握东北战地情况等科目。

总之，东北抗联野营和教导旅的政治、军事整训，有力地提高了广大抗联指战员的政治、军事、文化素质，形成了一批抗日斗争的领导骨干力量，为后来向东北展开全面反攻，迅速扩编大部队，在最后战胜日本帝国主义的斗争中发挥重要作用做了充分准备。

第三节　东北抗联积极派遣小部队开展活动

一、南、北野营开展小部队活动

抗联野营建立后，经过一段时间的休整和补充，一部分队伍先行返回东北进行小群游击活动，继续开展艰苦的抗日斗争。

1941 年 4 月《苏日中立条约》签订后，抗联主力部队返回东北战场的行动受到限制，抗联领导人遂决定派遣小部队回东北，继续执行东北反日游击战争的各种任务。从总体来看，这种小部队的活动，是实施战略转移后东北抗联对敌斗争的主要形式和手段，是在特定的历史条件下，在一定的区域和规定的时间内进行反日游击活动的一种方式。每支小部队的人数和活动期限，则是根据其执行任务情况而定。小部队的人数少者三五人，多者二三十人不等。活动时间有十几天、二三个月，最长者达一年以上。小部队所担负的任务是：

(1)寻找、收拢与抗联各路军总指挥部断绝联系而失散在东北各地的抗联部队，特别是失散在中东路道南及南满一带的抗联第一路军的部队。(2)派遣少数精干人员潜伏地方开展工作，恢复原有的党组织和各地反日会组织，秘密发展新的反日会等群众组织，慎重、少量地发展新队员，对群众进行抗日宣传，积聚抗日力量。(3)调查敌伪各种统治手段，了解广大群众的政治情绪及生活状况。(4)担任交通联络，护送、接应出入苏境的人员。(5)在比较隐蔽、安全地区建立临时的据点，在有利条件下伺机破坏敌人军事设施和交通运输，对敌人实行突然袭击。(6)在指定区域特别是边境地区机场、要塞等军事设施，对兵力配备、部队调动、交通运输等方面情况进行侦察。有的小部队专门完成特定的一项任务，有的小部队综合执行多项任务。

一般来说，在 1942 年以前派出的小部队，以执行综合任务为主，1943 年以后主要以完成专项的军事侦察任务为主。在派遣方法上，有的是抗联各部领导人与苏方代表协商决定；也有的是由苏方单独决定，这主要是执行军事侦察任务。各小部队以曾担任过连长、营长的革命性最坚定者为队长。小部队内还设有党小组长，由其负责政治领导和队内思想工作。小部队的成员，是从抗联指战员中经过严格挑选产生的，必须忠诚于中华民族的解放事业，具有百折不挠的战斗精神，具备独立完成任务的能力。为了应付恶劣的环境，便于伪装，并最终保证任务的有效完成，在苏军的大力支持下，小部队的武器和军需品的配备比较精良。每人手枪、马枪或自动步枪各 1 支，手榴弹数枚，加上充足的弹药；每人有日军式黄呢军衣 1 套、伪军式棉军衣 1 套、皮帽 1 顶、皮背心 1 件、皮靴 1 双、手套 1 副；望远镜、指南针、地图、炊具以及帐篷等用品一一配备。

1941 年，南、北野营共派遣回东北执行任务的小部队有 8 支，其中南野营派遣 3 支，北野营派遣 5 支。

最早被派遣回东北执行任务的是在南野营的第一路军的一支小部队。1940年冬，抗联各部先后越境入苏后，尚未得知第一路军副总司令魏拯民病重及其所率队伍的确切消息，此外还有一部分与主力失去联系的第一路军部队也需要设法寻找。因此，1941年2月间，抗联部队领导人即决定派两支小部队返回东北执行上述任务。第一路军越境部队在南野营经过休整后，即组织以金日成为首的第一小部队，以安吉为首的第二小部队返回东北。同年3月，周保中写信给王新林，认为经过休整以后的第一小部队和第二小部队，派遣回东北执行任务，继续开展抗日游击斗争是有相当保障的。金日成小部队由朴德山、董崇斌、金铁宇、柳三孙等29人组成，于4月9日晚越境，向珲春、汪清方向前进。由于初春时节山区积雪未化，行军受阻，他们在珲、汪交界处滞留多日。5月3日，小部队继续前进，经绥芬大甸子南方太平沟、石头河子、小汪清，到达汪清县大肚川附近的夹皮沟和大荒沟一带。因携带的无线电台过于沉重，不便长途行军，遂留下朴德山带领的由10人组成的小分队，携带电台负责在图(们)佳(木斯)线小城子至图们之间及东宁至汪清的铁路两侧地区进行扰敌活动，并执行敌情侦察和宣传群众的任务。其余部队，由金日成率领于5月12日继续向抗联第一路军经常活动的安图、敦化和桦甸方向前进。为便利行动，金日成于5月20日把人员分成3个小分队，继续搜寻魏拯民及第一路军部队。第一小分队由董崇斌、武良本带领，向敦化县附近的二道河子、三道河子、高丽帽子、榆树川、三道荒沟、四道荒沟、马号、六棵松等地前进。第二小分队由柳三孙带领，向桦甸东部富尔河、夹皮沟、老金厂、会全栈等地前进。第三小分队由金日成带领，在安图大甸子、大沙河、小沙河、和龙北部、抚松东部一带活动。金日成小分队在抚松活动时，与李鸿斌的抗日救国军余部取得了联系，并通过他们与被迫当了伪警察、伪职员的原抗联战士取得联系，向这部分人宣传继续抗日的道理，鼓励其振奋精神，准备参加大反攻。各小分队分头活动两月余，未得知有关魏拯民的任何消息，遂于 7 月 28 日在汪清县大荒沟、大肚川一带会合。当时讨论决定，由朴德山率一部分人向图们、石岘附近活动，金日成则率一部分人向香水河子、大甸子、老母猪河一带寻找安吉小部队，以便取得联系。但这时安吉小部队尚未从苏联境内出发，故联系未成。

根据苏德战争爆发后的新形势，需要研究确定新的活动方案，金日成乃决定暂留朴德山、柳三孙等 14 人继续在图们、汪清一带活动，一方面负责侦察敌情，一方面准备过冬给养，以便接受新的任务。其余人员由金日成率领返回苏联境内。8 月 28 日金日成等人到达双城子，8 月 30 日，给抗联领导人周保中写了小部队活动情况的报告。9 月 14 日，金日成率队又离开苏境前往图们、汪清一带会合留在那里的小部队继续开展活动。周保中得知金日成再次被派遣回国的消息后，为他的安危担心，认为："金日成是最好的军事干部，朝鲜同志之最优秀分子，他在满洲南部和鸭绿江东、朝鲜北部地带能起很重要的活动作用。"①他致信王新林说，金日成是"南满第一路军现在唯一的重要干部"②，建议对他的派遣给予慎重考虑。金日成这支小部队一直活动到 1941 年 11 月 12 日才返回野营。此次受派遣的小部队主要任务之一是寻找魏拯民。金日成率领小部队找到了 1940 年与魏拯民分手的寒葱沟密营，这里已没有抗联踪迹，只是通过根据地群众得知魏拯民已病故的消息，但无法确认（到了 1941 年年底，金日成在海参崴见到负责魏拯民护卫任务的郭池山才了解到魏拯民病故的确实消

① 《周保中致王新林的信》（1941 年 7 月 1 日），载中央档案馆、辽宁省档案馆、吉林省档案馆、黑龙江省档案馆编：《东北地区革命历史文件汇集》甲 61，1990 年印，第 296 页。

② 《周保中致王新林的信》（1941 年 9 月 15 日），载中央档案馆、辽宁省档案馆、吉林省档案馆、黑龙江省档案馆编：《东北地区革命历史文件汇集》甲 61，1990 年印，第 337 页。

息）。该小部队在寻找魏拯民的同时，进行了大量的关于敌情方面的侦察工作，在许多地方恢复了一些原有的地方组织关系，开辟了群众工作。在执行任务的全过程中，这支小部队的指战员经过7个多月的艰苦奋斗，转战于珲春、汪清、延吉、和龙、安图、桦甸、宁安、东宁等地，风餐露宿、跋山涉水，历尽艰险，胜利地完成了任务。

抗联第一路军原定的安吉第二小部队因故出发较晚。在安吉小部队出发前，南野营另派季青、陶净非小部队出发执行综合性派遣任务。1941年7月25日，周保中写信给南野营的柴世荣、季青、安吉、崔贤。信中指出，由于目前斗争环境的需要，现由伯力城决定分遣部队及中心干部人员，回赴东北，展开积极活动，同时必须注意保持应有之实力，避免各种可能之损失。他指示由南野营抗联第一、第二路军人员混合编成一个有力的部队，由柴世荣、季青直接指挥掌握，队长及政委分别由崔贤、安吉担任。这支小部队的任务是：努力恢复中东路道南各地原有之党、群众组织的联系；尽一切可能迅速与第一路军副总司令魏拯民和已派遣的金日成所率第一小部队及在五常、舒兰一带活动的抗联第五、第十军分散部队建立联络；小部队认为非常必要时，可展开牡丹江、穆棱、敦化、额穆（今属敦化）、汪清、延吉等地的游击活动，破坏敌人交通、桥梁隧道，焚毁仓库等，尽可能从侧面或后方扰乱、牵制敌人。根据这一指示精神，南野营于7月末组成一支16人的混编小部队，由季青和陶净非率领，于8月11日晚越境。8月15日，在东宁县老黑山东南黑瞎子沟与敌遭遇，小部队安全退走。小部队越过老黑山铁路后西进，8月26日到达大甸子六甲。在这里，小部队得到地方群众援助，进行了短暂的休整。9月初，小部队得知敌人“讨伐队”在大甸子一带行动的消息，遂向西移动，敌“讨伐队”也一路尾追而来。为完成派遣任务，保存实力，小部队尽量避免与敌人接触交战，一直在大甸子、三道河西沟、大石头河子等地活动，寻找地方关系，侦察敌情。但由于形势紧张，与地方的联系很难进行。另外，这时已得知魏拯民病逝，加之越冬物品没有准备，季青小部队于11月2日回到南野营。

1941年8月25日，抗联第一路军原定派遣的第二小部队共17人，由安吉率领出发，任务与金日成率领的第一小部队基本相同，活动区域也是汪清、图们一带。安吉率领这个小部队进行了一些调查和侦察工作，于10月19日返回南野营，整个活动时间较短。

北野营派遣小部队人数较多的是抗联第二路军第二支队队长王效明率领的小部队。1941年7月初，周保中曾和王新林会商，拟派王效明带一个小部队先到饶河留守部队刘雁来处，直接指挥那里的游击部队。后来鉴于苏德战争已经爆发的形势，为进行在东北对日作战的准备工作，遂改变了计划，派遣王效明率领隋长青、李永镐、姜信泰等20余人，到宝清县选择空降地点，并进行必要的军事侦察工作。王效明小部队于1941年7月末出发，坐船过乌苏里江在饶河西林子一带上岸。先到饶河爆马顶子密营稍事休整，把刘雁来留守部队的于保合调到王效明小部队，任命他为电台报务主任。从爆马顶子密营出发后，因降大雨，河水暴涨，行路困难，所带给养用完，小部队费时20余日始到达宝清西沟拉磨山，行军途中有5人因病饿而牺牲。这一带属完达山区，面积很大，南面是密山，东面是虎林，北面是富锦，四周驻有大批日、伪军，是一个中间地带。小部队在拉磨山里建立临时住处，选择了空降点，准备了联络信号。王效明小部队到达宝清山区后曾一度与在野营的总指挥部失去电讯联络。12月中旬，周保中派郭祥云等组成一个交通小队到饶河密营，指示刘雁来组成交通小队迅速向宝清方向寻找王效明小部队，并尽快与总指挥部取得联络。

1942年春，王效明和姜信泰分别带领1个小队活动。王效明率队到宝清、饶河交界处的大旺砬子一带，在那里找到了原第五军副官刘长胜。这时刘长胜与总指挥部失去了联络，领十几个人在山里种地。姜信泰小队则到林（口）佳（木斯）线东、林（口）虎（林）线北一带活动，曾炸毁铁路桥梁多处。另外在拉磨山里还留有几个人种地。1942 年 6 月，抗联总指挥部派郭祥云、朴洛权小队携带文件、电池、军衣、机枪 1 挺和步枪 9 支及一批子弹到达王效明小部队驻地，传达了上级指示。王效明在回信中详细地报告了饶河一带的敌情、当地群众生活困难情形以及小部队活动情况。10 月、11 月，王效明两次收到通知，令其率领 12 名精壮人员继续留在原地活动，其他人员连同在富锦、桦川一带活动的姜信泰部回归野营。总指挥部表扬了王效明小部队在一年多的艰苦斗争中，"获得了可贵的工作成绩"，提供了"最有价值的情报"，希望他们不辞劳苦，继续坚持到 1943 年春。1943 年 2 月 27 日，周保中电令王效明带小部队朴洛权、杨清海、郭祥云及其他人员返回教导旅，同时委任李永镐担任活动队长，李忠彦担任队副，于保合担任电台主任，组成一个 6 人小部队，接替刘雁来留守部队，执行军事侦察和宣传群众等工作任务。1943 年 4 月，王效明率队返回抗联教导旅。李永镐率领的小部队留下，先后在富锦卧虎山一带侦察日军修筑飞机场情况，在佳木斯、宝清、饶河、同江、抚远等地开展侦察工作，一直活动到 1943 年 8 月，奉命分批先后过境回到抗联教导旅驻地。

1941 年夏季，由北野营派出的小部队，还有郝永贵等 5 人小部队，高万有和曹曙焰等 5 人小部队，李忠彦等 5 人小部队，护送金策返回东北的 4 人小部队等。这些小部队的活动主要在两个地区：一是北（安）黑（河）铁路两侧原第三路军活动区域；二是牡丹江、林口一带原抗联第二路军活动区域。这些小部队由抗联领导人和苏方共同派遣，接受双重领导。野营领导人交待了 3 项任务：联系失散部队；宣传抗日救国主张，扩大抗联影响，让群众知道抗联仍在坚持斗争；争取发展抗联力量。苏联远东边防军交给的任务是：了解敌人边防军事部署情况；敌人兵力调动情况，是否有调兵进攻苏联的迹象；敌人边防工事构筑情况。这些小部队在两三个月的较短时间内完成任务后，返回野营。

1942年初，抗联负责人巡视南野营时，再次强调了派遣小部队的工作任务，指出小部队可能遇到更多的困难和危险，每支小部队都要有“精确打算活动方法，紧张的稳固的行动，特别是由于部队人数少，更需要深谋远虑的确认四周状况，适当的规定行动”。在此之前，1941年抗联得到情报，敌人已侦知抗联以小部队的新方式活动，于是收买侦探、走狗扮成烟农、猎户、山货收购者，潜入山林地带，暗中侦察小部队的活动情况，甚至伪装成支持、同情抗联的群众，在取得信任后进行阴谋活动。有鉴于此，抗联负责人提醒各小部队要在思想上、行动上保持高度的警惕性，防止敌人暗中袭击和破坏。

1942年，南野营计划派遣5支小部队和1个预备队，后来执行中情况稍有变化，从3月份开始先后派出12支小部队，其中人数较多的小部队有6支。

3月20日，以陶净非为队长，组成一个5人的小部队，前往中东路道南五常、老爷岭一带活动，寻找原抗联第五军第二师失散的队伍。该小部队准备在老爷岭西建立后方根据地，并制定了不再回野营，坚持老游击区抗日斗争的计划。六七月间，陶净非小部队在老爷岭西找到了第五军第二师赫子臣连长带领的五六个人和抗联第一路军警卫旅第一团第一连的一部分人。他们集合起来，在五常县老爷岭东、西各地开展活动。8月，陶净非率队由海林河上游杨木沟转到冲河沟里时，突然遭到冲河和五常的伪森林警察队袭击。陶净非沉着应战，在他掩护下，部分队员得以突围，赫子臣等4人牺牲。最后，陶净非在战斗中壮烈牺牲。9月间，陶净非小部队成员刘忠臣率队返回野营，汇报了陶净非、赫子臣牺牲经过及小部队活动情形。

以季青为队长的一支小部队由12人组成，于1942年3月25日出发，前往中东路道南宁安、东京城一带活动。他们选择汪清大甸子沟、宁安天桥岭、唐头沟东部山区和东宁的大寒葱河北部山区作为越冬据点，准备开展长期斗争。后来，季青小部队在中东路道北以林口为中心向四周展开活动，进展较为顺利。季青小部队本拟在8月间西进老爷岭一带与陶净非小部队会合，以建立一个能长期坚持的游击据点。但由于陶净非牺牲，原计划未能实现。10月中旬，季青接到周保中通知，叫他留下3名队员，以牡丹江市、宁安、东京城及图（们）佳（木斯）铁路线为中心目标继续进行侦察工作，其他人员返回苏境。于是，以陈德山为组长、张锡昌为电台站长、马秀珍为队员的3人小队留下继续活动，季青等人回到抗联教导旅驻地。

崔贤小部队共10人于4月27日出发，经绥芬大甸子沿图（们）佳（木斯）铁路线南下到汪清、图们、延吉一带活动。他们通过旧有的地方关系搞到了日本、伪满洲国、朝鲜的铁路交通图，并且在汪清小百草沟一带开展群众工作。5月22日，小部队在行进途中捉住一名日本密探，得到一些敌情后将其处死。9月间，在大流水沟抓到了汪清北蛤蟆塘伪警察署密探4名，立即处死。10月下旬，崔贤小部队又在罗子沟捕杀了汉奸、日本宣抚班的头子吴东环，当地群众得到消息后十分高兴。崔贤小部队于11月8日返回苏境，11日到达南野营。

1942年5月13日，朴德山率10余人的小部队从南野营出发。5月14日，该部越境经绥芬大甸子、汪清，通过图（们）佳（木斯）路、吉（林）会（朝鲜会宁）路，于6月24日到达延吉天宝山，并于第二天派郭池山带任东山、全文旭、金德洙到桦甸联系旧有关系，以做越冬准备。7月3日，朴德山带领姜渭龙等4人到中朝国境附近的开山屯一带寻找群众关系及侦察敌情，留下林春秋、金成国、董崇斌在天宝山一带负责建立无线电联络，调查该地群众状况。朴德山等人向中朝农民宣传抗日思想，并尽可能地帮助贫苦农民。通过努力，他们在延吉老头沟李寡妇屯、和龙县开山屯，与抗联战士权世真、金东吉、姜渭龙3人的家属建立了联系，并通过他们组织了反日会，调查敌情。7月13日，朴德山向总部和王新林电告了延吉县老头沟、铜佛寺一带敌人驻军、军粮、军需物资的储备情况。此后，朴德山小部队还进入朝鲜境内的会宁，侦察日本驻军以及飞机场飞机架数、起降次数和飞行规律等情况。但由于朴德山与郭池山失去联络，两支小部队分别于10月和11月返回教导旅驻地。

1942年2月16日，南野营派出李致浩的4人小队去汪清一带活动。3月5日至11日，南野营分别派出玄哲率领的5人小队，郭池山率领6人小队去延吉、图们一带活动。5月29日，南野营派出安吉等10余人的小部队到汪清一带活动。6月6日，安吉小部队到达汪清县绥芬大甸子，同一些农民建立了联系，在给养、用品等方面得到了他们的帮助，侦察了敌情，进行了反日宣传，并打电报或派人向旅部报告了消息。该小部队于10月31日返回野营。7月17日，南野营派出柴世荣率领的10余人的小部队，活动方向是图们、汪清、珲春及桦甸、敦化一带。柴世荣小部队建立了一些地方关系，调查了敌人对群众的统治手段，以及各地军事设施情况。该小部队于11月返回野营。11月中旬，抗联负责人又决定派金润浩带5人组成一小部队到牡丹江市东南、宁安以东地区继续执行侦察任务。安吉、崔贤小部队也各选5人组成新的小部队出发到汪清、图们、延吉等地区活动。这3支小部队一直坚持活动到1943年3月“真正不能支持活动的时候”才返回抗联教导旅驻地。

1942年北野营的派遣工作，在年初提出了一个计划，拟定派出金光侠、李景荫、高万有、王文发、赫永贵、夏振华为负责人的6支小部队，每支小部队五六人到七八人。主要活动区域：一个是以密山、宝清、穆棱、林口为中心地带的吉东地区；另一个是以北（安）黑（河）铁路两侧为中心，包括孙吴、北安、德都、讷河等地的北满地区。其任务是特殊侦察、监视和侦察敌人军事设施、兵力及其调动情况，铁路、公路运输状况等。这个计划后来在实际执行中发生了很大变化，主要原因是人员构成有所改变。1942 年 4 月，金光侠小部队和高万有小部队合并，然后出发到林口北，勃利西南；密山以北，宝清以南地区，调查、监视牡丹江、林口之间，密山到虎头之间的铁路沿线敌人军事部署及运输情况。这个小部队除完成一些侦察任务外，还按照上级发来的传单底稿，誊写和油印了 1000 份传单，委托地方关系到哈尔滨、五常、敦化、宁安等地散发。抗联领导人表扬这个小部队“有纪律、有组织、团结一致，得到了相当的工作成绩”[①]。上级还指示金光侠小部队到 11 月中旬前后停止活动，全部归还野营。

1942 年 4 月初，乔书贵、李忠义率领的 6 人小部队到达巴彦、绥化、庆城地区，并与在这里坚持斗争的许亨植、张瑞麟小部队取得了联系，开始侦察日军从哈尔滨至绥化之间铁路的兵员和物资的运送情况。在此期间，苏德战场上的德军已逼近莫斯科及斯大林格勒，日军曾两次大批向中苏边境运兵。小部队对这一情况进行详细调查，并及时电告了王新林。8 月间，许亨植牺牲后，周保中、张寿篯通知乔书贵，指示该小队除寻找朴吉松小部队外，继续执行侦察任务，吸收忠实勇敢的新队员五六名带回来。乔书贵小部队于 12 月下旬返回苏境，因为较好地完成了任务而受到表扬。

1942 年 4 月间，孔昭礼率领的小部队，在抗联第三路军留守东北

① 《周保中给金光侠、高万有的信》（1942 年 8 月 13 日），载中央档案馆、辽宁省档案馆、吉林省档案馆、黑龙江省档案馆编：《东北地区革命历史文件汇集》甲 64，1991 年印，第 197 页。

总部派往苏境执行任务的鈕景芳引导下，到达铁骊（今铁力）山区的第三路军留守指挥部，然后在铁骊、庆城、绥化一带活动。7月间，边凤翔、孙江、陈明等6人的小部队被派遣到北（安）黑（河）铁路沿线及德都、克山、讷河等地进行侦察并与在这一带活动的小部队和地下组织取得联系。由于这一带的抗日组织均遭破坏，小部队与地下组织的关系未能接上，但较好地完成了军事侦察任务。他们联系原第三路军留下就地坚持斗争的史化鹏率领的小部队共同完成了侦察讷河北部一个日军机场的任务，将机场的飞机数量、岗哨位置、跑道方向一一侦察清楚。12月末，该小部队返回野营。

1942年2月中旬，在抗联领导人周保中、张寿篯的参与下，苏军决定，将知识分子出身的抗联第三军总指挥部秘书长、第九支队宣传科科长张中孚作为专门工作人员单独派遣回北满，以开展与第三军留在东北坚持斗争的小部队交通联络工作。但由于进行准备工作以及苏联国境封锁等情况，直到8月30日，张中孚才在熟悉地方和社会联系情况的修身、韩有为和周成的护送下秘密回到北满，从事城市对日侦察和情报工作。1943年张中孚牺牲于东北战场。

1942年初冬，北野营派出陈雷小部队，队员有夏礼亭、陈忠领等7人。他们在北（安）黑（河）铁路两侧的孙吴、辰清一带开展侦察活动。在辰清东南的山上，他们找到一个既能看见铁路，又能隐蔽的小山坳安营扎寨。随后，用望远镜远远地观察，记录车辆的来往次数、车种、通过时间以及有无敌人运兵等情况，并电告总指挥部。一个多月以后，因为携带给养用尽，生活十分艰苦，加之天气逐渐寒冷，遂返回北野营。

北野营在1942年除派遣上述各小部队外，还派出一些专门人员以及交通员，传递信件，并重点开展侦察和情报工作。比如1942年9月20日，陶雨峰接受抗联领导人周保中等人的指示，赴林口马山站附近执行安设地下工作人员任务。10 月 1 日,陶雨峰小队越过国境后,到达梨树镇东北发现日军步兵、骑兵到处搜索,不利于开展工作,遂退回苏境。

二、东北抗联小部队的军事侦察活动

1943 年,抗联教导旅一般地停止了成批小部队的派遣工作,但由苏方直接派遣的军事侦察活动仍在继续进行。苏方直接派遣的军事侦察人员与抗联野营、教导旅派出的小部队的任务有很大不同。苏方直接派出的军事侦察人员,北野营由杨林、南野营由瑞金负责调动并直接交待任务。由苏方直接调动的抗联军事侦察人员有以下三部分:

一是 1940 年秋,王新林通知在东北的抗联各部队从队伍中选派最好的人才 15 至 20 名到苏境接受训练,主要是学习无线电收发报技术和必要的侦察手段,如绘图、照像等。另外,在 1944 年 9 月间,苏联远东方面军情报机关在海参崴与双城子之间的 26 公里处,又举办了一期无线电训练班,有 18 名抗联青年战士参加了学习。这个训练班于 1945 年 6 月结束。训练班的大部分学员在苏联宣布对日作战后被先行派遣回东北执行任务。这部分人有抗联第二路军的陈春树、夏礼亭、姜焕周;第三路军的陈明、刘巨海等人。

二是抗联第一、第二、第三路军在 1940 年前后零星分散的过境人员。这些人是在作战失利情况下,与主力部队失去联系,零散地进入苏联境内的。苏联边防军对这批人员加以必要的审查,然后经过训练,派回东北进行军事侦察工作,由苏联远东边防军情报部门直接掌握。其中,最早被苏联远东边防军派回东北进行侦察工作的是李铭顺。他原是抗联第三军第四师第三十二团团长,1938 年底率一小部分人员进入苏联。经过审查和学习后,于 1939 年春开始接受特别派遣任务，到1945年7月以前，曾多次回东北宁安、穆棱一带进行军事侦察活动，先后联系和发展了几个地方关系，利用猎户有进山执照的合法身份，以给日、伪军送鹿肉、鹿茸为由，收集到许多可靠的情报。如弄清了宁安卧龙屯日军飞机场位置、设施及飞机架数等。这一情报，为苏军在1945年8月出兵东北时，准确炸毁该机场起到重要作用。第一路军的吕英俊，1940年10月同朴长春等人组成小分队，从东宁县三岔口越境进入苏联。在苏联接受了苏军有关军事侦察工作的培训。1941年3月，吕英俊、朴长春被派回东宁执行侦察国境地带敌人碉堡任务，在侦察敌情后，安全返回苏联。1941年6月，苏德战争爆发后，吕英俊被派到敌人前哨阵地老黑山一带执行侦察任务，每月一次回去汇报情况，冒着生命危险较好地完成了任务。1943年春，吕英俊等人被派往宁安，用了几个月时间侦察到牡丹江、宁安的敌情。1943年冬，吕英俊等人又被派回老黑山进行侦察。1945年春，吕英俊等人被派到图们侦察敌情，机智地完成了任务①。1942年到1945年期间，原抗联第七军的连队政治指导员高嘉流（后改名高英杰），经过专门训练后每年均有四五次返回东北境内进行武装侦察活动，不断将虎林、密山、宝清、鸡西一带日、伪军的设防情况，国防工事的位置和性质，飞机场的面积和停放飞机的型号、数量，铁路、公路的运输情况等情报，通过无线电台发给抗联领导人周保中和张寿篯。这些情报为1945年8月苏军进军东北的战役部署，提供了重要依据。此外，还有第一路军的黄生发、王传圣，第三路军的李东光等在越境后，也是经过审查和训练被派出搞军事侦察活动的。据1942年4月8日安吉的报告记载，仅在南野营就有由苏联领导下做个别侦察工作

---

① 中共吉林党史资料编委会：《吉林党史资料》，1987年内部印行，第103—105页。

者50余名。

三是由苏方代表从南、北野营或教导旅中临时抽调人员组成的侦察小组。这部分人员，到1943年6月尚有213人参加侦察工作。当时，抗联领导人认为，应该把这些人彻底查清，尽快送回教导旅内，以便补充和保证抗联教导旅实现将来的作战计划。若是为了侦察的需要，可另外选调一小部分人员专门从事这项工作，但是要保证他们同游击队和中共党组织保持密切联系。

这一时期，抗联教导旅中的朝鲜战士，在积极参加东北各地侦察任务的同时，按照金日成的部署，还先后组成多支小分队深入朝鲜内地进行侦察，搜集情报。

抗联领导人对军事侦察工作十分重视。一方面是为在东北坚持反日游击战争的需要，另一方面也是支援苏军，履行义不容辞的国际主义义务。日本帝国主义为加强其在东北的统治，镇压东北抗日力量和准备对苏作战，在中苏边境地带上千公里的地段修筑了庞大的军事要塞群，形成了坚固的防御体系。日本关东军炫耀这是“满苏国境铜墙铁壁”，不次于世界著名的法国马其诺防线。这些要塞群是苏军和抗联部队进军东北的最大障碍，因此摸清它的情况是侦察工作的重点任务。抗联侦察人员为了摸清这一庞大工程的秘密，展开了英勇机智、惊心动魄的斗争，付出了重大代价。

在1940年到1945年8月期间的各种侦察活动中，抗联战士们搜集了大量真实的有价值的军事情报，实地查看了一些飞机场、铁路、公路桥梁的位置和敌人军事工程，为后来苏联出兵东北对日作战提供了一批极为重要的第一手敌情资料，为夺取东北抗日战争的最后胜利和世界反法西斯战争的胜利作出了重要贡献。

1943年以后，日、伪军为防止抗联部队出入中苏国境进行活动，加紧了国境线上的防守。同年 6 月，日本关东军宪兵司令部在《如何查明苏联思想策略的真相》的内部文件中，针对东北抗联部队在苏联境内进行整训和经常派遣小部队回东北进行抗日活动的情况，把“亲苏思想与反满抗日思想浓厚的国境地区”视为重点侦察地区，把“反满抗日分子、亲苏分子、犯过思想犯的人”，“知识青壮年中激进分子、不平不满分子”，“劳动者，特别是军事工程一般劳动者与特殊工人”视为重点侦察对象。凡被怀疑、涉嫌者都将遭到逮捕、审讯或监禁、杀害。由于敌人严加防范，不少抗联干部、战士在回东北开展活动中负伤或献出了生命。

总体来说，抗联小部队活动的环境是非常危险的、复杂的，执行的任务是十分艰巨的。小部队有时出入国境，要越过敌人的几道封锁线；有时为了得到准确情报，要冒着生命的危险，非常近距离地接近敌人的据点、军事设施；有时为了躲避敌人的搜查和追捕，必须机智、勇敢、灵活、果断；有时为了达到目的，必须以坚韧、顽强的意志，以常人难以想象的、超出生命极限的行动，克服和战胜困难、险阻。尽管如此，抗联小部队每次都能很好地完成任务。明知小部队派遣活动危险，困难重重，但抗联部队指战员包括主要领导人都积极请战，强烈要求回东北去，同东北人民团结、奋斗在一起，坚持开展伟大的抗日斗争，把日本侵略者赶出中国，表现出不怕困难、不怕牺牲的大无畏革命气概。1942 年 4 月 2 日，周保中就“关于要求回东北工作的意见”问题给王新林写信，提出“我应该回东北去担负工作”的要求，并认为“这是很必要的”。同时指出：“如果我们东北党的领导长期脱离基本群众，长期脱离实际斗争工作，任何方面是不适当的。因此，我认为我们东北党的游击队的领导干部，一部分应该留在 X 城工作，一部分应该回东北去工作。”周保中还设想：自己“率领二三十人的小部队，再区分为若干小部队，分遣在各个必要地点，进行侦察工作，特别是必要时侯应起积极作用，我自己相信是有把握的”①。只是，苏联方面从全局考虑，没有同意周保中的要求。

据不完全统计，从1941年春到1943年夏，仅东北抗联野营和教导旅派遣的小部队就有约30余支，累计人数在300人以上。

抗联小部队在有效完成军事侦察任务中，付出了重大牺牲。据不完全统计，仅1943年夏季，在珲春南部活动的小部队在执行任务中就牺牲了20余名战士。另据抗联南野营派遣各分队人员名单统计，从1941年到1942年南野营共派出的3支小部队59人中，有8人牺牲或失踪。在抗联小部队的牺牲人员中，不仅有一般战士，也有曾任第三路军秘书长的张中孚等抗联领导人。

抗联部队于1940年末先后转移到苏联远东地区进行野营整训，从1941年春到1945年8月，在南、北野营和教导旅期间，始终没有放弃东北的抗日游击活动。在新的形势下，抗联将原来的大部队活动改为小部队活动，是极为适时的。小部队的活动不仅给敌人以政治军事上的打击，也有力地鼓舞和推动了广大群众的反日斗争。在小部队的派遣和军事侦察活动中，抗联将士在极其艰苦的条件下，发扬爱国主义和国际主义精神，英勇、顽强地同日本帝国主义进行斗争，为反攻东北，赢得抗日战争的最后胜利打下了良好基础。

三、赵尚志英勇牺牲

1940年12月满洲全党会议刚开始时，作为抗联第二路军副总指挥的赵尚志，参加了抗联领导干部的座谈，周保中、金策、张寿篯、冯

---

① 《周保中给王新林的信》（1942年4月2日），载中央档案馆、辽宁省档案馆、吉林省档案馆、黑龙江省档案馆编：《东北地区革命历史文件汇集》甲63，1991年印，第407、410、411页。

仲云、赵尚志曾满怀希望认真交换意见，澄清问题，消除误会。但由于许多复杂的历史原因，赵尚志被取消参加会议的资格，并被撤销了抗联第二路军副总指挥的职务。此后，赵尚志一直留在苏联远东地区。他十分渴望返回东北抗日战场，因此不断向苏方提出回东北的请求。

此时，正值抗联南、北野营组成许多小部队，相继被派遣回东北，开展侦察日、伪军事设施，秘密联络群众，进行抗日宣传等活动。在这种形势下，苏联有关方面答应了赵尚志的回国请求。苏方同意由他率领一支精悍的小部队去北满，执行特殊任务：日苏战争一旦爆发，便去炸毁兴山（今鹤岗）的发电站和佳木斯江桥，并配合苏方在小兴安岭深处老白山附近修建飞机降落场。苏方要求，小部队过界 3 个月之后，不管情形如何，都必须返回苏联①。

经过短暂的准备，1941 年 10 月中旬，赵尚志率领姜立新、张凤岐、赵海涛、韩有等组成一个 5 人小部队，携带武器和几十公斤烈性炸药从伯力出发，先乘火车又转乘汽车到达黑龙江沿岸，于萝北县境登岸，又回到东北抗日战场。

赵尚志一行 5 人由萝北县大马河口向西南方向前进，在高山密林中经过 4 天的艰苦跋涉，到达梧桐河上游的老白山地区，选定位于老白山东南坡姜把头（姜振才）的“趟子房”（打猎者居住的小屋）作为小部队的活动据点。

1941 年 11 月底，根据赵尚志的决定，小部队走出隐蔽据点，到周围的“趟子房”开展活动，逐步扩大影响，发展抗日武装。此时正值日本侵略者在中国东北搞所谓“关东军特别大演习”，汉奸、特务、密探在边境地区的活动十分猖獗。这对赵尚志小部队开展活动带来极大

---

① 《访问张凤岐同志记录》（1985 年 3 月 15 日），中共黑龙江省委党史研究室存。

的困难。时值隆冬，朔风怒号，大雪纷飞。赵尚志率领小部队冒着摄氏零下三四十度的严寒，趟着没膝深的积雪，在小兴安岭密林深处的梧桐河和汤旺河上游董家大营、四海店、板子房等地活动。他们每到一地便见机行动，宣传群众，了解敌情，得到了不少有关山里、山外的消息。12 月 23 日，赵尚志率领小部队到达汤原县北部的乌德库（今属伊春市），在距离伪警察所北方 64 公里处，吸收了采集皮货的青年王永孝入队，小部队增至 6 人。

1942 年 1 月中旬，赵尚志小部队在鹤立（今属汤原）、汤原两县北部活动已达 3 个月，根据回国前苏方的要求，必须返回苏联境内。于是，赵尚志召开了一次会议。会上，赵尚志决定派赵海涛、张凤岐、韩有等 3 人回苏联汇报情况，而他带领姜立新、王永孝返回姜把头的“趟子房”，继续以此为据点，开展抗日活动。

不料，1941 年末，赵尚志小部队在鹤立、汤原两县北部开展活动的情况被敌人侦知。先是伪鹤立县警务科从伪装成收山货的特务冯界德那里得到关于赵尚志从鹤立北部地区进入的确切情报。该情报称：“十二月下旬前后，赵尚志等五名突然来到鹤立县梧桐河西北一百华里的青山沟打猎人王永江、冯界德居住的山里小房”。同时，来自汤原县的情报称：“十二月二十三日，身着日本军服的赵尚志直属部下姜立新、张凤岐等五名，于汤原县乌德库警务所北方六十四公里的地点（东梧桐河上游）绑走打猎人王文孝（即王永孝——引者注）”[①]。由于从 1940 年秋后赵尚志在敌人的情报中消失一年之久，赵尚志这次突然出现，伪鹤立县警务科便把这个情报作为“甲种”情报报告其上级。

---

① 中央档案馆、中国第二历史档案馆、吉林省社会科学院合编：《日本帝国主义侵华档案资料选编·东北“大讨伐”》，中华书局 1991 年版，第 479 页。

太平洋战争爆发后不久，日伪当局从强化“鹤岗煤矿治安对策”出发，由驻兴山（鹤岗）日军部队长林大佐和伪鹤立县警务科长研究决定对赵尚志所率小部队“以特务和警备战线上的全部力量和利用一切工作，尽可能在旧历正月前，将其诱至梧桐河附近，加以逮捕歼灭”。于是，命令所属伪兴山警察署扩大侦察网，加强“第一线的情报工作”。同时，在12月下旬，伪鹤立县警务科派出警备队长夏永昌以下25人携带无线电台，结合冬季“讨伐”，到鹤立河附近山岳地带进行为期7天的搜查，但一无所获，没有发现赵尚志小部队的任何踪迹。此时，被确定为“第一线情报据点”的伪兴山警察署长、警佐田井久二郎和特务主任、警尉东城正雄也在积极谋划。田井认为，赵尚志能够得到中国人民的绝对帮助和支持。所以，即使使用日本军1个师团以上的兵力，也不能将他抓获，所谓的“讨伐”是没有用的。因此，“应采取派遣伪装的侦探、谍者到山里，秘密地潜入赵尚志部队，设法把他引诱到警察活动范围内，见机使他负伤，然后将其加以逮捕的办法”①。尔后，田井等人将该计划作为绝密文件上报伪鹤立县警务科，又经县转到伪三江省警务厅和保安分室，并上交了要求增加此计划行动预算的报告，均得到批准。

1942年1月上旬，伪兴山警察署从所属的特务中选出刘德山伪装成收山货的老客潜入赵尚志小部队活动区域。1月15日，刘德山秉承田井的旨意，窜入鹤立县北部山区。为配合特务刘德山的行动，伪鹤立县警备队警长穴泽武夫以下16人进驻鹤立县北部山区担任警戒。1月下旬，又派出王秀峰等25名特务由梧桐河附近进山，专做情报联络工作。1月底，特务刘德山在汤原北部老白山附近的姜把头

---

①　［日］田井久二郎笔供：《谋杀赵尚志》（1956年6月23日），辽宁省社会科学院党史研究所存。

“趟子房”找到赵尚志小部队。赵尚志对刘德山的突然出现感到可疑，十分警觉。可是，随同赵尚志活动的姜立新与刘德山早年曾在一面坡相识。经过姜的说合，赵尚志解除了对刘德山的疑虑，并对其进行了抗日救国教育。刘德山趁势伪装积极，信誓旦旦，表示愿意参加抗日队伍。再加上刘德山又提供了一些日、伪军警方面的假情报，因而骗取了信任。在缺乏严格审查的情况下，赵尚志将刘德山吸收入队，并委任其为副官、汤东游击队队长，同时发给他三八式步枪 1 支、子弹 200 发、手榴弹 2 枚①。

由于刘德山无法按规定时间将情报送出，田井久二郎以为刘被杀死或工作失败，遂又派出二号特务张锡蔚进山，执行与刘德山相同的任务。2 月 8 日，张锡蔚在梧桐河北方 40 公里处的姜把头“趟子房”找到赵尚志小部队。赵尚志对张锡蔚的出现表示怀疑，认为他是密探，要将其枪毙。刘德山见来人是同伙，就诡称张锡蔚是其亲戚，是来找他的。赵尚志解除了怀疑，未进行必要的审查，便允许其加入小部队。此后，刘、张二人按照田井制定的计划极力怂恿赵尚志袭击伪梧桐河警察分驻所。当时，赵尚志未置可否。2 月 8 日晚，赵尚志经过考虑，作出决定：12 日拂晓，袭击伪梧桐河警察分驻所和警备队，并作了具体战斗部署。他把小部队人员分成两组，一组袭击伪警察分驻所，一组袭击警备队，从而夺取武器、弹药和粮食。

2 月 10 日，赵尚志的小部队向预定目标移动。12 日凌晨 1 时，到达距梧桐河北方 2 公里处的吕家菜园子小屋附近。刘德山假意建议赵尚志，袭击前应先了解一下情况。赵尚志决定派张锡蔚前去。张锡蔚按事先与刘德山的密谋计划，趁机奔往伪梧桐河警察分驻所报

---

① 《伪三江省警务厅关于射杀前东北抗日联军总指挥赵尚志向治安部警务司长谷口明山的报告》（1942 年 2 月 19 日），黑龙江省档案馆存。

信。当赵尚志等向吕家菜园子前进时，刘德山趁赵尚志不备，从背后举枪向他射击。由于近在咫尺，赵尚志后腰下部中弹，立仆在地。赵尚志立刻意识到刘德山原来是敌特奸细。他强忍剧痛，举起手枪向正朝王文孝开枪的刘德山射击。刘德山头部、腹部各中一弹，当即毙命。

枪声响后，走在后面的姜立新急忙赶上前来，把赵尚志背进吕家菜园子小屋。吕家菜园子主人见来人身着军装，负有重伤，十分恐惧。赵尚志忙向主人解释说自己是抗联的。吕家大娘在炕上用温暖的手焐着赵尚志被冻得冰凉的手。这时，赵尚志意识到自己伤势严重，难以支持，王永孝也负伤（后牺牲），便命令姜立新迅速离开。

在伪梧桐河警察分驻所担任警戒任务的伪鹤立县警备队警长穴泽武夫、分驻所所长李树森，接到特务张锡蔚关于赵尚志已到吕家菜园子的报告后，慌忙召集12名伪警察、警备队员临时组成一支"讨伐队"。2月12日2时40分，"讨伐队"在特务张锡蔚的引领下出发，奔向吕家菜园子，在距离房子400米左右的地方潜伏下来，监视赵尚志等人的动静。敌伪资料记载，其"在潜伏中，很快被'匪团'发觉，于是散开应战。为了切断'赵匪'的去路，派分驻所所长以下五名迂回后面。战斗经历十五分钟，'匪团'枪声熄灭"[①]。在此期间，姜立新根据赵尚志的命令携带装有秘密文件及活动经费的文件包转移，径去苏联汇报情况。

赵尚志和王永孝在重伤巨痛昏迷中被俘。敌"讨伐队"经搜查，掳获了赵尚志印鉴1颗、任命状数张、三八式步枪2支、子弹230发、美制克鲁特一号手枪1支、日制九一式手榴弹10枚、日军军服1套

① 《伪三江省警务厅关于射杀前东北抗日联军总指挥赵尚志向治安部警务司长谷口明山的报告》（1942年2月19日），黑龙江省档案馆存。

半。之后，敌人用两张爬犁，将身负重伤的赵尚志和王永孝以及特务刘德山的尸体拉到伪梧桐河警察分驻所附近一个工棚里。赵尚志受的是贯通伤，子弹从后腰右下部打进，斜从小腹与胯间穿出，血流不止，伤势十分严重。敌人为了了解抗联活动的机密，得到口供，又鉴于赵尚志身负重伤、无法行动，便在工棚对他进行了突击审讯。

身受重伤生命垂危的赵尚志，在敌人面前异常坚强。敌人对赵尚志的审讯，日伪资料有如下记载："赵尚志受致命重伤，仅生存八小时，于此期间，对审讯之满人警察官称：'我是赵尚志。''你们和我不同样是中国人吗？你们却成为卖国贼，该杀！''我死不足惜，今将逝去，还有何可问？'除发泄等言语之外，缄口不言，一直睨视审讯官，置枪伤痛苦于不顾。显示无愧于'匪'中魁首之尊严，而终于往生。"①

赵尚志受伤后仅活了 8 个小时。1942 年 2 月 12 日上午 9 时左右，他的心脏停止了跳动。

赵尚志是为中华民族的解放事业而牺牲的。他在生命的最后一刻，仍然坚贞不屈，同敌人进行顽强的斗争，表现出一个抗日将领的尊严，表现出一个革命者对党、对人民、对祖国的无限忠诚，表现了中华民族优秀儿女的凛然正气和中国共产党人的高尚气节。

第四节　东北抗联留守部队坚持东北游击活动

一、东北抗联第三路军留守部队坚持游击活动

东北抗日联军主力部队先后在苏联境内的野营和教导旅整训期

① 《伪三江省警务厅关于射杀前东北抗日联军总指挥赵尚志向治安部警务司长谷口明山的报告》（1942 年 2 月 19 日），黑龙江省档案馆存。

间，一部分抗联将士仍然在东北积极开展游击斗争。

留在东北坚持斗争的抗联部队实力最强的是第三路军各部，其中第三支队的表现尤为突出。第三支队 80 余人，在苏境经过 2 个月的休整，队员身体恢复了健康，军事素质有了提高，同时，武器装备也得到极大加强，平均每人有 4 颗手榴弹、500 发子弹，每七八人就有 1 挺机枪。

1941 年 3 月初，支队长王明贵、参谋长王钧率领第三支队返回东北。初春雪大，部队行动缓慢，3 月中旬到达北安县境。部队原计划从这里穿过北（安）黑（河）铁路挺进朝阳山以西的嫩江平原开展游击活动，但此时部队给养用尽，加之由于行进速度太慢，无法摆脱敌人的围追堵截，遂改变计划，决定攻打辰清（今属孙吴县），夺取粮食马匹，变步兵为骑兵，然后再向嫩江地区发展。3 月 13 日，第三支队在北安县辰清（今属孙吴县）北烧炭窝堡搜集北安一带日、伪军兵力情报时，与日军木原“讨伐队”遭遇，发生战斗，击毙日军 1 人，击伤 1 人。第三支队牺牲 4 人。第三支队撤走后，向北进入孙吴县境，发现该县南方有一处木营，内有很多运木材的马匹，遂于 3 月 25 日袭击了木营，缴获马 60 匹和一些粮食，然后撤到毛兰顶子山，据险宿营，进行休整，一直到 4 月下旬。这时，小兴安岭积雪开始融化，第三支队决定在离开这里之前再次攻打辰清。4 月 26 日夜，第三支队成功地袭击了辰清，攻破伪警察分驻所，缴获粮食 2 万余斤，获现款 4000 余元和一批枪弹、马匹等军用物资。第三支队还在辰清进行抗日宣传，天明时撤出。袭击辰清以后，大批日、伪军尾追而来，第三支队向朝阳山一带撤走。这一时期由于地面有积雪，目标容易暴露，部队行动固然受到限制，但敌人截击也很困难，只能以少数兵力尾追，第三支队愿打就打，不想打就可以从容撤退，比较主动。

5 月下旬，第三支队突然攻袭小兴安火车站，俘虏几名伪警察，缴获一些粮食，然后迅速越过铁路，日夜兼程来到小兴安岭西麓的朝阳山地区。5月30日，陈雷受抗联第三路军总指挥部的派遣来到第三支队，以宣传科长名义负责政治工作，加强了第三支队的领导力量。此时，敌人以重兵分路追击，第三支队转移到朝阳山外，变为骑兵进行活动。6月下旬，第三路军总指挥部命令第三支队迅速开赴甘南县、阿荣旗等地，开辟抗日游击区，破坏敌人后方，牵制日军。第三支队以森林为掩护，发扬顽强的战斗作风，向大兴安岭挺进，进入瑷珲（今爱辉）县境，于6月23日袭击了驻守在罕达气金矿的日军和伪矿警，缴获步枪30支、德枪13支、子弹1.5万发、马34匹，还有现款1万余元、黄金10余两，大米、白面、食盐、布匹、衣服等其他物资甚多。第三支队退出罕达气金矿后，于6月29日在嫩江八站腰站与伪国境警察队40余人遭遇。第三支队先头部队接近村庄时被发觉，敌人开枪射击，1名战士当场牺牲，4人负伤。小队长郭成章负伤后仍持枪射击，把敌人困在房里，后续部队赶到时，敌人全部交枪投降。此战缴获步枪13支、子弹1300发、战马7匹、军服13套，毙日军数名。八站战斗之后，第三支队跨过嫩江转向阿荣旗、甘南一带活动。这时正值青纱帐起，山林繁茂，山地平原作战均为有利。7月上旬，第三支队袭破“满鲜木业”五号和四号木营，缴获300袋面粉、90包大米等大批粮食和其他食品等物资。7月末，在阿荣旗多布库尔河袭击了敌人两座仓库，第三支队将库存数万斤粮食运到山里，秘密储藏起来，以备后用。这一带河流很多，甘河水势猛涨，不能涉水过河，当时敌人控制了所有渡口和船只，企图利用天然条件截断第三支队的出路。在这种情况下，第三支队指战员发挥聪明才智，把从敌人手里缴获的帐篷做成麻布船，把马匹和给养安全运抵甘河以北，进入毕拉河畔流域，深入到居住在那里的少数民族鄂伦春族部落之中。在这里，他们向鄂伦春族首领盖山和群众宣传解释共产党的抗日主张和民族政策。鄂伦春族人民一向仇恨日本侵略者，他们把在中国共产党领导下的抗日联军看成是自己的亲人，用最隆重的民族礼仪来欢迎抗联指战员们。第三支队领导人王明贵等按照鄂伦春人的习惯，同他们的头领盖山等结拜为兄弟，双方表示携手抗日，同甘共苦，生死不渝，在一起商谈了抗日救国大计。从此，鄂伦春族居住的毕拉河岸便成为抗联第三支队存粮、休整、养伤的后方基地。

8月，第三支队走出毕拉河畔。8月11日，由少数民族兄弟引路，第三支队袭击了格尼河日本怡合公司采伐作业区，击毙公司老板金清宪太郎，缴获大批粮食、干菜、食盐和其他日用品。8月25日，攻克阿荣旗振威庄伪警察署，缴获步枪11支、子弹千余发、现款3.3万余元，军衣多件。同时还缴获1台油印机，第三支队如获至宝，连夜刻写油印抗日救国宣传品在当地广为张贴。这是三支队走出山林，在平原地带展开的一次战斗。消息很快传遍阿荣旗，群众为抗联又回来了都感到非常高兴。8月30日，第三支队攻克毓丰堡。9月6日攻袭了许家围子伪警察所。9月16日，第三支队成功地攻破了宝山镇。该镇有伪警察署，伪警20余名都是日本人的忠实走狗，当地群众对他们十分痛恨；镇内另有伪军1个连。夜里战斗打响后，第三支队先将伪警察署攻下，击毙了伪警察署长，俘虏了伪警察。伪军的1个连开始猖狂反扑，后经第三支队展开政治攻势，宣传"中国人不打中国人"的政策，伪军撤出阵地。这次战斗缴获一大批物资，解决了部队的冬季服装。从9月27日至30日，第三支队又先后进行了骆驼山战斗、火勒气战斗、石厂沟战斗、王家地营子战斗，均给敌人以一定打击。第三支队在开展这种机动灵活的小群游击战的同时，密切联系当地抗日群众，保守了部队行动的机密，所以，尽管敌人利用交通便利的条件，投入了超过第三支队10倍的兵力进行迂回、包围、搜索、追踪，但皆遭失败。此后，第三支队顺利返回毕拉河畔休整，在鄂伦春兄弟民族的支援下，储存了粮食，更换了冬装。

1941 年 10 月，欧洲战场上德军包围了列宁格勒，兵临莫斯科。主张北进的日本关东军认为这是到了“绝好机会”，为配合“关东军特别大演习”，指令伪满洲国做好对苏作战的准备，加紧修筑各种军事设施。在日本关东军司令部的导演下，伪满洲国颁布了所谓“战时法令”，宣布“满洲国处于战争状态”。同时为了在战时安定后方，对第三支队的“讨伐”也更加疯狂。在北（安）黑（河）线上，把民用列车改为用于军事运输的军列，几乎每小时都有军列开向北方。沿小兴安岭西麓，从辰清站、毛兰顶子至北安以东某高地及张二把头、柳毛沟、杨福村店、郭炮营等地，一直到木兰县，共500余公里林区都修筑了防空反游击队哨所。每个哨所相距不到 1 公里，哨所之间都修有汽车路直通铁路沿线各城市、车站。

10 月末，第三支队得到情报，日、伪军从诺敏河出发到毕拉河一带“讨伐”。部队改变了在这里休整的计划，马上向毕拉河以西的山里转移。第三支队在茫茫林海里行军 4 天，行程 250 公里。11 月 1 日，袭击了中东路支线二十六号车站，这里有日本木业采伐大柜，储存物品丰富。此次战斗，击毙日人经理 1 名，缴获一大批物资。11 月 18 日，第三支队又袭击了扎敦河木营。木营内有劳工百余人，由伪森林警察和 10 余名日军看守。第三支队先冲入伪警察队的住房，击毙了 2 个伪警。日军虽顽抗反击，终被全歼。王钧、陈雷向劳工宣传了抗日救国的道理，当场有 49 人参加抗日队伍。11 月 24 日，第三支队与敌“讨伐队”激战于诺敏河。12 月 12 日，袭破“日满鲜木业”八大一号和杨奇营。此后，部队从甘河出发，越过伊勒呼里山峰，进入呼玛县境内，12 月 21 日，到达余庆金矿公司大乌苏门金场。金场有一把头监视 30 余工人采金。此地十分偏僻，几乎与外界隔绝，敌人不易发现，又有大米、白面等食品，所以部队决定在此休整 20 余日。在休整中，支队长王明贵、参谋长王钧负责讲军事课，陈雷负责讲政治课，各大队长负责课后辅导。政治课理论联系实际讲解日本帝国主义的侵华政策，使新老战士进一步认识到日本帝国主义侵略中国的历史和本质；针对新战士对抗战长期性、复杂性认识不足，指明抗日战争发展的前途，以增强抗战必胜信心。军事课，以毛泽东的《论持久战》、彭德怀的《论游击战术》思想为指针，讲解抗日游击战争的战略战术问题。对新战士实行讲解与实弹射击相结合的方式，使他们很快掌握了射击技术，掌握了奔袭、袭击、伏击等战术要领，掌握了行军、露营、防冻等军事常识。休整期间，第三支队还进行了识字、计算、自然、地理等文化知识学习，提高了保存自己，消灭敌人的本领。

1942 年 1 月初，第三支队得知铃木喜一“讨伐队”已经到达距此不远的四道沟金矿，部队立即撤离大乌苏门金场。转移中，1 月 26 日，第三支队占领了金龙沟复兴金矿，缴获粮食万余斤，打胜了休整后的第一仗。接着又先后攻破了宏西利、西乌勒、兴隆沟等金矿，守敌不堪一击，纷纷缴械投降。1 月末，又攻袭了较大规模的会宝沟金矿，解除 40 余名伪警察的武装，镇压了民愤极大的把头，受到群众的热烈拥护。随后，又攻打闹达罕金矿，30 多名伪矿警交枪投降。从闹达罕撤出后，在转移途中第三支队多次遭到铃木“讨伐队”的追击，部队伤亡很大。以后，部队又进入巴彦旗境内，参谋长王钧因身负重伤，随同 30 余名新队员先行赴苏。

为突破日、伪军的“追剿”，第三支队决定向群众工作基础较好的嫩江、讷河地区转移。不料，部队在沿倭勒根河上行时，在余庆公司老沟突遭日军铃木喜一“讨伐队”的袭击。第三支队牺牲 20 人、伤 20 余人，不得不撤出战斗。在转移途中，第三支队破坏一日人经营的木营，缴获 100 多马匹、粮食几万斤，补充了给养。他们用缴获的马匹把 20 多名伤员运送到苏联。

1942年2月13日，第三支队在库楚河边准备宿营时，被铃木“讨伐队”和伪警察队包围，突围战斗异常激烈，敌我伤亡均极惨重。第三支队因地形不利，处于被动，部队伤亡60余人，只有16人冲出敌阵。这16人在支队长王明贵、宣传科长陈雷率领下，冲破敌人层层围困和追击，经过20多天的艰苦行程，到达黑龙江边越界进入苏联，于1942年3月初到达北野营。这时部队仅剩下11人，其中8人是伤员。

第三路军第三支队在1941年的小群游击战中，共进行大小战斗17次，夺得轻机枪1挺、步枪140支、手枪20支、子弹1.8万发；俘虏伪军士兵135人，缴获粮食数万斤、黄金10余两，其他物品甚多。破坏伪警察署（所）5处，破坏木业10余处[①]。第三支队之所以取得这些胜利，正如该支队在总结中所指出的：“突围制胜的原因在那呢？一句话回答，联合民众，便成为主要一环。因为在敌后的抗日游击部队与人民之关系正为中共明哲领袖周恩来同志的比喻，就是说游击队在民众中犹鱼之游于水”[②]。但是，1941年冬季到来以后，大雪封山，日、伪军“讨伐队”步步进逼，尾追阻击。部队退到山里以后与群众断绝联系，给养缺乏，遭受严重损失，以致难以坚持下去。

1941年和1942年在北满地区坚持斗争的，除第三支队外，还有抗联第三路军的第六、第九、第十二支队。

第十二支队于1940年在三肇地区积极开展游击活动之后，于同年11月底奉命返回庆城后方基地整训。在部队进山之前，支队长徐

---

① 《第三支队一年来游击活动的检讨》（1942年2月），载中央档案馆、辽宁省档案馆、吉林省档案馆、黑龙江省档案馆编：《东北地区革命历史文件汇集》甲63，1991年印，第171页。

② 《东北抗日联军第三路军第三支队一九四一年度的平原游击》（1941年11月），载中央档案馆、辽宁省档案馆、吉林省档案馆、黑龙江省档案馆编：《东北地区革命历史文件汇集》甲62，1990年印，第274页。

泽民决定到松花江南岸吉林省境攻打扶余县城。部队过江后行至长春岭镇时，与日、伪骑兵二三百人遭遇。第十二支队因长期转战，人困马乏，边打边撤，竭力甩开敌人。敌骑兵穷追不舍，第十二支队不得不与之交战。敌援兵乘汽车赶到，第十二支队腹背受敌，损失较大，不得已撤到兰西、呼兰境内，其所乘马匹几乎全部累垮，队伍艰难步行向庆城山里撤退。

1940 年底，抗联第三路军总指挥张寿篯、总政委冯仲云、北满省委书记金策赴苏联境内参加抗联领导干部会议期间，总参谋长许亨植、秘书长张中孚、教导队政治指导员马克正等，在铁骊（今铁力）、庆城（今庆安）之间的大青山安邦河上游密营里留守。这时，在总指挥部外围的部队还有：第三路军第六支队 50 余人在支队长张光迪、政治部主任朴吉松率领下，以铁骊凌云山为根据地进行游击活动；第三路军第九支队 40 余人，在支队长边凤翔率领下，在通北县南北河一带活动。

1941 年 1 月，第十二支队 40 余人在宣传主任张瑞麟，大队指导员鉏景芳等带领下到达抗联第三路军总指挥部留守处安邦密营所在地，同总参谋长许亨植会合。不久，许亨植指示第十二支队暂由第六支队统一领导。7 月，朴吉松任第十二支队支队长。同年 3 月间，越境赴苏联参加抗联领导干部会议的张寿篯带领总指挥部教导队部分人员由苏联返回东北，到达第三路军总指挥部留守密营一带。此时，第三路军总指挥部和第六、第九支队在东北战场的兵力近 200 人。第六、第九支队除坚持游击活动外，还在后方密营附近种地，以解决部队部分粮食供给。但 1940 年的收成欠佳，1941 年春季以来，部队缺少粮食，加之敌人“讨伐”的次数和兵力不断增加，各支队活动十分困难。第六支队在 4 月间由庆城、铁骊南下到东兴一带开展游击活动。在整个夏季活动中，虽然取得一些战果，但由于敌人统治过严，“讨伐”频繁，第六支队活动受到很大限制。5 月,第九支队由通北的南北河地区南下,在绥棱、海伦县袭击日本“开拓团”,解决了粮食、给养问题。这时,第三路军总指挥张寿篯到第九支队视察工作,对第九支队的工作进行部署。7 月以后,青纱帐起,第九支队又到拜泉、克山地区活动,连续袭击了伪警察分驻所、村公所,获取部分枪支弹药和物品。八九月间,第九支队在讷河地区活动,并准备远征嫩江。9 月 20 日,在嫩江西岸郭泥屯活动时突遭日军袭击,战斗一日,支队参谋长郭铁坚以下 20 余人壮烈牺牲,第九支队实力受挫。大队指导员孙志远率 12 名战士突出重围,并得到当地群众的帮助,部队得到粮食,伤员伤口得到简单处理。随后,他们在郭泥屯北柳树丛中隐蔽。在这里,孙志远主持召开了党小组会议,全体党员一致表示,只要还有一个人,就要坚持战斗下去。这 12 个人经数日行军,最后只剩下 6 名共产党员。1942 年 6 月,孙志远率队进入甘南县,寻找第三支队。他们隐蔽在马架屯附近的山洞里,靠抗日群众供给粮食度过了艰难时日。到了 7 月,孙志远等认为寻找第三支队已无希望,遂决定去已转移到苏联的第三路军总指挥部汇报情况。途中,他们在抗日群众的掩护下,避开敌人,历经千难万险,于 1942 年 10 月进入苏联境内。

1941 年 10 月中旬,金策到达抗联第三路军总指挥部所在地,与张寿篯会面。原来,在 1941 年 7 月 10 日经抗联野营党组织和周保中提议,苏方代表王新林赞同任命金策为第三路军总政委,于是,金策于 7 月 13 日由苏联动身返回东北。但由于各种不利条件,直到 10 月中旬才到达目的地。10 月 25 日,张寿篯、金策写信给第三路军总参谋长许亨植,并派第六支队队长张光迪转达口头指示。信中指出:“根据东北主客观情形,三路军今年冬季,无论主观上如何努力,总不能克服主力消耗的危机。”“同时处在紧急斗争关头,如果今天仅有的力量再继续消灭,对于不久将来的斗争,将陷入更困难境地”,“为此必须采取暂时迂回办法”。许亨植接到总指挥部的通知后，把第六、第九支队和原第十二支队的人员集中起来大约百余人，由第六支队政委于天放带领，于11月越境入苏联学习、休整。不久，张寿篯也再度赴苏到北野营。第六、第九、第十二支队余部入苏联后，留下两支小部队继续在北满活动。一支小部队是第十二支队支队长朴吉松率领的20余人，在庆城、铁骊一带活动；另一支小部队是张瑞麟、鈕景芳率领的10多人，在巴彦、木兰、东兴一带活动。这两支小部队由北满省委书记金策、第三路军总参谋长许亨植领导，主要任务是秘密发展抗日救国会等群众组织，筹备和储存粮食，侦察敌情等。1941年冬，小部队战士通过可靠群众秘密串连，在东兴县内三道沟子一带建立了反日救国会，筹集了一些粮食和生活用品。1942年春，鈕景芳等人在木兰县欢喜岭利用夜雨天，巧妙地袭击了一个日本“开拓团”，获得一些粮食和布匹，解决了队员换季的服装。

从1942年初开始，许亨植经常冒着危险绕过敌人的层层封锁，穿越兴安密林，来往于各小部队指导工作。1942年夏，抗联第三路军总指挥张寿篯致信金策、许亨植，要求许亨植将南部工作弄好，冬季前做好建立根据地的准备：可在通河、凤山（今属通河县）、木兰建立自己的根据地和利用森林、河套、苇塘（接近居民区域）等不同地理条件存储粮食，同时也要利用山里碓营建立秘密营地①。7月末，许亨植带警卫员到东兴张瑞麟、鈕景芳小部队指导工作，详细了解了小部队在头道河子、二道河子等山边地区发动群众，秘密建立抗日组织，发展百余名会员等情况并部署今后工作问题。之后返回通河县北部石门总指挥部密营（今兴隆林业局青峰林场内）途中，在青峰岭山下宿营。

---

①《张寿篯给金策、许亨植的信》（1942年7月5日），载中央档案馆、辽宁省档案馆、吉林省档案馆、黑龙江省档案馆编：《东北地区革命历史文件汇集》甲64，1991年印，第143—144页。

8 月 3 日清晨，庆城县伪警察队长国长有率搜山队发现炊烟，布下包围圈，待许亨植和警卫人员发觉后已无法冲出。虽经激烈反击，终因众寡悬殊，许亨植和警卫员壮烈牺牲。许亨植的牺牲，是北满抗联部队的重大损失。因许亨植是抗联的高级干部，敌人以此为题大肆宣传、吹嘘其“讨伐”武功。许亨植牺牲后，两支小部队仍然在原地继续活动。9 月 11 日下午，朴吉松小部队袭击了木兰县大贵镇，攻进南门伪警察分驻所，夺取步枪 9 支、子弹 300 多发，手枪 1 支、子弹 19 发。10 月间，朴吉松和张瑞麟、鉏景芳两支小部队集中在一起，为筹集冬季的给养、服装而统一行动。10 月 14 日，两支小部队 20 多人，经过周密计划，在向导带领下袭击了庆城县大罗镇。该镇伪警察署有七八个警察和 20 多名自卫团员，抗联小部队猛烈攻击，一举攻下伪警察署和村公所，对伪警察和自卫团全部缴械，共获步枪 24 支、子弹 2500 发。抗联小部队焚烧了伪警察署和村公所，放出被拘押群众 9 人。

当时，在北满地区活动的抗联第三路军小部队由金策直接领导。因金策腿部有严重关节炎，行动不便，第三路军总指挥部决定派于天放接替金策在东北的工作，并要金策早日赴苏。1942 年 2 月 20 日，于天放率小部队从苏联返回东北。3 月 19 日，于天放在铁骊山区会见了金策，转交了总指挥部的信件，口头传达了总指挥部的指示要点。金策认为此时自己不应该离开东北，要继续留下工作，于是，于天放一行 6 人小分队也留在东北一起活动。1942 年 10 月末，金策在庆城南山里与通河交界处的石门密营里主持召开龙南地区小部队干部会议（龙南会议）。参加这次会议的有朴吉松、张瑞麟、于天放等人。会议决定把第三路军在北满的小部队 50 人编成 3 个小分队。于天放小分队 10 余人在海伦、绥棱一带活动；朴吉松小分队 20 余人在铁骊、庆城两县山边一带活动；张瑞麟、鉏景芳小分队 10 多人在东兴、木兰蒙古山一带活动。由于严冬降临，粮食、给养补充困难，日、伪军又不断加紧“讨伐”，各小分队之间联系不便，致使 3 支小分队处境极为艰难。1943 年 1 月 4 日，朴吉松在庆城福合隆屯被叛徒出卖，战斗中负伤被俘，8 月在北安被判刑杀害。1943 年春，张瑞麟、鉏景芳小分队与金策带领的几个人相遇会合。金策派鉏景芳、刘铁石去苏联向周保中、张寿篯汇报情况。此后，金策带张瑞麟等六七人继续坚持活动。1943 年 10 月，抗联教导旅领导人派鉏景芳带 6 人返回东北，接金策等过境入苏联。金策、张瑞麟等经过长途跋涉，历尽艰辛，于 1944 年 1 月到达苏联，进入抗联教导旅。

敌人为了根除抗联和人民群众的抗日活动，在伪治安部警务司、滨江省、北安省警务厅及哈尔滨高等检察厅指导下组成“特搜队”，对巴彦、木兰、东兴等县的中共地下党组织和抗日救国会成员进行大搜捕。1943 年 3 月 15 日，第一次逮捕 500 人，“经严刑拷问后杀害约七十五人，其余约四百二十人送伪满哈尔滨高等检查厅处理”。同年 6 月中旬，又进行第二次逮捕，共计捕去 320 人。对第二次逮捕的人，敌人“在刑讯中杀害约四十五名，送伪哈尔滨高等检查厅的约二百六十五名，经审讯判处死刑的约三十五名，无期徒刑的约二十名，其余为有期徒刑”①。此即骇人听闻的巴木东事件。

自龙南会议后，于天放小分队留在东北，继续在北满坚持斗争。为战胜困难，解决小分队的给养问题，于天放决定派干部、战士深入农村，发动群众，建立抗日救国会组织，开展抗日斗争并依靠群众解决给养问题。于天放带领小分队，先后在绥棱县的振东村、克苏村、新华村、前六村、靠山村等地建立秘密活动据点、抗日救国会，为小分队提供了物资帮助。由于敌人的严密封锁，1943 年冬，于天放小分队

---

① 中央档案馆、中国第二历史博物馆、吉林省社会科学院合编：《日本帝国主义侵华档案资料选编·东北历次大惨案》，中华书局 1989 年版，第 571 页。

处于内无粮草、外无群众支援的困境之中。为了避开敌人的“讨伐”，保存有生力量，于天放带领小分队不得不放弃后方基地，来到绥棱县张家湾东南、大鸡爪河东北的原始森林中，在原来的密营驻扎下来。为安全起见，于天放小分队又在原密营的东南方8公里处建造一个新的密营。原来的密营被称为后营，新建造的密营被称为前营。前营有六七名战士，由孙国栋负责；后营有十六七名战士，由于天放负责。前后营建好后，于天放以此为中心，率领战士们分头到各地秘密发展抗日会组织，争取群众的支持，千方百计地保存实力，迎接反攻的到来。1944年1月，一支由日军和伪警察组成的100多人的“讨伐队”向于天放小分队的营地扑来。于天放率队立即撤离分水山，向老金沟转移。于天放派于兰阁、孙国栋等6人去分水山袭击敌人，并找回埋藏在那里的粮食。于兰阁、孙国栋等人乘着夜色找到了粮食，并向敌人的营地发动了进攻。尔后，乘敌人混乱之机，背着粮食迅速撤离，返回老金沟。

从1944年年初开始，于天放小分队陷入更为危险的困境。于天放在老金沟召开小分队会议，决定寻找机会与群众取得联系。1月29日，于天放派孙国栋、赵文友秘密到附近村屯解决粮食问题。他们到绥棱宋万金屯与张禄建立了良好关系，并以张家为活动据点，接近一些贫苦群众，进行爱国教育。6月，于天放率领孙国栋、杜希刚、于兰阁等小分队部分人员秘密进驻宋万金屯，发展宋万金屯小学教员王明德加入了中国共产党。此后，于天放以小学校为掩护，在附近村、屯秘密发展抗日救国会组织，宣传中国共产党的抗日主张，教育农民不当亡国奴，团结起来一致抗日。于天放等在宋万金屯的活动引起了敌人的注意。12月，于天放、孙国栋、杜希刚、于兰阁等人先后被捕。1945年7月12日凌晨，他同狱友赵忠良逃出敌人的监狱。日伪警特在抓捕于天放等人的同时，又将王明德、张禄兄弟3人及各抗日救国会的一些会员抓捕入狱。他们在狱中遭受了非人的折磨。孙国栋在狱中与敌人进行了英勇斗争，并经受住各种酷刑的拷打，令日、伪军警十分惧怕。丧心病狂的日本侵略者在投降的前一天将孙国栋处以绞刑。时任伪哈尔滨高等检查厅检查官沟口嘉夫在后来的供述中说：苏军进攻东北后，我就越发想到一定要把共产党人，特别是东北抗联领导人孙国栋杀掉。孙国栋喊着中国共产党万岁牺牲了[①]。

巴木东事件后，伪三江省警务厅和伪牡丹江省高等检察厅又指挥军警宪特机构，对通河县境内的抗联潜伏人员进行侦察。1945年2月中旬，通河县伪警务科出动7个“特搜班”，对通河北部凤山、凤阳、清茶、万兴、宝兴、万柳、船口等村屯进行大搜捕，共逮捕抗联战士和爱国群众278人，送到通河县关押。敌人在审讯中进行严刑拷打，活活打死20多人，并抛尸街头，引起群众的强烈愤慨。狱中抗联战士坚贞不屈的表现，感动了看守和伪军士兵，并得到他们的同情。有民族气节的伪警尉王金财秘密与在押抗联营长谢洪升及监外抗联交通员杨敬儒等串联，策划进行反日暴动。4月6日凌晨1时，王金财和几名伪警察打开牢门，放出在押群众，宣布暴动。参加暴动的约有300人。他们打开警务科枪械库，拿出枪支武装自己，打死日本人警察和官员34人、伪警察特务2人，烧毁伪县公署、警察局、汽油库等。敌人从佳木斯、方正、汤原等地调集1000多兵力，在飞机配合下“讨伐”暴动群众。暴动群众退入山区，在小柳河子、样子山等地与敌激战。战斗中，89人牺牲，许多人被捕；被捕者在审讯中被拷打致死27人，被判死刑31人；被释放的一些人里，因伤势严重死亡者8人。共计死亡

① 中央档案馆、中国第二历史档案馆、吉林省社会科学院合编：《日本帝国主义侵华档案资料选编·东北历次大惨案》，中华书局1989年版，第702页。

155 人。一部分人在山中坚持 4 个月，日本投降后下山归乡。这是日本侵略军在投降之前对东北人民犯下的又一罪行。

二、东北抗联第二路军留守部队坚持游击活动

抗联第二路军留在东北坚持斗争的是第二支队副支队长刘雁来率领的 18 人的小部队，活动范围是宝清、虎林、饶河地区，密营基地在饶河爆马顶子。刘雁来小部队抓住有利时机，开展破坏敌人交通、侦察敌情等活动，但其主要任务是在崇山密林中开荒种地，为抗联主力返回东北作战筹集和储备粮食给养。

刘雁来是 1940 年 4 月被任命为抗联第二路军第二支队副支队长的。这年 11 月末，由于敌情严重，第二支队支队长王效明率主力转移到苏联境内整训，刘雁来率领 10 余名队员继续留在饶河大叶子沟中执行任务。1941 年 1 月，周保中给刘雁来小部队去信，赞扬刘雁来“率领留饶河二支队部队能够在冰天雪地中坚持奋斗，忠实的执行给与你们的任务”，同时要求他在 1941 年要“时刻加紧注意警戒和时刻有战斗准备”，并嘱咐他们准备好春天自耕的粮食种子。4 月，第二支队根据第二路军总指挥部的指示，整顿了部队，刘雁来仍任副支队长。7 月，王效明率第二支队返回虎林地区活动，刘雁来仍留在饶河执行搜集情报和耕种任务。

1941 年一年内，刘雁来小部队以饶河为中心，在北到抚远、南到虎林独木河、西到宝清义顺号这一地区进行秘密活动，侦察、收集日、伪军兵力布置、交通运输等情报，并多次派交通员向在苏境的第二路军总部报告。这一年，刘雁来在饶河设 3 个种地处，共计 10 垧地，有的请群众代耕，有的则派专人负责，粮食生产取得了可观的成绩，计收玉米 40 石、马铃薯 250 麻袋、萝卜 1.2 万斤。所收粮食全部用土仓储存起来。

1941 年 12 月 14 日，周保中给刘雁来小部队下达任务，要求其送

交关于敌人情况的详细报告，具体是："饶河现地和北起东安镇，南至五林洞、独木河边境线的日寇兵力、兵种、武器、装具、粮食、仓库、军队内部生活、士气、部队长姓名及详细调查，群众一般的情绪，日寇驻军状态，行动和移动的目标、目的，军事建筑，道路交通，通讯联络一般的状况。日寇有些什么反宣传，民间有些什么谣言，日寇对于我军之阴谋行动等等。"①

1942 年 2 月 10 日，总指挥部给刘雁来小部队写信，指示他们加强对饶河地区敌情的侦察工作，提出了更高的要求。诸如日军兵力、调防、部队番号、军事建筑、仓库以及当地群众生活、思想情绪等都要进行侦察。还指示他们不要继续留在旧的后方根据地，要"另行经营新的后方根据地"，继续做好春耕准备工作，并要求小部队筹集各种菜籽送到野营②。根据上级指示，刘雁来小部队在这一年除继续种地外，增加了重要的侦察任务。不久与被派遣回东北的王效明小部队取得联系。同年 10 月 29 日，周保中写信表扬刘雁来小部队"能够齐心努力，不怕辛苦遭罪，有组织，有纪律，这是值得尊敬的"③。刘雁来小部队除原有的队员外，在一年多斗争中又发展了几名新队员。当时饶河一带敌情紧张，小部队处于四面包围之中，时刻都有被袭击和消灭的危险。总指挥部要求他们"团结内部，依靠真正忠实可靠的同志，清除不稳份子"。"冬天尽可能避免暴露目标"。"但是对侦察工

---

① 《周保中给刘雁来、李永镐的指示信》(1941 年 12 月 14 日)，载中央档案馆、辽宁省档案馆、吉林省档案馆、黑龙江省档案馆编：《东北地区革命历史文件汇集》甲 62，1990 年印，第 93—94 页。

② 《周保中给刘雁来的指示信》(1942 年 2 月 10 日)，载中央档案馆、辽宁省档案馆、吉林省档案馆、黑龙江省档案馆编：《东北地区革命历史文件汇集》甲 63，1991 年印，第 143—145、147—148 页。

③ 《周保中给刘雁来的信》(1942 年 10 月 29 日)，载中央档案馆、辽宁省档案馆、吉林省档案馆、黑龙江省档案馆编：《东北地区革命历史文件汇集》甲 64，1991 年印，第 233 页。

作和重要的群众工作是要认真去进行的，时刻监视敌人，若有特别行动，要马上向我报告。”[①]刘雁来小部队的人员后来有所调整，但仍坚持在饶河地区进行活动。

1943年3月，抗联教导旅组成以李永镐为队长、李忠彦为助理、夏礼亭为电台站长的7人小部队，回东北接替刘雁来小部队执行任务，担负富锦、佳木斯、宝清、同江、抚远等地的侦察任务。8月27日，周保中指示刘雁来、李永镐，要求第二支队在下江活动的全体人员，于冬季结冻时完全越境到苏。根据这一指示，刘雁来于11月25日带领小部队的大部分人员前往抗联教导旅参加整训、学习。

在东北坚持原地斗争的抗联留守部队，处境极其困难。由于敌人推行“集家并屯”政策，加以连续不断的“讨伐”，斗争环境越来越残酷。抗联部队在夏秋两季，靠大自然的赐予，还可以维持生存，山菜、野果皆可充饥，山洞、密林也可作为栖身之所。但冬季到来，风雪严寒，粮食断绝，雪水煮苞米粒是最好的食品，有时竟连冻菜叶也很难得到。但是，就是在这样极其艰险的环境中，抗联部队始终高举抗日救国旗帜，顽强地战斗在东北的土地上。

三、魏拯民为国捐躯

1940年2月，抗联第一路军总司令杨靖宇壮烈牺牲后，中共南满省委书记魏拯民怀着满腔悲愤，抱病出征。3月中旬，魏拯民在桦甸头道溜河主持召开了中共南满省委扩大会议后，接替杨靖宇指挥第一路军。

在魏拯民的部署下，抗联第一路军警卫旅及第一、第二、第三方面军根据头道溜河会议精神，继续与敌人展开坚决斗争。敌人原以

---

① 《周保中给刘雁来的信》（1942年10月29日），载中央档案馆、辽宁省档案馆、吉林省档案馆、黑龙江省档案馆编：《东北地区革命历史文件汇集》甲64，1991年印，第234、236页。

为杨靖宇牺牲后，第一路军将一蹶不振，但第一路军顽强斗争的事实使他们不得不承认，杨靖宇牺牲后，魏拯民接替指挥，第一路军仍然在战斗，致使日伪军受到不少损失。

在艰难的条件下，抗联第一路军的指战员同其他东北各地的抗联指战员一样，十分想念党中央，想念八路军，热切盼望能得到党中央的领导和指示。为打破长期与党中央隔绝的局面，魏拯民代表中共南满省委和第一路军多次想方设法同中共中央、八路军求得联系。头道溜河会议结束后不久，魏拯民不顾重病在身，于1940年4月给中共驻共产国际代表团写出长篇报告，详细汇报了南满党组织情况和第一路军发展的经过、敌人对群众和抗联的进攻政策、群众工作等情况。他对东北党军组织长期与党中央断绝联系深感忧虑和焦急。他在报告中写道："在一九三五年秋季……后，就完全断绝了中央与北满的关系，因而也就得不到中央的具体指示与中央所发行的文件与通讯……我们有如在大海中失去了舵手的小舟，有如双目失明的孩提，东碰西撞，不知所从。当目前伟大的革命浪潮汹涌澎湃之际，我们却似入于铜墙铁壁中，四面不通消息，长期闷在鼓中，总听不到各处革命凯歌之声……自从与上级机关中断了联系之后，我们在工作上还不断的遭到不可想象的重大损失……我们终日所希望的，就是不要再度长期中断了联络。"①报告中汇报了东北抗联面临的困难和反映了对上级领导的诸如派来军政干部、发来有关文件、给予军援、与上级机关建立交通联络等最为迫切的希望。魏拯民在报告中还请求党中央对南满省委和第一路军的工作给予具体指示。他在一封给八路军的联络信中，热切盼望能与八路军配合作战，把日本侵略者赶

① 《魏拯民同志给中共代表团的报告》（1940年4月），载东北抗日联军史料编写组：《东北抗日联军史料》（上），中共党史资料出版社出版1987年版，第199页。

出东北去。6 月下旬，魏拯民、韩仁和率领第一路军总部和警卫旅一部在宁安与第二方面军一部会合。会合后，他们以分散游击的形式在安图、延吉、敦化一带战斗，先后取得袭击敦化哈尔巴岭车站和黄泥河子伪警察队战斗的胜利，部队给养得到一定补充。但是，此时敌人在东南满地区的统治越来越残酷，对抗联部队实行军事“讨伐”和经济封锁兼施的政策；在农村强化“集团部落”，实行粮食配给制，以断绝群众对抗联的一切物资援助。

1940 年 7 月 1 日，魏拯民又给中共驻共产国际代表团写出一份报告。报告详细地说明了第一路军的困难情况，并决定将队伍划分成小部队，在敌人“讨伐”的间隙中穿插突围，跳出敌人“讨伐”中心的敦化地区，逐渐北进。由于敌人实行经济封锁，造成抗联物质生活的极度困难，抗联第一路军部分伤病体弱人员相继死亡。由于长期以来不间断的行军作战，以及粮食、药品的奇缺，魏拯民的身体健康状况越来越糟，所患心脏病越发严重，但他仍然坚持随军活动。在难以行动的情况下，他就躺在担架上指挥战斗。1940 年 6 月至 12 月，魏拯民仍在率部艰难战斗。其主要活动有：6 月，率部 80 人分散潜伏于桦甸、安图、抚松交界处等待战机。7 月，于桦甸南部，将部队分为三个部分，分散活动。8 月 15 日，魏拯民所部在安图县西北部地区与日、伪“讨伐队”遭遇、交战，之后向西方撤退。9 月，率部 70 人，分散隐蔽于桦甸、安图交界地区。10 月中旬以后，除游击于上述地区外，将一部分队伍派赴各地积极筹集给养。12 月，主力依然分散隐蔽于上述地区，但一部分队伍被敌“讨伐队”发现，造成损失。

1940 年秋末，天气渐冷，魏拯民的心脏病病情加重，加之在一次战斗中又添新伤，他已无法随军指挥，不得不离开部队，由警卫排护送回到长白山区桦甸县夹皮沟密营养病。在夹皮沟密营里，跟他在一起的有黄正海、全凤男和医生金熙善，在附近另一个密营里护卫他的有郭池山、金哲镐、朱道日、李学善、全文旭、金得洙等。郭池山通过一个参加封建迷信团体“在家理”的伪军军官的关系，帮助解决了给养。

魏拯民虽然身患重病离开了战场，但仍然时刻挂念着同敌人英勇拼杀的战友，期待胜利的捷报。他不顾疾病的折磨，常常夜以继日地起草文件、书写报告，把经过深入思考的斗争经验加以总结，并记录下来。有时，身边的警卫员不得不把他的纸张笔墨藏起来，强迫他休息。他知道自己余下的时间已经不多了，因此，深情地恳求身边的警卫员：“时间对我太宝贵了，工作怎么能停止呢？请把纸和笔给我吧！”警卫员被他对党的一片赤诚所感动，眼里噙着泪花，又把纸和笔拿给他。

抗日群众非常惦记着魏拯民和抗联的将士们。在日伪严密封山，对居民实行严格的粮食、物品配给制度的情况下，桦甸县夹皮沟的抗日老人陈德寿，经常冒着生命危险，给密营的魏拯民送来粮食和生活必需品，送情报，转达人民群众对抗联将士们的关怀和问候。

1941 年初，敌人对夹皮沟一带进山的所有道路封锁得更加严密。陈德寿老人有一个多月的时间无法进山，山里山外断绝了联系。密营里断了粮，魏拯民与战士们靠吃松籽和树皮度日。魏拯民知道自己再也不能走出密营，同战友们一起驰骋疆场、奋勇杀敌。为了不使警卫排为保护自己而付出更大的牺牲，他多次要求战友们及早进行转移。在一个暴风雪的夜晚，陈德寿老人终于穿越敌人的封锁线，送来了粮食、盐和火柴等用品。老人见魏拯民已经病得无法站立，仍和战士们一样吃树皮，痛心地流下泪水。魏拯民安慰老人说：“不要难过，革命就是艰苦的，咱们吃这点苦又算得了什么！你别看敌人挺凶，可是他们不能永远侵占我们的祖国，我们总有一天会把鬼子从中国赶出去的！我们还要打倒地主，解放劳苦群众，到那时候，我们就是新中国的主人了。”

魏拯民在生命的最后时刻,把自己的匣枪和一包文件交给警卫员,嘱托他们转交给党组织,并勉励他们:“你们都是血气方刚的青年,一定要战斗到底。革命全靠你们……不要难过,革命是艰苦的,要打倒敌人,就要流血牺牲,不要怕。我们的鲜血是绝不会白流的,我们的革命红旗,会插遍全中国!”抗联第一路军的将士们一直牢记着魏拯民这一临终遗言。

1941 年 1 月 20 日(农历 12 月 23 日)上午 8 时,魏拯民终因久病不治,病逝于桦甸县七区二道河子夹皮沟密营中[①],年仅 32 岁。战友们怀着十分沉重的心情安葬了这位抗联第一路军领导人。

魏拯民是东北抗日联军的著名将领之一,也是东北抗联部队最优秀的政治工作领导者之一。他在领导第一路军开展东南满地区的抗日斗争中,以自己英勇的斗争精神和卓越的指挥才能,成为杨靖宇的得力助手;杨靖宇牺牲后,他独撑危局,以百折不挠的钢铁般的战斗意志,克服了种种难以想象的困难和病痛,坚持到最后一息,直至献出自己宝贵的生命。魏拯民的牺牲是东北抗日联军的又一重大损失。

---

① 《东北抗日联军第一路军一九三二——一九四一年阵亡调查表》(1941 年),载中央档案馆、辽宁省档案馆、吉林省档案馆、黑龙江省档案馆编:《东北地区革命历史文件汇集》甲 62,1990 年印,第 213 页。

第十二章　东北抗日联军部队配合苏军和八路军、新四军反攻东北

第一节　东北抗联部队进行反攻准备，八路军、新四军部队挺进东北

一、东北抗联教导旅进行反攻准备

1945 年上半年，世界反法西斯战场捷报频传。在欧洲战场，1945 年 1 月至 4 月，苏联红军取得了一系列胜利，歼灭了柏林方面的德军重兵集团，从东面和南面攻打柏林。同时，盟军也合围了德军鲁尔集团，逼近柏林。5 月 2 日，苏联红军攻占柏林，5 月 8 日，德国无条件投降。这样，日本帝国主义完全孤立起来。在亚洲太平洋战场，美英军继续进行反攻，先后攻占小笠原群岛和冲绳岛，日本的海、空军一败涂地，战争迫近日本本土，日本帝国主义面临灭亡的命运。在中国解放区战场，八路军、新四军和华南人民抗日武装从 1945 年 5 月开始在华北、华中、华南各战场发动的大规模夏季攻势取得了辉煌胜利。各根据地部队共发动 40 多次较大战役，攻克县城 20 多座，据点近千个。中国共产党领导的人民武装掌握了战役的主动权，并开始由游击战向运动战转变，切断了日、伪军用以封锁和包围解放区的几十条重要交通线，拔掉了敌人许多深入根据地的军事据点，日、伪军被迫从许多孤立的小城市撤退。到 1945 年 4 月中共召开七大前，中国共产党

领导的解放区共有19个，拥有人口近1亿。

1945年4月23日至6月11日，中国共产党第七次全国代表大会在延安召开。七大一结束，抗联教导旅获得会议文件，立即组织学习传达。抗联指战员们学习了毛泽东在中共七大上所作的《论联合政府》的报告和朱德的《论解放区战场》的报告。通过认真学习、热烈讨论，指战员们提高了政治思想认识，明确了“放手发动群众，壮大人民力量，在我党的领导下，打败日本侵略者，解放全国人民，建立一个新民主主义的中国”的党的政治路线；同时也明确了党和人民军队在军事上的中心战略任务是要准备迎接抗日大反攻的战斗，“应该扩大自己的军队——八路军、新四军及其他人民军队，并在一切敌人所到之处，广泛地自动地发展抗日武装，准备直接配合同盟国作战，收复一切失地”。

东北党委员会和抗联教导旅在分析和研究新形势后，决定动员抗联主力部队和分散活动的小部队全体指战员在教导旅的统一指挥下，加紧准备参加全国抗战的总反攻的伟大战斗。东北党委员会还结合抗联的实际情况，拟定以下五项总的行动纲领：第一，东北（满洲）是中国的一部分，东北党组织和东北抗日联军必须遵循中国共产党的政治路线，参加东北的反攻作战。第二，扩大东北抗日联军，开展抗日武装斗争。第三，发展全民族的抗日统一战线，恢复东北抗日救国总会。第四，恢复东北党委员会对东北各地方党组织及其活动的领导。第五，东北党委员会与中共中央取得联系，如中央在东北建有其他地下党的组织，东北党委员会所联系的党组织要与中央的党组织合一，或者直接与中央联络①。抗联政治思想工作的具体分工是

① 《周保中简短日记》（1945年6月2日），载中央档案馆、辽宁省档案馆、吉林省档案馆、黑龙江省档案馆编：《东北地区革命历史文件汇集》甲43，1991年印，第466页。

由教导旅政治副旅长张寿篯,旅政治部主任、东北党委员会书记崔石泉,旅政治部副主任冯仲云和东北党委员会委员卢冬生、金京石、王一知等人负责,营连各级则由政治副营长和政治副连长及党、团支部委员负责。思想政治工作的内容主要是结合学习贯彻中共七大的文件精神,进行阶级教育、爱国主义教育。开展上述教育的形式是多种多样的,如军人大会、阅兵式、专题报告会、时事报告会、讲演会和个别谈话等。通过这些活动,广大抗联指战员的思想政治水平显著提高,贯彻党的路线的自觉性大大增强,革命斗志更加旺盛。鉴于教导旅中党外同志均已提出入党要求多年,都经过了艰苦斗争的考验和磨炼,基本达到了共产党员的标准的实际情况,东北党委员会在反攻前夕,对这些非党的同志分别履行入党手续,吸收加入中国共产党。

为了保证抗联指战员在反攻作战中自觉地听从指挥,遵守纪律,做到全军上下一致,步调统一,纪律严明,东北党委员会于7月间草拟了政治、组织和行为三个《备忘录》,主要内容是要求抗联战士坚定立场,遵守纪律,尊重人民,团结同志,廉洁公正,谨防金钱酒色的引诱,严防敌特的破坏和暗算,以此来规范大家的行为,迎接新的斗争。《备忘录》全部用韵文写成,言简意赅,易于记诵。

《政治备忘录》为:中国人民坚苦抗战/民族解放胜利来临/苏联红军吊民伐罪/东北河山复见光明/共产党员坚贞稳定/对我中华祖国竭诚/统一建国党派不分/是非曲直但求其真/勿忘爱护人民同胞/处处力求廉洁公正/耻与国贼专暴为伍/占地位只尊重人民/争取全民民主自由/极力避免阋墙内争/同胞久苦水深火热/合求公平合理民生/国家完全独立自由/主张民族一律平等/赞助国际和平友好/首先巩固中苏联盟/过去孤军长期奋斗/而今还须继续求进/海亦可枯石亦可烂/志趣宗旨绝勿变更。

《组织备忘录》为:要遵守系统规定/要保持密切连络/要到处学

习进步/要利用一切经验/要虑念周到/要有正确决心/要行动紧张/要敢作敢为/要靠近群众/要尊重人材/要重同志互助/要与友党合作/要有坚定主义/要有手段方法/要团结内部/要纪律森严/要熟知事物/要到处检点/要正常工作/要准备应变。

《行为备忘录》为：小心酒肉钱财引诱你/小心美丽（女）色沉迷你/小心甜言蜜语欺骗你/小心华衣华屋拘住你/小心日寇遗毒沾染你/小心走狗叛徒暗算你/小心法西斯式〔忒〕杀害你/小心偷安懒惰杀害你①。

从1945年上半年开始，为了积极准备反攻东北，抗联教导旅的军事训练工作日益紧张。这一时期训练的特点是：第一，所有的训练和演习都是在远东苏军统一部署下进行的，非常有利于促进抗联同苏联红军在反攻东北的作战中互相配合和协作，有利于促进参战各军兵种在战斗中的协调一致；第二，抗联教导旅过去所着重训练和熟悉的内容主要是游击战的原理和原则，这一时期训练的重点则是培养进行大规模现代化进攻战的各级指挥员，使他们尽快适应大规模反攻作战的需要；第三，这次训练和演习的指导军官和以前也有所不同，以前多是苏联国内战争时期的老游击队员，而这一时期的指导军官有不少是从苏德战场上新调来的指挥官，有较丰富的反法西斯战争新的实战经验，因此这也是抗联指战员切实学习苏联红军进行反攻作战的新经验的大好时机。在加紧军事训练与演习的同时，抗联教导旅的反攻作战计划的制订工作也在加紧进行。抗联的反攻作战计划是在苏联远东方面军司令部和后来成立的远东苏军总司令部的指导下进行的，并编入苏军整个对日作战计划中。作战计划的拟定和实施有一个变化过程。

---

① 《东北抗日联军政治、组织、行为备忘录》（1945年7月），载中央档案馆、辽宁省档案馆、吉林省档案馆、黑龙江省档案馆编：《东北地区革命历史文件汇集》甲65，1992年印，第303—305页。

早在 1945 年 5 月，远东方面军情报部部长索尔金少将向周保中旅长转达了远东第二方面军司令普鲁卡耶夫大将的指示：预想对日将有相当时期的残酷战斗，八十八旅随苏军进展，在东北建立 10 万人的军队，参加解放东北和内蒙。依据这一精神，抗联教导旅在周保中、张寿篯的主持下制订了具体的反攻作战计划，决定“以抗日联军现有干部为领导骨干，准备计划建立 6 万人到 10 万人的军队，以便参加大规模对日作战和展开敌后活动”①。计划中把抗联现有部队分成三部分，分别执行各自的战斗任务。(1)现在东北活动的各小部队，按指定地点开展敌后游击战争，并执行战术侦察任务，配合苏军作战。(2)派出伞降部队到敌后指定地区执行战术侦察任务，并准备配合苏军作战。(3)抗联主力部队随苏军进展而进展。同时，对以上三部分部队的具体作战路线等也作了明确规定。计划中还规定，对以前有过较好的游击运动基础的地区即辽吉区(磐石一带)、吉东区(延吉、宁安、饶河一带)、哈东区(珠河一带)、北黑区(北安、海伦一带)、汤原区(汤原、桦川一带)等地要立刻加派小部队，务必在苏联对日宣战之前到达指定地区。1945 年 7 月间，远东苏军总司令部成立，组成远东第一、第二和后贝加尔 3 个方面军，准备分三路向东北挺进。抗联教导旅即以独立步兵第八十八旅的番号编入远东第二方面军，为该方面军总部直属部队，将随该方面军进展，担负进攻佳木斯地区的作战任务。上述计划是在严格保密的情况下制订的，这是最初拟定的作战计划。

抗联反攻作战计划拟定以后，东北党委员会根据形势发展的需要也进行了改组。

1945 年 7 月末，东北党委员会召开全体会议。会议对东北党委

---

① 《访问录选编·周保中同志专辑》，载黑龙江省社会科学院地方党史研究所：《中共东北地方党史资料》，1980 年 10 月内部印制，第 157 页，中共黑龙江省委党史研究室存。

员会组成3年来的工作进行了总结，一致认为东北党委员会的工作取得了可喜的成绩，圆满地完成了自己的历史使命。会议决定，根据斗争形势发展的需要，东北党委员会实行改组。原有人员一分为二，即由中国同志和一部分朝鲜同志组成新的东北党委员会参加反攻东北的战斗；大部分朝鲜同志组成朝鲜工作团，参加解放朝鲜的战斗。经过选举，新的东北党委员会成员为周保中、张寿篯、冯仲云、卢冬生、姜信泰、金光侠、王效明、王明贵、彭施鲁、王一知、刘雁来、王钧，书记由抗联教导旅旅长周保中兼任。朝鲜工作团的领导成员有：金日成、崔石泉、金策、安吉、徐哲、朴德山（金一）、崔贤等。金日成为工作团团长，崔石泉为党组书记。崔石泉因是原东北党委员会书记，反攻东北后还有向中共中央汇报工作和移交党组织关系的任务，暂时不能随反攻朝鲜部队活动，待任务完成后由东北党委员会负责护送回朝鲜。会议决定东北党委员会设在长春，负责领导全东北各地党组织，其下设12个地区委员会，即：长春，周保中负责；哈尔滨，张寿篯负责；沈阳，冯仲云负责；嫩江，王明贵负责；海伦，张光迪负责；绥化，陈雷负责；北安，王钧负责；佳木斯，彭施鲁负责；牡丹江，金光侠负责；吉林，王效明负责；延吉，姜信泰负责；大连，董崇斌负责。会议还决定由中共沈阳地区委员会负责人冯仲云就近与关内打通关系，负责同中共中央恢复联系。上述决定是在返回东北之前作出的，后来根据东北地区的实际情况，在组织机构设置上有所变化。

东北抗日联军经过5年的集中整训，特别是经过1945年上半年的临战前的军事训练和演习，全体指战员斗志昂扬，枕戈以待。但军事行动计划是绝对秘密的，抗联指战员虽已预感到夺取抗战最后胜利的日子就要来临，然而具体在哪一天开始行动，尚无法确切得知。大家都以焦急的心情等待这一天的到来。

根据1945年2月11日苏、美、英三国首脑签署的《雅尔塔协定》

关于苏联于欧洲战争结束后2个月或3个月内参加对日作战的承诺，苏联政府于8月8日对日宣战。苏联外交人民委员莫洛托夫召见日本驻苏联大使佐藤尚武，告之："苏联政府宣布：从明天即8月9日起，苏联将认为其本身已与日本进入战争状态"。

1945年8月9日零点10分，远东苏军总司令华西列夫斯基元帅领导下的远东苏军从三个方面进攻日本关东军，即马利诺夫斯基率领的后贝加尔方面军、梅列茨科夫指挥的远东第一方面军和布鲁卡耶夫指挥的远东第二方面军，越过中苏边界，从西、东、北三个方向同时向日本关东军发起进攻。具体情况是：后贝加尔方面军和远东第一方面军在战役中起主导作用，向长春方向实施突击，合围日本关东军主力；远东第二方面军向哈尔滨方向实施突击，采取配合行动，分割并各个歼灭关东军重兵集团。苏联元帅华西列夫斯基指挥的远东苏军总兵力有：3个方面军包括11个诸兵种合成集团军、1个坦克集团军、3个空军集团军和1个战役集群。编有各类师80个（其中骑兵师6个、坦克师2个、摩托化步兵师2个）、坦克军和机械化军4个、步兵旅6个、坦克旅和机械化旅40个，以及一些筑垒地域的守备部队。共有157.8万名官兵，2.6万门火炮和迫击炮，5556辆坦克和自行火炮，3446架作战飞机。对敌优势是：人员为1.8倍，坦克为4.8倍，航空兵为1.9倍。从1945年8月9日至9月2日，远东苏军3个方面军分别实施了兴安岭—沈阳进攻战役（后贝加尔方面军）、哈尔滨—吉林进攻战役（远东第一方面军）和松花江进攻战役（远东第二方面军）。在极其困难的复杂条件和广阔的区域内，苏军经过积极作战，消灭日军约70万人，解除了近20万伪满军的武装（包括遣散）①。

---

① ［苏］弗诺特钦科著、沈军清译：《远东的胜利》，辽宁人民出版社1979年版，第40—41、121、240页。

8 月 9 日，延安新华通讯社广播了毛泽东就苏联对日宣战发表的声明——《对日寇的最后一战》。毛泽东指出："8 月 8 日，苏联政府宣布对日作战，中国人民表示热烈的欢迎"。"由于苏联这一行动，对日战争的时间将大大缩短"。他号召："中国人民的一切抗日力量应举行全国规模的反攻，密切而有效力地配合苏联及其他同盟国作战。八路军、新四军及其他人民军队，应在一切可能条件下，对一切不愿投降的侵略者及其走狗实行广泛的进攻，歼灭这些敌人的力量，夺取其武器和资财，猛烈的扩大解放区，缩小沦陷区。"他特别提出："必须放手组织武装工作队，成百队成千队地深入敌后之敌后"，"必须放手发动沦陷区的千百万群众，立即组织地下军，准备武装起义，配合从外部进攻的军队消灭敌人"①。接着，延安总部朱德总司令自 8 月 10 日起一连发出七道大反攻的命令。

苏联对日宣战和毛泽东发表声明的消息传到抗联教导旅后，教导旅召开全体人员大会，周保中在会上作关于配合苏军作战，消灭日本关东军，争取抗日战争最后胜利的报告。他阐述了世界反法西斯战争胜利在望的大好形势和抗联的现状，感谢斯大林和苏联人民、苏联红军对抗联的帮助，感谢和欢迎苏联政府对日宣战。他号召大家随时准备出发，反攻东北，同苏联红军并肩战斗，解放东北，光复家乡，完成抗日战争的历史使命。在谈到反攻后的任务时，他特别强调要迅速恢复与党中央的联系，要与我党领导的八路军、新四军在东北会师；要贯彻党的七大路线，放手发动群众，恢复和发展党的组织，恢复和发展人民的军队，建立人民民主政权，准备与国民党反动派作长期的斗争。在谈到与党中央派来的干部和八路军、新四军等兄弟部

① 毛泽东：《对日寇的最后一战》（1945 年 8 月 9 日），载《毛泽东选集》第三卷，人民出版社 1991 年版，第 1119 页。

队之间关系时，他指出要注意服从党中央的领导，尊重中央的干部，听从八路军、新四军领导同志的指挥。最后，周保中感谢兄弟般的朝鲜同志的援助和合作，祝愿朝鲜同志在光复祖国的大业中取得成功。

金日成在会上发表讲话，他向斯大林同志的国际主义支援表示感谢，祝愿中国战友们在解放东北，建设新中国的斗争中取得胜利，感谢周保中同志的祝愿。

东北抗日联军各部按照统一作战计划，对远东苏军3 个方面军的军事进攻，分别展开配合行动。

配合苏军作战最早最直接的是抗联的先遣部队。早在 1945 年 7 月下旬，即从教导旅陆续抽调一部分抗联游击队员组成若干先遣小分队派到各方面军去，参加空降或担任苏军向导的工作。空降小分队一般由 4 人组成，其中 1 名小组长，1 名电报员，2 名战士。这 2 名战士有 1 个背有抗日联军反攻东北的传单及弹药，另 1 人背有足够 4 个人在 1 周中所用的食品。这 4 个人，每人都有 2 种武器，1 支手枪，1 支转盘冲锋枪。小分队除必要的武器、电台外，还备有苏军、日军、伪军 3 套军装，拟在不同情况下换装之用。小分队的任务，一是进行火力侦察，使日军暴露火力点，把情况用电报向总部汇报；二是交战后从敌人后方袭击敌人，里应外合，配合友军的正面进攻。此外，他们还承担宣传群众、组织和发动群众起义的任务。派到苏联东部战区远东第一方面军部队的小分队有：李铭顺小分队，成员有赵魁武、姜德、孙成有等。他们于 8 月 9 日晚 10 时起飞，在牡丹江海林附近空降，空降时孙成有因降落伞出故障不幸牺牲。李铭顺小分队在海林一带监视牡丹江一线日军布防和军队调动情况，随时电告苏军有关部门进行目标轰炸。这个小分队还发动、组织群众对撤退的小股日军进行缴械，收集武器。在短短的 10 余日内就组织了一支百余人的武装队伍，配合苏军参加了牡丹江附近日军的受降工作。还有傅玺忱、刘子臣小分队。他们于8月9日晚12时起飞,在林口一带降落,这里也是苏军第一方面军作战区域,他们用电台报告了日军撤退时的狼狈情景:日军正规部队先撤,然后是“开拓团”、家属,各种物资遗弃遍地。这个小分队完成任务后到林口报到。另有徐雁辉、郭喜云小分队4人,8月10日从苏联起飞,同机的还有苏联红军40余人。他们在东宁县大肚川空降时,有2人被日军炮火击中牺牲。他们配合苏军完成任务后,于1945年11月间被苏军送到驻牡丹江中国部队。除配合远东第一方面军空降外,在其他地区也有抗联战士参加了空降部队。

从抗联部队调到苏军中担任向导的人员,其任务是十分艰巨、危险的。这些担任向导的抗联战士要熟悉他们所负担区域的地理情况,要机智灵活,要有勇敢不怕牺牲的精神。抗联战士王乃武、陈忠领、王庆云等9人到苏军远东第二方面军中担任向导。他们和苏军战士乘水陆两用军车,直冲敌阵,向富锦、佳木斯、饶河、宝清、勃利进军。这些在苏军对日作战开始时担任向导的游击队员,有的光荣牺牲了;有的在完成任务后于8月下旬返回抗联教导旅,准备随主力接受新的战斗任务;有的留在原地,加入挺进东北的八路军、新四军行列进行战斗。

除先遣部队外,原在东北各地坚持游击战争和执行侦察任务的抗联小部队,也相继接到周保中和苏军远东各方面军总部的命令和指示,执行了与先遣队相同的作战和侦察任务。当苏军远东第一方面军从东线向日本关东军进攻时,抗联在延边的小部队立刻起而号召动员群众、组织武装,向日军补给线出击,并且收缴了溃散的日军武装。在穆棱县梨树镇附近执行侦察任务的孙鸣山小部队发现敌人军车两辆停在公路上,及时电告派遣总队,苏联飞机立刻赶到,把正欲向麻山方面逃跑的满载日军和弹药的两辆军车炸毁。他们还发动群众，动员伪军投降，并很快发展了数百人的武装队伍，配合苏军向八面通和梨树镇进军。

苏联对日宣战后，在东北各地做地下工作的抗联人员也纷纷起来，号召群众，组织武装部队，向日本补给线出击，收缴溃散的日军武装。1943 年被抗联领导机关派遣回东北穆棱潜伏的王亚东（王杰忱）、冯淑艳夫妇在苏联对日宣战后，很快组织起一支队伍。他们在当地群众的支持下，于泉眼河打垮了一队 300 人的溃退日军，夺取全部武装。8 月 11 日苏军到达穆棱县后，他们配合苏军打败了顽抗的日军。原抗联第一路军第三方面军警卫连战士常维轩于 1942 年被派遣回东北潜伏，待机活动。1945 年，他以劳工身份在东宁县老黑山干活。苏联对日宣战后，他立即在金仓村组织农民会，组建抗日武装，定名为东北抗日联军第一路军第三方面军独立团，并和苏军取得联系，讲明了身份，此后配合苏军在金仓村一带歼灭日伪残余势力。一直潜伏在延吉一带的朴更芝小部队，在短时期内发展了一批队伍，有力地配合了苏军作战。在北满黑嫩平原，由抗联小部队扩建起来的队伍接连出击。在松花江下游和乌苏里江流域坚持游击活动的抗联小部队配合苏军，参加了饶河、宝清、同江、富锦和汤原地区的战斗。正在执行极其艰苦而又危险的敌后侦察任务的原抗联第十一军第一师师长李景荫，在苏军对日开战后率领小部队主动出击，配合苏军作战。

苏联远东军队分三路向日本关东军发起进攻后，抗联教导旅主力部队也整装待发，随时准备同苏军远东第二方面军总部直属部队一起挺进东北，完成预定分担的作战任务。8 月下旬，苏军最高司令部突然发来电报，命令独立步兵第八十八旅全体官兵“原地待命”，改变了原定参战计划，准备接受新的战斗任务。

抗联教导旅作战计划的突然改变，是同整个世界反法西斯战争形势的迅速发展有关的。当初制定苏军进攻关东军的作战计划时，预想对日将有相当时期的残酷战斗，决定抗联教导旅随苏军远东第二方面军一同进展，然而战局的发展却出人意料的迅速。8月10日，日本政府就发出“乞降照会”。8月15日中午，日本天皇裕仁以广播“终战诏书”的形式，宣布日本无条件投降。另一方面，国民党蒋介石又下令让中国共产党领导的解放区人民军队“就地驻防待命”，不得向敌伪“擅自行动”。而美国军队的统帅麦克阿瑟又以远东军总司令的名义命令日军，只能向蒋介石的军队及其政府投降，不得向共产党领导的人民武装力量投降。美蒋合流，抢夺远东反法西斯战争胜利果实的阴谋已经越来越明显。日本天皇宣布投降后，日本关东军部队并没有立即停止作战，但在苏军的迅猛攻击下，号称百万的关东军很快土崩瓦解。至8月22日，东北各大城市已被苏军占领。在这种情况下，远东苏军和东北抗联不能不采取相应的措施。

1945年8月26日，远东苏军总司令部军事委员希金中将分别召见了周保中和金日成，下达了远东苏军总司令华西列夫斯基的指示：八十八旅现有中国人员、朝鲜人员和苏联人员要分别行动，苏联人员暂时不动，中国人员要随苏军各方面军分别占领东北战略要点，并准备接受驻各城市苏军卫戍副司令的任命，规定29日前报送出军官提级授衔名单。同时规定了中国东北抗联返回东北的行动任务是：(1)帮助苏联红军维持占领地的革命秩序，肃清敌伪残余和一切反革命分子，提高苏联红军在中国群众中的威信，促进中苏人民友好；(2)利用军事管制的合法地位建立党组织，开展群众运动，在苏军主要的占领地以外建立人民武装和建立根据地。因为在统一作战编制系统中，教导旅指战员都有双重身份，他们既是中国的东北抗日联军人员，又是苏军人员，在占领地能够合法活动，待苏军撤出后他们便可以顺理成章地以抗联人员身份接管城市。这样，既不违反8月14日苏联政府与中国南京国民政府签订的《中苏友好同盟条约》及其附件的规定，又能确保东北各地顺利地回到人民手中，使美蒋掠夺人民抗战胜利果实的阴谋归于失败。

抗联教导旅中部分朝鲜籍干部战士，在金日成率领下随同苏军司令官梅列茨柯夫和军事委员斯蒂可夫统率的远东第一方面军进军朝鲜，并与苏军第二十五集团军司令齐斯查可夫保持联系，承担建立朝鲜独立国家的任务。

根据远东苏军总司令的指示和中苏双方商定的方案，东北抗联人员预定在十几个地区的50余座城镇中担任苏军驻各城市的卫戍副司令等职务，协助苏军占领和管理各城市。当时决定除患病、孕妇、体弱者、儿童及留守人员留在苏联，待适当时机接回东北外，其余抗联指战员返回东北担负上述任务。

8月27日晚，周保中到苏军远东第二方面军司令普鲁卡耶夫大将寓所，同他商谈了派遣人员分配等问题。28日下午，周保中召集抗联教导旅连以上军官会议，部署出发准备工作，并宣布了人事调动的命令，宣布了有关联络系统和使用无线电报的规定，并叮嘱大家：为了完成伟大的战斗任务，每个人必须要有充分的思想准备，要有必要的警惕性，要明了东北的现状，明了我们的目标是贯彻我党的七大路线，建立统一的民主自由的新中国。

随着日本帝国主义的彻底失败，其扶植下的伪满洲国傀儡政权亦随之土崩瓦解。1945年8月8日苏联对日宣战后，日本关东军认为伪满洲国国都“新京”（长春）很难防守，准备在敦化至沈阳一线阻击苏军。为此要求伪皇帝溥仪离开新京迁往通化。8月11日夜，溥仪与张景惠等一部分伪大臣乘火车离开长春到达通化大栗子，度过了惶惶不可终日的7天。以后，溥仪于8月18日发表“退位诏书”，伪满洲国垮台。不久，溥仪在逃往日本途中经沈阳机场准备换乘飞机时被苏联红军俘虏。在苏联红军、东北抗联部队向日本军队进攻的同时，全国各解放区的武装力量也以排山倒海之势向日、伪军展开猛烈反攻。在反法西斯同盟军的致命打击下，日本政府于1945年9月2日在无条件投降书上签字。9月3日，成为中国人民抗日战争胜利纪念日，也是世界反法西斯战争胜利纪念日。从此，东北人民从长达14年之久的日本法西斯奴役下解放出来。

二、八路军、新四军一部挺进东北

抗日战争胜利前后，向东北进军，进而建立巩固的东北根据地，是中国共产党一个十分重要的战略部署。

东北的战略地位十分重要。东北地区北靠苏联，西接蒙古，东南与朝鲜相邻，南面的辽东半岛与山东半岛隔海相望，西南与冀热辽解放区毗连；区域内幅员辽阔，当时有人口3000余万，土地肥沃，物产丰富，交通便利，尤其是重工业较为发达，钢材产量占全国年产量的90%以上。无论在军事上、经济上，都具有举足轻重的地位。抗日战争胜利后，中国共产党及其领导的人民军队如果能控制东北，就可以依靠这里优越的地理位置和雄厚的经济实力，建立巩固的战略基地。如果国民党控制了东北，情况将完全相反。

中共中央对争取东北极为重视。早在1945年6月10日，毛泽东在中共七大的讲话中即已指出："从中国革命的最近将来的前途看，东北是特别重要的。如果我们把现有的一切根据地都丢了，只要我们有了东北，那末中国革命就有了巩固的基础。当然，其他根据地没有丢，我们又有了东北，中国革命的基础就更巩固了。"①

① 毛泽东：《关于第七届候补中央委员选举问题》(1945年6月10日)，载《毛泽东文集》第3卷，人民出版社1996年版，第426页。

在抗日战争即将胜利的时刻，中共中央力图控制整个东北，不仅是非常必要的，而且还有十分有利的条件。日本关东军和伪满军队已被摧毁；日本投降时，国民党在东北没有一兵一卒，中间隔着广大的解放区，主力还远在西南，要运兵到东北困难重重，而中国共产党的条件极为有利。1931 年九一八事变后，中国共产党领导东北人民和东北抗日联军同日本侵略者进行了长达 14 年艰苦卓绝的斗争，打下了良好的群众基础。另外，地理条件也很有利。冀热辽解放区和东北相连，进军没有山川阻隔；胶东解放区和辽东半岛隔海相望，可以从海上运兵。此外，国民党虽然想以《中苏友好同盟条约》来限制中国共产党的行动，但是依据条约中"所有中国籍人员，不论军民均归中国管辖"的规定，苏联不干涉中国内政。因此，只要不正式与苏联接洽，不使苏军在外交上为难，中国共产党不仅可以派干部，而且可以派军队进入东北。

而要拥有巩固的东北根据地，必须首先进军东北。1945 年 8 月 11 日，延安总部朱德总司令发出的第二号大反攻命令特别指出："一、原东北军吕正操所部由山西绥远现地，向察哈尔、热河、辽宁进发；二、原东北军张学思所部由河北、察哈尔现地，向热河、辽宁进发；三、原东北军万毅所部由山东、河北现地，向辽宁进发；四、现驻河北、辽宁边境之李运昌部，即日向辽宁、吉林进发。"迅速向东北挺进，配合苏军作战，准备接受日军和伪满军队的投降。

冀热辽军区党委接到命令后，立即召开紧急会议，决定由李运昌率领，分东、西、中三路挺进东北，并成立了东进工作委员会和前方指挥所。8 月中旬，李运昌所部分三路北上，最先插入东北敌后沦陷区。西路，在冀热辽军区第十四军分区司令员舒行、政委李子光的带领下，在兴隆县争取了伪军和伪警察万余人投诚起义，解放了兴隆、承德、滦平，进入承德与苏军会师。8 月 18 日，在围场活动的西路北进支队王文所部与由多伦南下的苏军会师，解放了围场、隆化县城。中路，在冀热辽军区第十五军分区司令员赵文进、地委书记宋诚的率领下，于8月20日在平泉与苏军会师，解除了伪满军1个旅的武装，接管了8座县城。东路，冀热辽军区第十六军分区4000余人由曾克林、唐凯率领，于8月30日占领了山海关外的前所车站，解除了400余伪军的武装，并于当日与苏军会师。由于在山海关的日、伪军3000余人拒不投降，曾克林部与苏军一部在30日下午联合攻打了山海关之敌，经3个多小时激战，毙伤俘敌3000余人，解放了战略重镇山海关。

1945年9月4日，曾克林、唐凯率领冀热辽军区第十六军分区的八路军部队进入锦州，与在锦州的苏军会师。接着，该部留下部分队伍维持当地治安，协助苏军扫除附近的日伪残敌。9月5日，曾克林、唐凯率主力2000余人与在华北参加抗日战争的朝鲜义勇军支队乘火车抵达沈阳。虽然曾克林部几次派人与苏军进行谈判，要求进驻沈阳市区内，但驻沈阳的苏军碍于《中苏友好同盟条约》中关于将东北移交给南京国民政府的条文，让该部先驻到沈阳东部小河沿。9月6日，驻沈阳苏军接到莫斯科方面的电报，搞清了八路军先遣部队的情况，于7日同第十六军分区唐凯等进行了会谈，同意该部以东北人民自治军的名义接收沈阳及周边城市，并共同研究了如何肃清日伪残敌等问题。以东北人民自治军的名义进行接收，就避开了《中苏友好同盟条约》的限制，使八路军的接收工作取得了合法身份。会谈后，曾克林部即正式成立了东北人民自治军沈阳卫戍区司令部，曾克林任司令员，唐凯任政委，张化东任副司令，并发布了安民布告。接着，曾克林部主力南下、东进，相继接收了辽阳、鞍山、本溪、抚顺、通化等城市。在辽阳的伪满汉奸于芷山之子于学谦部伪军拒不投降，被自治军全部消灭。在本溪，日军残余1000余人退至平顶山，在自治军攻击下被歼灭。通化日军3000余人，随八路军进军东北的朝鲜义勇军支队到达后，与苏军配合将其歼灭。此外，曾克林部还配合苏军在连山关、凤凰城等地解除了大批日军武装。

第二节　东北抗联部队占据东北战略要地

一、东北抗联部队抢占东北战略要地

日本侵略者投降了，中国人民的抗日战争终于胜利了。但是，在抗战刚刚胜利的东北还存在着胜利果实究竟落在谁手里的问题。国民党蒋介石集团早已确定了“寸权必夺、寸利必得”的方针，决心与中国共产党争夺东北。但是，他们的军队远在大后方，力不从心。在这种情况下，蒋介石幻想从苏联手中“接收”东北，于是，南京国民政府和苏联政府于1945年8月14日在莫斯科签订了《中苏友好同盟条约》。东北是中国共产党领导的人民军队配合苏军解放的，在与国民党争夺东北的问题上，人民军队虽然占据着地理上的和人心向背上的优势，但是，由于苏联政府受《中苏友好同盟条约》的约束，不能拒绝南京国民政府对东北的“接收”。日本关东军虽已投降，但伪满洲国的军警宪特分子还没有完全放下武器。这些敌伪残余势力，在过去的14年中对东北人民欠下了累累血债，抗战胜利后他们把希望寄托于国民党军队的“接收”上，想以此逃脱人民对他们的审判，继续骑在人民头上。他们利用苏军难辨真假的弱点，与反动士绅相勾结，摇身一变，打出“国民党地方党部”和国民党“先遣军”的招牌，小者横行乡里，大者独霸一方，破坏社会治安，扰乱生活秩序，摧残民主力量，充当国民党反动派“接收”东北的内应和社会基础。在8月末9月初这段时间里，八路军、新四军虽已挺进东北，但还未占据东北的主要城市和战略要地。在这种情况下，东北抗联在苏联红军的帮助下占

领东北各战略要地已是刻不容缓的任务。

根据改变了的参战计划和新制定的配合苏军抢占东北战略要地的方针，抗联部队在周保中、张寿篯（回东北前改名李兆麟）率领下，按原定的12个地区57个城镇的部署，陆续从9月初开始分批由苏联返回东北，进驻长春、沈阳、哈尔滨、齐齐哈尔、吉林、佳木斯、牡丹江等地。金日成率领的部队到达牡丹江后，因战争破坏，图们、安东（今丹东）方向的铁路不通，重返海参崴，乘船回朝鲜，在元山登陆。

抗联部队抢占的战略要地共有12个中心城市，这些城市是：

（1）长春，由周保中负责。长春是伪满洲国的"首都"，是日本侵略者的政治、经济、文化和军事中心。1945年8月18日，苏军500多官兵空降占领长春机场。8月24日，外贝加尔方面军总司令部和总司令马利诺夫斯基元帅进驻长春原关东军司令部。9月8日下午，满载着东北抗联102名指战员的4架飞机在长春降落。中共东北委员会、东北抗联领导人周保中也进驻长春，迁入"大和旅馆"，开始了接收、占领长春的工作。长春是抗联抢先接收占领东北12个战略要点城市和50多个战略城镇的指挥中心。长春市战略点以下设有16个小战略点，其中7个在内蒙地区，9个在吉林地区，跨度长达数千里，北至满洲里，南至开鲁、四平。先后进占长春和进占长春以下16个战略点的抗联人员有70多人。其中，长春中心战略点，有周保中、王一知、乔邦信、于保合等30多人；怀德点，有周岩峰、姚荣久等6人，此6人进占怀德1周后又调去九台，随后，陆宝平等人进占怀德；洮南点有郭世久等2人；通辽点，有郭亚忱、李连春等5人（包括后增派的2人）；双阳点，有邢连春1人；九台点，有周岩峰、姚荣久等11人；伊通点，有祁连升、杨振华2人；德惠点，有董崇斌（董曾于9月被派去大连，11月15日又调到德惠）、乔邦义等4人；海拉尔点，有史金鹏、刘巨海等3人；满洲里点，有刘庆丰1人。此外，开鲁、扶余、乾安、四平、鲁北、扎赉诺尔、大索伦等小战略点也派人进行接收。

（2）哈尔滨，由李兆麟负责。哈尔滨是北满最大的城市，在抗联接收东北各城市计划中，地位仅次于长春。它是西满、北满、吉东各中心战略点的连接枢纽。在8月17日和22日，抗联制定占领计划时，规定哈尔滨中心战略点负责指导齐齐哈尔、北安、海伦、绥化等各中心战略点的接收工作。8月18日，苏军120名官兵空降哈尔滨。9月6日，抗联领导人李兆麟率领50多名抗联指战员先后进驻哈尔滨市及其附近地区。哈尔滨中心战略点下辖5个小战略点。其中，进驻哈尔滨中心战略点的有李兆麟、卢冬生等30多人；巴彦点，有张祥、单立志、李福3人；阿城点，有高万友、江子华等6人；珠河（今尚志）点，有马克正、邴生辰等7人；苇河点，有傅玺忱、王玉林等3人；木兰点，有陈德山、赵连升等4人。

（3）沈阳，由冯仲云负责。沈阳是东北最大的城市，是东北政治、经济、文化中心，是东北的交通枢纽和军事要冲。1945年8月19日，苏军250人空降沈阳。9月9日，东北抗联领导人冯仲云率领20多名抗联战士，在苏联远东方面军的护送下进占沈阳。沈阳中心战略点下辖营口、辽阳、安东（今丹东）、鞍山4个小战略点，人员有冯仲云、刘铁石、庄凤等。

（4）吉林，由王效明负责。1945年8月19日，苏军空降吉林。9月中旬，王效明率领30多名抗联战士经牡丹江到达吉林市，接收了吉林中心战略点及其以下3个小战略点。其中，吉林中心战略点，有王效明、段大吉、陈相居等18人；敦化点，有刘建平、朴英善等10人；蛟河点，有黄生发、刘元山等5人；拉法（包括新站）点，有徐宝仁、尹国才等4人。

（5）延吉，由姜信泰（姜健）负责。1945年8月19日，苏军空降延吉后，姜信泰于9月6日率领30多名抗联战士到达延吉，并立即向延吉周围派员接收各县。延吉中心战略点下辖和龙、图们、珲春、东宁、汪清、安图6个小战略点。人员有姜信泰、崔明锡（崔光）、全运毕、金万益等20多人。

（6）齐齐哈尔，由王明贵负责。1945年8月18日，苏军部队以抗联派遣到外贝加尔方面军的小部队成员郭中和等为向导，进占齐齐哈尔。9月9日，王明贵率领20多人的抗联部队乘飞机进入齐齐哈尔。齐齐哈尔中心战略点下辖2个小战略点。其中，齐齐哈尔中心战略点，有王明贵、张瑞麟、曹延祥等10多人；嫩江点，有夏凤林等2人；讷河点，有尹德福1人。

（7）北安，由王钧负责。1945年8月18日，苏军到达龙镇，相继占领了北安、拜泉。随后，周保中命令王钧、张光迪、陈雷率队乘一架运输机飞抵北安，接收北安、海伦、绥化3个中心战略点。接收北安的有10多人。北安中心战略点下辖4个小战略点。其中，北安中心战略点，有王钧、姜海波、葛万才等5人；克山点，有鈕景芳、朱学诚、于万真3人；德都点，有李国军、金国祥2人；通北点，有陈明、高玉林2人；拜泉点，有尹少兰、马振国2人。

（8）海伦，由张光迪负责。海伦是抗联第三路军、中共北满省委当年的根据地，张光迪曾长期在海伦一带与日、伪军奋战。张光迪等与王钧同机飞达北安后，立即乘火车到海伦接收。张光迪率领一支抗联分遣小队接收海伦和周围的明水、绥棱等县。海伦中心战略点下辖绥棱和克东2个小战略点。海伦战略点的人员有张光迪、于兰阁等10人。

（9）绥化，由陈雷负责。绥化是哈尔滨的北方门户、交通要冲、战略要地。配合苏军进攻的先遣部队，在抗联干部李海青、孙志远的带领下已先期到达绥化。陈雷在与王钧等同机到达北安后，即率队南下到达绥化。绥化中心战略点下辖铁骊（今铁力）、望奎、明水3个小战略点。进入绥化战略点的人员有陈雷、李敏、李海青等 10 多人。

(10)佳木斯，由彭施鲁负责。佳木斯是东北的战略后方。1945 年 8 月 17 日，在王乃武等抗联小分队的密切配合下，苏军先遣部队进占佳木斯。9 月 7 日，彭施鲁率领 40 多名抗联人员飞抵佳木斯，后又有 30 多人陆续到达。佳木斯中心战略点下辖 9 个小战略点。其中，佳木斯中心战略点，有彭施鲁、高英杰、王乃武等 12 人；勃利点，有曹曙炎、孙发谦等 7 人；依兰点，有杨清海、金玉坤等 7 人；富锦点，有刘雁来、李俊等 20 多人；宝清点，有杨凤鸣、刘凤文等 7 人；汤原点，有宋殿选、王显忠等 5 人；鹤立点，有张凤岐 1 人；方正点，有武昌文、傅国增 2 人；通河点，有卢连峰、李景荫、聂景全等 4 人；萝北点，有陈忠领 1 人。

(11)牡丹江，由金光侠负责。牡丹江是吉东地区的重镇，地处交通枢纽，是日本关东军东部战略中心地。苏军在 8 月 16 日占领了牡丹江。9 月 6 日，抗联干部金光侠率领 10 多名抗联人员进驻牡丹江。牡丹江中心战略点下辖林口、宁安、穆棱、海林 4 个小战略点。其中，牡丹江中心战略点，有金光侠、柳明玉、陶雨峰等 10 人；林口点，有张锡昌、赵海涛等 3 人；宁安点，有乔书贵、张维国等 4 人。

(12)大连，由董崇斌负责。大连是东北第一大港，是海上进出东北的咽喉。1945 年 8 月 22 日，苏军空降 250 名官兵占领了大连。9 月 13 日，抗联战士董崇斌、李绍刚等 8 人到达大连，后因苏军全面接管大连，董崇斌等 8 人于 11 月 15 日撤回长春。

抗联指战员在进驻各战略要地之后，各地抗联负责人以苏军卫戍司令部副司令员的身份活动，着手进行建党、建政、建军工作。

二、恢复和发展党组织，开展建军、建政工作

由于东北地区被日本帝国主义统治和奴役长达 14 年之久，加之

日本战败后又面临国民党政权极力争夺东北这一复杂的形势，斗争从哪里进行，工作如何开展，这的确是东北抗联指战员在进驻各战略要地之后面临的一个重大课题。

离开苏联返回东北前，东北党委员会对抗联指战员规定的主要任务有：(1)与苏联红军一起维持所占领地区的社会治安秩序，肃清日伪残余。(2)利用公开的身份和当地地下党取得联系，寻找抗联失散人员，发动和依靠群众，开展建党、建军、建政工作，并建立主要铁路干线以外的军事根据地。(3)迎接党中央派来的领导干部和八路军、新四军挺进东北的部队，迅速进入指定地区，掌握领导权。(4)如果东北被国民党占领，则继续开展游击战争，以武装力量反抗国民党的统治。根据这些行动任务，抗联领导人经过认真研究，确定当时的工作重心就是恢复和建立党的组织，建立人民的军队，建立人民政权。在工作方式上，根据不同地区的不同情况和特点，大体上是分两种方式进行的。一种方式是在苏军直接占领的大中城市，如沈阳、长春、哈尔滨、大连、齐齐哈尔等地，因苏联政府与中国南京国民政府签订有《中苏友好同盟条约》，苏方不便允许共产党公开建立政权和军队，开展各项工作只能以隐蔽方式进行，在一般情况下，在这样的城市，抗联人员以苏联驻军卫戍司令部副司令的身份进行社会活动，团结组织和发展进步力量。另一种方式是在一些中小城市，虽然苏军进驻，但地方治安和行政事务由地方人民自治。抗联人员领导人民群众迅速建立群众自治组织，拒绝国民党当局到这些地区进行接收和管理，抗联人员便可依靠群众组织，公开进行工作。

关于恢复和发展党的组织问题，抗联的主要领导人一向十分重视，早在反攻东北之前即派遣一批党的地下工作者到各地秘密开展此项工作。反攻开始后，东北党委员会要求到各地去开展工作的抗联人员，都把恢复和发展党的组织工作作为首要任务。当时东北地区党组织的基本状况是：原有的各级地方党组织，在日伪统治下屡遭破坏和镇压，损失殆尽，仅存的一些基层组织和党员多半与上级失去组织关系，有的党员被捕后一直监押在狱；原抗联各部的指战员，有的因对日作战被俘被敌关押，有的因病、因伤掉队失去组织联系而潜伏在各地；此外，还有日伪时期经中共中央东北工作委员会或关内各解放区在不同时期派往东北进行秘密活动的地下党员和干部，以及在关内与日军作战被俘后，日军将其押运到东北做苦役的“特殊工人”中的党员。上述各部分人员，在苏军进驻东北后，有的从监狱中出来，有的就地而起，一时之间，形成了一股很强的革命力量。抗联指战员在占领各战略要地后，为了迅速开展工作，打开局面，其重要前提条件是必须尽快搞清这些不同的组织和党员的具体情况，恢复组织关系，形成有组织的领导力量。由于情况错综复杂，在短时间内做好恢复和发展党的组织工作，确非易事。东北党委员会综合分析了上述情况后，指出各战略要地抗联指战员应积极而慎重地开展这一秘密工作。

长春是苏军驻东北总司令部所在地。为了更好地配合工作，中共东北党委员会机关和抗联总部也设在这里。周保中率领抗联人员飞抵长春之后，立即着手恢复长春地区党组织的工作。9月中旬，中共长春地区委员会组成，书记由周保中兼任。长春地委成立后，积极与潜伏在长春及散失于当地的东北抗联地下工作者和与关内派来的地下工作者取得联系。这时，赵东黎、申东黎、许慎、刘建民、傅根深等地下党员都纷纷来到苏军驻长春卫戍司令部，找周保中进行组织联系。不久，便建立了以申东黎为书记的中共长春市委。在长春市委的领导下，又迅速建立了伊通、双阳、公主岭、扶余、乾安、德惠、九台等县委。长春市委建立后，周保中不再兼任地委书记职务，地委工作统归长春市委负责，各县委也由市委领导。

以李兆麟为首的进驻哈尔滨市的抗联人员，进城不久即联系到张绍维、孙平化、邓昶、董连明和晋察冀派遣的金泽明（李相朝），接着在朝鲜族中发展了一批秘密党员，并且正式成立了中共松江地区委员会，书记由李兆麟担任。地委以下又相继组成中共哈尔滨市委及珠河（今尚志）、阿城、方正、宾县、延寿、双城、苇河（今属尚志）、安达、巴彦、木兰、五常、通河等县委。除此之外，当时哈尔滨还有一个由中共胶东北海地委于1943年批准成立的以胡铁桥为书记的中共哈尔滨工委。该工委当时已发展党员50多名，他们和中共松江地委正式取得联系，加强了哈尔滨地区中共组织的力量。

冯仲云率抗联人员从长春飞抵沈阳后，即和挺进到沈阳地区的八路军党组织取得联系，筹建中共沈阳地区委员会沈阳地委于9月中旬正式组成。9月至10月间，地委又在辽东、安东、大连、辽阳和沈阳铁西区等地建立了党的基层组织。

在黑龙江地区，成立了中共齐齐哈尔市委员会，进而又组成黑龙江地区委员会。地委负责人有王明贵、王钧、陈雷、张光迪、张瑞麟等，领导齐齐哈尔市委及北安、海伦、绥化、克山等县委。

中共佳木斯地区委员会于9月间组成，地委负责人为彭施鲁、刘雁来等，后来又相继组成依兰、汤原、富锦、桦川、同江、饶河、宝清等县委。

中共牡丹江地区委员会也于9月间组成，金光侠兼任地委书记，委员有陶雨峰、乔书贵。地委很快又组建了牡丹江市委和林口、勃利、宁安、穆棱、密山等县委。

中共吉林地区委员会，组成于9月中旬，书记王效明，委员刘建平等。不久又建立了中共吉林市委和蛟河、舒兰、桦甸、磐石、海龙等县委。

中共延边地区委员会组成于9月间，书记姜信泰，委员朴洛权、崔明喜、池喜谦等。延边地区朝鲜族人民素有革命传统，国民党势力在该地影响较小，因此党组织的恢复和发展速度比较快。到9月末，延吉、和龙、汪清、安图、珲春等县委都已筹建就绪。

总之，从1945年9月初至10月中旬这段时间，返回东北的抗日联军就已经在各地积极协助苏军肃清日伪残余和反动武装，奠定了恢复和建立党组织的初步基础。

开展建军工作，是抗联接收战略要地后，稳定局面、扩大革命力量的重要条件。为此，抗联各地负责人给予了充分的重视。由于日本侵略者已经投降，人民军队的任务已是保卫抗日战争的胜利果实，同国民党反动派挑动内战、抢夺人民胜利果实的行为进行斗争，因而东北局决定将东北抗日联军改名为东北人民自卫军，总司令周保中。

1945年9月中旬，东北人民自卫军相继任命了哈尔滨、齐齐哈尔、北安、佳木斯、牡丹江、吉林、延吉等地的人民自卫军负责人。各地积极开展扩军、建军工作。在很短时间内，吉林、长春地区建成步兵5个团，骑兵2个连，其中长春市3个团，吉林、蛟河各1个步兵团；延吉建成东北人民自卫军延吉警备军4个团；敦化建成人民自卫军1个大队；旅大建成人民自卫军警卫一队和警卫二队；沈阳建立了人民自卫军工人第一团；黑龙江地区成立了警备大队；北安、绥化、海伦、龙江各有警备军1个团；松江地区成立了4个警备大队；牡丹江、宁安各建立1个团。其他地区、市、县也建有不同数量的军队。到10月下旬，总计东北人民自卫军编队人数已达4万多人。

东北人民自卫军建立伊始，就显示了它保护人民，打击敌人的强大威力。由国民党派遣特务和日伪残余、汉奸土匪等相勾结组成的各色各样的所谓国民党“先遣军”、“挺进军”及其他反动武装，不断遭到自卫军的沉重打击。延吉自卫军击溃了盘踞汪清北部的匪军，保证了延边地区的安定。

人民自卫军的武器主要是通过收缴日伪武装获得。在各个战略城镇中，抗联人员担任苏军卫戍副司令，可以苏军名义收缴敌伪的枪械。例如在巴彦县，抗联人员张祥被苏军正式任命为巴彦卫戍司令部副司令，巴彦人民自卫军的指挥部就设在司令部办公室。巴彦东山里有日本人的战备粮库，张祥为扩大抗联的影响，决定首先开仓放粮，发动群众。果然，此举深得群众称赞。张祥到巴彦中学去动员学生参军，当时就有百余人参加。他们立即收缴了伪警察大队的100余支步枪，将这百余人的队伍武装起来。几天后，巴彦自卫军发展到1500多人，成立了3个营。延吉人民自卫军也是靠延吉卫戍副司令姜信泰收缴敌伪人员5000支步枪、200挺轻机枪以及其他武器装备起来的。武器的另一个来源即是苏军从战利品中直接拨给。在长春，经周保中与苏军交涉，从苏军封存的日军枪械仓库里秘密运到长春市郊一大批武器弹药。在齐齐哈尔的王明贵和牡丹江的金光侠等也经当地苏军司令官的同意，把当地日军兵器库中的枪支弹药分发给新组建的人民自卫军部队，并将多余的大批枪支弹药支援了从山东过来的新四军部队。到10月15日止，抗联部队在各地区收缴和搜查来的日伪武器计有：步枪近6万支，轻机枪2000余挺，重机枪800余挺，掷弹筒500余个，迫击炮20余门，山炮、野炮共5门，各种弹药1200万发。

当时在建军工作中，也出现了一些失误。如由于建军、扩军工作过急，有少数干部缺乏警惕性，对收编部队成分的复杂性认识不足，致使一部分国民党反动势力和敌伪残余分子混入部队。这些人配合国民党军队的进攻，乘机煽动叛变，造成很大损失。但绝大多数抗联指战员积极努力地工作，不惜流血牺牲，在配合苏军解放东北后，于极端困难、复杂的环境下，建立了四五万人的队伍，在东北地区建军工作中做出了很大成绩。

关于建立人民政权的工作,抗联是在协助苏联红军肃清敌伪残余、维持进驻地区治安秩序和迎接八路军、新四军进军东北的过程中进行的。

1945 年 8 月,苏军刚刚进驻长春,这里的反动势力十分猖獗。伪满的汉奸、警察等敌伪残余,摇身一变,成了国民党的各种“挺进军”、“先遣军”。各种冒牌的国民党市党部、区党部、区分部多如牛毛。还组织了所谓“长春维持会”。反动的维持会和国民党特务唆使敌伪残余分子到处打黑枪,搞破坏,扰乱社会治安。

抗联指战员进入长春后,周保中即向苏军驻军总部提出两项要求,一是通过电台、报社向全世界宣传东北人民在中国共产党领导下进行的 14 年艰苦卓绝的抗日斗争的历史,宣传抗日联军,表彰抗日烈士,宣传中国共产党领导的八路军、新四军及其他人民军队坚持抗战的英雄业绩等,以树立正确的舆论;二是要求接管公安局,建立人民警察队伍,以维持社会治安。经过协商,决定由抗联派出王一知、乔邦信等人以苏军名义进驻伪康德新闻社、广播电台、邮电局、公安局等要害部门,对这些部门实行军事管制。电台称长春人民广播电台。报纸只发行两种,即《光明报》和《东北日报》。由于是军管,留用的伪职员也只好服从指挥。公安局被抗联人员以苏军名义军管后,对原有消防和警察队伍进行清理,另建立了 300 余人的自愿警察队,成立了警备司令部保卫处,执行治安任务。为了完成实际上的接管城市的工作,由抗联独立组成了长春警备司令办公处,下设公安、社会、工务、政治、特务 5 个部,分别开展工作。

在哈尔滨,随苏军到达的刘亚楼在苏军人员的陪同下,已经代表中国共产党接收了伪满“哈尔滨中央放送局”,将其改名为哈尔滨电台,并委派赵乃禾开始播音工作。李兆麟抵哈后,直接领导电台宣传工作。10 月 1 日,李兆麟担任滨江省副省长后,正式任命赵乃禾为电台台长，并介绍其加入中国共产党。在李兆麟的指示和筹划下，哈尔滨电台播发了毛泽东的《新民主主义论》、《论联合政府》和《论持久战》等文章，广泛宣传中国共产党实现和平民主、建设新民主主义新中国的政治主张，深刻揭露了国民党在抗战初期采取的不抵抗政策，揭露了抗战胜利后国民党企图与日伪合流，发动内战、独霸东北的阴谋。与此同时，李兆麟还通过中苏友好协会，同国民党进行斗争。他在主持成立哈尔滨中苏友好协会后，创办了机关报《北光日报》，并亲自为报纸撰写文章。该报在教育人民消除盲目正统观念和对国民党所抱幻想方面，起到了重要作用。另外，通过办报工作，还团结了一大批进步青年，为开辟和扩大工作局面创造了有利条件。

在齐齐哈尔，当王明贵率抗联人员抢占该市时，当地的伪黑龙江省省长申振先已利用苏军不明底细的弱点，成立了所谓“解放委员会”，利用苏军缴来的日伪枪支，把一部分伪警察武装起来控制当地局势。他们极力扩充国民党势力，一时间，齐齐哈尔市一下子冒出4个国民党党部。齐齐哈尔附近各县的国民党势力也纷纷效仿，成立所谓的“党部”、“党专”，并继续秘密发展反动武装。鉴于此种情况，王明贵利用齐齐哈尔市卫戍司令部副司令的身份，带领抗联人员详细调查了当地社会和政治情况，立即开始大力宣传中国共产党的政治主张，揭露国民党的反动宣传，在广大群众中清除所谓国民党是“正统”的错误观念。他们先到文化教育界的“国高”（伪满时期中学的简称）、“师道”（伪满时期师范学校的简称）、女中、先农小学等学校进行讲演。接着，到铁路局、省公署、道德院等处进行宣传，受到群众欢迎。苏军与“解放委员会”在龙沙公园举行群众庆祝会，王明贵也到会讲话。他利用这一讲坛向广大群众大力宣传中国共产党及其领导的八路军、新四军及东北抗日联军的斗争历史，揭露国民党反动当局破坏团结、妄图独霸东北的罪行。他的讲话深受欢迎，扩大了中国共产党在群众中的影响。

除长春、哈尔滨、齐齐哈尔外，抢占北满各大中城市的抗联指战员也都采取了类似的措施，肃清国民党造成的消极影响，积极开展人民政权建设工作。

在大连，虽然苏军进驻了该市，但全市大权仍被敌伪残余势力和国民党反动势力所控制。国民党大连市党部、金县（今大连市金州区）党部、旅顺区党部的牌子公开悬挂出来。8 月 18 日，大连伪商会会长、汉奸张本政等人在伪商会旧址成立了“大连地方自卫委员会”，张本政自任会长。张本政等人名为维持治安，实则干着敲诈勒索、欺压群众的可恶勾当。一时间，市面盗匪四起，社会秩序一片混乱。针对这种情况，先行进驻大连的董崇斌等抗联人员，及时接管了甘井子、西岗、沙河口警察署。在此基础上，11 月 7 日，大连警察总局正式成立。不久，大连警察总局、分局改为大连市公安总局、分局。接着在全市各区以及金县建立了警察武装。经过他们的努力，沉重打击了日伪残余及国民党势力，社会秩序明显好转。国民党东北党务专员罗大愚两次从长春派人到大连建立大连市党部，并挂出招牌，都被当即取缔。后来，中共中央东北局代表韩光经抗联人员的介绍，与苏军大连市警备区司令科兹洛夫中将见面，使中共进占大连等问题的会谈得以顺利进行，并取得圆满结果。在大连市政府、大连市公安总局成立后，董崇斌等抗联人员把物资、被服、仓库、部队移交给从关内挺进大连的八路军。1945 年 11 月 15 日，董崇斌等人撤回长春。

在东北的最大城市沈阳，因为八路军李运昌所部 9 月上旬即已到达，各方面工作开展得更为迅速。当曾克林、唐凯率先头部队到达沈阳后，按苏军当局建议，将部队改称东北人民自治军。进城后，东北人民自治军与时任苏军驻沈阳卫戍区副司令的冯仲云率领的抗联人员相配合，迅速行动，接管了沈阳兵工厂、仓库及电台、邮电局等部门，并很快建立了沈阳市人民政府，白希清为市长，焦若愚为副市长、赵濯华为公安局局长。不久，又接管鞍山、海城、安东等地。

在肃清敌伪残余，维持社会治安方面，抗联在各地建立的民主大同盟起到了重要作用。日本投降后，东北地区伪满洲国的汉奸、走狗、警察、特务等敌伪残余分子和反动地主资本家以及反动会道门，如一贯道、青红帮的头目等，同国民党派到东北来的特务分子纠合在一起，四处活动，组织所谓"维持会"、"解放同盟"、"解放会"、"敌产清理委员会"等名目繁多的组织，妄图控制东北局势，等待南京国民政府来"接收"。他们有的掌握新闻、出版机关，有的掌握工厂，有的还掌握了武装部队，进行反苏反共宣传和武装挑衅活动，破坏社会治安，危害人民群众的生命财产安全。早在抗联配合苏军反攻之前，抗联领导人估计到将来斗争的需要，就曾准备在反攻到东北后"发展全民统一战线"，恢复"东北人民救国总会"组织。由于形势发展迅速，该组织业已过时，东北党委员会决定在各地贯彻发展统一战线和建立民主联合政府的方针，建立民主大同盟组织，以起到代行革命政权的作用。关于建立民主大同盟组织，抗联领导人还基于另一方面的考虑，即由于苏联政府同中国南京国民政府签订有《中苏友好同盟条约》，苏军不允许在其占领城市有任何党派活动和建立政权组织。同时，在部分群众中还存在"正统"观念，对中国共产党不很了解，共产党的组织也不便公开。所以，在国共两党谈判期间，为了将来工作方便，应该成立一个掩护党工作的群众性组织，通过这个组织开展党在人民群众中的工作。

在抗联抢占的大多数战略要点上，都建立了民主大同盟组织，只是有的地方的组织名称有所不同。比如李兆麟在哈尔滨市建立中苏友好协会，张光迪在海伦建立中苏之友社等，但多数地区成立民主大同盟。民主大同盟的主要成分，一是反攻到东北各地的抗联人员；二是由于各种原因同党组织失去联系的地下党员;三是当地爱国进步人士,包括工农和知识分子等各阶层人物。这些人在共产党的领导下组织起来,形成了一支较有影响的革命力量。

抗联人员在进驻东北各战略要地之前,有的地方已经成立了一些群众组织,如延边地区的进步人士成立的劳农青总同盟,该组织于1945年10月下旬改称民主大同盟。但多数地区成立的组织,诸如“维持会”、“解放委员会”等,大多是原日伪机构的原班人马。抗联人员进驻之后,对这样的组织都予以解散。各地民主大同盟的主要活动是:宣传中国共产党的政治主张和方针政策,打击日伪残余势力和国民党势力,建立人民武装,维护社会秩序。在延边、牡丹江地区,民主大同盟还负责恢复和维护铁路交通运输,建立村、区临时政权,进行反奸清算斗争等工作。

由于民主大同盟的盟员多是本地人,同人民群众联系密切,又熟悉反动分子的罪恶历史,常常起到苏联军管当局参谋的作用。有些依附日伪、对人民犯有罪行的敌伪分子,冒充国民党负责人到处挂“市党部”、“区党部”、“区分部”牌子,并利用群众中存在的“正统”观念,到处召开反共拥蒋的集会。这时,民主大同盟盟员就到场揭露其真实面目,让他们原形毕露,成为过街老鼠,苏军军管当局便可以明令取缔或逮捕。由于民主大同盟在进行侦缉战争罪犯,取缔反动组织,消除敌伪残余,调解民事纠纷等项活动中起到很大作用,使许多地方的革命秩序得到了有效维持。

民主大同盟组织发展很快,参加的人员逐渐增多。由于时间紧迫,抗联人员对其参加者不能完全了解,不可避免地使一些投机者混入其中。当大批八路军、新四军干部到达东北各地后,随着基层政权建设工作的完善,工会、共青团、妇联等群众组织的建立,各地民主大同盟也宣告解散。

总之,东北抗日联军在东北长期坚持了艰苦卓绝的抗日斗争,在东北人民群众中产生了良好的影响。在苏联对日宣战和中国抗日战场的大反攻中,抗联教导旅随苏联红军迅速回到东北,参加了解放东北的斗争,先机做了接收东北的工作,并在人民群众的支持下卓有成效地进行了建党、建军、建政工作。这样,东北抗日联军为共产党同国民党争夺东北的斗争,为八路军、新四军顺利进军东北,迅速建立巩固的东北根据地,最后解放全东北,创造了有利的条件,作出了重要贡献。

三、东北党委员会向东北局移交组织关系

迅速与党中央取得直接联系,是东北党委员会和东北抗日联军全体指战员多年来的夙愿,也是东北抗日联军反攻东北后的头等大事。

早在反攻前夕,东北党委员会就委托负责沈阳地区党和军队工作的冯仲云就近与关内联系,争取早日找到党中央。1945 年 9 月 10 日,在沈阳担任苏军卫戍区司令部副司令的冯仲云电告在长春的周保中:"冀热辽军区李运昌的先头部队曾克林已率 3000 人进驻沈阳。"[①]得知此消息,周保中一面命令王一知通过长春广播电台火速播出八路军出关的消息,一面立刻向驻东北苏军总司令马利诺夫斯基元帅报告这一消息,并提出请求,希望他提供飞机由我方派人到延安汇报情况。马利诺夫斯基看到这一报告,决定派苏军上校卫斯别夫为代表,赴延安商谈东北工作问题,请曾克林做向导一同前往。周保中和冯仲云分别写了反映东北情况的信件,请苏军代表转交。9 月 15 日,曾克林与苏军代表

① 中共中央党史资料征集委员会等合编:《辽沈决战》上册,人民出版社 1988 年版,第 164 页。

一起到达延安，受到杨尚昆、伍修权的迎接。曾克林向刘少奇、朱德、彭真等中共中央领导人汇报了东北的情况。苏军代表向朱德说明苏军进驻东北情况并转交了周保中、冯仲云给中央的信[①]。这就使中共中央对于东北的实际情况有了进一步的了解。

中共中央对东北的重要战略地位非常重视，认为“只要我能控制东北及热、察两省，并有全国各解放区及全国人民配合斗争，即能保障中国人民的胜利”[②]。为此，提出党的战略方针是“向北发展，向南防御”。为加强对东北地区工作的领导，中共中央决定成立以彭真为书记的中共中央东北局（成立之初，亦称中共东北中央局），并且增派大批干部和军队到东北。9 月 18 日，新成立的中共中央东北局领导人彭真（中共中央政治局委员）、陈云（中共中央政治局委员）、叶季壮、伍修权抵达沈阳，东北局开始在沈阳办公。随后，中共中央政治局委员张闻天、高岗、林彪及李富春、蔡畅、林枫、王稼祥、萧劲光、吕正操、萧华、罗荣桓、黄克诚等 21 位中央委员、候补中央委员，相继到达东北。与此同时，2 万名干部和 11 万大军也浩浩荡荡开进东北，与东北人民自治军会合，开展新的伟大斗争。

正当此时，国民党也加紧进行抢占东北的活动。自 1931 年九一八事变发生，日本帝国主义侵略东北，南京国民政府即奉行“不抵抗”政策，使东北大好河山沦入敌手，3000 万东北同胞惨遭蹂躏和奴役，是中国共产党独立地领导东北人民支持和组建义勇军、抗日联军，进行了长达 14 年艰苦的抗日游击战争。苏联对日宣战后，又是中国共产党领导的东北抗日联军和八路军、新四军实行反攻，配合苏联红军消灭了日本

---

① 中共中央党史资料征集委员会等合编：《辽沈决战》上册，人民出版社 1988 年版，第 154 页。

② 刘少奇：《目前任务和战略部署》（1945 年 9 月 19 日），载《刘少奇选集》上卷，人民出版社 1981 年版，第 372 页。

关东军，使东北得到光复。在14年的游击战争和配合苏军出兵东北的战争中，南京国民政府没有派出一兵一卒。但是，丧失东北有罪、收复东北无功的南京国民政府，竟于1945年10月12日派东北行营主任熊式辉等一行40余人的“接收大员”由重庆飞到长春。国民党“接收大员”到达长春之后，向苏军指挥部提出协助其建立国民党地方政权，实行“行政接收”，协助其从海、陆、空运兵到东北实行“军事接收”等一系列要求。抗联部队指战员利用自己和苏军的特殊关系，与八路军、新四军一起同国民党“接收大员”进行了第一个回合的斗争，不仅使国民政府的接收计划落空，而且使其在葫芦岛登陆的部队遭到迎头痛击。

同年9月下旬，中共东北党委员会及抗联领导人周保中等到沈阳向中共中央东北局书记彭真和陈云等作了东北党组织状况和抗联斗争情况的汇报。汇报的主要内容有：

第一，东北抗日游击运动的艰苦斗争。大体分为5个阶段：东北抗日义勇军阶段；共产党领导的抗日游击队阶段；东北人民革命军阶段；东北抗日联军实行统一建制，建立联军11个军阶段；日本投降后东北抗日联军改编为东北人民自卫军阶段。

第二，东北地下党斗争情况和东北党、团组织几经破坏、恢复和发展情况。中共满洲省委撤销后，成立3个省委，后于1942年建立东北党委员会，后又分为中共东北委员会（即东北党委员会）和朝鲜工作团两部分，以及从1934年10月东北党组织和抗日联军与中共中央失掉联系，多次设法寻找中共中央均未成功等情况。

第三，东北抗联转移苏联境内，与苏联红军建立地区性军事合作，建立南、北野营，1942年又成立东北抗联教导旅，即苏联工农红军独立步兵第八十八旅。在这期间，抗联还组织了小部队坚持在东北活动。苏联对日宣战后，抗联小部队积极配合苏军反攻东北的情况。

第四，抗联为反攻东北所做的对敌侦察及潜伏等准备工作和为作战所做出的努力，为苏军进军提供了条件。

第五，抗联反攻东北后，抢占东北三省12个地区、50多个战略要点的情况、重要意义及各个战略要点上的抗联人员名单。

第六，东北党委员会所做的两手准备：一是在苏军占领期间，迅速占领东北各城市，与党中央取得联系，与八路军、新四军会师，争取控制全东北。二是如果第一手准备不能实现，就准备再与国民党进行长期斗争。

东北局领导同志听取了周保中等人的汇报，对东北党委员会的工作和东北抗日联军的英勇斗争和功绩给予了充分肯定，认为东北抗日联军的14年游击战争，也像红军二万五千里长征和南方三年游击战争一样艰苦卓绝，可歌可泣。东北局决定，接收原东北各地党组织的关系；参加苏联红军的原抗联人员暂不退出，并应利用苏军身份的便利条件完成党的工作任务；在抗联基础上所建立的部队称为东北人民自卫军。彭真、陈云向周保中、崔石泉传达中央对东北工作的方针，并对东北建设根据地和扩大武装力量等问题作了重要指示。陈云着重阐述了党中央、毛泽东制定的东北要放手发动群众，壮大人民力量，针锋相对，寸土必争的方针，指出：我们不交枪，不当官，要准备打仗。他指示，东北抗联人员要充分利用穿苏军军装的有利条件，控制铁路交通沿线，迎接党中央派往东北的大批干部的到来，抓紧在已控制的城市中开展建党、建军、建政工作；收缴敌伪武器，肃清土匪，发动群众，孤立敌人，镇压汉奸、敌特分子，稳定社会秩序；以接管城市为基点，到农村发动群众开展反奸反霸、减租减息斗争；发展生产，猛烈发展武装，积极筹集资财，建立巩固的东北根据地，准备与国民党军队打仗。

10月15日，陈云到长春，周保中又一次向他汇报了抗联的斗争历史并移交东北现有党组织及工作关系。10月20日，“东北党委员会完全移交中央局”①。东北局领导同志接受了东北党委员会移交的组织关系和组织领导系统。同日，周保中向各地抗联干部宣布，中共东北委员会（即东北党委员会）已经胜利完成了它的历史使命，予以撤销，所属各地组织统一由中共中央东北局负责领导。崔石泉在移交党的组织关系之后，由冯仲云派人经安东（今丹东）把他护送回朝鲜。

在东北党委员会向中共中央东北局移交党的关系时，由东北抗日联军扩编起来的东北人民自卫军的指挥系统没有变更，同挺进东北的八路军、新四军一样，都在中共中央东北局的领导下按原来的指挥系统配合战斗。从 9 月下旬开始，关内八路军、新四军 11 万大军和 2 万干部先后到达东北各地，战斗在各战略点上的抗联指战员以极大的热情迎接他们的到来。抗联指战员在各自接收的地区，发展了一定规模的武装，建立了党的组织，为八路军、新四军干部在东北开展工作准备了良好基础。同时，抗联指战员利用他们的特殊身份以及同苏军的关系，为八路军、新四军同苏军取得联系并进而建立良好的关系，起到了桥梁和纽带作用。

1945 年 10 月 31 日，中共中央决定，进入东北的部队与东北抗联统一组成东北人民自治军，总司令为林彪，第一、第二政委依次为彭真、罗荣桓，第一、第二、第三副总司令依次为吕正操、李运昌和萧劲光。11 月，中共中央又批准周保中为第三副总司令，萧劲光改任第四副总司令兼参谋长。由抗联部队扩编起来的东北人民自卫军统一编入东北人民自治军系统，至此，东北抗日联军完成了它的全部历史使命，全体指战员以崭新的姿态和全国其他人民军队的指战员一起，投入到新的伟大的斗争中。

① 周保中:《东北的抗日游击战争和抗日联军（初稿）》，载《周保中文选》，解放军出版社 2015 年版，第 49 页。

结　束　语

东北抗日联军是由中国共产党领导、东北各族人民组织起来的抗日武装。东北抗日联军指战员在极端艰苦的条件下，高举抗日救国旗帜，长期坚持开展东北抗日游击战争，消灭了大批敌人有生力量，有力地打击了日本侵略者，积极支援、配合了全国抗战。其英勇斗争振奋了中国人民的民族精神，极大地鼓舞了全国人民的抗日斗志。东北抗日联军的斗争为中国抗日战争和世界反法西斯战争的胜利、为东北人民的解放作出了重要贡献。

（一）

20世纪30年代初，日本帝国主义发动侵略中国东北的九一八事变，把东北3000万同胞推向战争的苦难深渊。在中华民族面临空前严重危机的关键时刻，中国共产党代表全民族根本利益，号召广大民众迅速行动起来，组织起来，建立反日武装，抗击日本侵略者，驱逐日本侵略者出中国。东北抗日联军的历史就是一部与日本侵略者进行英勇顽强、艰苦卓绝斗争的历史。

东北抗日武装斗争经历了一个曲折的发展过程。从1931年九一八事变到1933年，是以义勇军抗日斗争为主，一度形成高潮。义勇军斗争受挫之后，中国共产党领导的抗日武装成为抗日斗争的主要力量。东北抗日联军的发展，经历了反日游击队、人民革命军（包括抗日同盟军与反日联合军）和抗日联军三个历史阶段。1936年下半年至1937年秋是东北抗日联军鼎盛时期，抗联部队共组建成11个军，

3 万余人，活动范围遍及南满、东满、吉东、北满 70 余县的广大地区。东北抗日联军指战员在极其艰苦的条件下，与日、伪军进行殊死搏斗，攻袭敌人侵略据点，破坏敌人交通通讯，消灭敌人有生力量，动摇日本殖民统治。东北抗日联军的斗争在中国抗日战争和世界反法西斯战争中发挥了重要作用。

第一，东北抗日联军和在此之前东北抗日义勇军进行的抗日游击战争，是中国人民抗日战争的起点，揭开了世界反法西斯战争的序幕。东北抗日义勇军和东北抗日联军反对南京国民政府的不抵抗政策，最早展开以民族革命战争驱逐日本侵略者出中国的反侵略战争，这一战争是在反法西斯东方战场最早开展的反抗外来侵略的战争。东北人民的抗日武装斗争得到全国各族人民和世界各国人民的同情和支援，同时也极大地鼓舞了反法西斯斗争的进步力量。

第二，在全国抗战爆发前，东北抗日义勇军、东北抗日联军的英勇斗争，沉重地打击了日本侵略者的嚣张气焰，振奋了民族精神，推动了全国抗日救亡运动的发展，扰乱了日军进攻中国关内的计划。从九一八事变开始到七七事变的 6 年间，东北抗日义勇军和东北抗日联军站在全国抗日斗争的最前线，抗击日本侵略者，消灭了大批日、伪军，取得了辉煌的战绩。东北抗日武装消灭敌人的数字难以准确统计，仅就日本陆军省于 1936 年 3 月 18 日所公布，从 1931 年九一八事变至 1935 年末，日本关东军战死达 4200 人，伤病 17.13 万人。日本关东军参谋部统计，1936 年至 1937 年 9 月，日军死伤 2662 人。两项相加，6 年中，日本关东军死伤病者共计 17.82 万人。同时，由于东北抗日联军开辟了抗日游击根据地，在日本占领地不断扩大抗日游击区，日本侵略者不得不将大批兵力用来“讨伐”抗日联军，从而延缓了日本全面侵华战争的进程。

第三，全国抗战爆发后，东北抗日联军的斗争融入全国抗战的洪流中,有力地配合了全国抗战。卢沟桥事变促进全民族抗日统一战线形成。东北抗日联军开展的游击战争由原来的局部抗战成为全国抗战的重要组成部分。在全国抗战的鼓舞下,抗日联军指战员主动出击,攻袭敌人的军事据点、兵站,摧毁敌人的军事设施,破坏敌人的交通通讯,牵制了大批日军,使之不能入关南下,有力地支援、配合了全国抗战。同时,东北抗日联军广泛开展的游击战争,撼动着日伪的反动统治,迫使日本侵略者为了维持东北的战略基地消耗巨大的人力、物力、财力,使其殖民统治始终不得安宁。东北抗日联军的英勇斗争、光辉战绩受到全中国人民乃至世界爱好和平人民的高度赞誉。

第四,1945 年 8 月 8 日苏联对日宣战,东北抗日联军配合苏联红军进军东北,并先机进驻 12 个地区、57 个大小战略要点。东北抗日联军在肃清日伪残余,维持社会秩序,建立人民武装,恢复建立党的组织,建立人民政权等方面,发挥了积极的重要的作用。特别是在苏联政府因与南京国民政府订有条约,不允许中共武装进驻大城市的情况下,抗联人员以各大城市苏联驻军负责人的特殊身份阻止国民党当局派人前来接收,发挥了特殊的作用。在极端复杂的困难环境下,抗日联军指战员积极发动群众,开辟和开展了各项工作,为中共中央东北局和八路军、新四军部队进入东北准备了有利条件,为建立巩固的东北根据地作出了重要贡献。

第五,东北抗日联军在长期的与凶恶敌人的斗争实践中,铸就了以爱国主义精神为核心,包括忠贞报国、艰苦奋斗、英勇拼搏、不屈不挠、不惧牺牲、国际主义等精神在内的抗联精神。抗联精神是中华民族精神的生动体现,是中华民族宝贵的精神财富。东北抗日联军指战员来自不同民族和社会不同阶级、阶层,其出身、经历各不相同,但当外敌入侵之时,都能本着“国家兴亡,匹夫有责”的精神,拿起武器奔赴战场杀敌。他们在极端困难的条件下,与现代化装备的日本关东军开展殊死的搏斗；面对强大的敌人，恶劣的自然条件，他们敢于斗争，不畏艰险，英勇抗争，始终秉崇松柏坚贞之志，誓为中华民族的解放事业战斗到底。他们是不甘屈服于外敌的中华民族的精英，是中华民族的忠诚儿女，其精神永远值得后人学习、传承。

（二）

东北抗日联军所进行的抗日游击战争，由于所处的特殊环境，形成了有别于中国其他抗日战场斗争的一些特点：

一是长期持久。自日本帝国主义发动九一八事变至 1945 年“八一五”日本宣布投降，东北抗日联军开展的抗日游击战争（包括东北抗日义勇军前期的斗争）长达 14 年时间，其间经历了局部抗战和全国抗战两个历史阶段。东北抗日联军开辟的东北抗日战场是全国最早、坚持时间最长的抗日战场。

二是艰苦卓绝。东北抗日联军开展的抗日游击战争是极其艰苦的。东北抗日联军的 14 年斗争与红军两万五千里长征、南方三年游击战争，同被誉为中国革命的“三大艰苦”。东北抗日联军指战员长期以简陋的武器与用现代化武器装备起来的日本关东军及伪军相对抗。对敌作战所需枪支、弹药都要直接依靠战斗，用战士的鲜血甚至生命为代价，从敌人的手中缴取。日伪当局为了消灭抗日联军，实施极端毒辣的“归屯并户”政策，强迫游击区群众进入“集团部落”，妄图割断抗日联军与广大群众的联系，断绝抗联部队衣、食等物资之源，使抗日联军丧失生存条件。特别是，东北地区冬季长达半年之久，严寒的天气经常是摄氏气温低于零下三四十度，以至断指裂肤。在这样恶劣的自然环境下，抗日联军战士只能在深山密林靠篝火取暖。“火烤胸前暖，风吹背后寒”就是当年艰苦斗争生活的真实写照。由于敌人严密封锁，供给断绝，在最艰苦的岁月，部队几日、十几日缺粮断炊是常事，只能靠树皮、草根果腹。许许多多抗联干部、战士不是在战斗中牺牲，就是冻死、病殁或因饥饿而死亡。东北抗日联军进行的抗日斗争是在人类生命极限的最恶劣条件下，进行的最残酷的战争。

三是孤悬敌后。东北抗日联军开展的抗日游击战争始终是孤军作战，全国抗战爆发前是如此，全国抗战爆发后亦是如此。东北抗日联军是在得不到关内的军事援助和经济接济的情况下，主要依靠自己的力量开展对敌斗争的。同时，由于国民党实行不抵抗政策，东北抗战初期虽有大批义勇军抗日，但不过一年多时间即告失利瓦解，余部大多退入关内，或者从苏联过境进入新疆，或者溃散。因而，东北抗日联军就成为中国共产党在东北独立领导进行抗日武装斗争的人民军队。这种孤悬敌后，独立自主地长期坚持敌占区抗日游击战争的状况是东北抗日联军斗争的一个显著特点。

四是曲折复杂。东北抗日联军的形成和发展经历了曲折的过程。由于在敌强我弱条件下，缺乏领导游击战争的经验，加之党内“左”的错误影响，东北抗日联军的斗争从反日游击队成立时起就遇到困难和受到干扰。东北抗日联军的斗争有成功，也有失利；有发展壮大，也有挫折受损。同时，由于东北地域及有关情况的特殊性，东北抗日联军在开展抗击日本侵略者斗争的过程中，还要面临和处理好开展游击战争与建立根据地、武装斗争与政治工作、部队工作与群众工作、基本部队与收编部队、抗联部队与敌军等一系列重要关系，以及抗联部队中朝同志之间的关系，抗联部队与苏联远东方面军的关系等。对这些复杂的问题，东北抗日联军的领导人只能在斗争实践中逐步摸索，妥善解决。

（三）

东北抗日联军在长期的对敌斗争中积累了宝贵的经验教训。

东北抗日联军之所以能够在残酷、艰险的斗争环境中，以简陋的武器，独立地同装备精良的日本侵略军长期奋战，而始终没有被消灭，其中基本的经验：

一是始终坚持中国共产党的领导。中国共产党是中国抗日战争的中流砥柱。东北抗日联军是由中华民族优秀儿女组成的，有着高度的政治觉悟和严格的组织纪律，与人民群众有着血肉联系。东北抗日联军注重党政工作，强调加强党政工作的重要；时刻与群众建立密切联系；不断巩固党的支部，发挥党员先锋模范作用，使党组织成为领导对敌斗争的核心。抗联部队纪律严明，注意维护群众利益，每到一地就开展抗日救国宣传，组织成立抗日救国会等组织，为民除害；注意与地方党组织密切配合，发动群众，因而得到各民族群众的支持和拥护。注意培养、训练干部，造就斗志坚定、能正确执行党的政策、善于指挥的军事、政治工作干部。在极端困难的条件下，想尽一切办法充实、补充干部队伍，使各部队始终有一批英勇善战、率先垂范、能带领战士与敌苦斗的优秀指挥员。

二是建立和坚持抗日民族统一战线，团结一切抗日力量共同抗日。九一八事变后，中共东北党组织按照中国共产党的抗日救国总政策，与抗日义勇军和反日山林队联合作战，共同反抗日本帝国主义的侵略。在东北，1933 年贯彻党中央的《一·二六指示信》精神，初步建立了抗日民族统一战线；1935 年贯彻党的《八一宣言》和《六三指示信》精神，更广泛地团结各种抗日武装力量组成抗日联军共同对敌。抗日民族统一战线的建立，对推动东北抗日运动的开展，起到了重要作用。东北抗日联军与其他抗日武装建立统一战线的工作，在全国是较早的，其经验为全国建立抗日民族统一战线提供了一些借鉴。

三是运用机动灵活的游击战略、战术。东北抗日联军在与日本侵略者的斗争中，不断总结反“讨伐”作战的战略、战术经验，提高自己的战术水平。东北抗日联军进行的游击战，由于敌强我弱，在战略上处于防御地位；但战术上采取积极的攻势防御策略，避强攻弱，乘隙袭击，以求打击敌人，保存自己，发展自己；迨至分散之敌疲惫后，便迅速集中力量予以打击，然后再迅速分散。抗日联军的战术强调站在主动地位，防止被动挨打，利用敌人的弱点，以小制大，以少胜多，积小胜为大胜。保持机动灵活，伏击、夜袭、急袭，迅速化整为零、集零为整、声东击西打击敌人。抗联部队有"四快"、"四不打"战术。"四快"是快集中、快分散、快打、快走；"四不打"是情况不明不打、准备不好不打、没有获胜把握不打、硬仗不打。行动时尽可能避免与强敌正面作战，既要反对"冒险攻坚"、"盲目冲击"，又要反对"蹲仓主义"、畏缩不进；防止敌人以设伏、堵击、长追、围困等方式进攻我军，及时脱出敌人包围线，进行远距离游击。这些灵活机动的游击战术，在抗日联军坚持长期斗争中起到了重要作用。

四是以游击根据地为依托开展游击战争。东北抗日联军指战员深知建立根据地的重要，在与凶恶的敌人周旋苦斗中，积极开辟游击区，在可攻可守、群众基础较好的地方先后建立起20余处游击根据地。在根据地内普遍建有农民委员会、反日会、妇女会、自卫队等群众组织。根据地人民给抗联部队提供必要的给养、军需，传递情报、支援战争、协同作战。随着日伪统治的不断强化，根据地遭到破坏后，抗联部队利用东北深山老林建立了许多密营。这些密营成为抗联干部战士之家，巩固的后方，战斗的基地。在密营中设有指挥机关和各种办事处，有被服厂、修械所、医院、训练班、学校、屯垦地、交通站、部队宿营地、粮食仓库、物品仓库等。这些设施虽很简陋，却有力地支撑了抗联部队坚持长期抗日武装斗争。

五是东北抗日联军为共同反对日本侵略者，与朝鲜、苏联人民建立了国际反法西斯联合战线。九一八事变后，东北抗日联军的斗争得到朝鲜人民和苏联人民的同情与支援，以金日成同志为首的朝鲜共产主义者与中国同志紧密团结，并肩战斗，结成鲜血凝成的战斗友谊。中共东北党组织和抗日联军同样支持朝鲜同志为民族解放和祖国独立而进行的斗争。苏联也对东北抗日联军的斗争给予了支持。在抗日联军斗争后期，苏联为抗联部队进行野营训练提供了必要的条件，对于提高抗日联军指战员的政治、军事素质，提高抗联的战斗力，起到了重要作用。同时，东北抗日联军的英勇斗争也有力地牵制日军，配合了苏军反击日本挑衅者进行的诺门汗战争。抗日联军整训期间，所进行的小部队侦察工作，为苏军提供了准确的军事、经济等情报，在苏军进军东北、歼灭日本关东军的战斗中发挥了重大作用。

在对东北抗日联军斗争的历史意义和作用应予高度评价的同时，也应当指出，东北抗日联军的斗争也存有自身的缺点和不足：一是缺乏统一的领导和指挥。正如1941年5月14日东北抗日联军训练处临时党委员会的意见书所指出："东北的敌人是统一的，敌人以统一的军事、政治的进攻来进攻我们，我们则不能够以统一的计划来反击敌人。1938年整个联军及全东北地方党组织之受到严重损折，谁也不能否认党和军队的不统一是其主要原因之一。"二是部队中党的组织力量比较薄弱。东北抗日联军长时期与党中央失去联系，抗联各部虽然建有党的组织，注意加强政治工作，但在艰苦、长期的游击战争中，大批党政干部牺牲，又来不及补充，致使党的组织不健全，部队内政治思想工作比较薄弱。尤其是东北抗日联军正式建立后，许多义勇军、反日山林队加入到抗日联军的序列，因干部缺乏，党组织派不出骨干力量到这些队伍去进行政治思想工作，从政治上、组织上整顿这些队伍，因此，在抗战进入极端艰苦时期，这些队伍中的一些人便经不起艰苦斗争的考验，动摇、被瓦解，甚至投敌，造成重大损失。三是游击根据地未能得到巩固。由于日伪统治日益加强，大力推行“集家并屯”，广建“集团部落”，致使抗日游击根据地逐步丧失，抗联部队难以得到群众的持续有效支援，使抗日联军的斗争逐渐陷入困境。四是未能正确处理一些内部矛盾。在东北抗日联军与日本侵略者的斗争中，党的组织和军队内部也曾由于多种原因引起意见分歧。这种分歧虽然只发生在局部地区或某一层面，但其后果是严重的。如因为对来自中共驻共产国际代表团的一些指示信理解不同，北满和吉东党组织及北满党组织内部领导人之间曾展开激烈争论，以至演化为“反倾向”斗争，不少同志受到错误处理。又如，由于敌人的阴谋挑拨，东满地区在反“民生团”斗争中，犯了严重扩大化错误，极大地伤害了许多朝鲜族干部战士和朝鲜同志。还有因对敌斗争紧张、难以调查核实等原因，在抗联部队内部出现有错杀、误杀事件。这些都严重损害了抗日联军内部团结，以至影响了对敌斗争。

东北抗日联军广大指战员在中国共产党的领导下，浴血奋战，坚强不屈，同强大而凶恶的日本侵略者进行了长达 14 年的艰苦战斗。东北抗日联军的艰苦抗战气壮山河，可歌可泣，其功绩不可磨灭。毛泽东在党的七大政治报告《论联合政府》中说：“一九三一年九月十八日，日本侵略者占领沈阳，几个月内，就把东三省占领了。国民党政府采取了不抵抗政策。但是东三省的人民，东三省的一部分爱国军队，在中国共产党领导或协助之下，违反国民党政府的意志，组织了东三省的抗日义勇军和抗日联军，从事英勇的游击战争。这个英勇的游击战争，曾经发展到很大的规模，中间经过许多困难挫折，始终没有被敌人消灭。”1948 年 1 月 1 日，中共中央东北局所作《关于前东北地下党组织之党员与抗联干部的决定》指出：“前东北地下党组织之党员与抗联干部同志们，在党中央领导与抗日救国总的政策之下，曾在极艰难复杂环境中对日本帝国主义和伪满洲国进行了长期的残酷的英勇斗争,曾得到东北人民的爱戴。“八一五”东北光复初期,又协同苏联红军及八路军、新四军,最后击败日本帝国主义,解放了东北,是中国共产党光荣历史不可分的一部分。杨靖宇同志等和一切为反对敌伪而英勇牺牲的东北人民无名英雄们是永垂不朽的,应该永远纪念他们。”东北抗日联军将士们前赴后继、英勇斗争、战胜日本侵略者的光辉业绩和他们崇高的爱国主义精神将永载史册!

东北抗日联军史大事年表

1931 年

4 月

本月　日本关东军驻扎师团换防。日本军部把驻辽阳的第十六师团调回日本,由原驻日本仙台适于在寒冷地区作战的第二师团接防。

6 月至 7 月上旬　日本右翼分子制造万宝山事件,挑拨中朝民族关系,借机在日本国内和朝鲜大造反华舆论。

7 月

本月　日本军部借日军间谍、中村大尉失踪事件,大肆叫嚣以武力解决"满蒙问题"。

本月　日本关东军组织"参谋旅行",对中国东北要地进行军事侦察,制定占领中国东北的"作战方案"。

本月　日本军部拟定《解决满洲问题方策大纲》,将占领中国东北提上议事日程。

8 月

20 日　日本关东军新任司令官本庄繁到达旅顺。

9 月

7 日至 18 日　日本关东军司令官本庄繁巡视南满铁路沿线日本驻军,检查"应变"准备,指示各地日军部队在万一事端发生时,要"积极行动",不可有半点失误。

18 日　夜，驻沈阳日军独立守备队第二大队第三中队工兵中尉河本末守率6 名士兵将柳条湖附近的南满铁路一段路轨炸毁，并诬称是中国士兵所为。日军向中国军队驻地北大营发起进攻，九一八事变爆发。

19 日　日军占领沈阳及南满铁路（长春至大连）、安（东）奉（沈阳）铁路沿线各地。

同日　中共满洲省委发表《为日本帝国主义武装占领满洲宣言》，指出，日本要变中国东北为其殖民地，号召东北人民奋起抵抗，赶走日本侵略者。

20 日　中共中央发表《中国共产党为日本帝国主义强暴占领东三省事件宣言》，中华苏维埃共和国中央工农革命委员会发表《满洲事变宣言》。

同日　中共满洲省委、共青团满洲省委发表《为反对日本帝国主义武装占领满洲告朝鲜工人、农民、学生及一切劳苦群众书》。

21 日　中共满洲省委作出《关于日本帝国主义武装占领满洲与目前党的紧急任务的决议》，号召广大群众展开斗争，反抗日本的侵略。

22 日　中共中央发表《关于日本帝国主义强占满洲事变的决议》，要求在满洲更应该加紧地组织群众的反帝运动，发动群众斗争，来反抗日本帝国主义的侵略，组织兵变与游击战争，直接给日本帝国主义以严重的打击。

23 日　中共满洲省委作出《对士兵工作的紧急决议》，发出党要组织领导东北人民进行游击战争的号召。

同日　东北边防军司令长官公署和辽宁省政府迁至锦州办公。

24 日　吉林省依兰镇守使兼东北军第二十四旅旅长李杜向所部发出通电，宣布抗日。

同日 东北军第二十六旅邢占清所部宣布抗日。

25 日 东北军第二十五旅张作舟所部宣布抗日。

27 日 东北民众抗日救国会在北平成立。救国会的宗旨是“抵抗日本侵略,共谋收复失地,保护主权”。

月末 东北边防军司令部驻吉林副司令长官公署卫队团团长冯占海所部在桦甸县举旗抗日。

10 月

12 日 中共中央发出《关于满洲士兵工作的指示》,指出要抓住有利时机,建立游击队和开辟游击区。

15 日 原洮辽镇守使张海鹏率领伪军抵泰来。16 日向嫩江桥发起猛烈攻击,遭到黑龙江驻军的痛击。

中旬 原凤城县公安局长邓铁梅建立抗日武装东北民众自卫军。

22 日 中共中央机关报《红旗周报》发表伍豪(即周恩来)署名文章《日本帝国主义占领满洲与我党的当前任务》,指出:现在组织救国义勇军已经成为工农劳苦群众的普遍要求,我们要领导工农及一切被压迫民众,自己组织武装的救国义勇军。

同日 黑龙江省政府代主席兼东北边防军驻黑龙江省副司令官、军事总指挥马占山在齐齐哈尔发表对日抵抗宣言。

本月 张学良指示原吉林省政府委员诚允在宾县重组吉林省政府。诚允为吉林省代主席,丁超代护路军总司令,冯占海为吉林警备司令兼新编第一旅旅长。

11 月

4 日 马占山指挥黑龙江驻军在嫩江桥与进犯日军展开激战。江桥抗战开始。此战役共进行 16 天,予日军以沉重打击。

月初 辽宁省警务处长黄显声派公安骑兵总队消灭汉奸凌印

清、张学成的“东北自卫军”。委任对敌作战有功的项青山、张海天、盖凌香为东北民众抗日义勇军第一、第二、第三路司令。

中旬 中共满洲省委召开会议,研究创建反日游击队、开展抗日游击战争问题。

本月 中共大连市委书记童长荣调任中共东满特委书记。

12 月

上旬 东北民众抗日救国会将辽宁地区义勇军统一改称东北民众自卫义勇军。

26 日 邓铁梅率自卫军夜袭凤城,打死打伤日、伪军警 50 余名,缴获迫击炮 2 门、轻机枪 3 挺、步枪 300 余支和大批子弹。

本月 中共东满特委在延吉县瓮声砬子召开东满各县党团积极分子会议,部署建立抗日游击队。

年末 中共满洲省委机关由沈阳迁至哈尔滨。

年末 中共中央政治局候补委员、中央驻满洲代表罗登贤任中共满洲省委书记。

1932 年

1 月

3 日 日军占领锦州。

9 日 辽宁义勇军第三十四路刘纯启所部在锦西伏击日军骑兵第二十七联队,击毙其队长古贺传太郎等 50 余人,伤 30 余人。

27 日 日、伪军向哈尔滨进攻,各路抗日军队奋起反击,哈尔滨保卫战开始。

30 日 中共满洲省委发表《为反对日本帝国主义进攻哈尔滨告士兵群众书》。

31 日 以依兰镇守使兼东北军第二十四旅旅长李杜为总司令的

吉林自卫军成立。

2月

2—4日 日军大举进攻哈尔滨，自卫军在哈尔滨外围与敌军激战。5日，日军占领哈尔滨。

8日 东北军第二十七旅第六七六团第三营营长王德林率全营官兵誓师抗日。部队称为吉林中国国民救国军，王德林为总指挥。不久，共产党员李延禄任救国军总参谋长兼补充团团长。

15日 王德林率救国军攻打敦化县城。

本月 原东北军军官李纯华联合张海天、吴三胜等部义勇军组建辽南救国军，李纯华为总指挥。

本月 中共北平市委派冯基平、林郁青、李烈生（李兆麟）等到辽阳小堡一带组织义勇军。

3月

1日 在日本帝国主义操纵下，伪满洲国成立。

上旬 马占山部下旅长李海青率部出黑龙江省城南下抗日，组建东北民众自卫军，任总司令。

18日 李延禄率救国军补充团在镜泊湖墙缝一带设伏阻击日军上田支队，予敌重创。

中旬 李海青部义勇军攻克扶余县城。

4月

3日 王德林部救国军与吉林自卫军联合成立吉林抗日联合军总司令部，李杜任联合军总司令。

7日 马占山率部到黑河再举义旗，宣布抗日。不久，宣布组建黑龙江抗日救国军。

21日 辽宁民众自卫军在桓仁成立，唐聚五任总司令。

25日 金日成领导的反日人民游击队在安图县小沙河成立。

本月 中共满洲省委派军委书记杨林到磐石，领导创建抗日武装。

本月 中共满洲省委派军委书记周保中到吉东地区指导抗日斗争。

春 辽吉黑热民众抗日后援会在北平成立，朱庆澜任会长。

5 月

16 日 巴彦反日义勇军成立，张甲洲任总指挥。

下旬 冯占海部改称吉林救国军，冯占海为总指挥。

6 月

4 日 磐石工农义勇军成立，对外称满洲工农义勇军第四军第一纵队，张振国任总队长，杨君武任政委。

本月 海柳工农义勇军在柳河五道沟成立，王仁斋、刘山春为负责人。

29 日 邓铁梅率自卫军攻袭庄河县龙王庙。

月末 中共满洲省委军委书记赵尚志被派到巴彦反日义勇军工作，任参谋长。

本月 马占山率救国军先后攻克克山、克东、通北、东兴、通河等县城。

本月 中共临时中央在上海召开直、鲁、豫、陕、满北方五省委代表联席会议，简称“北方会议”。会议决议要求东北党组织把反日斗争与土地革命联系起来，进行土地革命，建立红军和创造苏区。中共满洲省委派何成湘参加会议。

7 月

本月 中共满洲省委在哈尔滨召开省委扩大会议，传达并接受“北方会议”精神。中共满洲省委书记罗登贤被调回上海，李实继任省委书记。

13日 冯占海部义勇军收复舒兰县城。

8月

28日 辽宁抗日义勇军第二十一、第二十四路等部3000余人分三路进攻沈阳。

30日 巴彦反日游击队联合义勇军才洪猷团和山林队"绿林好"攻占巴彦县城。

下旬 黑龙江抗日救国军第三军军长李海青率部三次攻袭安达县城。

本月 中共满洲省委军委书记周保中在宁安担任王德林部吉林救国军前方总指挥部参谋长。

本月至9月 周保中指挥吉林救国军一部先后攻打东京城、安图、敦化和额穆等地。

夏 辽吉黑国民救国军成立,朱霁青任救国军总监。

9月

10日 参加反日山林队"常占"队的原磐石工农义勇军与其他抗日武装联合攻打磐石县城。

15日 辽宁民众自卫军第十一路袭击抚顺。

16日 日、伪军警集体屠杀抚顺市郊平顶山村民众3000余人,制造了平顶山惨案。

23日 黑龙江省呼伦贝尔地区警备司令兼哈满路护路军司令、省防军步兵第二旅旅长苏炳文在海拉尔决定率部抗日,成立东北民众救国军,苏炳文任总司令,张殿九任副司令。

本月 共产国际执委会第十二次全会决定,在中国东北地区开展抗日游击战争,没收汉奸财产,建立民选革命政权。

10月

1日 黑龙江东北民众救国军举行成立和誓师大会。苏炳文、张殿九宣誓就职，同时委任谢珂为救国军总参谋长。

2 日 国联调查团报告书发表。各界爱国人士发表声明，反对国联调查团报告书的妥协立场。

10 日 中国工农红军第三十三军汤原民众反日游击中队（汤原反日游击队）在汤原半截河子成立，李福臣任中队长。

21 日 原磐石工农反日义勇军根据中共磐石中心县委决定，脱离“常占”队，报号“五洋”，开往桦甸北部活动。

22 日 苏炳文指挥救国军攻克富拉尔基。

26 日 邓铁梅部联合辽宁义勇军第五十六路刘景文部和第三十五路李春光部围攻庄河境内的大孤山。

本月 巴彦东北反日义勇军江北独立师改名为中国工农红军第三十六军江北独立师，张甲洲任司令，赵尚志任政委。

本月 邓文部义勇军攻克安达县城。

本月 耿继周部义勇军退往热河。

本月 根据中共饶河中心县委决定，崔石泉组织抗日武装“特务队”。

本月 红军第三十六军江北独立师攻打东兴设治局。

夏秋 东北民众抗日救国会将辽宁各地义勇军划分为 5 个军区。

11 月

月初 李海青部义勇军攻克昂昂溪。

本月 汪清反日游击大队成立，梁成龙任大队长。

本月 珲春县岭南、岭北游击队合并组建珲春反日游击队，下辖两个大队。

12 月

16 日 日军顾问森秀树率伪军一部“讨伐”义勇军，被庄河大刀会击杀身亡。

本月 和龙县几支小游击队合并，成立和龙游击中队，中队长金亨杰，政委金炳洙。

本月 中共满洲省委派省委代理军委书记杨靖宇为特派员到磐石，帮助原磐石工农义勇军改名为中国工农红军第三十二军南满游击队，总队长孟杰民，政委初向臣。

年末 邓文、李海青等部义勇军撤入热河继续抗日。

1933年

1月

1日 吉林救国军参谋长李延禄率补充团在宁安县磨刀石与日军激战。

9日 李杜、邢占清、杨耀钧等率吉林自卫军一部退入苏联境内。

同日 王德林、孔宪荣率吉林救国军一部退入苏联境内。

17日 中国共产党驻共产国际代表团召开满洲工作会议，以中华苏维埃共和国临时中央政府、工农红军革命军事委员会名义发表《为反对日本帝国主义侵入华北愿在三条件下与全国各军队共同抗日宣言》。

26日 中共驻共产国际代表团以中共中央名义发出《给满洲各级党部及全体党员的信——论满洲的状况和我们党的任务》（即《一·二六指示信》）。

30日 南满游击队在磐石县三棚砬子粉碎日、伪军第一次大规模围攻。

下旬 东北抗日救国游击军在宁安成立，李延禄为总司令，孟泾清为政委。

本月 南满游击队总队长孟杰民牺牲。王兆兰继任总队长。

本月 中共满洲省委决定，由杨靖宇任中国工农红军第三十二军南满游击总队政委，袁德胜任游击总队队长。

本月 延吉县几支游击队合并成延吉反日游击大队，朴东根任大队长，朴吉任政委。

本月 和龙游击中队在渔浪村与日、伪军“讨伐队”战斗，13 名游击队员牺牲，被称颂为“渔浪村十三勇士”。

2 月

7 日 中共满洲省委作出《满洲目前民族革命战争形势与我们的任务》决议。

10 日 李延禄率救国游击军在宁安县东南团山子击退日军守备队及伪军的进攻。

本月 海龙工农义勇军改编成中国工农红军第三十七军海龙游击队，王仁斋任队长，刘山春任政委。

3 月

月末 南满游击队在磐石县杨宝顶子打破日、伪军第三次围攻。

4 月

21 日 饶河农工义勇军成立，崔石泉任队长。

月末 南满游击队在磐石县萝卜地打破日、伪军第四次围攻。

本月 珲春反日游击总队成立，孔宪琛任总队长，朴斗益任政委。

本月 巴彦游击队失败后，赵尚志参加活动在宾县的义勇军孙朝阳部。后任该部参谋长。

5 月

15 日 中共满洲省委召开扩大会议，贯彻《一·二六指示信》精神，作出关于《执行反帝统一战线与争取无产阶级领导权的决议》。会议将建立反日民族统一战线、人民革命军与民众政府当作东北党组织的中心任务。

28日　驻烟筒山伪吉林警备第五旅步兵第十四团迫击炮连在共产党员曹国安等人策动下哗变抗日，被编入南满游击队。

下旬　中共吉东局成立，孙广英任书记。

31日　南京国民政府北平当局与日本关东军代表签订《塘沽协定》，承认日本侵占东北三省和热河的事实。日本关东军开始集中兵力"讨伐"东北抗日武装。

本月　宁安工农义务队在宁安县成立，李荆璞任队长。

本月　穆棱游击队成立，胡仁任队长。

春　和龙反日游击大队成立，张承汉任大队长，车龙德任政委。

6月

16日　吴义成、周保中指挥吉林救国军余部攻下安图县城。

本月　桦川县驼腰子金矿工人在祁致中领导下举行反日暴动，后编为东北山林义勇军，报号"明山"。

7月

下旬　磐石工农义勇军联合磐石附近各部义勇军，在同年5月成立的抗日联合军事委员会的基础上成立联合参谋部。

8月

上旬　活动在汤原的数支抗日武装成立东北民众联合反日义勇军，"青山"被推选为总指挥，共产党员张文藻为政治部主任。不久，因进攻汤原失利，队伍失散。

13日　南满抗日武装联合参谋部指挥各抗日部队进攻呼兰集场子。

9月

6日　汪清、珲春反日游击队与吴义成率领的吉林救国军联合攻打东宁县城。

11日　珠河反日总会成立，沙永振为委员长。

18 日　中国工农红军第三十二军南满游击队改编为东北人民革命军第一军独立师，杨靖宇任师长兼政委，李红光任参谋长，宋铁岩任政治部主任。

本月　中共满洲省委书记李实被上海中央局调离东北，省委常委李耀奎继任省委书记。

本月　救国游击军在密山联合各抗日义勇军组建东北人民抗日革命军，李延禄被推选为负责人。

10 月

月初　赵尚志、李启东等 7 人脱离义勇军孙朝阳队，在中共珠河中心县委领导下，10 日成立珠河东北反日游击队，赵尚志任队长。

6 日　李延禄指挥东北人民抗日革命军攻入密山县城知一镇。

20 日　中共满洲省委公布《东北人民革命军斗争纲领》。

27 日　东北人民革命军第一军独立师主力部队在杨靖宇领导下，渡过辉发江。随后，部队开辟柳河、金川等县新游击区。

本月　中共汤原中心县委书记裴治云等 12 人被日本宪兵逮捕后活埋。

11 月

15 日　东北人民革命军第一军独立师一部后卫部队在金川县碱水顶子北方被伪军邵本良部偷袭。战斗中，中共满洲省委常委金伯阳牺牲。

24 日　东北人民革命军第一军独立师远距离奔袭柳河县三源浦镇获胜。前海龙游击队政委刘山春在战斗中牺牲。

本月　中共满洲省委书记李耀奎在哈尔滨被捕，省委常委马良任省委代理书记。

12 月

3 日　中共满洲省委向东满特委和游击队党组织发出指示，要求扩大反日统一战线，建立东北人民革命军第二军独立师。

23日 东北人民革命军第一军独立师联合义勇军“老常青”部攻克金川县凉水河子。

31日 中共满洲省委发出《给珠河县委及游击队同志信》，提出游击队应与一切抗日义勇军结成反日统一战线或缔结反日作战协定。

1934年

1月

22日—2月1日 中华苏维埃第二次全国代表大会在瑞金召开。中共满洲省委派省委常委何成湘出席会议。杨靖宇被大会选为中华苏维埃共和国中央执行委员会委员。大会以毛泽东主席名义向东北人民革命军及抗日义勇军发出致敬电。

同日 东北人民革命军第一军独立师在报马桥与伪军邵本良部激战。

28日 高玉山指挥所部国民救国军攻打虎林县城。撤出战斗后，高玉山等进入苏联境内。崔石泉率该部第一旅特务营转移到饶河独立活动。

2月

3日 国民救国军第一旅特务营在饶河县大岱河召开党的会议，决定将特务营改编为饶河民众反日游击队。

16日 绥宁反日同盟军办事处在宁安县东南山成立。不久，改称绥宁反日同盟军联合办事处，周保中任办事处主任。

21日 南满地区东北抗日联军总指挥部在临江县三岔子成立，杨靖宇被选为总指挥。

22日 中共中央给中共满洲省委发出指示信（简称《二月指示

信》）。同年 5 月开始，满洲省委向东北各地党组织和抗日部队陆续传达贯彻《二月指示信》精神。

26 日 勃利县连珠岗一带民众举行反日暴动。

本月 汪雅臣在五常县组织反满抗日救国义勇军。

3 月

1 日 伪满洲国实行“帝制”，溥仪在长春称帝。

9 日 依兰县土龙山农民举行反日大暴动。10 日，暴动农民在白家沟阻击日、伪军，击毙日军第十师团第六十三联队队长、大佐饭塚朝吾等多人。12 日，暴动农民编成东北民众救国军，谢文东为司令，景振卿为前敌总指挥。

19 日 东北民众救国军在九里六屯阻击日军。

20 日 密山反日游击队在哈达河成立，张宝山任代理队长。

同日 绥宁反日同盟军攻袭宁安县新官地伪壮丁团。

21 日 中共东满特委书记童长荣在汪清游击区反“讨伐”战斗中受伤，后牺牲。

下旬 中共绥宁中心县委前书记朱守一任密山反日游击队队长。

下旬 东北人民革命军第二军第一独立师成立，朱镇任师长，王德泰任政委。

本月 哈东地区东北反日联合军总司令部成立，赵尚志被推选为总司令。

4 月

本月 中共东满特委决定，王中山任特委临时书记。

5 月

2 日 东北人民革命军第二军独立师独立团和第三团攻占安图县大甸子（万宝）。24 日，又攻打安图县大沙河镇。

9 日　赵尚志率珠河游击队联合义勇军攻打宾县县城宾州。

20 日　宁安游击队在卧龙河成立，白殿贞任队长。不久，在防御作战中严重受挫。

本月　中共吉东局决定，穆棱游击队编入绥宁反日同盟军。绥宁反日同盟军办事处建立党委会和政治部，周保中兼任党委书记，胡仁任政治部主任。

本月　饶河民众反日游击队改组，张文偕任大队长，崔石泉任政治部主任，朴振宇任政治指导员。

本月　密山游击队联合义勇军举行反日暴动，组建抗日同盟军。密山游击队队长朱守一任总指挥，后在反击日军战斗中牺牲。

6 月

3 日　饶河游击队攻占小佳河爆马顶子和大别拉炕。随后建立抗日游击根据地。

7 日　珠河游击队在宾县三岔河与日、伪军展开激战，骑兵队长李根植牺牲。

15 日　夏云杰率汤原游击队围攻汤原县太平川伪警察署。之后建立太平川抗日游击根据地。

23 日　东北人民革命军第二军独立师第三、第四团和绥宁反日同盟军联合救国军史忠恒部围攻汪清县绥芬大甸子（罗子沟镇）。

29 日　东北反日游击队哈东支队成立，赵尚志任司令，张寿篯任代理政委兼政治部主任。

本月　张奎接任密山反日游击队队长。

本月　中共满洲省委决定撤销吉东局。

7 月

6 日　东北反日游击队哈东支队路南大队联合义勇军攻打五常县城。

本月　中共满洲省委代理书记马良前往海参崴，向中共驻共产国际代表团联络站汇报工作。

8 月

15 日　东北人民革命军第二军独立师第二团、独立团联合抗日军一部攻打安图县城。尔后开辟安图县车场子、大甸子、太平沟等游击区。

16 日　东北反日游击队哈东支队攻下五常堡。

20 日　南满反日总会成立。

21 日　绥宁反日同盟军中的宁安工农义务队发生叛乱事件。副队长于洪仁被杀害。不久，宁安工农义务队重新组建。

30 日　饶河游击队队长张文偕在三人班附近与敌人战斗中牺牲。

本月　绥宁反日同盟军联合办事处改组为绥宁反日同盟军军事委员会，周保中任军事委员会主任。

本月　汤原反日游击队扩编为汤原反日游击总队，戴鸿宾任总队长，夏云杰任政委。

本月　东北人民革命军第二军独立师联合 10 余支抗日山林队、义勇军成立东满西部抗日联军指挥部，王德泰任指挥，朱云光任副指挥。

9 月

1 日　日、伪军对“东边道”、“间岛”、绥宁、哈东等地开始秋季“大讨伐”。

月初　中共驻共产国际代表团派吴平到东北，以中共满洲省委吉东巡视员名义在吉东地区开展工作。

16 日　王明、康生致信中共中央政治局，认为中央不必再向满洲发出指示。实际上，从此中共驻共产国际代表团接手对东北工作的指导。

本月 邓铁梅被日伪当局杀害于沈阳陆军监狱。

本月 李学福任饶河游击大队大队长。

本月 东北抗日同盟军第四军编成,李延禄任军长,胡伦任参谋长,何忠国任政治部主任。

本月 中共上海中央局派杨光华任中共满洲省委代理书记。不久,满洲省委组织部部长何成湘调上海中央局工作。

本月 中共上海中央局致电中共中央,拟在满洲设中央局和3个省委或特委。中共中央批复:在满洲设中央代表(实际未设)。

10月

20日 中共满洲省委发出《为粉碎冬季大"讨伐"给全党同志信》,提出要在反"讨伐"斗争中建立东北人民革命军第一军和第二军以及第三军独立师的任务。

本月 中共满洲省委和共青团满洲省委派钟子云到东满巡视工作。

11月

5日 中共南满第一次代表大会在临江县召开。大会决定正式成立东北人民革命军第一军和建立中共南满临时特委,李东光任代理书记。

7日 东北人民革命军第一军成立,杨靖宇任军长兼政委。

9日 汤原县太平川伪自卫团团长张传福率自卫团反正。后被编入汤原反日游击总队,张传福任中队长。

25日 赵尚志率东北反日游击队哈东支队在方正县肖田地被日、伪军包围,经激烈战斗,部队胜利突围。

同日 东北人民革命军第一军司令部率该军第一师一部在通化县三岔河围攻伪军邵本良部和驻三源浦日军守备队。

12 月

3 日 伪满洲国民政部发布“集团部落建设”文告，日伪当局开始在东北全面推行“集团部落”政策。

11 日 中共通化中心县委成立，吴振山任书记。

15 日 东北人民革命军第二军独立师派遣远征队赴宁安与绥宁反日同盟军共同反击日、伪军冬季“讨伐”。

20 日 中共满洲省委巡视员吴平到宁安巡视工作。中共宁安县委召开扩大会议，决定将绥宁反日同盟军改编为东北反日联合军。

本月 中共满洲省委派魏拯民到东满巡视工作。

1935 年

1 月

11 日 杨靖宇率领东北人民革命军第一军司令部在临江县红土崖伏击伪军第五旅第五团骑兵。战斗中第一军参谋长朴翰宗牺牲。

28 日 东北反日游击队哈东支队在珠河县道南半截河改编为东北人民革命军第三军，赵尚志任军长兼第一师师长，冯仲云任政治部主任。

29 日 李学福和崔石泉率饶河游击队在饶河大旺砬子伏击日、伪军获胜。

2 月

6 日 东北抗日同盟军第四军第三团和独立营攻袭勃利县青山日资“清水组合”木场。战后许多伐木工人参加抗日同盟军第四军第三团。

10 日 绥宁反日同盟军正式改编为东北反日联合军第五军，周保中任军长，柴世荣任副军长，胡仁任政治部主任。

27日　中共东满党团特委第一次联席扩大会议在汪清县大荒崴召开。选出新一届中共东满特委，魏拯民被选为书记。

本月　中共吉东特委成立，吴平任书记。

3月

月初　东北人民革命军第三军与民众救国军、吉林自卫军支队，在方正县大罗勒密协议组建东北反日联合军总指挥部，赵尚志任总指挥。

9日　东北人民革命军第三军一部、吉林自卫军支队、民众救国军和“明山”队联合攻打方正县城。

15日　杨靖宇、李红光率东北人民革命军第一军第一师在柳河县驼腰岭截击敌人汽车队，俘虏伪通化县长徐伟儒。

21日　中共东满特委与东北人民革命军第二军独立师在汪清腰营沟召开东北人民革命军第二军政委联席会议。会议决定由王德泰任第二军独立师师长，李学忠任政治部主任。

22日　杨靖宇率东北人民革命军第一军司令部直属部队攻袭临江县红土崖镇。

4月

5日　中共满洲省委向东北各地党组织发出《临时通知》，要求各地按中央指示，独立自主地进行工作，领导东北的抗日战争。满洲省委代理书记杨光华，省委常委赵毅敏、谭国甫先后被中共驻共产国际代表团召至莫斯科。

23日　赵尚志指挥抗日联合部队攻打方正县大罗勒密，获胜后撤出。

5月

2日　东满人民革命军第二军第一团联合义勇军一部在哈尔巴岭颠覆第202次国际列车，俘虏日、伪军政要员13人。

11 日 东北人民革命军第一军第一师在兴京县老爷庙岭附近与日、伪军展开激战。师长兼政委李红光在战斗中负重伤，后牺牲。

28 日 东北反日联合军第五军东部派遣队在胡仁率领下向穆棱进军。

30 日 东北人民革命军第二军成立，王德泰任军长，魏拯民任政委，李学忠任政治部主任。

本月 中共东满特委书记魏拯民赴苏联，向中共驻共产国际代表团汇报工作并出席共产国际第七次代表大会。月末，朱明任中共东满特委代理书记。

6 月

5 日 汤原反日游击总队代理政委田学文在汤原与伪警察队战斗中牺牲。

月初 中共驻共产国际代表团发出《王明、康生给吉东负责同志的秘密信》（简称《王康指示信》），阐述了在东北实行全民反日统一战线的必要性和可能性。9 月，该信传达到东北各地党组织。

月初 东北人民革命军第二军第三、第四团各一部在金日成和侯国忠指挥下，在东宁县老黑山伏击一股伪靖安军获胜。

18 日 反日同盟军第四军政治部主任何忠国在勃利县马鞍山与敌人战斗中牺牲。

本月 东北抗日同盟军第四军与民众救国军、吉林自卫队支队在勃利县共同建立东路反日联合军指挥部，李延禄任总指挥。

7 月

2 日 饶河游击大队在李学福率领下攻入虎林县七区马鞍山。

25 日 辽东三角地带中国少年铁血军总司令苗可秀与敌人作战负重伤后被俘，遭杀害。

本月 东北人民革命军第二军一部与东北反日联合军第五军在

宁安会师。

8月

1日 中国苏维埃政府和中国共产党中央委员会发表《为抗日救国告全体同胞书》(即《八一宣言》)。

5日 东北反日联合军第五军与东北人民革命军第二军在南湖头召开领导干部会议,成立第五、第二军联合指挥部,决定共同组成西部派遣队,由李荆璞、金日成率领向额穆进军。

16日 汤原游击总队解除太平川伪警察武装。

17日 中共南满特委在金川县河里地区召开民众代表大会,成立东北人民革命政府南满特区政府筹备委员会。本月,桓仁县特区政府成立。

20日 饶河游击大队扩编为东北人民革命军第四军第四团,李学福任团长,朴振宇任副团长,崔石泉任参谋长,李斗文任政治部主任。

28日 东北人民革命军第一军第一师师长韩浩在桓仁县境与日军作战中牺牲。

29日 东北人民革命军第二军一部联合抗日武装进攻安图县城。经过五昼夜战斗,占领县城。

同日 中共珠河中心县委成员转移途中在芦家窝堡遭敌袭击,新任东北人民革命军第三军政治部主任张振国牺牲。

月末 东北人民革命军第二军政治部主任李学忠率领该军第二团西征队伍在濛江县那尔轰抗日游击根据地与东北人民革命军第一军第二师会师。

9月

10日 中共珠河中心县委召开执委会议,决定东北人民革命军第三军主力向松花江江北和下游汤原一带转移。

11 日 杨靖宇指挥东北人民革命军第一军军部直属部队在金川寒葱岭伏击伪军第六旅一支运输队获胜。

16 日 东北人民革命军第三军第一师第一团和东北抗日同盟军第四军第二团及谢文东、李华堂部队共同攻打刁翎。19 日攻下林口。

18 日 临(江)金(川)柳(河)特区人民政府成立。

26 日 东北人民革命军第四军第四团在乌苏里江畔的新兴洞与敌遭遇,激战中副团长朴振宇和政治部主任李斗文牺牲。

本月 冯治纲领导的反日武装"文武队"被编入汤原反日游击总队,冯治纲任中队长。

本月 柳河县人民革命政府在吴家沟成立,孙建国任县长。

10 月

4 日 东北人民革命军第一军司令部和东北人民革命军第二军西征队在濛江县那尔轰附近老龙岗正式召开会师庆祝大会。

秋 珠河县人民革命政府成立,吴景才被推举为人民革命政府主席。

11 月

15 日 东北人民革命军第三军第二团政治部主任赵一曼在战斗中负伤。后在养伤时被捕。

26 日 《吉东特委给珠河中心县委及三军负责同志信》(简称《吉特补充信》)发出。中共珠河中心县委在 1936 年 3 月收到。

同日 中共代表团通知海参崴联络站撤销中共满洲省委、另设 4 个省委及办法。

本月 东北人民革命军第三军军部在勃利县青山里九龙沟召开会议,决定扩大建立东北反日联合军总司令部和建立松花江以北游击根据地等问题。

12 月

12 日 东北人民革命军第三军和东北抗日同盟军第四军各一部跨过松花江攻击通河县二道河子伪警备队，俘敌60余名，缴获大量枪支和棉衣。不久两军到达汤原与汤原游击队会师。

24 日 东北反日联合军第五军第二师政治部主任李光林在宁安与敌人战斗中牺牲。

25 日 赵尚志、李延禄、夏云杰率联合部队拔除汤原县亮子河金矿伪军据点。

本月 中共驻共产国际代表团先后派韩守魁、魏拯民等返回东北，分别传达共产国际第七次代表大会精神及建立4个省委和2个特委的指示。

1936 年

1 月

9 日 中共满洲省委停止工作。2月，哈尔滨特委成立。

20 日 东北人民革命军第二军、东北反日联合军第五军在宁安县镜泊湖北湖头召开军党委特别会议。

26 日 东北人民革命军第三军、东北抗日同盟军第四军和民众救国军、吉林自卫军支队在汤原县吉兴沟召开东北民众反日联军军政联席扩大会议，成立东北民众反日联军总司令部和东北民众反日联军临时政府，赵尚志任联军总司令，张寿篯任联军总政治部主任。

30 日 汤原反日游击总队改编为东北人民革命军第六军，夏云杰任军长，张寿篯任代理政治部主任。

2 月

5 日 中共东满特委书记魏拯民从苏联返回东满途中，在宁安县北湖头向周保中传达共产国际第七次代表大会精神和中共驻共产国际代表团关于在东北建立 4 个省委和东北抗日联军的决定。

8 日 魏拯民由宁安转赴额穆会见王德泰、李学忠,传达共产国际第七次代表大会精神和中共驻共产国际代表团关于在东北建立 4 个省委和东北抗日联军的决定。

12 日 东北抗日同盟军第四军政治部主任罗英在牡丹江被敌人逮捕叛变,导致中共吉东特委被破坏。

20 日 《东北抗日联军统一军队建制宣言》发表。

27 日 东北人民革命军第一军军长杨靖宇率领直属部队袭击驻通化县热水河子街伪军第二旅第七团团部。

28 日 东北抗日联军第五军、东北人民革命军第二军各一部在宁安县三道河子将伪军第二十七团第一连解除武装。

同日 东北抗日联军第五军第一师由师长李荆璞率领在宁安莲花泡与日军激战。战斗中日军使用了毒气弹,第一师 70 余名指战员牺牲。战斗结束后因日军破坏,仅有 42 名牺牲指战员的遗体被安葬。后被称颂为“莲花泡四十二烈士”。

本月 东北反日联合军第五军改编为东北抗日联军第五军,军长周保中,副军长柴世荣,政治部主任胡仁,参谋长张建东。

本月 汪雅臣率领的抗日山林队被改编为东北人民革命军第八军,汪雅臣任军长,王维宇任参谋长,侯启刚任政治部主任。

3 月

上旬 东北人民革命军第二军改编为东北抗日联军第二军,王德泰任军长,魏拯民任政委。随后,第二军第一、第三师分别向敦化、桦甸和抚松、临江进军。

12 日 《中央驻东北代表致珠河党团县委及三军司令部的信》(简称《中代信》)发出。6 月,东北人民革命军第三军司令部收到这份指示信。

15日 东北抗日同盟军第四军改编为东北抗日联军第四军，军长李延禄，政治部主任黄玉清，参谋长胡伦。

19日 东北人民革命军第六军政治部主任张寿篯率部攻占汤原县老钱柜。随后开辟汤旺河抗日游击根据地。

中旬 东北抗日联军第二军第二师第四团在宁安县团山子与伪军交战。

20日 中共下江（乌苏里江下游）特委成立，朴元彬任书记。

25日 李延禄指挥东北抗日联军第四军和东北人民革命军第三军第四师夜袭石头河子金矿。不久，李延禄奉命到中共驻共产国际代表团工作，后由苏联回国到关内，从事宣传东北抗联斗争和抗日统一战线工作。

同日 东北人民革命军第四军第四团改编为东北抗日联军第四军第二师。郑鲁岩任师长，李学福任副师长，崔石泉任参谋长，崔荣华任政治部主任兼党委书记。

4月

4日 李华堂率吉林自卫军支队200余人攻打依兰县城。

月初 赵尚志率东北人民革命军第三军司令部直属部队和第五、第六团从汤旺河沟里出发进行西征。

5日 东北人民革命军第一军一部在辑安县头道崴子高丽沟伏击伪军奉天教导队获胜。

上旬 东北抗日联军第二军第一师攻占敦化县大蒲柴河镇。

13日 东北人民革命军第三军西征部队攻占依兰县舒乐镇。

30日 杨靖宇率东北人民革命军第一军第一师部队在本溪县梨树甸子大东沟伏击伪军邵本良部获胜。

本月 东北人民革命军第一军第一师部队在桦甸县会全栈与日军发生战斗获胜。

本月 日本关东军镇压东北抗日军民的“三年治安肃正计划”(1936 年 4 月至 1939 年 3 月)出笼。

5 月

20 日 祁致中率领的东北人民革命军第三军方依游击团改编为东北抗日联军独立师,祁致中任师长,富振声任政治部主任,金正国任指导部主任。

22 日 东北人民革命军第六军军长夏云杰指挥部队袭击兴山镇。

23 日 东北人民革命军第一军司令部获悉陕北红军东征消息,杨靖宇在本溪汤池沟与第一军第一师干部研究西征军事行动。

本月 东北抗日联军第二军第三师在临江县青沟村伏击日、伪军获胜。

本月 东北抗日联军政治军事干部学校在汤旺河沟里成立,赵尚志任校长。

春 下江人民政府在汤原县南三甲成立,王永昌当选主席。

6 月

15 日 东北抗日联军第四军第二师参谋长崔石泉率部在同江县头道林子与日、伪军激战。

23 日 东北人民革命军第一军政治部主任宋铁岩在和尚帽子附近召开第一军第一师党委扩大会议,对第一师向辽西、热河一带远征进行部署。28 日,东北人民革命军第一军第一师开始向辽西远征。

本月 东北抗日联军第二军政委魏拯民在金川县河里地区与杨靖宇会师。

本月 中共南满第二次代表大会召开,会上东北人民革命军第一军改编为东北抗日联军第一军,杨靖宇任军长兼政委,宋铁岩任政治部主任,安光勋任参谋长。

7月

月初 中共南满特委、东满特委和东北抗日联军第一、第二军主要领导干部联席会议在金川县河里召开。会议决定将东北抗日联军第一、第二军合编为东北抗日联军第一路军,并成立总司令部,杨靖宇任总司令,王德泰任副总司令,魏拯民任总政治部主任。会议决定将南满、东满党的领导机构统一,建立中共南满省委,魏拯民任书记。

8日 东北人民革命军第一军第一师西征部队自岫岩回师。15日,在本溪县摩天岭与驻连山关日军今田中队激战,击毙今田大尉以下30余人。战斗中第一师参谋长李敏焕牺牲。

本月 日军大尉中山所部制造金川县白家堡子惨案。

本月 中共吉东特委撤销,中共道北特委成立。宋一夫任书记。

8月

1日 东北人民革命军第三军改编为东北抗日联军第三军,赵尚志任军长。

2日 原东北人民革命军第三军第二团政治部主任赵一曼在珠河县就义。

4日 东北抗日联军第一军军部直属队在通化县浑江大拐弯子伏击伪军邵本良部,击毙日本指导官英俊志雄和伪军数十人。

17日 东北抗日联军第二军第六师主力部队联合义勇军进攻抚松县城。

下旬 东北抗日联军第二军在抚松县东岗大碱场兵工厂的密营遭敌人袭击。战斗中,第二军政治部主任李学忠牺牲。

夏 东北人民革命军汪雅臣所部在舒兰县上口子伏击战中毙伤大批日、伪军。

9月

12日 东北抗日联军第二军和第五军各一部及部分抗日山林队

共 400 余人在穆棱和磨刀石之间的代马沟颠覆日本军车 1 列，毙伤日军百余人。

18 日 中共珠河、汤原中心县委和东北抗日联军第三、第六军党委在汤原县帽儿山召开联席会议（简称珠汤联席会议），决定成立中共北满临时省委。赵尚志被选为临时省委执行委员会主席，冯仲云为临时省委书记。

同日 东北民众救国军改编为东北抗日联军第八军，军长谢文东，副军长滕松柏，政治部主任刘曙华，参谋长于光世。

24 日 东北抗日联军第五军党委、第二军第五师党委和中共宁安县委、东满特委在宁安泉眼头召开联席会议，决定建立中共道南特委，张中华任书记。会议并决定东北抗日联军第五军军长周保中北上整顿第五军道北部队。

本月 根据中共北满临时省委决定，中共汤原中心县委改为下江特委，白江绪任书记。

本月 东北人民革命军第六军改编为东北抗日联军第六军，夏云杰任军长，张寿篯任代理政治部主任，冯治纲任参谋长，黄吟秋任秘书长。

10 月

2 日 中共驻共产国际代表团向东北党组织发出《新政治路线》信，提出“抗日反满不并提”的主张。

10 日 东北抗日联军第二军第四师在安图县南部东清沟与伪军混成第七旅第十团交战。

本月 东北抗日联军第一军第二师和第二军第六师在长白县十九道沟与日军守备队展开战斗，毙伤敌 80 余人。

本月 东北抗日联军第二军第五师师长史忠恒在指挥部队作战中身负重伤，后牺牲。陈翰章继任师长。

11月

7日 王德泰率东北抗日联军第二军第四、第六师在濛江县小汤河附近与敌人激战。军长王德泰在战斗中牺牲。

15日 东北抗日联军第四军第二师在饶河县关门嘴子改编为东北抗日联军第七军，陈荣久任军长，崔石泉任参谋长。

21日 东北抗日联军第六军军长夏云杰在汤原县丁大干屯遭敌伏击，负重伤。后于26日牺牲。戴鸿宾任代理军长。

下旬 根据杨靖宇部署，东北抗日联军第一军第三师在师长王仁斋等率领下自兴京启程开始西征。

本月 东北抗日联军第一军第二师在长白县八道沟与伪军展开战斗获胜。

本月 东北抗日联军第二军第五师和第五军各一部奇袭宁安与穆棱两县交界的大金场获胜。

本月 赵尚志率东北抗日联军第三军骑兵部队自汤原县出发再次西征。

12月

1日 东北抗日联军第三军第五师师长景永安率部攻克佛山县城，俘虏伪县长和警察署长。

21日 东北抗日联军第一军第二师师长兼政委曹国安在临江县七道沟与敌人战斗中牺牲。

本月 东北抗日联军第二军第四、第六师在临江县五道沟与伪军作战。

本月 中共哈东特委建立，机关设在苇河，张福林任书记。

冬 东北抗日联军第八军第三师联合第三军第四师在依兰县五道岗阻击日军。

冬 东北人民革命军第八军改编为东北抗日联军第十军，汪雅臣任军长，齐云禄任副军长，王维宇任政治部主任。

1937 年

1 月

28 日　东北抗日联军第五军副军长柴世荣率部在大盘道伏击前来“讨伐”的日军。

下旬　东北抗日联军第二军第四师在抚松县小夹皮沟口伏击伪靖安军。

本月　李华堂领导的吉林自卫军支队改编为东北抗日联军第九军，李华堂任军长，李向阳任参谋长，于祯任副官长。

本月　东北抗日联军第三军第一师袭击林口县城。

2 月

1 日　东北抗日联军第五军第二师夜袭刁翎。

2 日　中共下江特委和东北抗日联军第六军召开军政联席扩大会议，同意中共北满临时省委决定，戴鸿宾任东北抗日联军第六军军长。

11 日　东北抗日联军第一军政治部主任宋铁岩在本溪县和尚帽子密营突围战中牺牲。

21 日　东北抗日联军第三、第五、第八、第九军及第四军分遣队负责人在洼洪第九军行营召开北满联军会议。

25 日　东北抗日联军第二军第四师一部在抚松县漫江沟里全歼伪军第三混成旅 1 个连。

3 月

6 日　东北抗日联军第七军军长陈荣久率部在饶河县天津班与敌人作战负重伤，后牺牲。

7 日　赵尚志率东北抗日联军第三军西征部队在通北冰趟子予

前来“讨伐”的日、伪军以重创。

上旬 东北抗日联军第七军召开党的代表会议，决定崔石泉任第七军党委书记兼代理军长。

14 日 吉东党组织在依兰县四道河子召开扩大会议，中共吉东省委成立，宋一夫任书记。

20 日 活动在松花江下游的东北抗日联军第三、第四、第五、第八、第九军各一部联合攻打依兰县城。李华堂任攻城战斗总指挥，周保中任副总指挥。

27 日 辽宁民众自卫军王凤阁部在敌北部东边道“大讨伐”中，于辑安、通化六道沟遭敌围攻，王凤阁被捕。4 月 1 日王凤阁在通化就义。

本月 东北抗日联军第二军第六师一部在临江县六道沟与伪军第三混成旅激战。

4 月

15 日 日、伪军警宪特对中共哈尔滨特委和大连、磐石等地中共地下党员和爱国人士进行大逮捕。是为四一五事件。

24 日 东北抗日联军第二军第四师和第六师一部在安图县大沙河附近与安图县伪治安队交战，第四师政委周树东在战斗中牺牲。

5 月

15 日 李学福率东北抗日联军第七军第一师在同江县与日、伪军发生遭遇战。

18 日 东北抗日联军第六军留守部队在参谋长冯治纲率领下夜袭汤原县城。

本月 东北抗日联军第七军一部接应饶河县佛寿宫伪军 1 个连起义成功。

本月 东北抗日联军第二军第五师在宁安县西岗伏击 1 支伪军守备队，予敌以重创。

6 月

4 日　东北抗日联军第二军第六师主力部队在金日成率领下进入朝鲜境内，攻袭普天堡。

15 日　富锦县七区头道林子伪警察署长李景荫反正抗日，参加抗日联军部队，被任命为抗日联军独立师参谋长。

22 日　佳木斯附近梧桐河伪矿警队 80 余人，在中共地下党组织领导下反正起义，加入东北抗日联军第六军。

28 日　中共北满临时省委召开执委扩大会议，中共吉东省委代表周保中应邀出席。

30 日　东北抗日联军第二军第四、第六师和东北抗联第一军第二师联合在长白县间山峰同来自朝鲜的日军第十九师团第七十四联队发生激战，予敌以重大杀伤。

本月　魏拯民率东北抗日联军第二军军部教导队和第四师一部攻袭抚松县庙岭敌据点，重创敌军。

本月　哈东游击司令李福林率东北抗日联军第三军第一师在通河县二道河子进行突围作战，在战斗中牺牲。

本月　东北抗日联军第五军教导队通过里应外合，将牡丹江畔三道通伪军第二十九团 1 个营缴械。

本月　东北抗日联军第七军第一、第三师在富锦县与日、伪军发生遭遇战。

本月　东北抗日联军第七军第二师在富锦县二道林子与日军小滨部队发生遭遇战。

本月　东北抗日联军第三军第一师政治部主任李熙山调任东北抗日联军第九军政治部主任。

7 月

7 日　日本侵略军向驻守北平郊区卢沟桥的中国守军发动进攻，

制造七七事变，中国全国抗日战争爆发。次日，中共中央发布《中国共产党为日军进攻卢沟桥通电》。

12日 宁安县三道河子伪森林警察队在大队长李文彬率领下起义。后被编为东北抗日联军第五军警卫旅。

14日 东北抗日联军第五军第一师一部在穆棱县十站西盘道岭伏击敌军列车。

18日 东北抗日联军第一军第三师在开原县松木岭伏击日军。

中旬 杨靖宇率东北抗日联军第一军军部直属教导团在兴京县永陵街附近的黄土岗与日、伪军发生遭遇战。中共南满省委组织部部长李东光在战斗中牺牲。

25日 东北抗日联军第一路军总司令部发出《为响应中日大战告东北同胞书》。

本月 东北抗日联军第三军第四师师长郝贵林率部在勃利县青龙山一带活动时遭日、伪军袭击牺牲。

8月

1日 东北抗日联军第二、第五军政治部发出《告亲日满军将士书》。

10日 东北抗日联军第一路军总司令部发表《为响应中日大战告满军同胞书》。

13日 东北抗日联军第五军副军长柴世荣指挥部队在牡丹江三道通袭击敌兵营。

20日 中共北满临时省委和东北抗日联军第三、第六军召开军政联席会议，决定组织下江民众举行抗日反满大暴动。

21日 东北抗日联军第五军军长周保中指挥第五军警卫旅、东北抗日联军第八军第三师及独立师在依兰县五道岗伏击日军黑石部队。

25 日 中共吉东省委以东北抗日救国总会名义发布《关于目前抗日救国宣战动员的紧急通知》。

28 日 原巴彦游击队队长张甲洲在从富锦县前往东北抗日联军独立师途中与伪自卫团遭遇，中弹牺牲。

9 月

10 日 伪军第二十九团反正加入东北抗日联军第八军。

17—18 日 汤原县格节河区、乌龙河区、鹤立区、汤旺河区千余名群众举行抗日反满集会和反日暴动。

18 日 北满抗日联军总司令部发出紧急通知，号召北满人民积极行动起来，配合全国抗战。

29 日 中共吉东省委常委工作会议在牡丹江四道河子召开。会议决定建立东北抗日联军第二路军。

10 月

10 日 东北抗日联军第二路军组成，周保中任总指挥。

中旬 东北抗日联军第一军第三师师长王仁斋率队在清原县钓鱼台与敌人战斗中牺牲。

26 日 东北抗日联军第二军政委魏拯民率第二军教导团和第六师第八团攻打辉南县城。

31 日 杨靖宇率东北抗日联军第一军军部直属教导团和第一师在宽甸县小佛爷沟予敌以重创。

本月 东北抗日联军第二军第六师在师长金日成率领下，于抚松县境与伪军交战，歼敌 60 余人。

本月 东北抗日联军独立师改编为东北抗日联军第十一军，祁致中任军长，金正国任政治部主任，白云峰任参谋长。

11 月

21 日 柴世荣任东北抗日联军第五军军长。

同日 周保中在宝清县召集东北抗日联军第五军东部部队干部会议，决定将警卫旅改编为第五军第三师，李文彬任师长。

30日 中共吉东省委常委和东北抗日联军第四、第五军干部联席会议召开，决定李延平任第四军军长，王光宇任副军长，黄玉清任军政治部主任，陈文学任参谋长。

本月 东北抗日联军第八军第三师政治部主任金根在桦川县密营被叛徒杀害。

12月

4日 杨靖宇指挥东北抗日联军第一军直属部队在本溪县南营房、老边沟附近与日军守备队及伪军发生激战。

12日 东北抗日联军第五军和第七军一部联合袭击宝清县七星河镇。

13日 中共中央政治局通过关于中共驻共产国际代表团工作报告的决议。

31日 在中共吉东省委代表周保中的指导下，中共下江特委扩大会议召开。会议决定鲍林任下江特委书记，崔石泉任东北抗日联军第七军党委书记，李学福任军长，郑鲁岩任政治部主任。

月末 东北抗日联军第十一军军长祁致中从抚远县越境进入苏联寻求军援，被关押。

本月 中共道南特委书记、东北抗日联军第五军军部留守处主任张中华在宁安作战中被俘，后被敌人杀害于狱中。

下半年 东北抗日联军第二军第五师在师长陈翰章率领下，于敦化县沙河沿与敌展开战斗。

冬 杨靖宇率东北抗日联军第一军军部直属教导团和第一师部队在本溪县碱厂沟与日军牛岛部队及伪治安军展开战斗，击毙牛岛以下日、伪军数十人。

冬 东北抗日联军第一军第三师政委周建华率队在西丰和开原一带与敌“讨伐队”周旋时牺牲。

年末 中共北满临时省委在依兰县杨家沟召开会议，决定派赵尚志作为省委代表去苏联寻求军援。

1938 年

1 月

月初 东北抗日联军第三军军长赵尚志带警卫员等 6 人赴苏联寻求军援，进入苏联境内后被关押。

20 日 东北抗日联军第二路军总指挥周保中赴苏，寻求与中共驻共产国际代表团联系。2 月 24 日返回。

2 月

5 日 东北抗日联军第六军军长戴鸿宾率 500 余名骑兵攻打萝北县城，战斗失利后过边界进入苏联。苏军将该部队解除武装遣送新疆，戴鸿宾被送至伯力关押。

25 日 在富锦县因病休养的东北抗日联军第四军第二师师长王毓峰被叛徒杀害。

本月 东北抗日联军第十一军七星砬子兵工厂遭敌围攻。兵工厂负责人胡志刚与 50 名战士和工人在保卫兵工厂的战斗中牺牲。

本月 东北抗日联军第十一军政治部主任金正国在桦川县被叛徒杀害。

3 月

8 日 东北抗日联军第六军第一师师长马德山在率部开展反“讨伐”战斗中于萝北县牺牲。

13 日 杨靖宇率东北抗日联军第一军军部直属队袭击辑安县老岭隧道工地，破坏敌人工程设施。

15日 日本关东军宪兵队对松花江下游地区中共地下组织和抗日团体及成员进行大逮捕。是为三一五事件。

18日 东北抗日联军第五军第三师第八团第一连战士为保护后方密营,在小孤山与前来“讨伐”的敌人展开激战。连长李海峰等12名指战员牺牲。此后,东北抗日联军第二路军总指挥部将小孤山命名为“十二烈士山”。

4月

本月 中共吉东省委决定东北抗日联军第二路军第四、第五军等部队向五常、舒兰进行西征。

5月

1日 周保中主持召开东北抗日联军第四、第五军领导干部会议,研究制定西征具体方案。

同日 中共北满临时省委在铁骊县召开第七次常委会。

11日 中共南满省委和东北抗日联军第一路军总部在辑安县老岭召开军政干部联席会议(即第一次老岭会议)。

27日 东北抗日联军第四军和第五军第二师部队在宝清县集结,按第二路军总指挥部决定进行西征。第四军第一师途经富锦县国强街基附近时遭敌包围,师长张相武牺牲。

春 东北抗日联军第四军富宝地区留守处成立,彭施鲁任留守处主任。

春 东北抗日联军第三军第四师师长陆希田在富锦县赵家屯率队突围时牺牲。

春 东北抗日联军第三军第二师师长关化新在率部前往中共北满临时省委驻地途中与敌遭遇,在战斗中牺牲。

6月

12日 杨靖宇率东北抗日联军第一军在辑安县蚊子沟伏击伪军

索景清旅 1 个营。

19 日 杨靖宇指挥东北抗日联军第一军教导团和第二师在通(化)辑(安)铁路土口子隧道攻击敌“东亚土木株式会社”。

29 日 东北抗日联军第四、第五军领导人李延平、王光宇等在莲花泡第五军后方密营召开联席会议,重新研究确定西征计划。

同日 东北抗日联军第一军第一师师长程斌在本溪县投敌。

本月 中共北满临时省委在通河县召开第八次常委会议,决定北满抗日联军各军分批向海伦地区西征。

本月 东北抗日联军第三、第九军组成的第一批西征部队,在常有钧、魏长魁、郭铁坚率领下开始西征。

7 月

12 日 东北抗日联军第二路军西征部队攻占苇河县楼山镇。

中旬 杨靖宇主持召开中共南满省委和东北抗日联军第一路军干部紧急会议(即第二次老岭会议),针对程斌叛变后的紧急情况,重新部署对敌斗争计划。

30 日 东北抗日联军第二路军西征部队政治负责人宋一夫叛变投敌。

月末 东北抗日联军第二军第五师在额穆县与敌人战斗获胜。

8 月

2 日 杨靖宇率东北抗日联军第一路军部队在辑安长岗伏击伪军索景清旅。战斗中,第一路军司令部参谋长杨俊恒牺牲。

8 日 东北抗日联军第七军军长李学福病逝,崔石泉任代理军长。

上旬 东北抗日联军第六军组成的第二批第一支西征部队,在冯治纲率领下从萝北县老等山出发,开始西征。

22 日 东北抗日联军第八军政治部主任刘曙华在勃利县通天沟

被叛徒杀害。

23日 东北抗日联军第六军第二师师长张传福率队西征至汤原县黑金河时于战斗中牺牲。

月末 东北抗日联军第二军第五师在宁安东京城毙伤敌200余人。

本月 “吉东省委下江三人团”成立。

本月 东北抗日联军第一路军第一方面军在金川县成立，曹亚范任指挥。

本月 东北抗日联军第一路军第一方面军在辑安县沉沟歼敌一部。

夏 东北抗日联军第二军第四师在蛟河县袭击日军获胜。

9月

6日 东北抗日联军第三、第六军组成的第二批第二支西征部队，由第三军政治部主任金策率领从萝北县老等山出发。

28日 东北抗日联军第七军代理军长崔石泉率队在挠力河西风嘴子击毙伪满军政部高级顾问、少将日野武雄等39人。

下旬 北满抗日联军第一批西征部队在第三军政保师师长常有钧率领下到达海伦。

下旬 北满抗日联军第二批第一支西征部队在冯治纲率领下到达海伦与绥棱交界的八道林子。

10月

上旬 北满抗日联军第二批第二支西征部队在金策率领下到达海伦与绥棱交界的八道林子。

15日 中共北满临时省委常委、东北抗日联军第三军政治部主任金策在海伦县主持召开东北抗日联军第三、第六、第九军远征部队师级领导干部联席会议。

18 日 杨靖宇率部向金川县河里地区转移途中，于临江县岔沟冲破大批日、伪军重围。

中旬 东北抗日联军第五军西征部队在林口乌斯浑河与敌人遭遇，妇女团为掩护主力部队撤退与敌激战，冷云等 8 名女战士在弹药耗尽后投江殉国。人们以“八女投江”称颂 8 名女战士的英雄事迹。

本月 东北抗日联军第三军第二师政治部主任吴景才率部在方正县蚂蚁河西老道庙一带活动时，在与敌人战斗中牺牲。

本月 东北抗日联军第一路军第一方面军在指挥曹亚范、政治部主任伊俊山率领下于金川县回头沟歼敌 90 多人。

11 月

5 日 中国共产党扩大的六届六中全会向以杨靖宇为代表的东北抗日联军、义勇军和全体东北同胞发出慰问电。

月初 东北抗日联军第五军第一师西征部队一部返回刁翎第五军后方基地。

20 日 东北抗日联军第四军军长李延平率队西征途中在五常县沙河子南沟错草顶子被叛徒杀害。

中旬 北满抗日联军第六军教导队和第十一军组成的第三批西征部队，由张寿篯率领从萝北县老等山出发。

23 日 东北抗日联军第六军第一师师长徐光海率队掩护后方医院人员转移时牺牲。

月末 东北抗日联军第一路军第二方面军在濛江县成立，金日成任指挥。

本月 北满抗日联军第一批西征部队郭铁坚部到达海伦和绥棱交界的八道林子抗联后方密营。

12 月

月末 北满抗日联军部队第三批西征部队到达绥棱白皮营。

月末　杨靖宇和魏拯民指挥东北抗日联军第一路军总司令部在桦甸县柳树河子夜袭敌宿营地，歼敌100余人。

本月　东北抗日联军第一路军第二方面军指挥金日成率部从濛江向长白山地区远征。

本月　东北抗日联军第四军副军长王光宇率队西征途中在海林县山里牺牲。

本月　中共吉东省委执行部成立，周保中任主席。

同年　东北抗日联军第三军第九师师长王德富率部在木兰活动时牺牲。

1939 年

1 月

月初　东北抗日联军第七军参谋长崔石泉率部在抚远县老等窝与敌人战斗，歼敌百余人。

16 日　东北抗日联军第五军第一师师长关书范投降日军后，随敌工作班返回第五军驻地搞劝降活动。经东北抗日联军第二路军指挥部决定，将其逮捕枪决。

23 日　东北抗日联军第七军第三师在虎林县臭松顶子密营与敌“讨伐队”激战，师政治部主任刘廷仲在战斗中牺牲。

28 日　中共北满临时省委在庆城老金沟召开第九次常委会议。

31 日　周保中率东北抗日联军第二路军直属部队和第九军军部突破敌人在牡丹江和乌斯浑河的封锁线，向方正县转移。

本月　东北抗日联军江省西北临时指挥部成立，张寿篯和许亨植分别任政治、军事负责人，冯治纲任参谋长。

2 月

8 日　东北抗日联军第二路军总指挥周保中率总指挥部警卫队

和东北抗日联军第九军一部，攻打方正县日本人经营的“山元木业组合采伐场”。

10 日 周保中指挥东北抗日联军第二路军在老爷岭伏击前来追击的敌军。

16 日 北满抗日联军部队第四支队在支队长雷炎率领下于海伦和望奎交界处歼敌百余人。突围时雷炎牺牲。

本月 中共吉东省委任命季青为“吉东省委下江三人团”书记。

3 月

5 日 季青在虎林县秃顶子主持召开东北抗日联军第七军党特委工作检查会议，决定崔石泉任第七军党特委书记。

9 日 中共北满临时省委召开执委会议，决定中共北满临时省委改为中共北满省委，书记金策。成立东北抗日联军第三路军，张寿篯任总指挥。

14 日 杨靖宇率东北抗日联军第一路军警卫旅、少年铁血队、第二军第四师攻袭桦甸县木箕河林场获胜。

16 日 杨靖宇率东北抗日联军第一路军警卫旅、少年铁血队、第二军第四师在桦甸县八道河子与敌交战。

19 日 东北抗日联军第八军军长谢文东在依兰县土城子投降日军。

30 日 周保中在牡丹江西岸四道河子主持召开中共吉东省委扩大会议，部署突破敌人包围开展新的活动计划。

4 月

1 日 东北抗日联军第七军代军长景乐亭率部在虎林县大西南岔与日、伪军展开激战。

7 日 杨靖宇指挥东北抗日联军第一路军警卫旅、少年铁血队、第二军第四师攻袭敦化县大蒲柴河镇。

10 日　东北抗日联军第二路军总指挥部直属警卫部队和第五军部队在林口葫芦崴子与日、伪军展开激战。

22 日　东北抗日联军第五军在穆棱县泉眼河与敌人发生激战，军政治部代理主任王克仁在战斗中牺牲。

5 月

7 日　东北抗日联军第二路军总指挥部及直属警卫部队突出敌围，到达宝清县兰棒山第五军留守处密营。

30 日　东北抗日联军第三路军总指挥部在德都县朝阳山正式成立。张寿篯任总指挥，许亨植任总参谋长。

6 月

月初　东北抗日联军第二军第五师和第五军第二师在敦化县大蒲柴河苇塘沟与日、伪军发生激战。

11 日　魏拯民指挥东北抗日联军第二军第四师在敦化县大蒲柴河伏击日、伪军“讨伐队”获胜。

29 日　东北抗日联军第二军第四师与第二方面军第九团联合袭击延吉县天宝山铜锌矿。

下旬　魏拯民指挥东北抗日联军第二军第四师在敦化县和安图县交界处歼敌。

本月　杨靖宇率部在桦甸县夹砬子与日、伪军展开战斗。

本月　杨靖宇率部在桦甸县错草顶子与日、伪军“讨伐队”交战。

本月　东北抗日联军第七军第一师突袭乌苏里江岸蒿通镇伪警察所。

本月　赵尚志率队回国，在佛山、汤原一带活动。

7 月

月初　赵尚志率队攻打佛山县乌拉嘎金矿。

10 日　周保中向所属各部队发出《关于东北游击运动目前严重

阶段的斗争任务紧急通知》。

20 日 东北抗日联军第九军军长李华堂在方正县大罗勒密投敌。

本月 东北抗日联军第一路军第三方面军在安图县成立，陈翰章任指挥。

8 月

4 日 东北抗日联军第七军和第五军部分队伍联合攻打虎林县黑嘴子敌秘密军事工地，解救 180 名劳工。

14 日 东北抗日联军第一路军第三方面军在陈翰章指挥下于额穆县威虎岭与日、伪军展开战斗。

15 日 东北抗日联军第一路军第三方面军和第五军第二师一部在敦化县马家趟子伏击伪军。

22 日 东北抗日联军第三路军第二支队一部攻打克山县北兴镇。

25 日 东北抗日联军第一路军第三方面军第十四团和第二方面军第九团在陈翰章指挥下进攻安图县大沙河镇取得胜利。第三方面军副指挥侯国忠在杨木条子阻击战中牺牲。

26 日 魏拯民所率东北抗日联军第一路军司令部直属部队警卫旅第三团、崔贤所率东北抗日联军第二方面军第十三团和陶净非所率东北抗日联军第五军第五团共同袭击安图县的大酱缸"集团部落"，并伏击从明月沟开来的敌援军，击毙"讨伐队"队长宫本等百余人，焚毁汽车 5 辆。

本月 中共讷河县委成立，尹子奎任书记。

9 月

13 日 东北抗日联军第五军第三师师长李文彬在宝清遭敌人围攻牺牲。

18 日　东北抗日联军第三路军第二支队在冯治纲率领下攻克讷河县城。

24 日　陈翰章所率东北抗日联军第一路军第三方面军和陶净非所率东北抗日联军第五军第二师第五团在敦化县高海楼店公路伏击前来“讨伐”的敌人汽车队。

本月　中共北满省委常委冯仲云越境赴苏联，与苏方协商召开吉东、北满党军负责人会议事宜。

10 月

1 日　杨靖宇、魏拯民在桦甸县头道溜河主持召开中共南满省委和东北抗日联军第一路军领导人会议，研究对敌斗争策略，决定把部队化整为零，实行分散游击，伺机歼敌。

25 日　东北抗日联军第一路军第三方面军第十三团和第五军第二师第五团在敦化县沙河掌貂皮沟与敌发生遭遇战。

本月　杨靖宇率东北抗日联军第一路军军部直属警卫旅及第一方面军部分部队在濛江县条河沿与伪军发生激战。

11 月

8 日　东北抗日联军第五军第三师与第七军等部联合袭击宝清县日、伪军。

19 日　张寿篯主持召开东北抗日联军第三路军龙北部队领导干部会议，正式成立龙北指挥部，冯治纲任指挥。

本月　东北抗日联军第二路军总指挥周保中越境赴苏联，参加吉东、北满党军领导人会议。

12 月

17 日　金日成率东北抗日联军第一路军第二方面军在敦化县攻袭六棵松森林采伐事务所，歼灭 70 余名伪森林警察，解救数百名伐木工人，其中近百人参加抗日联军。

本月 东北抗日联军第七军在抚远县新屯与日、伪军展开激战。

本月 东北抗日联军第二路军第五、第七军联合部队和总指挥部直属部队一部袭击宝清县七星河镇。

本月 东北抗日联军第三路军第二支队在冯治纲率领下进入阿荣旗、莫力达瓦旗等少数民族地区开展游击活动。

同年末 赵尚志再次越境赴苏联，参加吉东、北满党军领导人会议。

1940 年

1 月

1 日 东北抗日联军第五军第三师第九团袭击宝清县王福岗伪警察所。

24 日 中共吉东、北满省委代表周保中、冯仲云及赵尚志在苏联伯力召开中共吉东、北满省委代表联席会议(亦称第一次伯力会议)。

28 日 中共北满省委召开第十次常委会议。

本月 东北抗日联军第五军第三师第九团在桦川县七星砬子与日军“讨伐队”交战。

本月 东北抗日联军第七军党特委书记兼军参谋长崔石泉调任东北抗日联军第二路军总部参谋处长，王效明任第七军参谋长。

2 月

2 日 中共吉东、北满省委代表联席会议形成《关于东北抗日救国运动新提纲草案》。

4 日 东北抗日联军第三路军龙北指挥部指挥冯治纲率队在阿荣旗任家窝堡与日军战斗中牺牲。

20 日 东北抗日联军第二路军总指挥部政务主任黄玉清率队转移途中与敌遭遇，在战斗中牺牲。

23 日 杨靖宇在濛江县保安村三道崴子与敌人战斗中牺牲。

本月 中共龙江工作委员会在肇州县成立，张文廉任书记兼宣传部长。

3 月

11 日 东北抗日联军第一路军第二方面军指挥金日成率主力部队袭击和龙县大马鹿沟木场伪森林警察队。

13—15 日 魏拯民在桦甸县头道溜河主持召开中共南满省委和东北抗日联军第一路军领导干部会议，研究并确定下一步斗争策略。

19 日 苏联远东方面军代表与中共吉东、北满两省省委代表周保中、冯仲云及赵尚志举行会议，形成苏军代表对东北抗日联军第二、第三路军领导人的指示纲领。

中旬 东北抗日联军第三路军第三支队攻袭克山县北兴镇。

23 日 东北抗日联军第三路军龙南部队一部在铁骊县鱼眼泡与日、伪军“讨伐队”展开激战。

25 日 东北抗日联军第一路军第二方面军在金日成指挥下于和龙县红旗河设伏，歼灭日军“讨伐队”队长前田以下 150 余人。

本月 东北抗日联军第三、第六军部分干部会议在东北抗日联军第三路军总指挥部召开，决定将所属第三、第六、第九、第十一军统一改编为第三、第六、第九、第十二支队，支队长分别为王明贵、张光迪、陈绍宾、李景荫。

本月 赵尚志调任东北抗日联军第二路军副总指挥。

4 月

3—9 日 东北抗日联军第七军党代表会议召开，决定将第七军改编为东北抗日联军第二路军第二支队，支队长王汝起。

8 日 东北抗日联军第一路军第一方面军指挥曹亚范在濛江县龙泉镇西瓮圈活动时被叛徒杀害。

19 日 东北抗日联军第三路军第六支队攻破绥棱县瑞穗村日本移民“开拓团”团部。

5 月

24 日 东北抗日联军第二路军第二支队长王汝起在饶河县大岱河率队与敌人激战中牺牲。

本月 冯仲云任东北抗日联军第三路军总政委。

6 月

7 日 东北抗日联军第三路军第六支队攻袭铁骊县圣浪车站获胜。

25 日 陈翰章率东北抗日联军第一路军第三方面军袭击五常县冲河镇。

7 月

20 日 德都县朝阳山东北抗日联军第三路军总部遭敌人袭击，突围中中共北满省委委员张兰生、第三路军第三支队政委赵敬夫等牺牲。

8 月

14 日 东北抗日联军第二路军总部依东派遣队袭击图(们)佳(木斯)铁路追分车站。

25 日 东北抗日联军第二路军西部派遣队炸毁图(们)佳(木斯)铁路 1 座桥梁。

夏 陈翰章率东北抗日联军第一路军第三方面军与第五军一部配合，在五常县拉林河一带多次袭击敌据点。

9 月

11 日 东北抗日联军第十军攻击五常县山河屯。

同日 东北抗日联军第三路军第十二支队攻袭肇州县丰乐街。

同日 王效明被任命为东北抗日联军第二路军第二支队支

队长。

12日 东北抗日联军第二路军第二支队攻袭宝清县七星河镇。

18日 东北抗日联军第二路军第二支队在宝清县陆家林与敌激战。

25日 东北抗日联军第三路军第三、第九支队联合攻克克山县城。

28日 东北抗日联军第二路军第二支队在宝清县挠力河与敌展开战斗。

30日 苏方代表王新林给东北抗日联军各军领导人发出关于召开东北党组织和游击队领导人会议的通知。

下旬 东北抗日联军第三路军第十二支队在肇源三站北与敌人激战。

10月

7日 东北抗日联军第三路军第十二支队在肇源敖木台遭敌人袭击。

13日 东北抗日联军第三路军第三支队攻袭嫩江县霍龙门车站获胜。

20日 东北抗日联军第二路军第二支队攻打密山县二道岗日本移民“开拓团”获胜。

本月 东北抗日联军第三路军总政委冯仲云主持召开第三、第九支队军政干部联席会议。

本月 中共北满省委书记金策指示，高吉良任中共三肇县委代理书记。

秋 东北抗日联军第一路军第三方面军第十四团在额穆县小青顶子伏击日军“讨伐队”。

11 月

8 日 东北抗日联军第三路军第十二支队联合义勇军艾青山部攻克肇源街。

12 月

1 日 东北抗日联军第三路军第三支队在阿荣旗鸡冠山宿营时遭敌偷袭,第三支队政委高禹民等牺牲。

8 日 东北抗日联军第一路军第三方面军在宁安县镜泊湖南湖头与敌“讨伐队”激战,第三方面军指挥陈翰章在战斗中牺牲。

18 日 驻北野营的东北抗日联军部队召开党的干部联席会议,选举产生北野营党临时委员会,书记姜信泰。

20 日 周保中与张寿篯联名写信给苏方代表王新林,请苏方代表帮助解决与中共中央联系的问题。

本月 进入苏联境内的东北抗日联军第二、第三路军人员在伯力东北方 75 公里处建立北野营。东北抗日联军第一、第二路军部分人员在双城子附近建立南野营。

本月 出席中共满洲全党代表会议的南满、吉东、北满代表先后到达苏联伯力。

1941 年

1 月

4 日 哈尔滨王岗伪第三飞行大队 80 余名士兵在东北抗日联军第三路军第十二支队策动下起义。

下旬 东北抗日联军第十军军长汪雅臣、副军长张忠喜在五常县九十五顶子山率队突围时牺牲。

月末 东北抗日联军第三路军第三支队攻袭呼玛县会宝沟金矿。

月末 东北抗日联军第三路军第三支队袭击呼玛县闹达罕金矿,尔后过边界进入苏联。

本月 中共满洲全党代表会议在苏联伯力召开(亦称第二次伯力会议)。

2月

8日 东北抗日联军第一路军警卫旅政委韩仁和率队在宁安县镜泊湖上湾沟与日军作战中牺牲。

20日 周保中给东北抗日联军野营部队全体指战员发出指示信,要求加强军事训练,努力学习政治文化,加强革命纪律性。

3月

5日 中共南野营党委会组成,季青任书记。

8日 中共南满省委书记、东北抗日联军第一路军副总司令魏拯民在桦甸县牡丹岭密营中病逝。

11日 东北抗日联军第一路军入苏部队改编为东北抗日联军第一支队,金日成任支队长。

25日 东北抗日联军第三路军第三支队攻打孙吴县一处木营。

本月 东北抗日联军第三路军第三支队在支队长王明贵率领下由北野营返回东北。

4月

13日 《苏日中立条约》签订。

26日 东北抗日联军第三路军第三支队攻打北安县辰清伪警察分驻所。

本月 金日成率小部队从南野营返回东北抗日战场。

5月

26日 中共吉东、北满党组织在北野营举行会议,通过《政治问题讨论案》。

6 月

7 日　东北抗日联军北野营中共党组织召开党员大会。

22 日　德国军队入侵苏联。苏德战争爆发。

23 日　东北抗日联军第三路军第三支队袭击瑷珲县罕达气金矿获胜。

29 日　东北抗日联军第三路军第三支队在嫩江县八站与伪国境警察队展开战斗。

7 月

10 日　金策任东北抗日联军第三路军总政委,返回东北开展活动。

上旬　东北抗日联军第三路军第三支队袭击甘南日伪"满鲜木业"五号和四号木营。

月末　王效明率小部队返回饶河、宝清一带执行侦察等任务。

8 月

11 日　季青和陶净非率领小部队从南野营返回东宁一带活动。

同日　东北抗日联军第三路军第三支队袭击格尼河日资"怡合公司"采伐作业区。

25 日　安吉率领小部队返回汪清、图们一带执行侦察等任务。

同日　东北抗日联军第三路军第三支队攻克阿荣旗振威庄伪警察署。

30 日　东北抗日联军第三路军第三支队攻克阿荣旗毓丰堡。

夏　郝永贵小部队返回北(安)黑(河)铁路两侧执行侦察等任务。

夏　高万有和曹曙焰小部队返回北(安)黑(河)铁路两侧执行侦察等任务。

夏　李忠彦小部队返回牡丹江、林口一带执行侦察等任务。

9 月

14 日 东北抗日联军第一路军金日成小分队再次返回东北活动。

16 日 东北抗日联军第三路军第三支队攻破阿荣旗宝山镇。

20 日 东北抗日联军第三路军第九支队在嫩江西岸郭泥屯活动时遭日军袭击,支队参谋长郭铁坚牺牲。

10 月

12 日 东北抗日联军北野营召开全体党员大会总结工作,布置以后任务。

本月 赵尚志率由 5 人组成的小部队由苏联返回萝北、汤原、鹤立一带活动。

11 月

1 日 东北抗日联军第三路军第三支队袭击中东路(满洲里至绥芬河)二十六号车站。

18 日 东北抗日联军第三路军第三支队袭击扎敦河木营,解救百余名劳工。

本月 东北抗日联军第三路军总指挥张寿篯率第三路军指挥部和第六、第九、第十二各支队主力转移到苏联北野营进行整训。

12 月

8 日 东北抗日联军第一路军第三方面军指挥陈翰章在宁安县镜泊湖与敌人作战中牺牲。

同日 太平洋战争爆发。

12 日 东北抗日联军第三路军第三支队攻袭呼玛县日伪“满鲜木业”八大一号和杨奇营。

1942 年

1 月

25 日 东北抗日联军北野营召开第二次全体党员大会。

26 日　东北抗日联军第三路军第三支队占领呼玛县金龙沟复兴金矿。

2 月

12 日　赵尚志在袭击鹤立县梧桐河伪警察分驻所时身负重伤牺牲。

16 日　东北抗日联军南野营派出的李致浩小部队返回汪清县执行任务。

20 日　于天放率小部队由苏联境内返回东北。

3 月

5 日　东北抗日联军南野营派出玄哲小部队到延吉一带活动。

11 日　东北抗日联军南野营派出的郭池山小部队到图们一带活动。

20 日　陶净非小部队返回东北在五常、老爷岭一带活动。

25 日　东北抗日联军南野营派出的季青小部队返回宁安县东京城一带活动。

4 月

20 日　周保中、张寿篯提出《党组织彻底改组与集中领导》的提案，要求建立东北党组织的统一领导机关。

27 日　崔贤小部队返回汪清、图们、延吉等县一带活动。

本月　金光侠、高万有小部队到林口、勃利、密山、宝清一带执行侦察任务。

本月　乔书贵、李忠义小部队到巴彦、绥化、庆城等地活动。

本月　东北抗日联军北野营派出的孔昭礼小部队到铁骊山区活动。

本月　东北抗日联军南、北野营开展春耕工作。

5 月

6日 东北抗日联军北野营派出两个分遣队:第一分遣队到佳木斯、勃利、宝清、密山等地执行侦察任务;第二分遣队到富锦、宝清、同江和饶河一带执行侦察任务。

13日 东北抗日联军南野营派出的朴德山小部队返回东北执行任务。

29日 东北抗日联军南野营派出安吉小部队到吉东、东满活动。

6月

6日 安吉小部队到绥芬大甸子活动。

7月

7日 驻饶河县东安镇伪靖安军第二团第二营起义,进入苏联境内,加入东北抗日联军。

17日 东北抗日联军南野营派出柴世荣小部队回东北开展活动。

本月 边凤翔小部队到北(安)黑(河)铁路沿线及德都、克山、讷河一带活动。

8月

1日 东北抗日联军教导旅在北野营正式成立,旅长周保中,政治副旅长张寿篯,副参谋长崔石泉。

3日 东北抗日联军第三路军总参谋长许亨植在东兴、通河等地指导工作后,回石门密营途中遭伪警察袭击牺牲。

30日 东北抗日联军第三路军总指挥部秘书长张中孚被派回东北执行侦察和情报任务。

本月 陶净非在率队活动时遭冲河和五常伪森林警察队袭击牺牲。

9月

11日 东北抗日联军第三路军朴吉松小部队袭击木兰县大贵镇

获胜。

13 日 中共东北党组织特别支部局(亦称东北党委员会)成立。

14 日 中共东北党组织特别支部局召开第一次委员会议,选举崔石泉为书记。

本月 东北抗日联军教导旅指战员进行为期一个月的空降跳伞训练。

本月 东北抗日联军北野营派出陈雷小部队到孙吴县辰清一带活动。

10 月

1 日 陶雨峰小部队到林口县一带执行侦察任务。

14 日 东北抗日联军第三路军朴吉松、张瑞麟率小部队联合攻打庆城县大罗镇伪警察署。

月末 金策在庆城与通河交界处石门密营主持召开龙南地区小部队干部会议。

11 月

中旬 周保中派金润浩小部队到牡丹江、宁安一带执行侦察任务。安吉、崔贤小部队同时被派回东北活动。

1943 年

1 月

4 日 东北抗日联军第三路军第十二支队支队长朴吉松在庆城县遭敌袭击,受伤被俘。8 月被敌人杀害。

3 月

15 日 日伪当局在巴彦、木兰、东兴三县大规模逮捕中共地下党员和抗日群众。是为“巴木东大检举事件”。

下旬 东北抗日联军教导旅派郭祥云、李忠彦等人到活动在虎林、饶河县的刘雁来小部队工作。

本月 东北抗日联军教导旅派李永镐小部队返回饶河县接替刘雁来小部队工作。

4 月

本月 王效明率领东北抗日联军第二路军第二支队回到东北。

春 苏军派抗日联军人员吕英俊等人回东北进行敌情侦察工作。

10 月

本月 东北抗日联军教导旅派鈕景芳率小部队回东北,执行接金策赴苏联任务。

12 月

本月 东北党委员会召开会议,总结 1943 年秋季以来工作,部署冬季学习任务。

1944 年

1 月

6 日 东北抗日联军教导旅接受由苏联远东军总司令部授予的苏联工农红军独立步兵第八十八旅军旗。

本月 中共北满省委书记金策率小部队过边界进入苏联。

9 月

本月 东北抗日联军教导旅与苏联远东方面军在海参崴与双城子之间联合举办无线电训练班。

12 月

19 日 于天放、孙国栋等小部队人员在绥棱县等地活动时被捕。

本月 东北抗日联军教导旅在野营驻地附近进行一个多月的实战军事演习。

1945 年

1 月

29 日 东北党委员会召开会议，党委员会书记崔石泉作工作报告。

2 月

11 日 苏、美、英三国首脑签署《雅尔塔协定》。

3 月

12 日 为配合苏军反攻东北，周保中制定战前军训计划。

4 月

5 日 苏联宣布废止《苏日中立条约》。

本月 23 日—6 月 11 日 中国共产党第七次全国代表大会在延安召开。

5 月

8 日 德国法西斯无条件投降。

15 日 东北抗日联军教导旅召开中共党员和积极分子会议，进行思想动员，准备配合苏军参加对日作战行动。

6 月

2 日 东北党委员会、东北抗日联军教导旅确定五项行动纲领：在中国共产党的政治路线指导下参加反攻东北的作战；扩大东北抗日联军开展抗日武装斗争；发展全民族统一战线，恢复东北抗日救国组织；恢复东北中共地方党组织，领导抗日斗争；东北党委员会迅速与中共中央取得联系。

7 月

月末 东北党委员会召开全体会议，总结三年来的工作并选举东北抗日联军教导旅旅长周保中兼任党委员会书记。

本月 东北党委员会草拟政治、组织、行为三个《备忘录》。

8月

8日 苏联对日宣战。次日,苏联红军从西、东、北三个方面开始向盘踞在中国东北的日本关东军发起军事进攻。

10日 东北抗日联军教导旅召开配合苏联红军反攻东北动员大会。

同日 东北抗日联军教导旅派遣空降小分队进入东北各地配合苏军作战。

15日 日本天皇裕仁以广播"终战诏书"的形式宣布接受波茨坦公告。日本无条件投降。

18日 溥仪发表"退位诏书",伪满洲国覆灭。

中旬 苏军占领东北各大城市。

28日 周保中主持召开东北抗日联军教导旅连以上干部会议,部署回国参战的出发准备工作。

9月

2日 日本向同盟国投降签字仪式举行。日本代表在日本投降书上签字。

4日 八路军曾克林部进入锦州。

6日 王效明、金光侠等东北抗日联军人员到达牡丹江等地。

同日 张寿篯(李兆麟)等东北抗日联军人员到达哈尔滨。

同日 彭施鲁等东北抗日联军人员飞赴佳木斯。

8日 周保中、冯仲云等东北抗日联军人员飞赴长春、沈阳。

9日 王明贵、张瑞麟等东北抗日联军人员到达齐齐哈尔。

15日 曾克林与苏军代表由沈阳飞赴延安,向中共中央汇报东北有关情况。

18日 中共中央东北局领导人彭真、陈云等抵达沈阳。

下旬 周保中等到沈阳向彭真、陈云等中共中央东北局领导人汇报东北党组织和东北抗联斗争情况。

下旬 关内八路军、新四军一部先后到达东北各指定地点。

本月 东北抗日联军改称东北人民自卫军,周保中任总司令。

本月 长春、哈尔滨、沈阳、齐齐哈尔、佳木斯、牡丹江、吉林、延吉等地先后成立中共地方委员会。

10 月

20 日 东北党委员会撤销。

31 日 中共中央决定,进入东北的八路军、新四军部队与东北抗日联军统一组成东北人民自治军,林彪为总司令,彭真为第一政委,罗荣桓为第二政委,第一、第二、第三副总司令依次为吕正操、李运昌、萧劲光。11 月,中共中央又批准周保中为第三副总司令,萧劲光改任第四副总司令兼参谋长。

东北抗日联军部队编入东北人民自治军序列,投入东北人民解放战争之中。

东北抗日联军组织序列表

（一）

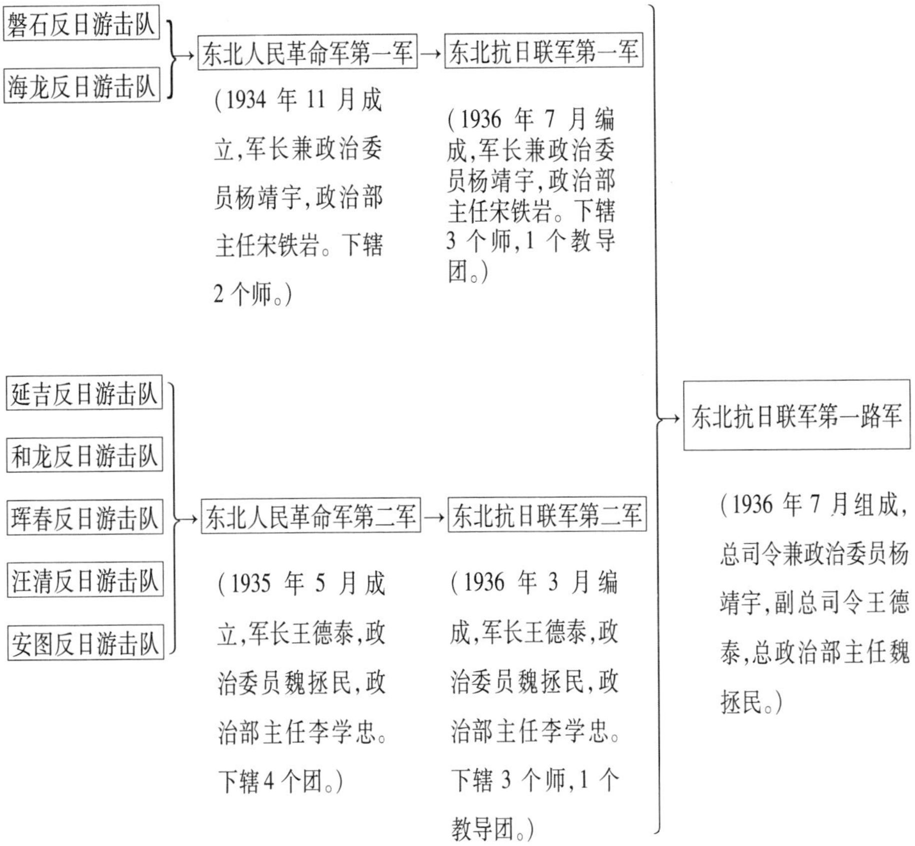

（二）

- 抗日救国游击军、密山反日游击队 → 东北抗日同盟军第四军（1934年9月成立，军长李延禄，政治部主任何忠国。下辖3个团和1个独立营。） → 东北抗日联军第四军（1936年3月编成，军长李延禄，政治部主任黄玉清。下辖4个师，3个游击团。）
- 绥宁反日同盟军、宁安反日游击队 → 东北反日联合军第五军（1935年2月成立，军长周保中，副军长柴世荣，政治部主任胡仁。下辖2个师，3个独立营。） → 东北抗日联军第五军（1936年2月编成，军长周保中，副军长柴世荣，政治委员季青，政治部主任胡仁。下辖3个师。）
- 饶河民众反日游击队 → 东北人民革命军第四军第四团（1935年8月成立，团长李学福，副团长朴振宇，参谋长崔石泉。下辖4个连。） → 东北抗日联军第七军（1936年11月编成，军长陈荣久，参谋长崔石泉。下辖3个师。）
- 东北民众救国军 → 东北抗日联军第八军（1936年9月编成，军长谢文东〔后叛变〕，副军长滕松柏〔后叛变〕，政治部主任刘曙华。下辖6个师。）
- 反满抗日义勇军（“双龙”队） → 东北人民革命军第八军（1936年2月成立，军长汪雅臣，政治部主任侯启刚。下辖5个团。） → 东北抗日联军第十军（1936年冬编成，军长汪雅臣，副军长齐云禄，后为张忠喜，政治部主任王维宇。下辖10个团。）

以上各军 → 东北抗日联军第二路军（1937年10月组成，总指挥周保中，副总指挥赵尚志〔1940年2月任〕，总参谋长崔石泉。）

（三）

珠河反日游击队 → 东北人民革命军第三军 → 东北抗日联军第三军

东北人民革命军第三军（1935年1月成立，军长赵尚志，政治部主任冯仲云。下辖6个团。）

东北抗日联军第三军（1936年8月编成，军长赵尚志，政治部主任张寿篯。下辖10个师。）

巴彦反日游击队（失败）

海伦反日游击队

汤原反日游击队 → 东北人民革命军第六军 → 东北抗日联军第六军

东北人民革命军第六军（1936年1月成立，军长夏云杰，政治部主任张寿篯代理。下辖4个团。）

东北抗日联军第六军（1936年9月编成，军长夏云杰，政治部主任张寿篯〔代〕。下辖4个师。）

自卫军吉林混成旅第二支队 → 东北抗日联军第九军

东北抗日联军第九军（1937年1月编成，军长李华堂〔后叛变〕。下辖3个师。）

东北山林义勇军（“明山”队） → 东北抗日联军第十一军

东北抗日联军第十一军（1936年5月首先编成抗联独立师，师长祁致中。1937年10月编成第十一军，军长祁致中，政治部主任金正国。下辖1个师。）

以上各军 → 东北抗日联军第三路军

东北抗日联军第三路军（1936年1月首先组成东北民众反日联军总司令部，后改称北满抗联总司令部，赵尚志任总司令，张寿篯任总政治部主任。1939年4月，中共北满省委决定改组北满抗联总司令部，以第三、第六、第九、第十一军为基础成立第三路军并建总指挥部。1939年5月，第三路军组成，总指挥张寿篯，总政治委员先后为冯仲云、金策，总参谋长许亨植。）

注：东北抗联各军除下辖部队外，一般还有军部直属的保安、警卫部队，有的还有直属军部的少年营（连）。

（四）

东北抗日联军第一路军

（下辖第一、第二军，后改编为三个方面军、一个警卫旅。第一方面军指挥曹亚范，政治部主任伊俊山；第二方面军指挥金日成，政治部主任吕伯岐；第三方面军指挥陈翰章，副指挥侯国忠；警卫旅旅长方振声，政治委员韩仁和。）

东北抗日联军第二路军

（下辖第四、第五、第七、第八、第十军等。第四军军长李延平，副军长王光宇，政治部主任黄玉清；第五军军长柴世荣，政治部主任宋一夫〔后叛变〕，后为王克仁、季青；第七军军长李学福，后为景乐亭、崔石泉代理，政治部主任郑鲁岩，后为王效明；第八军军长谢文东〔后叛变〕，政治部主任刘曙华；第十军军长汪雅臣；义勇军司令姚振山；救世军司令王荫武。）

东北抗日联军第三路军

（下辖第三、第六、第九、第十一军，后改编为第三、第六、第九、第十二支队。第三支队队长王明贵，政治委员赵敬夫，后为高禹民，参谋长王钧；第六支队队长张光迪，副支队长高继贤，政治委员于天放；第九支队队长陈绍宾，后为边凤翔，政治委员周云峰〔后叛变〕，后为高禹民；第十二支队队长李景荫，后为戴鸿宾，后徐泽民代理，政治委员许亨植〔兼〕。）

东北抗日联军教导旅

（1942 年 8 月组成，旅长周保中，政治副旅长张寿篯，副参谋长崔石泉。下辖 4 个教导营。第一营营长金日成，政治副营长安吉；第二营营长王效明，政治副营长姜信泰；第三营营长许亨植，后为王明贵，政治副营长金策；第四营营长柴世荣，后为姜信泰，政治副营长季青。旅以下还有 2 个直属教导连，以及无线电连、迫击炮连。）

后　记

东北抗日联军的历史，是中国共产党领导中国人民进行民族解放战争的光荣历史的重要组成部分。这段历史历来为党和人民所珍视。真实地记录和反映这段历史，也是历史工作者的重要职责。

20世纪60年代初，辽宁、吉林和黑龙江省（即东北三省）分别成立地方党史研究编写机构，在中共中央宣传部、东北局和东北三省省委的领导下，开始搜集整理有关资料，为编写东北抗联史做准备。后因“文化大革命”发生，此项工作被迫中断。党的十一届三中全会以后，编写东北抗联历史的任务重新提上议事日程。在党中央关怀下，1980年，经胡耀邦、胡乔木、冯文彬同志批示，东北三省成立了编写领导小组，开始编写东北抗联史的工作。经过多年努力，于1991年公开出版了《东北抗日联军斗争史》，在社会上引起良好反响。

2001年6月，胡锦涛、曾庆红、丁关根等中央领导同志批示，要继续深入做好东北抗日联军等历史的研究编写工作。根据中央领导同志批示精神，在中共中央党史研究室指导和中共辽宁、吉林、黑龙江省委统一领导和部署下，2002年8月以东北三省省委党史研究室为主，再次组成编写组，进一步查阅历史档案、文献资料，吸收新的研究成果，以《东北抗日联军斗争史》为基础，编写内容更为翔实的《东北抗日联军史》。

《东北抗日联军史》的编写工作，在中共中央党史研究室指导下，由中共黑龙江省委党史研究室作为编写工作牵头单位，组织东北三省专家学者通力协作，历时多年完成。2002年8月组成编写组以来，时任中共黑龙江省委党史研究室主任李景文负责本书编写和统稿的组织工作;2011 年底以后,相继接任省委党史研究室主任的李振锟、钱锋负责本书的出版等后期组织工作。邀请王景、金宇钟为顾问。本书第一编由罗占元、冯树成、陈玫、张洪兴执笔;第二编由李鸿文、郭红婴执笔;第三编由赵俊清、陈玫、孙庆海、崔艳波执笔;第四编由罗占元、赵俊清、王恩宝执笔。全书由金宇钟统稿,赵俊清、常好礼、陈玫协助。罗占元、赵俊清、陈玫、任希贵参与了本书的史实和文字校订工作。中共黑龙江省委党史研究室原主任赵培兴曾负责组建编写组和研讨编写大纲。书稿编写中,编写组多次召开工作会议,对有关问题进行充分研讨,统稿人对书稿进行了反复修改。最后,由中共中央党史研究室召集统稿会议定稿。中共中央党史研究室副主任李忠杰主要负责对本书编写工作的指导,中共中央党史研究室原主任孙英、原副主任谷安林曾经参加指导工作并提出意见。中共中央党史研究室黄如军、霍海丹、李蓉、姚金果、李颖、王新生、叶心瑜、韩泰华、刘益涛、王志刚、王树林等分别对书稿进行了审阅,并提出修改意见。霍海丹参加了书稿最后的审核工作。

本书的编写得到中共中央对外联络部、中央档案馆、外交部、中国人民解放军总政治部、中国人民解放军军事科学院、国家图书馆、东北三省档案馆、中共辽宁省委党校、东北师范大学等许多部门、单位的帮助,还得到抗联老同志和一些专家、学者的支持。在此,谨向支持、帮助过我们工作的部门、单位和同志,表示诚挚的谢意!

本书内容如有不当之处,敬望广大读者提出宝贵意见。

《东北抗日联军史》编写组

2015 年 5 月